ŒUVRES COMPLÈTES
DE
H. DE BALZAC.

LA
COMÉDIE HUMAINE
DIXIÈME VOLUME

PREMIÈRE PARTIE

ÉTUDES DE MŒURS

TROISIÈME LIVRE

PARIS. — IMPRIMERIE DE PILLET FILS AINÉ
RUE DES GRANDS-AUGUSTINS, 5.

SCÈNES

DE LA

VIE PARISIENNE

TOME II

Le Colonel Chabert. — Facino Cane. — La Messe de l'athée. — Sarrazine.
L'Interdiction
Grandeur et décadence de César Birotteau.

PARIS
ALEXANDRE HOUSSIAUX, ÉDITEUR
RUE DU JARDINET-SAINT-ANDRÉ-DES-ARTS, 3.

1855

LE COLONEL CHABERT.

.....Sur la table vermoulue, les Bulletins de la Grande Armée étaient ouverts et paraissaient être la lecture du colonel.

(LE COLONEL CHABERT).

TROISIÈME LIVRE,

SCÈNES DE LA VIE PARISIENNE.

LE COLONEL CHABERT.

A MADAME LA COMTESSE IDA DE BOCARMÉ,
NÉE DU CHASTELER.

— Allons! encore notre vieux carrick!

Cette exclamation échappait à un clerc appartenant au genre de ceux qu'on appelle dans les Etudes des *saute-ruisseaux*, et qui mordait en ce moment de fort bon appétit dans un morceau de pain; il arracha un peu de mie pour faire une boulette qu'il lança railleusement par le vasistas d'une fenêtre sur laquelle il s'appuyait. Bien dirigée, la boulette rebondit presque à la hauteur de la croisée, après avoir frappé le chapeau d'un inconnu qui traversait la cour d'une maison située rue Vivienne, où demeurait maître Derville, avoué.

— Allons, Simonnin, ne faites donc pas de sottises aux gens, ou je vous mets à la porte. Quelque pauvre que soit un client, c'est toujours un homme, que diable! dit le premier clerc en interrompant l'addition d'un mémoire de frais.

Le saute-ruisseau est généralement, comme était Simonnin, un garçon de treize à quatorze ans, qui dans toutes les Études se trouve sous la domination spéciale du principal clerc dont les commissions et les billets doux l'occupent tout en allant porter des exploits chez les huissiers et des placets au Palais. Il tient au gamin de Paris par ses mœurs, et à la Chicane par sa destinée. Cet enfant est presque toujours sans pitié, sans frein, indisciplinable, faiseur de couplets, goguenard, avide et paresseux. Néanmoins presque tous les petits clers ont une vieille mère logée à un cinquième étage avec laquelle ils partagent les trente ou quarante francs qui leur sont alloués par mois.

— Si c'est un homme, pourquoi l'appelez-vous *vieux carrick*? dit Simonnin de l'air de l'écolier qui prend son maître en faute.

Et il se remit à manger son pain et son fromage en accotant son épaule sur le montant de la fenêtre, car il se reposait debout, ainsi que les chevaux de coucou, l'une de ses jambes relevée et appuyée contre l'autre, sur le bout du soulier.

— Quel tour pourrions-nous jouer à ce chinois-là? dit à voix basse le troisième clerc nommé Godeschal en s'arrêtant au milieu d'un raisonnement qu'il engendrait dans une requête grossoyée par le quatrième clerc, et dont les copies étaient faites par deux néophytes venus de province. Puis il continua son improvisation : ..... *Mais, dans sa noble et bienveillante sagesse, Sa Majesté Louis Dix-Huit* (mettez en toutes lettres, hé! monsieur le savant qui faites la Grosse!), *au moment où Elle reprit les rênes de son royaume, comprit...* (qu'est-ce qu'il comprit, ce gros farceur-là?) *la haute mission à laquelle Elle était appelée par la divine Providence!......* (point admiratif et six points : on est assez religieux au Palais pour nous les passer), *et sa première pensée fut, ainsi que le prouve la date de l'ordonnance ci-dessous désignée, de réparer les infortunes causées par les affreux et tristes désastres de nos temps révolutionnaires, en restituant à ses fidèles et nombreux serviteurs* (nombreux est une flatterie qui doit plaire au tribunal) *tous leurs biens non vendus, soit qu'ils se trouvassent dans le domaine public, soit qu'ils se trouvassent dans le domaine ordinaire ou extraordinaire de la couronne, soit enfin qu'ils se trouvassent dans les dotations d'établissements publics, car nous sommes et nous nous prétendons habiles à soutenir que tel est l'esprit et le sens de la fameuse et si loyale ordonnance rendue en...* — Attendez, dit Godeschal aux trois clercs, cette scélérate de phrase a rempli la fin de ma page. — Eh! bien, reprit-il en mouillant de sa langue le dos du cahier afin de pouvoir tourner la page épaisse de son papier timbré, eh! bien, si vous voulez lui faire une farce, il faut lui dire que le patron ne peut parler à ses clients qu'entre deux et trois heures du matin : nous verrons s'il viendra, le vieux malfaiteur! Et Godeschal reprit la phrase commencée : — *rendue en...* Y êtes-vous? demanda-t-il.

— Oui, crièrent les trois copistes.

Tout marchait à la fois, la requête, la causerie et la conspiration.

— *Rendue en...* Hein? papa Boucard, quelle est la date de l'ordonnance? il faut mettre les points sur les i, saquerlotte! Cela fait des pages.

— *Saquerlotte!* répéta l'un des copistes avant que Boucard le Maître clerc n'eût répondu.

— Comment, vous avez écrit *saquerlotte?* s'écria Godeschal en regardant l'un des nouveaux venus d'un air à la fois sévère et goguenard.

— Mais oui, dit le quatrième clerc en se penchant sur la copie de son voisin, il a écrit : *Il faut mettre les points sur les i,* et *sakerlotte* avec un k.

Tous les clercs partirent d'un grand éclat de rire.

— Comment, monsieur Huré, vous prenez *saquerlotte* pour un terme de Droit, et vous dites que vous êtes de Mortagne! s'écria Simonnin.

— Effacez-bien ça! dit le principal clerc. Si le juge chargé de taxer le dossier voyait des choses pareilles, il dirait qu'*on se moque de la barbouillée!* Vous causeriez des désagréments au patron. Allons, ne faites plus de ces bêtises-là, monsieur Huré! Un Normand ne doit pas écrire insouciamment une requête. C'est le : — *Portez arme!* de la Bazoche.

— *Rendue en... en,* demanda Godeschal. Dites-moi donc, quand, Boucard?

— Juin 1814, répondit le premier clerc sans quitter son travail.

Un coup frappé à la porte de l'Étude interrompit la phrase de la prolixe requête. Cinq clercs bien endentés, aux yeux vifs et railleurs, aux têtes crépues, levèrent le nez vers la porte, après avoir tous crié d'une voix de chantre : — Entrez. Boucard resta la face ensevelie dans un monceau d'actes, nommés *broutille* en style de Palais, et continua de dresser le mémoire de frais auquel il travaillait.

L'Étude était une grande pièce ornée du poêle classique qui garnit tous les antres de la chicane. Les tuyaux traversaient diagonalement la chambre et rejoignaient une cheminée condamnée sur le marbre de laquelle se voyaient divers morceaux de pain, des triangles de fromage de Brie, des côtelettes de porc frais, des verres, des bouteilles, et la tasse de chocolat du Maître clerc. L'odeur de ces comestibles s'amalgamait si bien avec la puanteur du poêle chauffé sans mesure, avec le parfum particulier aux bureaux et aux paperasses, que la puanteur d'un renard n'y aurait pas été sensible. Le plancher était déjà couvert de fange et de neige apportée par les clercs. Près de la fenêtre se trouvait le secrétaire à cylindre du Principal, et auquel était adossée la petite table destinée au second clerc. Le second *faisait* en ce moment *le palais*. Il pouvait être de huit à neuf heures du matin. L'Étude avait pour tout ornement ces grandes affiches jaunes qui annoncent des saisies immobilières, des ventes, des licitations entre majeurs et mineurs, des adjudications définitives ou préparatoires, la gloire des Études! Derrière le Maître clerc était un énorme casier qui garnissait le mur du haut en bas, et dont chaque compartiment était bourré de liasses d'où pendaient un nombre infini d'étiquettes et de bouts de fil rouge qui donnent une physionomie spéciale aux dossiers de procédure. Les rangs inférieurs du casier étaient pleins de cartons jaunis par l'usage, bordés de papier bleu, et sur lesquels se lisaient les noms des gros clients dont les affaires juteuses se cuisinaient en ce moment. Les sales vitres de la croisée laissaient passer peu de jour. D'ailleurs, au mois de février, il existe à Paris très-peu d'Études où l'on puisse écrire sans le secours d'une lampe avant dix heures, car elles sont toutes l'objet d'une négligence assez concevable : tout le monde y va, personne n'y reste, aucun intérêt personnel ne s'attache à ce qui est si banal ; ni l'avoué, ni les plaideurs, ni les clercs ne tiennent à l'élégance d'un endroit qui pour les uns est une classe, pour les autres un passage, pour le maître un laboratoire. Le mobilier crasseux se transmet d'avoués en avoués avec un scrupule si religieux que certaines Études possèdent encore des boîtes à *résidus*, des moules à *tirets*, des sacs provenant des procureurs au *Chlet*, abréviation du mot CHATELET, juridiction qui représentait dans l'ancien ordre de choses le Tribunal de Première Instance actuel. Cette Étude obscure, grasse de poussière, avait donc, comme toutes les autres, quelque chose de repoussant pour les plaideurs, et qui en faisait une des plus hideuses monstruosités parisiennes. Certes, si les sacristies humides où les prières se pèsent et se payent comme des épices, si les magasins des revendeuses où flottent des guenilles qui flétrissent toutes les illusions de la vie en nous montrant où aboutissent nos fêtes, si ces deux cloaques de la poésie n'existaient pas, une Étude d'avoué serait de toutes les boutiques sociales la plus horrible. Mais il en est ainsi de la maison de jeu, du tribunal, du bureau de loterie et du mauvais lieu. Pourquoi? Peut-être dans ces endroits le drame, en se jouant dans l'âme de l'homme, lui rend-il les accessoires indifférents, ce qui expliquerait aussi la simplicité du grand penseur et des grands ambitieux.

— Où est mon canif?
— Je déjeune!
— Va te faire lanlaire, voilà un pâté sur la requête !
— Chît! messieurs.

Ces diverses exclamations partirent à la fois au moment où le vieux plaideur ferma la porte avec cette sorte d'humilité qui dénature les mouvements de l'homme malheureux. L'inconnu essaya de sourire, mais les muscles de son visage se détendirent quand il eut vainement cherché quelques symptômes d'aménité sur les visages inexorablement insoucians des six clercs. Accoutumé sans doute à juger les hommes, il s'adressa fort poliment au saute-ruisseau, en espérant que ce Pâtiras lui répondrait avec douceur.

— Monsieur, votre patron est-il visible?

Le malicieux saute-ruisseau ne répondit au pauvre homme qu'en se donnant avec les doigts de la main gauche de petits coups répétés sur l'oreille, comme pour dire : — Je suis sourd.

— Que souhaitez-vous, monsieur? demanda Godeschal qui tout en faisant cette question avalait une bouchée de pain avec laquelle on eût pu charger une pièce de quatre, brandissait son couteau, et se croisait les jambes en mettant à la hauteur de son œil celui de ses pieds qui se trouvait en l'air.

— Je viens ici, monsieur, pour la cinquième fois, répondit le patient. Je souhaite parler à monsieur Derville.

— Est-ce pour affaire?

— Oui, mais je ne puis l'expliquer qu'à monsieur...

— Le patron dort, si vous désirez le consulter sur quelques difficultés, il ne travaille sérieusement qu'à minuit. Mais si vous vouliez nous dire votre cause, nous pourrions, tout aussi bien que lui, vous...

L'inconnu resta impassible. Il se mit à regarder modestement autour de lui, comme un chien qui, en se glissant dans une cuisine étrangère, craint d'y recevoir des coups. Par une grâce de leur état, les clercs n'ont jamais peur des voleurs, ils ne soupçonnèrent donc point l'homme au carrick et lui laissèrent observer le local, où il cherchait vainement un siége pour se reposer, car il était visiblement fatigué. Par système, les avoués laissent peu de chaises dans leurs Études. Le client vulgaire, lassé d'attendre sur ses jambes, s'en va grognant, mais il ne prend pas un temps qui, suivant le mot d'un vieux procureur, n'est pas admis en *taxe*.

— Monsieur, répondit-il, j'ai déjà eu l'honneur de vous prévenir que je ne pouvais expliquer mon affaire qu'à monsieur Derville, je vais attendre son lever.

Boucard avait fini son addition. Il sentit l'odeur de son chocolat, quitta son fauteuil de canne, vint à la cheminée, toisa le vieil homme, regarda le carrick et fit une grimace indescriptible. Il pensa probablement que, de quelque manière que l'on tordît ce client, il serait impossible d'en tirer un centime; il intervint alors par une parole brève, dans l'intention de débarrasser l'Étude d'une mauvaise pratique.

— Ils vous disent la vérité, monsieur. Le patron ne travaille que pendant la nuit. Si votre affaire est grave, je vous conseille de revenir à une heure du matin.

Le plaideur regarda le Maître clerc d'un air stupide, et demeura pendant un moment immobile. Habitués à tous les changements de physionomie et aux singuliers caprices produits par l'indécision ou par la rêverie qui caractérisent les gens processifs, les clercs continuèrent à manger, en faisant autant de bruit avec leurs mâchoires que doivent en faire des chevaux au râtelier, et ne s'inquiétèrent plus du vieillard.

— Monsieur, je viendrai ce soir, dit enfin le vieux qui par une ténacité particulière aux gens malheureux voulait prendre en défaut l'humanité.

La seule épigramme permise à la misère est d'obliger la Justice et la Bienfaisance à des dénis injustes. Quand les malheureux ont convaincu la Société de mensonge, ils se rejettent plus vivement dans le sein de Dieu.

— Ne voilà-t-il pas un fameux *crâne?* dit Simonnin sans attendre que le vieillard eût fermé la porte.

— Il a l'air d'un déterré, reprit le clerc.

— C'est quelque colonel qui réclame un arriéré, dit le premier clerc.

— Non, c'est un ancien concierge, dit Godeschal.

— Parions qu'il est noble, s'écria Boucard.

— Je parie qu'il a été portier, répliqua Godeschal. Les portiers sont seuls doués par la nature de carricks usés, huileux et déchiquetés par le bas comme l'est celui de ce vieux bonhomme? Vous n'avez donc vu ni ses bottes éculées qui prennent l'eau, ni sa cravate qui lui sert de chemise? Il a couché sous les ponts.

Il pourrait être noble et avoir tiré le cordon, s'écria le quatrième clerc. Ça s'est vu!

— Non, reprit Boucard au milieu des rires, je soutiens qu'il a été brasseur en 1789, et colonel sous la République.

— Ah! je parie un spectacle pour tout le monde qu'il n'a pas été soldat, dit Godeschal.

— Ça va, répliqua Boucard.

— Monsieur! monsieur? cria le petit clerc en ouvrant la fenêtre.

— Que fais-tu, Simonnin? demanda Boucard.

— Je l'appelle pour lui demander s'il est colonel ou portier, il doit le savoir, lui.

Tous les clercs se mirent à rire. Quant au vieillard, il remontait déjà l'escalier.

— Qu'allons-nous lui dire? s'écria Godeschal.

— Laissez-moi faire! répondit Boucard.

Le pauvre homme rentra timidement en baissant les yeux, peut-être pour ne pas révéler sa faim en regardant avec trop d'avidité les comestibles.

— Monsieur, lui dit Boucard, voulez-vous avoir la complaisance de nous donner votre nom afin que le patron sache si...

— Chabert.

— Est-ce le colonel mort à Eylau? demanda Huré qui n'ayant encore rien dit était jaloux d'ajouter une raillerie à toutes les autres.

— Lui-même, monsieur, répondit le bonhomme avec une simplicité antique. Et il se retira.

— Chouit!
— Dégommé!
— Puff!
— Oh!
— Ah!
— Bàoum!
— Ah! le vieux drôle!
— Trinn, la, la, trinn, trinn
— Enfoncé!

— Monsieur Desroches, vous irez au spectacle sans payer, dit Huré, le quatrième clerc, à un nouveau venu en lui donnant sur l'épaule une tape à tuer un rhinocéros.

Ce fut un torrent de cris, de rires et d'exclamations, à la peinture duquel on userait toutes les onomatopées de la langue.

— A quel théâtre irons-nous?
— A l'Opéra! s'écria le principal.
— D'abord, reprit Godeschal, le théâtre n'a pas été désigné. Je puis, si je veux, vous mener chez madame Saqui.
— Madame Saqui n'est pas un spectacle.
— Qu'est-ce qu'un spectacle? reprit Godeschal, Établissons d'abord le *point de fait*. Qu'ai-je parié, messieurs? un spectacle. Qu'est-ce qu'un spectacle? une chose qu'on voit...

Mais dans ce système-là, vous vous acquitteriez donc en nous menant voir l'eau couler sous le Pont-Neuf? s'écria Simonnin en interrompant.

— Qu'on voit pour de l'argent, disait Godeschal en continuant.
— Mais on voit pour de l'argent bien des choses qui ne sont pas un spectacle. La définition n'est pas exacte, dit Huré.

Mais, écoutez-moi donc?

— Vous déraisonnez, mon cher, dit Boucard.
— Curtius est-il un spectacle? dit Godeschal.
— Non, répondit le premier clerc, c'est un cabinet de figures.
— Je parie cent francs contre un sou, reprit Godeschal, que le cabinet de Curtius constitue l'ensemble de choses auquel est dévolu le nom de spectacle. Il comporte une chose à voir à différents prix, suivant les différentes places où l'on veut se mettre.
— Et *berlik berlok,* dit Simonnin,
— Prends garde que je ne te gifle, toi! dit Godeschal.

Les clercs haussèrent les épaules.

— D'ailleurs, il n'est pas prouvé que ce vieux singe ne se soit pas moqué de nous, dit-il en cessant son argumentation étouffée par le rire des autres clercs. En conscience le colonel Chabert est bien mort, sa femme est remariée au comte Ferraud, Conseiller d'État. Madame Ferraud est une des clientes de l'Étude!

— La cause est remise à demain, dit Boucard. A l'ouvrage, messieurs! Sac-à-papier! l'on ne fait rien ici. Finissez donc votre requête, elle doit être signifiée avant l'audience de la quatrième Chambre. L'affaire se juge aujourd'hui. Allons, à cheval.

— Si c'eût été le colonel Chabert, est-ce qu'il n'aurait pas chaussé le bout de son pied dans le postérieur de ce farceur de Simonnin quand il a fait le sourd ? dit Huré en regardant cette observation comme plus concluante que celle de Godeschal.

— Puisque rien n'est décidé, reprit Boucard, convenons d'aller aux secondes loges des Français voir Talma dans Néron. Simonnin ira au parterre.

Là-dessus, le premier clerc s'assit à son bureau, et chacun l'imita.

— *Rendue en juin mil huit cent quatorze* (en toutes lettres), dit Godeschal, y êtes-vous ?

— Oui, répondirent les deux copistes et le grossoyeur dont les plumes commencèrent à crier sur le papier timbré en faisant dans l'Étude le bruit de cent hannetons enfermés par des écoliers dans des cornets de papier.

— *Et nous espérons que Messieurs composant le tribunal*, dit l'improvisateur. Halte! il faut que je relise ma phrase, je ne me comprends plus moi-même.

— Quarante-six... Ça doit arriver souvent!... et trois quarante-neuf; dit Boucard.

— *Nous espérons*, reprit Godeschal après avoir tout relu, *que Messieurs composant le tribunal ne seront pas moins grands que ne l'est l'auguste auteur de l'ordonnance, et qu'ils feront justice des misérables prétentions de l'administration de la grande chancellerie de la Légion-d'Honneur en fixant la jurisprudence dans le sens large que nous établissons ici.....*

Monsieur Godeschal, voulez-vous un verre d'eau ? dit le petit clerc.

— Ce farceur de Simonnin! dit Boucard. Tiens, apprête tes chovaux à double semelle, prends ce paquet, et valse jusqu'aux Invalides.

— *Que nous établissons ici*, reprit Godeschal. Ajoutez : *dans l'intérêt de madame...* (en toutes lettres) *la vicomtesse de Grandlieu...*

Comment ! s'écria le Maître clerc, vous vous avisez de faire des requêtes dans l'affaire Vicomtesse de Grandlieu contre Légion-d'Honneur, une affaire pour compte d'Étude, entreprise à forfait ? Ah ! vous êtes un fier nigaud ! Voulez-vous bien me mettre de côté vos copies et votre minute, gardez-moi cela pour l'affaire Navarreins contre les Hospices. Il est tard, je vais faire un bout de placet, avec des *attendu*, et j'irai moi-même au Palais...

Cette scène représente un des mille plaisirs qui, plus tard font dire en pensant à la jeunesse :— C'était le bon temps !

Vers une heure du matin, le prétendu colonel Chabert vint frapper à la porte de maître Derville, avoué près le tribunal de Première Instance du département de la Seine. Le portier lui répondit que monsieur Derville n'était pas rentré. Le vieillard allégua le rendez-vous et monta chez ce célèbre légiste, qui, malgré sa jeunesse, passait pour être une des plus fortes têtes du Palais. Après avoir sonné, le défiant solliciteur ne fut pas médiocrement étonné de voir le premier clerc occupé à ranger sur la table de la salle à manger de son patron les nombreux dossiers des affaires qui *venaient* le lendemain en ordre utile. Le clerc, non moins étonné, salua le colonel en le priant de s'asseoir : ce que fit le plaideur.

— Ma foi, monsieur, j'ai cru que vous plaisantiez hier en m'indiquant une heure si matinale pour une consultation, dit le vieillard avec une fausse gaieté d'un homme ruiné qui s'efforce de sourire.

Les clercs plaisantaient et disaient vrai tout ensemble, reprit le Principal en continuant son travail. Monsieur Derville a choisi cette heure pour examiner ses causes, en résumer les moyens, en ordonner la conduite, en disposer les *défenses*. Sa prodigieuse intelligence est plus libre en ce moment, le seul où il obtient le silence et la tranquillité nécessaires à la conception des bonnes idées. Vous êtes, depuis qu'il est avoué, le troisième exemple d'une consultation donnée à cette heure nocturne. Après être rentré, le patron discutera chaque affaire, lira tout, passera peut-être quatre ou cinq heures à sa besogne ; puis, il me sonnera et m'expliquera ses intentions. Le matin, de dix heures à deux heures, il écoute ses clients, puis il emploie le reste de la journée à ses rendez-vous. Le soir, il va dans le monde pour y entretenir ses relations. Il n'a donc que la nuit pour creuser ses procès, fouiller les arsenaux du Code et faire ses plans de bataille. Il ne veut pas perdre une seule cause, il a l'amour de son art. Il ne se charge pas, comme ses confrères, de toute espèce d'affaire. Voilà sa vie, qui est singulièrement active. Aussi gagne-t-il beaucoup d'argent.

En entendant cette explication, le vieillard resta silencieux, et sa bizarre figure prit une expression si dépourvue d'intelligence, que le clerc, après l'avoir regardé, ne s'occupa plus de lui. Quelques instants après, Derville rentra, mis en costume de bal; son Maître clerc lui ouvrit la porte, et se remit à achever le classement des dossiers. Le jeune avoué demeura pendant un moment stupéfait en entrevoyant dans le clair-obscur le singulier client qui l'attendait. Le colonel Chabert était aussi parfaitement immobile que peut l'être une figure en cire de ce cabinet de Curtius où Godeschal avait voulu mener ses camarades. Cette immoblité n'aurait peut-être pas été un sujet d'étonnement, si elle n'eût complété le spectacle surnaturel que présentait l'ensemble du personnage. Le vieux soldat était sec et maigre. Son front, volontairement caché sous les cheveux de sa perruque lisse, lui donnait quelque chose de mystérieux. Ses yeux paraissaient couverts d'une taie transparente : vous eussiez dit de la nacre sale dont les reflets bleuâtres chatoyaient à la lueur des bougies. Le visage pâle, livide, et en lame de couteau, s'il est permis d'emprunter cette expression vulgaire, semblait mort. Le cou était serré par une mauvaise cravate de soie noire. L'ombre cachait si bien le corps à partir de la ligne brune que décrivait ce haillon, qu'un homme d'imagination aurait pu prendre cette vieille tête pour quelque silhouette due au hasard, ou pour un portrait de Rembrandt, sans cadre. Les bords du chapeau qui couvrait le front du vieillard projetaient un sillon noir sur le haut du visage. Cet effet bizarre, quoique naturel, faisait ressortir, par la brusquerie du contraste, les rides blanches, les sinuosités froides, le sentiment décoloré de cette physionomie cadavéreuse. Enfin l'absence de tout mouvement dans le corps, de toute chaleur dans le regard, s'accordait avec une certaine expression de démence triste, avec les dégradants symptômes par lesquels se caractérise l'idiotisme, pour faire de cette figure je ne sais quoi de funeste qu'aucune parole humaine ne pourrait exprimer. Mais un observateur, et surtout un avoué, aurait trouvé de plus en cet homme foudroyé les signes d'une douleur profonde, les indices d'une misère qui avait dégradé ce visage, comme les gouttes d'eau tombées du ciel sur un beau marbre l'ont à la longue défiguré. Un médecin, un auteur, un magistrat eussent pressenti tout un drame à l'aspect de cette sublime horreur dont le moindre mérite était de ressembler à ces fantaisies que les peintres s'amusent à dessiner au bas de leurs pierres lithographiques en causant avec leurs amis.

En voyant l'avoué, l'inconnu tressaillit par un mouvement convulsif semblable à celui qui échappe aux poètes quand un bruit inattendu vient les détourner d'une féconde rêverie, au milieu du silence et de la nuit. Le vieillard se découvrit promptement et se leva pour saluer le jeune homme ; le cuir qui garnissait l'intérieur de son chapeau étant sans doute fort gras, sa perruque y resta collée sans qu'il s'en aperçût, et laissa voir à nu son crâne horriblement mutilé par une cicatrice transversale qui prenait à l'occiput et venait mourir à l'œil droit, en formant partout une grosse couture saillante. L'enlèvement soudain de cette perruque sale, que le pauvre homme portait pour cacher sa blessure, ne donna nulle envie de rire aux deux gens de lois, tant ce crâne fendu était épouvantable à voir. La première pensée que suggérait l'aspect de cette blessure était celle-ci : — Par là s'est enfuie l'intelligence !

— Si ce n'est pas le colonel Chabert, ce doit être un fier troupier ! pensa Boucard.

— Monsieur, lui dit Derville, à qui ai-je l'honneur de parler ?

— Au colonel Chabert.

— Lequel ?

— Celui qui est mort à Eylau, répondit le vieillard.

En entendant cette singulière phrase, le clerc et l'avoué se jetèrent un regard qui signifiait : — C'est un fou !

— Monsieur, reprit le colonel, je désirerais ne confier qu'à vous le secret de ma situation.

Une chose digne de remarque est l'intrépidité naturelle aux avoués. Soit l'habitude de recevoir un grand nombre de personnes, soit le profond sentiment de la protection que les lois leur accordent, soit confiance en leur ministère, ils entrent partout sans rien craindre, comme les prêtres et les médecins, Derville fit un signe à Boucard, qui disparut.

— Monsieur, reprit l'avoué, pendant le jour je ne suis pas trop avare de mon temps ; mais au milieu de la nuit les minutes me sont précieuses. Ainsi, soyez bref et concis. Allez au fait sans digression. Je vous demanderai moi-même les éclaircissements qui me sembleront nécessaires. Parlez.

Après avoir fait asseoir son singulier client, le jeune homme s'assit lui-même devant la table ; mais, tout en prêtant son attention au discours du feu colonel, il feuilleta ses dossiers.

— Monsieur, dit le défunt, peut-être savez-vous que je commandais un régiment de cavalerie à Eylau. J'ai été pour beaucoup dans le succès de la célèbre charge que fit Murat, et qui décida le gain de la victoire. Malheureusement pour moi, ma mort est un fait historique consigné dans les *Victoires et Conquêtes*, où elle est rapportée en détail. Nous fendîmes en deux les trois lignes russes, qui, s'étant aussitôt reformées, nous obligèrent à les retraverser en sens contraire. Au moment où nous revenions vers l'Empereur, après avoir dispersé les Russes, je rencontrai un gros de cavalerie ennemie. Je me précipitai sur ces entêtés-là. Deux officiers russes, deux vrais géants, m'attaquèrent à la fois. L'un d'eux m'appliqua sur la tête un coup de sabre qui fendit tout jusqu'à un bonnet de soie noire que j'avais sur la tête, et m'ouvrit profondément le crâne. Je tombai de cheval. Murat vint à mon secours, il me passa sur le corps, lui et tout son monde, quinze cents hommes, excusez du peu ! Ma mort fut annoncée à l'Empereur, qui, par prudence (il m'aimait un peu, le patron !), voulut savoir s'il n'y aurait pas quelque chance de sauver l'homme auquel il était redevable de cette vigoureuse attaque. Il envoya, pour me reconnaître et me rapporter aux ambulances, deux chirurgiens en leur disant, peut-être trop négligemment, car il avait de l'ouvrage : — Allez donc voir si, par hasard, mon pauvre Chabert vit encore ? Ces sacrés carabins, qui venaient de me voir foulé aux pieds par les chevaux de deux régiments, se dispensèrent sans doute de me tâter le pouls et dirent que j'étais bien mort. L'acte de mon décès fut donc probablement dressé d'après les règles établies par la jurisprudence militaire.

En entendant son client s'exprimer avec une lucidité parfaite et raconter des faits si vraisemblables, quoique étranges, le jeune avoué laissa ses dossiers, posa son coude gauche sur la table, se mit la tête dans la main, et regarda le colonel fixement.

— Savez-vous, monsieur, lui dit-il en l'interrompant, que je suis l'avoué de la comtesse Ferraud, veuve du colonel Chabert?

— Ma femme ! Oui, monsieur. Aussi, après cent démarches infructueuses chez des gens de loi qui m'ont tous pris pour un fou, me suis-je déterminé à venir vous trouver. Je vous parlerai de mes malheurs plus tard. Laissez-moi d'abord vous établir les faits, vous expliquer plutôt comme ils ont dû se passer, que comme ils sont arrivés. Certaines circonstances, qui ne doivent être connues que du Père éternel, m'obligent à en présenter plusieurs comme des hypothèses. Donc, monsieur, les blessures que j'ai reçues auront probablement produit un tétanos, ou m'auront mis dans une crise analogue à une maladie nommée, je crois, catalepsie. Autrement comment concevoir que j'aie été, suivant l'usage de la guerre, dépouillé de mes vêtements, et jeté dans la fosse aux soldats par les gens chargés d'enterrer les morts? Ici, permettez-moi de placer un détail que je n'ai pu connaître que postérieurement à l'événement qu'il faut bien appeler ma mort. J'ai rencontré, en 1814, à Stuttgard un ancien maréchal-des-logis de mon régiment. Ce cher homme, le seul qui ait voulu me reconnaître, et de qui je vous parlerai tout à l'heure, m'expliqua le phénomène de ma conservation, en me disant que mon cheval avait reçu un boulet dans le flanc au moment où je fus blessé moi-même. La bête et le cavalier s'étaient donc abattus comme des capucins de cartes. En me renversant, soit à droite, soit à gauche, j'avais été sans doute couvert par le corps de mon cheval qui m'empêcha d'être écrasé par les chevaux, ou atteint par des boulets. Lorsque je revins à moi, monsieur, j'étais dans une position et dans une atmosphère dont je ne vous donnerais pas une idée en vous en entretenant jusqu'à demain. Le peu d'air que je respirais était méphitique. Je voulus me mouvoir, et ne trouvai point d'espace. En ouvrant les yeux, je ne vis rien. La rareté de l'air fut l'accident le plus menaçant, et qui m'éclaira le plus vivement sur ma position. Je compris que là où j'étais l'air ne se renouvelait point, et que j'allais mourir. Cette pensée m'ôta le sentiment de la douleur inexprimable par laquelle j'avais été réveillé. Mes oreilles tintèrent violemment. J'entendis, ou crus entendre, je ne veux rien affirmer, des gémissements poussés par le monde de cadavres au milieu duquel je gisais. Quoique la mémoire de ces moments soit bien ténébreuse, quoique mes souvenirs soient bien confus, malgré les impressions de souffrances encore plus profondes que je devais éprouver et qui ont brouillé mes idées, il y a des nuits où je crois encore entendre ces soupirs étouffés ! Mais il y a eu quelque chose de plus horrible que les cris, un silence que je n'ai jamais retrouvé nulle part, le vrai silence du tombeau. Enfin, en levant les mains, en tâtant les morts, je reconnus un vide entre ma tête et le fumier humain supérieur. Je pus donc mesurer l'espace qui m'avait été laissé par un hasard dont la cause m'était inconnue. Il paraît, grâce à l'insouciance ou à la précipitation avec laquelle on nous avait jetés pêle-mêle, que deux morts s'étaient croisés au-dessus de moi de manière à décrire un angle semblable à celui de deux cartes mises l'une contre l'autre par un enfant qui pose les fondements d'un château. En furetant avec promptitude, car il ne fallait pas flâner, je rencontrai fort heureusement un bras qui ne tenait à rien, le bras d'un Hercule ! un bon os auquel je dus mon salut. Sans ce secours inespéré, je périssais ! Mais, avec une rage que vous devez concevoir, je me mis à travailler les cadavres qui me séparaient de la couche de terre sans doute jetée sur nous, je dis nous, comme s'il y eût eu des vivants ! J'y allais ferme, monsieur, car me voici ! Mais je ne sais pas aujourd'hui comment j'ai pu parvenir à percer la couverture de chair qui mettait une barrière entre la vie et moi. Vous me direz que j'avais trois bras ! Ce levier, dont je me servais avec habileté, me procurait toujours un peu de l'air qui se trouvait entre les cadavres que je déplaçais, et je ménageais mes aspirations. Enfin je vis le jour, mais à travers la neige, monsieur ! En ce moment, je m'aperçus que j'avais la tête ouverte. Par bonheur, mon sang, celui de mes camarades ou la peau meurtrie de mon cheval peut-être, que sais-je ! m'avait, en se coagulant, comme enduit d'un emplâtre naturel. Malgré cette croûte, je m'évanouis quand mon crâne fut en contact avec la neige. Cependant, le peu de chaleur qui me restait ayant fait fondre la neige autour de moi, je me trouvai, quand je repris connaissance, au centre d'une petite ouverture par laquelle je criai aussi longtemps que je pus. Mais alors le soleil se levait, j'avais donc bien peu de chances pour être entendu. Y avait-il déjà du monde aux champs ? Je me haussais en faisant de mes pieds un ressort dont le point d'appui était sur les défunts qui avaient les reins solides. Vous sentez que ce n'était pas le moment de leur dire : — *Respect au courage mal-*

heureux! Bref, monsieur, après avoir eu la douleur, si le mot peut rendre ma rage, de voir pendant longtemps, oh! oui, longtemps! ces sacrés Allemands se sauvant en entendant une voix là où ils n'apercevaient point d'homme, je fus enfin dégagé par une femme assez hardie ou assez curieuse pour s'approcher de ma tête qui semblait avoir poussé hors de terre comme un champignon. Cette femme alla chercher son mari, et tous deux me transportèrent dans leur pauvre baraque. Il paraît que j'eus une rechute de catalepsie, passez-moi cette expression pour vous peindre un état duquel je n'ai nulle idée, mais que j'ai jugé, sur les dires de mes hôtes, devoir être un effet de cette maladie. Je suis resté pendant six mois entre la vie et la mort, ne parlant pas, ou déraisonnant quand je parlais. Enfin mes hôtes me firent admettre à l'hôpital d'Heilsberg. Vous comprenez, monsieur, que j'étais sorti du ventre de la fosse aussi nu que de celui de ma mère; en sorte que, six mois après, quand, un beau matin, je me souvins d'avoir été le colonel Chabert, et qu'en recouvrant ma raison je voulus obtenir de ma garde plus de respect qu'elle n'en accordait à un pauvre diable, tous mes camarades de chambrée se mirent à rire. Heureusement pour moi, le chirurgien avait répondu, par amour-propre, de ma guérison, et s'était naturellement intéressé à son malade. Lorsque je lui parlai d'une manière suivie de mon ancienne existence, ce brave homme, nommé Sparchmann, fit constater, dans les formes juridiques voulues par le droit du pays, la manière miraculeuse dont j'étais sorti de la fosse des morts, le jour et l'heure où j'avais été trouvé par ma bienfaitrice et par son mari; le genre, la position exacte de mes blessures, en joignant à ces différents procès-verbaux une description de ma personne. Eh! bien, monsieur, je n'ai ni ces pièces importantes, ni la déclaration que j'ai faite chez un notaire d'Heilsberg, en vue d'établir mon identité! Depuis le jour où je fus chassé de cette ville par les événements de la guerre, j'ai constamment erré comme un vagabond, mendiant mon pain, traité de fou lorsque je racontais mon aventure, et sans avoir ni trouvé, ni gagné un sou pour me procurer les actes qui pouvaient prouver mes dires, et me rendre à la vie sociale. Souvent, mes douleurs me retenaient durant des semestres entiers dans de petites villes où l'on prodiguait des soins au Français malade, mais où l'on riait au nez de cet homme dès qu'il prétendait être le colonel Chabert. Pendant longtemps ces rires, ces doutes me mettaient dans une fureur qui me nuisit et me fit même enfermer comme fou à Stuttgard. A la vérité, vous pouvez juger, d'après mon récit, qu'il y avait des raisons suffisantes pour faire coffrer un homme! Après deux ans de détention que je fus obligé de subir, après avoir entendu mille fois mes gardiens disant : — « Voilà un pauvre homme qui croit être le colonel Chabert! » à des gens qui répondaient : « Le pauvre homme! » je fus convaincu de l'impossibilité de ma propre aventure, je devins triste, résigné, tranquille, et renonçai à me dire le colonel Chabert, afin de pouvoir sortir de prison et revoir la France. Oh! monsieur, revoir Paris! c'était un délire que je ne...

A cette phrase inachevée, le colonel Chabert tomba dans une rêverie profonde que Derville respecta.

— Monsieur, un beau jour, reprit le client, un jour de printemps, on me donna la clef des champs et dix thalers, sous prétexte que je parlais très-sensément sur toutes sortes de sujets et que je ne me disais plus le colonel Chabert. Ma foi, vers cette époque, et encore aujourd'hui, par moments, mon nom m'est désagréable. Je voudrais n'être pas moi. Le sentiment de mes droits me tue. Si ma maladie m'avait ôté tout souvenir de mon existence passée, j'aurais été heureux! J'eusse repris du service sous un nom quelconque, et qui sait? je serais peut-être devenu feld-maréchal en Autriche ou en Russie.

— Monsieur, dit l'avoué, vous brouillez toutes mes idées. Je crois rêver en vous écoutant. De grâce, arrêtons-nous pendant un moment.

— Vous êtes, dit le colonel d'un air mélancolique, la seule personne qui m'ait si patiemment écouté. Aucun homme de loi n'a voulu m'avancer dix napoléons afin de faire venir d'Allemagne les pièces nécessaires pour commencer mon procès...

— Quel procès? dit l'avoué, qui oubliait la situation douloureuse de son client en entendant le récit de ses misères passées.

— Mais, monsieur, la comtesse Ferraud n'est-elle pas ma femme! Elle possède trente mille livres de rente qui m'appartiennent, et ne veut pas me donner deux liards. Quand je dis ces choses à des avoués, à des hommes de bon sens ; quand je propose, moi, mendiant, de plaider contre un comte et une comtesse ; quand je m'élève, moi, mort, contre un acte de décès, un acte de mariage et des actes de naissance, ils m'éconduisent, suivant leur caractère, soit avec cet air froidement poli que vous savez prendre pour vous débarrasser d'un malheureux, soit brutalement, en gens qui croient rencontrer un intrigant ou un fou. J'ai été enterré sous des morts, mais maintenant je suis enterré sous des vivants, sous des actes, sous des faits, sous la société tout entière, qui veut me faire rentrer sous terre !

— Monsieur, veuillez poursuivre maintenant, dit l'avoué.

— *Veuillez*, s'écria le malheureux vieillard en prenant la main du jeune homme, voilà le premier mot de politesse que j'entends depuis...

Le colonel pleura. La reconnaissance étouffa sa voix. Cette pénétrante et indicible éloquence qui est dans le regard, dans le geste, dans le silence même, acheva de convaincre Derville et le toucha vivement.

— Écoutez, monsieur, dit-il à son client, j'ai gagné ce soir trois cents francs au jeu ; je puis bien employer la moitié de cette somme à faire le bonheur d'un homme. Je commencerai les poursuites et diligences nécessaires pour vous procurer les pièces dont vous me parlez, et jusqu'à leur arrivée je vous remettrai cent sous par jour. Si vous êtes le colonel Chabert, vous saurez pardonner la modicité du prêt à un jeune homme qui a sa fortune à faire. Poursuivez.

Le prétendu colonel resta pendant un moment immobile et stupéfait : son extrême malheur avait sans doute détruit ses croyances. S'il courait après son illustration militaire, après sa fortune, après lui-même, peut-être était-ce pour obéir à ce sentiment inexplicable, en germe dans le cœur de tous les hommes, et auquel nous devons les recherches des alchimistes, la passion de la gloire, les découvertes de l'astronomie, de la physique, tout ce qui pousse l'homme à se grandir en se multipliant par les faits ou par les idées. L'*ego*, dans sa pensée, n'était plus qu'un objet secondaire, de même que la vanité du triomphe ou le plaisir du gain deviennent plus chers au parieur que ne l'est l'objet du pari. Les paroles du jeune avoué furent donc comme un miracle pour cet homme rebuté pendant dix années par sa femme, par la justice, par la création sociale entière. Trouver chez un avoué ces dix pièces d'or qui lui avaient été refusées pendant si longtemps, par tant de personnes et de tant de manières ! Le colonel ressemblait à cette dame qui, ayant eu la fièvre durant quinze années, crut avoir changé de maladie le jour où elle fut guérie. Il est des félicités auxquelles on ne croit plus; elles arrivent, c'est la foudre, elles consument. Aussi la reconnaissance du pauvre homme était-elle trop vive pour qu'il pût l'exprimer. Il eût paru froid aux gens superficiels, mais Derville devina toute une probité dans cette stupeur. Un fripon aurait eu de la voix.

Où en étais-je? dit le colonel avec la naïveté d'un enfant ou d'un soldat, car il y a souvent de l'enfant dans le vrai soldat, et presque toujours du soldat chez l'enfant, surtout en France.

— A Stuttgard. Vous sortiez de prison, répondit l'avoué.

Vous connaissez ma femme? demanda le colonel.

— Oui, répliqua Derville en inclinant la tête.

— Comment est-elle?

— Toujours ravissante.

Le vieillard fit un signe de main, et parut dévorer quelque secrète douleur avec cette résignation grave et solennelle qui caractérise les hommes éprouvés dans le sang et le feu des champs de bataille.

— Monsieur, dit-il avec une sorte de gaieté; car il respirait, ce pauvre colonel, il sortait une seconde fois de la tombe, il venait de fondre une couche de neige moins soluble que celle qui jadis lui avait glacé la tête, et il aspirait l'air comme s'il quittait un cachot. Monsieur, dit-il, si j'avais été joli garçon, aucun de mes malheurs ne me serait arrivé. Les femmes croient les gens quand ils farcissent leurs phrases du mot amour. Alors elles trottent, elles vont, elles se mettent en quatre, elles intriguent, elles affirment les faits, elles font le diable pour celui qui leur plaît. Comment aurais-je pu intéresser une femme? j'avais une face de *requiem*, j'étais vêtu comme un sans-culotte, je ressemblais plutôt à un Esquimeau qu'à un Français, moi qui jadis passais pour le plus joli des muscadins, en 1799! moi, Chabert, comte de l'Empire! Enfin, le jour même où l'on me jeta sur le pavé comme un chien, je rencontrai le maréchal-des-logis de qui je vous ai déjà parlé. Le camarade se nommait Boutin. Le pauvre diable et moi faisions la plus belle paire de rosses que j'aie jamais vue; je l'aperçus à la promenade, si je le reconnus, il lui fut impossible de deviner qui j'étais. Nous allâmes ensemble dans un cabaret. Là, quand je me nommai, la bouche de Boutin se fendit en éclat de rire comme un mortier qui crève. Cette gaieté, monsieur, me causa l'un de mes plus vifs chagrins! Elle me révélait sans fard tous les changements qui étaient survenus en moi! J'étais donc méconnaissable, même pour l'œil du plus humble et du plus reconnaissant de mes amis! jadis j'avais sauvé la vie à Boutin, mais c'était une revanche que je lui devais. Je ne vous dirai pas comment il me rendit ce service. La scène eut lieu en Italie, à Ravenne. La maison où Boutin m'empêcha d'être poignardé n'était pas une maison fort décente. A cette époque je n'étais pas colonel, j'étais simple cavalier, comme Boutin. Heureusement cette histoire comportait les détails qui ne pouvaient être connus que de nous seuls ; et, quand je les lui rappelai, son incrédulité diminua. Puis je lui contai les accidents de ma bizarre existence. Quoique mes yeux, ma voix fussent, me dit-il, singulièrement altérés, que je n'eusse plus ni cheveux, ni dents, ni sourcils, que je fusse blanc comme un Albinos, il finit par retrouver son colonel dans le mendiant, après mille interrogations auxquelles je répondis victorieusement. Il me raconta ses aventures, elles n'étaient pas moins extraordinaires que les miennes : il revenait des confins de la Chine, où il avait voulu pénétrer après s'être échappé de la Sibérie. Il m'apprit les désastres de la campagne de Russie et la première abdication de Napoléon. Cette nouvelle est une des choses qui m'ont fait le plus de mal ! Nous étions deux débris curieux après avoir ainsi roulé sur le globe comme roulent dans l'Océan les cailloux emportés d'un rivage à l'autre par les tempêtes. A nous deux nous avions vu l'Égypte, la Syrie, l'Espagne, la Russie, la Hollande, l'Allemagne, l'Italie, la Dalmatie, l'Angleterre, la Chine, la Tartarie, la Sibérie ; il ne nous manquait que d'être allés dans les Indes et en Amérique ! Enfin, plus ingambe que je ne l'étais, Boutin se chargea d'aller à Paris le plus lestement possible afin d'instruire ma femme de l'état dans lequel je me trouvais. J'écrivis à madame Chabert une lettre bien détaillée. C'était le quatrième, monsieur ! si j'avais eu des parents, tout cela ne serait peut-être pas arrivé ; mais, il faut vous l'avouer, je suis un enfant d'hôpital, un soldat qui pour patrimoine avait son courage, pour famille tout le monde, pour patrie la France, pour tout protecteur le bon Dieu. Je me trompe ! j'avais un père, l'Empereur ! Ah ! s'il était debout, le cher homme ! et qu'il vît *son Chabert*, comme il me nommait, dans l'état où je suis, mais il se mettrait en colère. Que voulez-vous ! notre soleil s'est couché, nous avons tous froid maintenant. Après tout, les événements politiques pouvaient justifier le silence de ma femme ! Boutin partit. Il était bien heureux, lui ! Il avait deux ours blancs supérieurement dressés qui le faisaient vivre. Je ne pouvais l'accompagner ; mes douleurs ne me permettaient pas de faire de longues étapes. Je pleurai, monsieur, quand nous nous séparâmes, après avoir marché aussi long-temps que mon état put me le permettre en compagnie de ses ours et de lui. A Carlsruhe j'eus un accès de névralgie à la tête, et restai six semaines sur la paille dans une auberge ! Je ne finirais pas, monsieur, s'il fallait vous raconter tous les malheurs de ma vie de mendiant. Les souffrances morales, auprès desquelles pâlissent les douleurs physiques, excitent cependant moins de pitié, parce qu'on ne les voit point. Je me souviens d'avoir pleuré devant un hôtel de Strasbourg où j'avais donné jadis une fête, et où je n'obtins rien, pas même un morceau de pain. Ayant déterminé de concert avec Boutin l'itinéraire que je devais suivre, j'allais à chaque bureau de poste demander s'il y avait une lettre et de l'argent pour moi. Je vins jusqu'à Paris sans avoir rien trouvé. Combien de désespoirs ne m'a-t-il pas fallu dévorer ! — Boutin sera mort, me disais-je. En effet, le pauvre diable avait succombé à Waterloo. J'appris sa mort plus tard et par hasard. Sa mission auprès de ma femme fut sans doute infructueuse. Enfin j'entrai dans Paris en même temps que les Cosaques. Pour moi c'était douleur sur douleur. En voyant les Russes en France, je ne pensais plus que je n'avais ni souliers aux pieds ni argent dans ma poche. Oui, monsieur, mes vêtements étaient en lambeaux. La veille de mon arrivée je fus forcé de bivouaquer dans les bois de Claye. La fraîcheur de la nuit me causa sans doute un accès de ne je sais quelle maladie, qui me prit quand je traversai le faubourg Saint-Martin. Je tombai presque évanoui à la porte d'un marchand de fer. Quand je me réveillai j'étais dans un lit à l'Hôtel-Dieu. Là je restai pendant un mois assez heureux. Je fus bientôt renvoyé, j'étais sans argent, mais bien portant et sur le bon pavé de Paris. Avec quelle joie et quelle promptitude j'allai rue du Mont-Blanc, où ma femme devait être logée dans un hôtel à moi ! Bah ! la rue du Mont-Blanc était devenue la rue de la Chaussée-d'Antin. Je n'y vis plus mon hôtel, il avait été vendu, démoli. Des spéculateurs avaient bâti plusieurs maisons dans mes jardins. Ignorant que ma femme fût mariée à monsieur Ferraud, je ne pouvais obtenir aucun renseignement. Enfin je me rendis chez un vieil avocat qui jadis était chargé de mes affaires. Le bonhomme était mort après avoir cédé sa clientèle à un jeune homme. Celui-ci m'apprit, à mon grand étonnement, l'ouverture de ma succession, sa liquidation, le mariage de ma femme et la naissance de ses deux enfants. Quand je lui dis être le colonel Chabert, il se mit à rire si franchement que je le quittai sans lui faire la moindre observation. Ma détention de Stuttgard me fit songer à Charenton, et je résolus d'agir avec prudence. Alors, monsieur, sachant où demeurait ma femme, je m'acheminai vers son hôtel, le cœur plein d'espoir. Eh ! bien, dit le colonel avec un mouvement de rage concentrée, je n'ai pas été reçu lorsque je me fis annoncer sous un nom d'emprunt, et le jour où je pris le mien je fus consigné à sa porte. Pour voir la comtesse rentrant du bal ou du spectacle, au matin, je suis resté pendant des nuits entières collé contre la borne de sa porte cochère. Mon regard plongeait dans cette voiture qui passait devant mes yeux avec la rapidité de l'éclair, et où j'entrevoyais à peine cette femme qui est mienne et qui n'est plus à moi ! Oh ! dès ce jour j'ai vécu pour la vengeance, s'écria le vieillard d'une voix sourde en se dressant tout à coup devant Derville. Elle sait que j'existe ; elle a reçu de moi, depuis mon retour, deux lettres écrites par moi-même. Elle ne m'aime plus ! Moi, j'ignore si je l'aime ou si je la déteste ! je la désire et la maudis tour à tour. Elle me doit sa fortune, son bonheur ; eh ! bien, elle ne m'a pas seulement fait parvenir le plus léger secours ! Par moments je ne sais plus que devenir !

A ces mots, le vieux soldat retomba sur sa chaise, et redevint immobile. Derville resta silencieux, occupé à contempler son client.

— L'affaire est grave, dit-il enfin machinalement. Même en admettant l'authenticité des pièces qui doivent se trouver à Heilsberg, il ne m'est pas prouvé que nous puissions triompher tout d'abord. Le procès ira successivement devant trois tribunaux. Il faut réfléchir à tête reposée sur une semblable cause, elle est tout exceptionnelle.

— Oh ! répondit froidement le colonel en relevant la tête par un mouvement de fierté, si je succombe, je saurai mourir, mais en compagnie.

Là, le vieillard avait disparu. Les yeux de l'homme énergique brillaient rallumés aux feux du désir et de la vengeance.

— Il faudra peut-être transiger, dit l'avoué.

— Transiger, répéta le colonel Chabert. Suis-je mort ou suis-je vivant ?

— Monsieur, reprit l'avoué, vous suivrez, je l'espère, mes conseils. Votre cause sera ma cause. Vous vous apercevrez bientôt de l'intérêt que je prends à votre situation, presque sans exemple dans les fastes judiciaires. En attendant, je vais vous donner un mot pour mon notaire, qui vous remettra, sur votre quittance, cinquante francs tous les dix jours. Il ne serait pas convenable que vous vinssiez chercher ici des secours. Si vous êtes le colonel Chabert, vous ne devez être à la merci de personne. Je donnerai à ces avances la forme d'un prêt. Vous avez des biens à recouvrer, vous êtes riche.

Cette dernière délicatesse arracha des larmes au vieillard. Derville se leva brusquement, car il n'était peut-être pas de coutume qu'un avoué parût s'émouvoir ; il passa dans son cabinet, d'où il revint avec une lettre non cachetée qu'il remit au comte Chabert. Lorsque le pauvre homme la tint entre ses doigts, il sentit deux pièces d'or à travers le papier.

— Voulez-vous me désigner les actes, me donner le nom de la ville, du royaume ? dit l'avoué.

Le colonel dicta les renseignements en vérifiant l'orthographe des noms de lieux ; puis, il prit son chapeau d'une main, regarda Derville, lui tendit l'autre main, une main calleuse, et lui dit d'une voix simple : — Ma foi, monsieur, après l'Empereur, vous êtes l'homme auquel je devrai le plus ! Vous êtes *un brave*.

L'avoué frappa dans la main du colonel, le reconduisit jusque sur l'escalier et l'éclaira.

— Boucard, dit Derville à son premier clerc, je viens d'entendre une histoire qui me coûtera peut-être vingt-cinq louis. Si je suis volé, je ne regretterai pas mon argent, j'aurai vu le plus habile comédien de notre époque.

Quand le colonel se trouva dans la rue et devant un réverbère, il retira de la lettre les deux pièces de vingt francs que l'avoué lui avait données, et les regarda pendant un moment à la lumière. Il revoyait de l'or pour la première fois depuis neuf ans.

— Je vais donc pouvoir fumer des cigares, se dit-il.

Environ trois mois après cette consultation nuitamment faite par le colonel Chabert chez Derville, le notaire chargé de payer la demi-solde que l'avoué faisait à son singulier client, vint le voir pour conférer sur une affaire grave, et commença par lui réclamer six cents francs donnés au vieux militaire.

— Tu t'amuses donc à entretenir l'ancienne armée ? lui dit en riant ce notaire, nommé Crottat, jeune homme qui venait d'acheter l'étude où il était Maître clerc, et dont le patron venait de prendre la fuite en faisant une épouvantable faillite.

— Je te remercie, mon cher maître, répondit Derville, de me rappeler cette affaire-là. Ma philanthropie n'ira pas au delà de vingt-cinq louis, je crains déjà d'avoir été la dupe de mon patriotisme.

Au moment où Derville achevait sa phrase, il vit sur son bureau les paquets que son Maître clerc y avait mis. Ses yeux furent frappés à l'aspect des timbres oblongs, carrés, triangulaires, rouges, bleus, apposés sur une lettre par les postes prussienne, autrichienne, bavaroise et française.

— Ah! dit-il en riant, voici le dénoûment de la comédie, nous allons voir si je suis attrapé. Il prit la lettre et l'ouvrit, mais il n'y put rien lire, elle était écrite en allemand. — Boucard, allez vous-même faire traduire cette lettre, et revenez promptement, dit Derville en entr'ouvrant la porte de son cabinet et tendant la lettre à son Maître clerc.

Le notaire de Berlin auquel s'était adressé l'avoué, lui annonçait que les actes dont les expéditions étaient demandées lui parviendraient quelques jours après cette lettre d'avis. Les pièces étaient, disait-il, parfaitement en règle, et revêtues des légalisations nécessaires pour faire foi en justice. En outre, il lui mandait que presque tous les témoins des faits consacrés par les procès-verbaux existaient à Prussich-Eylau ; et que la femme à laquelle monsieur le comte Chabert devait la vie, vivait encore dans un des faubourgs d'Heilsberg.

— Ceci devient sérieux, s'écria Derville quand Boucard eut fini de lui donner la substance de la lettre. — Mais, dis donc, mon petit, reprit-il en s'adressant au notaire, je vais avoir besoin de renseignements qui doivent être en ton étude. N'est-ce pas chez ce vieux fripon de Roguin...

— Nous disons l'infortuné, le malheureux Roguin, reprit maître Alexandre Crottat en riant et interrompant Derville.

— N'est-ce pas chez cet infortuné qui vient d'emporter huit cent mille francs à ses clients et de réduire plusieurs familles au désespoir, que s'est faite la liquidation de la succession Chabert ? Il me semble que j'ai vu cela dans nos pièces Ferraud.

— Oui, répondit Crottat, j'étais alors troisième clerc, je l'ai copiée et bien étudiée, cette liquidation. Rose Chapotel, épouse et veuve de Hyacinthe, dit Chabert, comte de l'empire, grand-officier de la Légion d'Honneur ; ils s'étaient mariés sans contrat, ils étaient donc communs en biens. Autant que je puis m'en souvenir, l'actif s'élevait à six cent mille francs. Avant son mariage, le comte Chabert avait fait un testament en faveur des hospices de Paris, par lequel il leur attribuait le quart de la fortune qu'il posséderait au moment de son décès, le domaine héritait de l'autre quart. Il y a eu licitation, vente et partage, parce que les avoués sont allés bon train. Lors de la liquidation, le monstre qui gouvernait alors la France a rendu par un décret la portion du fisc à la veuve du colonel.

— Ainsi la fortune personnelle du comte Chabert ne se monterait donc qu'à trois cent mille francs.

— Par conséquent, mon vieux! répondit Crottat. Vous avez parfois l'esprit juste, vous autres avoués, quoiqu'on vous accuse de vous fausser en plaidant aussi bien le Pour que le Contre.

Le comte Chabert, dont l'adresse se lisait au bas de la première quittance que lui avait remise le notaire, demeurait dans le faubourg Saint-Marceau, rue du Petit-Banquier, chez un vieux maréchal-des-Logis de la garde impériale, devenu nourrisseur, et nommé Vergniaud. Arrivé là, Derville fut forcé d'aller à pied à la recherche de son client ; car son cocher refusa de s'engager dans une rue non pavée et dont les ornières étaient un peu trop profondes pour les roues d'un cabriolet. En regardant de tous les côtés, l'avoué finit par trouver, dans la partie de cette rue qui avoisine le boulevard, entre deux murs bâtis avec des ossements et de la terre, deux mauvais pilastres en moellons, que le passage des voitures avait ébréchés, malgré deux morceaux de bois placés en forme de bornes. Ces pilastres soutenaient une poutre couverte d'un chaperon en tuiles, sur laquelle ces mots étaient écrits en rouge : VERGNIAUD, NOURICEURE. A droite de ce nom, se voyaient des œufs, et à gauche une vache, le tout peint en blanc. La porte était ouverte et restait sans doute ainsi pendant toute la journée. Au fond d'une cour assez spacieuse, s'élevait, en face de la porte, une maison, si toutefois ce nom convient à l'une de ces masures bâties dans les faubourgs de Paris, et qui ne sont comparables à rien, pas même aux plus chétives habitations de la campagne, dont elles ont la misère sans en avoir la poésie. En effet, au milieu des champs, les cabanes ont encore une grâce que leur donnent la pureté de l'air, a verdure, l'aspect des champs, une colline, un chemin tortueux, des vignes, une haie vive, la mousse des chaumes, et les ustensiles champêtres ; mais à Paris la misère ne se grandit que par son horreur. Quoique récemment construite, cette maison semblait près de tomber en ruine. Aucun des matériaux n'y avait eu sa vraie destination, ils provenaient tous des démolitions qui se font journellement dans Paris. Derville lut sur un volet fait avec les planches d'une enseigne : *Magasin de nouveautés*. Les fenêtres ne se ressemblaient point entre elles et se trouvaient bizarrement placées. Le rez-de-chaussée, qui paraissait être la partie habitable, était exhaussé d'un côté, tandis que de l'autre les chambres étaient enterrées par une éminence. Entre la porte et la maison s'étendait une mare pleine de fumier où coulaient les eaux pluviales et ménagères. Le mur sur lequel s'appuyait ce chétif logis, et qui paraissait être plus solide que les autres, était garni de cabanes grillagées où de vrais lapins faisaient leurs nombreuses familles. A droite de la porte cochère se trouvait la vacherie surmontée d'un grenier à fourrages, et qui communiquait à la maison par une laiterie. A gauche étaient une basse-cour, une écurie et un toit à cochons qui avait été fini, comme celui de la maison, en mauvaises planches de bois blanc clouées les unes sur les autres, et mal recouvertes avec du jonc. Comme presque tous les endroits où se cuisinent les éléments du grand repas que Paris dévore chaque jour, la cour dans laquelle Derville mit le pied offrait les traces de la précipitation voulue par la nécessité d'arriver à heure fixe. Ces grands vases de ferblancs bossués dans lesquels se transporte le lait, et les pots qui contiennent la crème, étaient jetés pêle-mêle devant la laiterie, avec leurs bouchons de linge. Les loques trouées qui servaient à les essuyer flottaient au soleil étendues sur des ficelles attachées à des piquets. Ce cheval pacifique, dont la race ne se trouve que chez les laitières, avait fait quelques pas en avant de sa charrette et restait devant l'écurie, dont la porte était fermée. Une chèvre broutait le pampre de la vigne grêle et poudreuse qui garnissait le mur jaune et lézardé de la maison. Un chat était accroupi sur les pots à crème et les léchait. Les poules, effarouchées à l'approche de Derville, s'envolèrent en criant, et le chien de garde aboya.

— L'homme qui a décidé le gain de la bataille d'Eylau serait là ! se dit Derville en saisissant d'un seul coup d'œil l'ensemble de ce spectacle ignoble.

La maison était restée sous la protection de trois gamins. L'un, grimpé sur le faîte d'une charrette chargée de fourrage vert, jetait des pierres dans un tuyau de cheminée de la maison voisine, espérant qu'elles y tomberaient dans la marmite. L'autre essayait d'amener un cochon sur le plancher de la charrette qui touchait à terre, tandis que le troisième pendu à l'autre bout attendait que le cochon y fût placé pour l'enlever en faisant faire la bascule à la charrette. Quand Derville leur demanda si c'était bien là que demeurait monsieur Chabert, aucun ne répondit, et tous trois le regardèrent avec une stupidité spirituelle, s'il est permis d'allier ces deux mots. Derville réitéra ses questions sans succès. Impatienté par l'air narquois des trois drôles, il leur dit de ces injures plaisantes que les jeunes gens se croient le droit d'adresser aux enfants, et les gamins rompirent le silence par un rire brutal. Derville se fâcha. Le colonel qui l'entendit, sortit d'une petite chambre basse située près de la laiterie et apparut sur le seuil de sa porte avec un flegme militaire inexprimable. Il avait à la bouche une de ces pipes notablement *culottées* (expression technique des fumeurs), une de ces humbles pipes de terre blanche nommées des *brûle-gueules*. Il leva la visière d'une casquette horriblement crasseuse, aperçut Derville et traversa le fumier, pour venir plus promptement à son bienfaiteur, en criant d'une voix amicale aux gamins : — Silence dans les rangs ! Les enfants gardèrent aussitôt un silence respectueux qui annonçait l'empire exercé sur eux par le vieux soldat.

— Pourquoi ne m'avez-vous pas écrit ? dit-il à Derville. Allez le long de la vacherie ! Tenez, là, le chemin est pavé, s'écria-t-il en remarquant l'indécision de l'avoué qui ne voulait pas se mouiller les pieds dans le fumier.

En sautant de place en place, Derville arriva sur le seuil de la porte par où le colonel était sorti. Chabert parut désagréablement affecté d'être obligé de le recevoir dans la chambre qu'il occupait. En effet, Derville n'y aperçut qu'une seule chaise. Le lit du colonel consistait en quelques bottes de paille sur lesquelles son hôtesse avait étendu deux ou trois lambeaux de ces vieilles tapisseries, ramassées je ne sais où, qui servent aux laitières à garnir les bancs de leurs charrettes. Le plancher était tout simplement en terre battue. Les murs salpêtrés, verdâtres et fendus répandaient une si forte humidité, que le mur contre lequel couchait le colonel était tapissé d'une natte en jonc. Le fameux carrick pendait à un clou. Deux mauvaises paires de bottes gisaient dans un coin. Nul vestige de linge. Sur la table vermoulue, les Bulletins de la Grande-Armée réimprimés par Plancher étaient ouverts, et paraissaient être la lecture du colonel, dont la physionomie était calme et sereine au milieu de cette misère. Sa visite chez Derville semblait avoir changé le caractère de ses traits, où l'avoué trouva les traces d'une pensée heureuse, une lueur particulière qu'y avait jetée l'espérance.

— La fumée de la pipe vous incommode-t-elle? dit-il en tendant à son avoué la chaise à moitié dépaillée.

— Mais, colonel, vous êtes horriblement mal ici.

Cette phrase fut arrachée à Derville par la défiance naturelle aux avoués, et par la déplorable expérience que leur donnent de bonne heure les épouvantables drames inconnus auxquels ils assistent.

— Voilà, se dit-il, un homme qui aura certainement employé mon argent à satisfaire les trois vertus théologales du troupier : le jeu, le vin et les femmes!

— C'est vrai, monsieur, nous ne brillons pas ici par le luxe. C'est un bivouac tempéré par l'amitié, mais... Ici le soldat lança un regard profond à l'homme de loi. Mais, je n'ai fait de tort à personne, je n'ai jamais repoussé personne, et je dors tranquille.

L'avoué songea qu'il y aurait peu de délicatesse à demander compte à son client des sommes qu'il lui avait avancées, et il se contenta de lui dire : — Pourquoi n'avez-vous donc pas voulu venir dans Paris où vous auriez pu vivre aussi peu chèrement que vous vivez ici, mais où vous auriez été mieux?

— Mais, répondit le colonel, les braves gens chez lesquels je suis m'avaient recueilli, nourri *gratis* depuis un an! comment les quitter au moment où j'avais un peu d'argent? Puis le père de ces trois gamins est un vieux *égyptien*.....

— Comment, un égyptien?

— Nous appelons ainsi les troupiers qui sont revenus de l'expédition d'Égypte de laquelle j'ai fait partie. Non-seulement tous ceux qui en sont revenus sont un peu frères, mais Vergniaud était alors dans mon régiment, nous avions partagé de l'eau dans le désert. Enfin, je n'ai pas encore fini d'apprendre à lire à ses marmots.

— Il aurait bien pu vous mieux loger, pour votre argent, lui.

— Bah! dit le colonel, ses enfants couchent comme moi sur la paille! Sa femme et lui n'ont pas un lit meilleur, ils sont bien pauvres, voyez-vous ? ils ont pris un établissement au-dessus de leurs forces. Mais si je recouvre ma fortune !... Enfin, suffit !

— Colonel, je dois recevoir demain ou après vos actes d'Heilsberg. Votre libératrice vit encore !

— Sacré argent ! Dire que je n'en ai pas ! s'écria-t-il en jetant par terre sa pipe.

Une pipe *culottée* est une pipe précieuse pour un fumeur ; mais ce fut par un geste si naturel, par un mouvement si généreux, que tous les fumeurs et même la Régie lui eussent pardonné ce crime de lèse-tabac. Les anges auraient peut-être ramassé les morceaux.

— Colonel, votre affaire est excessivement compliquée, lui dit Derville en sortant de la chambre pour s'aller promener au soleil le long de la maison.

— Elle me paraît, dit le soldat, parfaitement simple. L'on m'a cru mort, me voilà ! rendez-moi ma femme et ma fortune ; donnez-moi le grade de général auquel j'ai droit, car j'ai passé colonel dans la garde impériale, la veille de la bataille d'Eylau.

— Les choses ne vont pas ainsi dans le monde judiciaire, reprit Derville. Écoutez-moi. Vous êtes le comte Chabert, je le veux bien, mais il s'agit de le prouver judiciairement à des gens qui vont avoir intérêt à nier votre existence. Ainsi, vos actes seront discutés. Cette discussion entraînera dix ou douze questions préliminaires. Toutes iront contradictoirement jusqu'à la cour suprême, et constitueront autant de procès coûteux, qui traîneront en longueur, quelle que soit l'activité que j'y mette. Vos adversaires demanderont une enquête à laquelle nous ne pourrons pas nous refuser, et qui nécessitera peut-être une commission rogatoire en Prusse. Mais supposons tout au mieux : admettons qu'il soit reconnu promptement par la justice que vous êtes le colonel Chabert. Savons-nous comment sera jugée la question soulevée par la bigamie fort innocente de la comtesse Ferraud ? Dans votre cause, le point de droit est en dehors du code, et ne peut être jugé par les juges que suivant les lois de la conscience, comme fait le jury dans les questions délicates que présentent les bizarreries sociales de quelques procès criminels. Or, vous n'avez pas eu d'enfants de votre mariage, et monsieur le comte Ferraud en a deux du sien, les juges peuvent déclarer nul le mariage où se rencontrent les liens les plus faibles, au profit du mariage qui en comporte de plus forts, du moment où il y a eu bonne foi chez les contractants. Serez-vous dans une position morale bien belle, en voulant *mordicus* avoir à votre âge et dans les circonstances où vous vous trouvez, une femme qui ne vous aime plus ? Vous aurez contre vous votre femme et son mari, deux personnes puissantes qui pourront influencer les tribunaux. Le procès a donc des éléments de durée. Vous aurez le temps de vieillir dans les chagrins les plus cuisants.

— Et ma fortune ?

— Vous vous croyez donc une grande fortune ?

— N'avais-je pas trente mille livres de rente ?

— Mon cher colonel, vous aviez fait, en 1799, avant votre mariage, un testament qui léguait le quart de vos biens aux hospices.

— C'est vrai.

— Eh ! bien, vous censé mort, n'a-t-il pas fallu procéder à un inventaire, à une liquidation afin de donner ce quart aux hospices ? Votre femme ne s'est pas fait scrupule de tromper les pauvres. L'inventaire, où sans doute elle s'est bien gardée de mentionner l'argent comptant, les pierreries, où elle aura produit peu d'argenterie, et où le mobilier a été estimé à deux tiers au-dessous du prix réel, soit pour la favoriser, soit pour payer moins de droits au fisc, et aussi parce que les commissaires-priseurs sont responsables de leurs estimations, l'inventaire ainsi fait a établi six cent mille francs de valeurs. Pour sa part, votre veuve avait droit à la moitié. Tout a été vendu, racheté par elle, elle a bénéficié sur tout, et les hospices ont eu leurs soixante-quinze mille francs. Puis, comme le fisc héritait de vous, attendu que vous n'aviez pas fait mention de votre femme dans votre testament, l'Empereur a rendu par un décret à votre veuve la portion qui revenait au domaine public. Maintenant, à quoi avez-vous droit ? à trois cent mille francs seulement, moins les frais.

— Et vous appelez cela la justice ? dit le colonel ébahi.

— Mais, certainement...

— Elle est belle.

— Elle est ainsi, mon pauvre colonel. Vous voyez que ce que vous avez cru facile ne l'est pas. Madame Ferraud peut même vouloir garder la portion qui lui a été donnée par l'Empereur.

— Mais elle n'était pas veuve, le décret est nul...

— D'accord. Mais tout se plaide. Écoutez-moi. Dans ces circonstances, je crois qu'une transaction serait, et pour vous et pour elle, le meilleur dénoûment du procès. Vous y gagnerez une fortune plus considérable que celle à laquelle vous auriez droit.

— Ce serait vendre ma femme?

— Avec vingt-quatre mille francs de rente, vous aurez, dans la position où vous vous trouvez, des femmes qui vous conviendront mieux que la vôtre, et qui vous rendront plus heureux. Je compte aller voir aujourd'hui même madame la comtesse Ferraud afin de sonder le terrain ; mais je n'ai pas voulu faire cette démarche sans vous en prévenir.

— Allons ensemble chez elle...

— Fait comme vous êtes? dit l'avoué. Non, non, colonel, non. Vous pourriez y perdre tout à fait votre procès...

— Mon procès est-il gagnable?

— Sur tous les chefs, répondit Derville. Mais, mon cher colonel Chabert, vous ne faites pas attention à une chose. Je ne suis pas riche, ma charge n'est pas entièrement payée. Si les tribunaux vous accordent une *provision*, c'est-à-dire une somme à prendre par avance sur votre fortune, ils ne l'accorderont qu'après avoir reconnu vos qualités de comte Chabert, grand-officier de la Légion-d'Honneur.

— Tiens, je suis grand-officier de la Légion, je n'y pensais plus, dit-il naïvement.

— Eh! bien, jusque-là, reprit Derville, ne faut-il pas plaider, payer des avocats, lever et solder les jugements, faire marcher des huissiers, et vivre? les frais des instances préparatoires se monteront, à vue de nez, à plus de douze ou quinze mille francs. Je ne les ai pas, moi qui suis écrasé par les intérêts énormes que je paye à celui qui m'a prêté l'argent de ma charge. Et vous! où les trouverez-vous?

De grosses larmes tombèrent des yeux flétris du pauvre soldat et roulèrent sur ses joues ridées. A l'aspect de ces difficultés, il fut découragé. Le monde social et judiciaire lui pesait sur la poitrine comme un cauchemar.

— J'irai, s'écria-t-il, au pied de la colonne de la place Vendôme, je crierai là : — « Je suis le colonel Chabert qui a enfoncé le grand carré des Russes à Eylau! » Le bronze, lui! me reconnaîtra.

— Et l'on vous mettra sans doute à Charenton.

A ce nom redouté, l'exaltation du militaire tomba.

— N'y aurait-il donc pas pour moi quelques chances favorables au ministère de la guerre ?

— Les bureaux ! dit Derville. Allez-y, mais avec un jugement bien en règle qui déclare nul votre acte de décès. Les bureaux voudraient pouvoir anéantir les gens de l'Empire.

Le colonel resta pendant un moment interdit, immobile, regardant sans voir, abîmé dans un désespoir sans bornes. La justice militaire est franche, rapide, elle décide à la turque, et juge presque toujours bien ; cette justice était la seule que connût Chabert. En apercevant le dédale de difficultés où il fallait s'engager, en voyant combien il fallait d'argent pour y voyager, le pauvre soldat reçut un coup mortel dans cette puissance particulière à l'homme et que l'on nomme la *volonté*. Il lui parut impossible de vivre en plaidant, il fut pour lui mille fois plus simple de rester pauvre, mendiant, de s'engager comme cavalier si quelque régiment voulait de lui. Ses souffrances physiques et morales lui avaient déjà vicié le corps dans quelques-uns des organes les plus importants. Il touchait à l'une de ces maladies pour lesquelles la médecine n'a pas de nom, dont le siége est en quelque sorte mobile comme l'appareil nerveux qui paraît le plus attaqué parmi tous ceux de notre machine, affection qu'il faudrait nommer le *spleen* du malheur. Quelque grave que fût déjà ce mal invisible, mais réel, il était encore guérissable par une heureuse conclusion. Pour ébranler tout à fait cette vigoureuse organisation, il suffirait d'un obstacle nouveau, de quelque fait imprévu qui en romprait les ressorts affaiblis et produirait ces hésitations, ces actes incompris, incomplets, que les physiologistes observent chez les êtres ruinés par les chagrins.

En reconnaissant alors les symptômes d'un profond abattement chez son client, Derville lui dit : — Prenez courage, la solution de cette affaire ne peut que vous être favorable. Seulement, examinez si vous pouvez me donner toute votre confiance, et accepter aveuglément le résultat que je croirai le meilleur pour vous.

— Faites comme vous voudrez, dit Chabert.

— Oui, mais vous vous abandonnez à moi comme un homme qui marche à la mort ?

— Ne vais-je pas rester sans état, sans nom ? Est-ce tolérable ?

— Je ne l'entends pas ainsi, dit l'avoué. Nous poursuivrons à l'amiable un jugement pour annuler votre acte de décès et votre mariage, afin que vous repreniez vos droits. Vous serez même, par l'influence du comte Ferraud, porté sur les cadres de l'armée comme général, et vous obtiendrez sans doute une pension.

— Allez donc ! répondit Chabert, je me fie entièrement à vous.

— Je vous enverrai donc une procuration à signer, dit Derville. Adieu, bon courage ! S'il vous faut de l'argent, comptez sur moi.

Chabert serra chaleureusement la main de Derville, et resta le dos appuyé contre la muraille, sans avoir la force de le suivre autrement que des yeux. Comme tous les gens qui comprennent peu les affaires judiciaires, il s'effrayait de cette lutte imprévue.

Pendant cette conférence, à plusieurs reprises, il s'était avancé, hors d'un pilastre de la porte cochère, la figure d'un homme posté dans la rue pour guetter la sortie de Derville, et qui l'accosta quand il sortit. C'était un vieux homme vêtu d'une veste bleue, d'une cotte blanche plissée semblable à celle des brasseurs, et qui portait sur la tête une casquette de loutre. Sa figure était brune, creusée, ridée, mais rougie sur les pommettes par l'excès du travail et hâlée par le grand air.

— Excusez, monsieur, dit-il à Derville en l'arrêtant par le bras, si je prends la liberté de vous parler, mais je me suis douté, en vous voyant, que vous étiez l'ami de notre général.

— Eh ! bien ? dit Derville, en quoi vous intéressez-vous à lui ? Mais qui êtes-vous ? reprit le défiant avoué.

— Je suis Louis Vergniaud, répondit-il d'abord. Et j'aurais deux mots à vous dire.

— Et c'est vous qui avez logé le comte Chabert comme il l'est ?

— Pardon, excuse, monsieur, il a la plus belle chambre. Je lui aurais donné la mienne, si je n'en avais eu qu'une. J'aurais couché dans l'écurie. Un homme qui a souffert comme lui, qui apprend à lire à mes *miochcs*, un général, un égyptien, le premier lieutenant sous lequel j'ai servi... faudrait voir ? Du tout, il est le mieux logé. J'ai partagé avec lui ce que j'avais. Malheureusement ce n'était pas grand'chose, du pain, du lait, des œufs ; enfin à la guerre comme à la guerre ! C'est de bon cœur. Mais il nous a vexés.

— Lui ?

— Oui, monsieur, vexés, là ce qui s'appelle en plein. J'ai pris un établissement au-dessus de mes forces, il le voyait bien. Ça vous le contrariait et il pansait le cheval ! Je lui dis : — Mais, mon général ? — Bah ! qui dit, je ne veux pas être comme un fainéant, et il y a long-temps que je sais brosser le lapin. J'avais donc fait des billets pour le prix de ma vacherie à un nommé Grados... Le connaissez-vous, monsieur !

— Mais, mon cher, je n'ai pas le temps de vous écouter. Seulement dites-moi comment le colonel vous a vexés !

— Il nous a vexés, monsieur, aussi vrai que je m'appelle Louis Vergniaud, et que ma femme en a pleuré. Il a su par les voisins que nous n'avions pas le premier sou de notre billet. Le vieux grognard, sans rien dire, a amassé tout ce que vous lui donniez, a guetté le billet et l'a payé. C'te malice ! Que ma femme et moi nous savions qu'il n'avait pas de tabac, ce pauvre vieux, et qu'il s'en passait ! Oh ! maintenant, tous les matins il a ses cigares ! je me vendrais plutôt... Non ! nous sommes vexés. Donc, je voudrais vous proposer de nous prêter, vu qu'il nous a dit que vous étiez un brave homme, une centaine d'écus sur notre établissement, afin que nous lui fassions faire des habits, que nous lui meublions sa chambre. Il a cru nous acquitter, pas vrai ? Eh bien, au contraire, voyez-vous, l'ancien nous a endettés... et vexés ! Il ne devait pas nous faire cette avanie-là. Il nous a vexés ! et des amis, encore ? Foi d'honnête homme, aussi vrai que je m'appelle Louis Vergniaud, je m'engagerais plutôt que de ne pas vous rendre cet argent-là...

Derville regarda le nourrisseur, et fit quelques pas en arrière pour revoir la maison, la cour, les fumiers, l'étable, les lapins, les enfants.

— Par ma foi, je crois qu'un des caractères de la vertu est de ne pas être propriétaire, se dit-il. Va, tu auras tes cent écus ! et plus même. Mais ce ne sera pas moi qui te les donnerai, le colonel sera bien assez riche pour t'aider, et je ne veux pas lui en ôter le plaisir.

— Ce sera-t-il bientôt ?

— Mais oui.

— Ah ! mon Dieu, que mon épouse va-t-être contente !

Et la figure tannée du nourrisseur sembla s'épanouir.

— Maintenant, se dit Derville en remontant dans son cabriolet, allons chez notre adversaire. Ne laissons pas voir notre jeu, tâchons de connaître le sien, et gagnons la partie d'un seul coup. Il faudrait l'effrayer ? Elle est femme. De quoi s'effraient le plus les femmes ? Mais les femmes ne s'effraient que de...

Il se mit à étudier la position de la comtesse, et tomba dans une de ces méditations auxquelles se livrent les grands politiques en concevant leurs plans, en tâchant de deviner le secret des cabinets ennemis. Les avoués ne sont-ils pas en quelque sorte des hommes d'État chargés des affaires privées ? Un coup d'œil jeté sur la situation de monsieur le comte Ferraud et de sa femme est ici nécessaire pour faire comprendre le génie de l'avoué.

Monsieur le comte Ferraud était le fils d'un ancien Conseiller au Parlement de Paris, qui avait émigré pendant le temps de la Terreur, et qui s'il sauva sa tête, perdit sa fortune. Il rentra sous le Consulat et resta constamment fidèle aux intérêts de Louis XVIII, dans les entours duquel était son père avant la révolution. Il appartenait donc à cette partie du faubourg Saint-Germain qui résista noblement aux séductions de Napoléon. La réputation de capacité que se fit le jeune comte, alors simplement appelé monsieur Ferraud, le rendit l'objet des coquetteries de l'Empereur, qui souvent était aussi heureux de ses conquêtes sur l'aristocratie que du gain d'une bataille. On promit au comte la restitution de son titre, celle de ses biens non vendus, on lui montra dans le lointain un ministère, une sénatorerie. L'empereur échoua. Monsieur Ferraud était, lors de la mort du comte Chabert, un jeune homme de vingt-six ans, sans fortune, doué de formes agréables, qui avait des succès et que le faubourg Saint-Germain avait adopté comme une de ses gloires ; mais madame la comtesse Chabert avait su tirer un si bon parti de la succession de son mari, qu'après dix-huit mois de veuvage elle possédait environ quarante mille livres de rente. Son mariage avec le jeune comte ne fut pas accepté comme une nouvelle, par les coteries du faubourg Saint-Germain. Heureux de ce mariage qui répondait à ses idées de fusion, Napoléon rendit à madame Chabert la portion dont héritait le fisc dans la succession du colonel ; mais l'espérance de Napoléon fut encore trompée. Madame Ferraud n'aimait pas seulement son amant dans le jeune homme, elle avait été séduite aussi par l'idée d'entrer dans cette société dédaigneuse qui, malgré son abaissement, dominait la cour impériale. Toutes ses vanités étaient flattées autant que ses passions dans ce mariage. Elle allait devenir une *femme comme il faut*. Quand le faubourg Saint-Germain sut que le mariage du jeune comte n'était pas une défection, les salons s'ouvrirent à sa femme. La restauration vint. La fortune politique du comte Ferraud ne fut pas rapide. Il comprenait les exigences de la position dans laquelle se trouvait Louis XVIII, il était du nombre des initiés qui attendaient *que l'a-*

bîme des révolutions fût fermé, car cette phrase royale, dont se moquèrent tant les libéraux, cachait un sens politique. Néanmoins, l'ordonnance citée dans la longue phase cléricale qui commence cette histoire lui avait rendu deux forêts et une terre dont la valeur avait considérablement augmenté pendant le séquestre. En ce moment, quoique le comte Ferraud fût Conseiller d'État, Directeur-général, il ne considérait sa position que comme le début de sa fortune politique. Préoccupé par les soins d'une ambition dévorante, il s'était attaché comme secrétaire un ancien avoué ruiné nommé Delbecq, homme plus qu'habile, qui connaissait admirablement les ressources de la chicane, et auquel il laissait la conduite de ses affaires privées. Le rusé praticien avait assez bien compris sa position chez le comte, pour y être probe par spéculation. Il espérait parvenir à quelque place par le crédit de son patron, dont la fortune était l'objet de tous ses soins. Sa conduite démentait tellement sa vie antérieure qu'il passait pour un homme calomnié. Avec le tact et la finesse dont sont plus ou moins douées toutes les femmes, la comtesse, qui avait deviné son intendant, le surveillait adroitement, et savait si bien le manier, qu'elle en avait déjà tiré un très-bon parti pour l'augmentation de sa fortune particulière. Elle avait su persuader à Delbecq qu'elle gouvernait monsieur Ferraud, et lui avait promis de le faire nommer président d'un tribunal de première instance dans l'une des plus importantes villes de France, s'il se dévouait entièrement à ses intérêts. La promesse d'une place inamovible qui lui permettrait de se marier avantageusement et de conquérir plus tard une haute position dans la carrière politique en devenant député, fit de Delbecq l'âme damnée de la comtesse. Il ne lui avait laissé manquer aucune des chances favorables que les mouvements de Bourse et la hausse des propriétés présentèrent dans Paris aux gens habiles pendant les trois premières années de la Restauration. Il avait triplé les capitaux de sa protectrice, avec d'autant plus de facilité que tous les moyens avaient paru bons à la comtesse afin de rendre promptement sa fortune énorme. Elle employait les émoluments des places occupées par le comte, aux dépenses de la maison, afin de pouvoir capitaliser ses revenus, et Delbecq se prêtait aux calculs de cette avarice sans chercher à s'en expliquer les motifs. Ces sortes de gens ne s'inquiètent que des secrets dont la découverte est nécessaire à leurs intérêts. D'ailleurs il en trouvait si naturellement la raison dans cette soif d'or dont sont atteintes la plupart des Parisiennes, et il fallait une si grande fortune pour appuyer les prétentions du comte Ferraud, que l'intendant croyait parfois entrevoir dans l'avidité de la comtesse un effet de son dévouement pour l'homme de qui elle était toujours éprise. La comtesse avait enseveli les secrets de sa conduite au fond de son cœur. Là étaient des secrets de vie et de mort pour elle, là était précisément le nœud de cette histoire.

Au commencement de l'année 1818, la Restauration fut assise sur des bases en apparence inébranlables, ses doctrines gouvernementales, comprises par les esprits élevés, leur parurent devoir amener pour la France une ère de prospérité nouvelle, alors la société parisienne changea de face. Madame la comtesse Ferraud se trouva par hasard avoir fait tout ensemble un mariage d'amour, de fortune et d'ambition. Encore jeune et belle, madame Ferraud joua le rôle d'une femme à la mode, et vécut dans l'atmosphère de la cour. Riche par elle-même, riche par son mari, qui, prôné comme un des hommes les plus capables du parti royaliste et l'ami du roi, semblait promis à quelque ministère, elle appartenait à l'aristocratie. elle en partageait la splendeur. Au milieu de ce triomphe, elle fut atteinte d'un cancer moral. Il est de ces sentiments que les femmes devinent malgré le soin avec lequel les hommes mettent à les enfouir. Au premier retour du roi, le comte Ferraud avait conçu quelques regrets de son mariage. La veuve du colonel Chabert ne l'avait allié à personne, il était seul et sans appui pour se diriger dans une carrière pleine d'écueils et pleine d'ennemis. Puis, peut-être, quand il avait pu juger froidement sa femme, avait-il reconnu chez elle quelques vices d'éducation qui la rendaient impropre à le seconder dans ses projets. Un mot dit par lui à propos du mariage de Talleyrand éclaira la comtesse, à laquelle il fut prouvé que si son mariage était à faire, jamais elle n'eût été madame Ferraud. Ce regret, quelle femme le pardonnerait? Ne contient-il pas toutes les injures, tous les crimes, toutes les répudiations en germe? Mais quelle plaie ne devait pas faire ce mot dans le cœur de la comtesse, si l'on vient à supposer qu'elle craignait de voir revenir son premier mari! Elle l'avait su vivant, elle l'avait repoussé. Puis, pendant le temps où elle n'en avait plus entendu parler, elle s'était plu à le croire mort à Waterloo avec les aigles impériales en compagnie de Boutin. Néanmoins elle conçut d'attacher le comte à elle par le plus fort des liens, par la chaîne d'or, et voulut être si riche que sa fortune rendît son second mariage indissoluble, si par hasard le comte Chabert reparaissait encore. Et il avait reparu, sans qu'elle s'expliquât pourquoi la lutte qu'elle redoutait n'avait pas déjà commencé. Les souffrances, la maladie l'avaient peut-être délivrée de cet homme. Peut-être était-il à moitié fou, Charenton pouvait encore lui en faire raison. Elle n'avait pas voulu mettre Delbecq ni la police dans sa confidence, de peur de se donner un maître, ou de précipiter la catastrophe. Il existe à Paris beaucoup de femmes qui, semblables à la comtesse Ferraud, vivent avec un monstre moral inconnu, ou côtoient un abîme ; elles se font un calus à l'endroit de leur mal, et peuvent encore rire et s'amuser.

— Il y a quelque chose de bien singulier dans la situation de monsieur le comte Ferraud, se dit Derville en sortant de sa longue rêverie, au moment où son cabriolet s'arrêtait rue de Varennes, à la porte de l'hôtel Ferraud. Comment, lui si riche, aimé du roi, n'est-il pas encore pair de France ? Il est vrai qu'il entre peut-être dans la politique du roi, comme me le disait madame de Grandlieu, de donner une haute importance à la pairie en ne la prodiguant pas. D'ailleurs, le fils d'un Conseiller au Parlement n'est ni un Crillon, ni un Rohan. Le comte Ferraud ne peut entrer que subrepticement dans la chambre haute. Mais, si son mariage était cassé, ne pourrait-il faire passer sur sa tête, à la grande satisfaction du roi, la pairie d'un de ces vieux sénateurs qui n'ont que des filles. Voilà certes une bonne bourde à mettre en avant pour effrayer notre comtesse, se dit-il en montant le perron.

Derville avait, sans le savoir, mis le doigt sur la plaie secrète, enfoncé la main dans le cancer qui dévorait madame Ferraud. Il fut reçu par elle dans une jolie salle à manger d'hiver, où elle déjeunait en jouant avec un singe attaché par une chaîne à une espèce de petit poteau garni de bâtons en fer. La comtesse était enveloppée dans un élégant peignoir, les boucles de ses cheveux, négligemment rattachés, s'échappaient d'un bonnet qui lui donnait un air mutin. Elle était fraîche et rieuse. L'argent, le vermeil, la nacre étincelaient sur la table, et il y avait autour d'elle des fleurs curieuses plantées dans de magnifiques vases en porcelaine. En voyant la femme du comte Chabert, riche de ses dépouilles, au sein du luxe, au faîte de la société, tandis que le malheureux vivait chez un pauvre nourrisseur au milieu des bestiaux, l'avoué se dit : « La morale de ceci est qu'une jolie femme ne voudra jamais reconnaître son mari, ni même son amant dans un homme en vieux carrick, en perruque de chiendent et en bottes percées. » Un sourire malicieux et mordant exprima les idées moitié philosophiques, moitié railleuses qui devaient venir à un homme si bien placé pour connaître le fond des choses, malgré les mensonges sous lesquels la plupart des familles parisiennes cachent leur existence.

— Bonjour, monsieur Derville, dit-elle en continuant à faire prendre du café au singe.

— Madame, dit-il brusquement, car il se choqua du ton léger avec lequel la comtesse lui avait dit — Bonjour, monsieur Derville, je viens causer avec vous d'une affaire assez grave.

— J'en suis *désespérée*, monsieur le comte est absent...

— J'en suis enchanté, moi, madame. Il serait *désespérant* qu'il assistât à notre conférence. Je sais d'ailleurs, par Delbecq, que vous aimez à faire vos affaires vous-même sans en ennuyer monsieur le comte.

— Alors, je vais faire appeler Delbecq, dit-elle.

— Il vous serait inutile, malgré son habileté, reprit Derville. Écoutez, madame, un mot suffira pour vous rendre sérieuse. Le comte Chabert existe.

— Est-ce en disant de semblables bouffonneries que vous voulez me rendre sérieuse ? dit-elle en partant d'un éclat de rire.

Mais la comtesse fut tout à coup domptée par l'étrange lucidité du regard fixe par lequel Derville l'interrogeait en paraissant lire au fond de son âme.

— Madame, répondit-il avec une gravité froide et perçante, vous ignorez l'étendue des dangers qui vous menacent. Je ne vous parlerai pas de l'incontestable authenticité des pièces, ni de la certitude des preuves qui attestent l'existence du comte Chabert. Je ne suis pas homme à me charger d'une mauvaise cause, vous le savez. Si vous vous opposez à notre inscription en faux contre l'acte de décès, vous perdrez ce premier procès, et cette question résolue en notre faveur nous fait gagner toutes les autres.

— De quoi prétendez-vous donc me parler ?

— Ni du colonel, ni de vous. Je ne vous parlerai pas non plus des mémoires que pourraient faire des avocats spirituels, armés des faits curieux de cette cause, et du parti qu'ils tireraient des lettres que vous avez reçues de votre premier mari avant la célébration de votre mariage avec votre second.

— Cela est faux! dit-elle avec toute la violence d'une petite-maîtresse. Je n'ai jamais reçu de lettre du comte Chabert; et si quelqu'un se dit être le colonel, ce ne peut être qu'un intrigant, quelque forçat libéré, comme Cogniard peut-être. Le frisson prend rien que d'y penser. Le colonel peut-il ressusciter, monsieur? Bonaparte m'a fait complimenter sur sa mort par un aide-de-camp, et je touche encore aujourd'hui trois mille francs de pension accordée à sa veuve par les Chambres. J'ai eu mille fois raison de repousser tous les Chabert qui sont venus, comme je repousserai tous ceux qui viendront.

— Heureusement nous sommes seuls, madame. Nous pouvons mentir à notre aise, dit-il froidement en s'amusant à aiguillonner la colère qui agitait la comtesse afin de lui arracher quelques indiscrétions, par une manœuvre familière aux avoués, habitués à rester calmes quand leurs adversaires ou leurs clients s'emportent.

— Hé bien donc, à nous deux, se dit-il à lui-même en imaginant à l'instant un piége pour lui démontrer sa faiblesse. — La preuve de la remise de la première lettre existe, madame, reprit-il à haute voix, elle contenait des valeurs....

— Oh! pour des valeurs, elle n'en contenait pas.

— Vous avez donc reçu cette première lettre, reprit Derville en souriant. Vous êtes déjà prise dans le premier piége que vous tend un avoué, et vous croyez pouvoir lutter avec la justice...

La comtesse rougit, pâlit, se cacha la figure dans les mains. Puis, elle secoua sa honte, et reprit avec le sang-froid naturel à ces sortes de femmes : — Puisque vous êtes l'avoué du prétendu Chabert, faites-moi le plaisir de...

— Madame, dit Derville en l'interrompant, je suis encore en ce moment votre avoué comme celui du colonel. Croyez-vous que je veuille perdre une clientèle aussi précieuse que l'est la vôtre? Mais vous ne m'écoutez pas...

— Parlez, monsieur, dit-elle gracieusement.

— Votre fortune vous venait de monsieur le comte Chabert, et vous l'avez repoussé. Votre fortune est colossale, et vous le laissez mendier. Madame, les avocats sont bien éloquents lorsque les causes sont éloquentes par elles-mêmes, il se rencontre ici des circonstances capables de soulever contre vous l'opinion publique.

— Mais, monsieur, dit la comtesse impatientée de la manière dont Derville la tournait et retournait sur le gril, en admettant que votre monsieur Chabert existe, les tribunaux maintiendront mon second mariage à cause des enfants, et j'en serai quitte pour rendre deux cent ving-cinq mille francs à monsieur Chabert.

— Madame, nous ne savons pas de quel côté les tribunaux verront la question sentimentale. Si, d'une part, nous avons une mère et ses enfants, nous avons de l'autre un homme accablé de malheurs, vieilli par vous, par vos refus. Où trouvera-t-il une femme? Puis, les juges peuvent-ils heurter la loi? Votre mariage avec le colonel a pour lui le droit, la priorité. Mais si vous êtes représentée sous d'odieuses couleurs, vous pourriez avoir un adversaire auquel vous ne vous attendez pas. Là, madame, est ce danger dont je voudrais vous préserver.

— Un nouvel adversaire! dit-elle, qui?

— Monsieur le comte Ferraud, madame.

— Monsieur Ferraud a pour moi un trop vif attachement, et, pour la mère de ses enfants, un trop grand respect...

— Ne parlez pas de ces niaiseries-là, dit Derville en l'interrompant, à des avoués habitués à lire au fond des cœurs. En ce moment monsieur Ferraud n'a pas la moindre envie de rompre votre mariage et je suis persuadé qu'il vous adore; mais si quelqu'un venait lui dire que son mariage peut être annulé, que sa femme sera traduite en criminelle au banc de l'opinion publique...

— Il me défendrait! monsieur.

— Non, madame.

— Quelle raison aurait-il de m'abandonner, monsieur?

— Mais celle d'épouser la fille unique d'un pair de France, dont la pairie lui serait transmise par ordonnance du Roi...

La comtesse pâlit.

— Nous y sommes! se dit en lui-même Derville. Bien, je te tiens, l'affaire du pauvre colonel est gagnée. — D'ailleurs, madame, reprit-il à haute voix, il aurait d'autant moins de remords, qu'un homme couvert de gloire, général, comte, grand-officier de la Légion-d'Honneur, ne serait pas un pis-aller; et si cet homme lui redemande sa femme...

— Assez! assez! monsieur, dit-elle. Je n'aurai jamais que vous pour avoué. Que faire?

— Transiger! dit Derville.

— M'aime-t-il encore? dit-elle.

— Mais je ne crois pas qu'il puisse en être autrement.

A ce mot, la comtesse dressa la tête. Un éclair d'espérance brilla dans ses yeux ; elle comptait peut-être spéculer sur la tendresse de son premier mari pour gagner son procès par quelque ruse de femme.

— J'attendrai vos ordres, madame, pour savoir s'il faut vous signifier nos actes, ou si vous voulez venir chez moi pour arrêter les bases d'une transaction, dit Derville en saluant la comtesse.

Huit jours après les deux visites que Derville avait faites, et par une belle matinée du mois de juin, les époux, désunis par un hasard presque surnaturel, partirent des deux points les plus opposés de Paris, pour venir se rencontrer dans l'Étude de leur avoué commun. Les avances qui furent largement faites par Derville au colonel Chabert lui avaient permis d'être vêtu selon son rang. Le défunt arriva donc voituré dans un cabriolet fort propre. Il avait la tête couverte d'une perruque appropriée à sa physionomie, il était habillé de drap bleu, avec du linge blanc, et portait sous son gilet le sautoir rouge des grands-officiers de la Légion-d'Honneur. En reprenant les habitudes de l'aisance, il avait retrouvé son ancienne élégance martiale. Il se tenait droit. Sa figure, grave et mystérieuse, où se peignaient le bonheur et toutes ses espérances, paraissait être rajeunie et plus grasse, pour emprunter à la peinture une de ses expressions les plus pittoresques. Il ne ressemblait pas plus au Chabert en vieux carrick, qu'un gros sou ne ressemble à une pièce de quarante francs nouvellement frappée. A le voir, les passants eussent facilement reconnu en lui l'un de ces beaux débris de notre ancienne armée, un de ces hommes héroïques sur lesquels se reflète notre gloire nationale, et qui la représentent comme un éclat de glace illuminé par le soleil semble en réfléchir tous les rayons. Ces vieux soldats sont tout ensemble des tableaux et des livres. Quand le comte descendit de sa voiture pour monter chez Derville, il sauta légèrement comme aurait pu faire un jeune homme. A peine son cabriolet avait-il retourné, qu'un joli coupé tout armorié arriva. Madame la comtesse Ferraud en sortit dans une toilette simple, mais habilement calculée pour montrer la jeunesse de sa taille. Elle avait une jolie capote doublée de rose qui encadrait parfaitement sa figure, en dissimulait les contours, et la ravivait.

Si les clients s'étaient rajeunis, l'Étude était restée semblable à elle-même, et offrait alors le tableau par la description duquel cette histoire a commencé. Simonnin déjeunait, l'épaule appuyée sur la fenêtre qui alors était ouverte ; et il regardait le bleu du ciel par l'ouverture de cette cour entourée de quatre corps de logis noirs.

— Ha ! s'écria le petit clerc, qui veut parier un spectacle que le colonel Chabert est général, et cordon rouge ?

— Le patron est un fameux sorcier, dit Godeschal.

— Il n'y a donc pas de tour à lui jouer cette fois ? demanda Desroches.

— C'est sa femme qui s'en charge, la comtesse Ferraud ! dit Boucard.

— Allons, dit Godeschal, la comtesse Ferraud serait donc obligée d'être à deux...

— La voilà ! répondit Simonnin.

En ce moment, le colonel entra et demanda Derville.

— Il y est, monsieur le comte, dit Simonnin.

— Tu n'es donc pas sourd, petit drôle ? dit Chabert en prenant le saute-ruisseau par l'oreille et la lui tortillant à la satisfaction des clercs, qui se mirent à rire et regardèrent le colonel avec la curieuse considération due à ce singulier personnage.

Le comte Chabert était chez Derville, au moment où sa femme entra par la porte de l'Étude.

— Dites donc, Boucard, il va se passer une singulière scène dans le cabinet du patron ! Voilà une femme qui peut aller les jours pairs chez le comte Ferraud et les jours impairs chez le comte Chabert.

— Dans les années bissextiles, dit Godeschal, le comte y sera.

— Taisez-vous donc ! messieurs, l'on peut entendre, dit sévèrement Boucard ; je n'ai jamais vu d'Étude où l'on plaisantât, comme vous le faites, sur les clients.

Derville avait consigné le colonel dans la chambre à coucher, quand la comtesse se présenta.

— Madame, lui dit-il, ne sachant pas s'il vous serait agréable de voir monsieur le comte Chabert, je vous ai séparés. Si cependant vous désiriez...

— Monsieur, c'est une attention dont je vous remercie.

— J'ai préparé la minute d'un acte dont les conditions pourront être discutées par vous et par monsieur Chabert, séance tenante. J'irai alternativement de vous à lui, pour vous présenter, à l'un à l'autre, vos raisons respectives.

— Voyons, monsieur, dit la comtesse en laissant échapper un geste d'impatience.

Derville lut.

« Entre les soussignés,

» Monsieur Hyacinthe, *dit Chabert*, comte, maréchal-de-camp et grand officier de la Légion-d'Honneur, demeurant à Paris, rue du Petit-Banquier, d'une part ;

» Et la dame Rose Chapotel, épouse de monsieur le comte Chabert, ci-dessus nommée, née... »

— Passez, dit-elle, laissons les préambules, arrivons aux conditions.

— Madame, dit l'avoué, le préambule explique succinctement la position dans laquelle vous vous trouvez l'un et l'autre. Puis, par l'article premier, vous reconnaissez en présence de trois témoins, qui sont deux notaires et le nourrisseur chez lequel a demeuré votre mari, auxquels j'ai confié sous le secret votre affaire, et qui garderont le plus profond silence ; vous reconnaissez, dis-je, que l'individu désigné dans les actes joints au sous-seing, mais dont l'état se trouve d'ailleurs établi par un acte de notoriété préparé chez Alexandre Crottat, votre notaire, est le comte Chabert, votre premier époux. Par l'article second, le comte Chabert, dans l'intérêt de votre bonheur, s'engage à ne faire usage de ses droits que dans les cas prévus par l'acte lui-même. — Et ces cas, dit Derville en faisant une sorte de parenthèse, ne sont autres que la non-exécution des clauses de cette convention secrète. De son côté, reprit-il, monsieur Chabert consent à poursuivre de gré à gré avec vous un jugement qui annulera son acte de décès et prononcera la dissolution de son mariage.

— Ça ne me convient pas du tout, dit la comtesse étonnée, je ne veux pas de procès. Vous savez pourquoi.

— Par l'article trois, dit l'avoué en continuant avec un flegme imperturbable, vous vous engagez à constituer au nom d'Hyacinthe, comte Chabert, une rente viagère de vingt-quatre mille francs, inscrite sur le grand-livre de la dette publique, mais dont le capital vous sera dévolu à sa mort...

— Mais c'est beaucoup trop cher, dit la comtesse.

— Pouvez-vous transiger à meilleur marché ?

— Peut-être.

— Que voulez-vous donc, madame ?

— Je veux, je ne veux pas de procès, je veux...

— Qu'il reste mort, dit vivement Derville en l'interrompant.

— Monsieur, dit la comtesse, s'il faut vingt-quatre mille livres de rente, nous plaiderons...

— Oui, nous plaiderons, s'écria d'une voix sourde le colonel qui ouvrit la porte et apparut tout à coup devant sa femme, en tenant une main dans son gilet et l'autre étendue vers le parquet, geste auquel le souvenir de son aventure donnait une horrible énergie.

— C'est lui, se dit en elle-même la comtesse.

— Trop cher ! reprit le vieux soldat. Je vous ai donné près d'un million, et vous marchandez mon malheur. Hé ! bien, je vous veux maintenant vous et votre fortune. Nous sommes communs en biens, notre mariage n'a pas cessé...

— Mais monsieur n'est pas le colonel Chabert, s'écria la comtesse en feignant la surprise.

— Ah ! dit le vieillard d'un ton profondément ironique, voulez-vous des preuves ? Je vous ai prise au Palais-Royal..

La comtesse pâlit. En la voyant pâlir sous son rouge, le vieux soldat, touché de la vive souffrance qu'il imposait à une femme jadis aimée avec ardeur, s'arrêta ; mais il en reçut un regard si venimeux qu'il reprit tout à coup : — Vous étiez chez la...

— De grâce, monsieur, dit la comtesse à l'avoué, trouvez bon que je quitte la place. Je ne suis pas venue ici pour entendre de semblables horreurs.

Elle se leva et sortit. Derville s'élança dans l'Étude. La comtesse avait trouvé des ailes et s'était comme envolée. En revenant dans son cabinet, l'avoué trouva le colonel dans un violent accès de rage, et se promenant à grands pas.

— Dans ce temps-là chacun prenait sa femme où il voulait, disait-il ; mais j'ai eu tort de la mal choisir, de me fier à des apparences. Elle n'a pas de cœur.

— Eh ! bien, colonel, n'avais-je pas raison en vous priant de ne pas venir. Je suis maintenant certain de votre identité. Quand vous vous êtes montré, la comtesse a fait un mouvement dont la pensée n'était pas équivoque. Mais vous avez perdu votre procès, votre femme sait que vous êtes méconnaissable !

— Je la tuerai...

— Folie ! vous serez pris et guillotiné comme un misérable.

« D'ailleurs peut-être manquerez-vous votre coup! ce serait impardonnable, on ne doit jamais manquer sa femme quand on veut la tuer. Laissez-moi réparer vos sottises, grand enfant! Allez-vous-en. Prenez garde à vous, elle serait capable de vous faire tomber dans quelque piége et de vous enfermer à Charenton. Je vais lui signifier nos actes afin de vous garantir de toute surprise.

Le pauvre colonel obéit à son jeune bienfaiteur, et sortit en lui balbutiant des excuses. Il descendait lentement les marches de l'escalier noir, perdu dans de sombres pensées, accablé peut-être par le coup qu'il venait de recevoir, pour lui le plus cruel, le plus profondément enfoncé dans son cœur, lorsqu'il entendit, en parvenant au dernier palier, le frôlement d'une robe, et sa femme apparut.

— Venez, monsieur, lui dit-elle en lui prenant le bras par un mouvement semblable à ceux qui lui étaient familiers autrefois.

L'action de la comtesse, l'accent de sa voix redevenue gracieuse, suffirent pour calmer la colère du colonel, qui se laissa mener jusqu'à la voiture.

— Eh! bien, montez donc! lui dit la comtesse quand le valet eut achevé de déplier le marchepied.

Et il se trouva, comme par enchantement, assis près de sa femme dans le coupé.

— Où va madame? demanda le valet.

— A Groslay, dit-elle.

Les chevaux partirent et traversèrent tout Paris.

— Monsieur! dit la comtesse au colonel d'un son de voix qui révélait une de ces émotions rares dans la vie, et par lesquelles tout en nous est agité.

En ces moments, cœur, fibres, nerfs, physionomie, âme et corps, tout, chaque pore même tressaille. La vie semble ne plus être en nous; elle en sort et jaillit, elle se communique comme une contagion, se transmet par le regard, par l'accent de la voix, par le geste, en imposant notre vouloir aux autres. Le vieux soldat tressaillit en entendant ce seul mot, ce premier, ce terrible : « Monsieur! » Mais aussi était-ce tout à la fois un reproche, une prière, un pardon, une espérance, un désespoir, une interrogation, une réponse. Ce mot comprenait tout. Il fallait être comédienne pour jeter tant d'éloquence, tant de sentiments dans un mot. Le vrai n'est pas si complet dans son expression, il ne met pas tout en dehors, il laisse voir tout ce qui est au dedans. Le colonel eut mille remords de ses soupçons, de ses demandes, de sa colère, et baissa les yeux pour ne pas laisser deviner son trouble.

— Monsieur, reprit la comtesse après une pause imperceptible, je vous ai bien reconnu !

— Rosine, dit le vieux soldat, ce mot contient le seul baume qui pût me faire oublier mes malheurs.

Deux grosses larmes roulèrent toutes chaudes sur les mains de sa femme, qu'il pressa pour exprimer une tendresse paternelle.

— Monsieur, reprit-elle, comment n'avez-vous pas deviné qu'il me coûtait horriblement de paraître devant un étranger dans une position aussi fausse que l'est la mienne ! Si j'ai à rougir de ma situation, que ce ne soit au moins qu'en famille. Ce secret ne devait-il pas rester enseveli dans nos cœurs ? Vous m'absoudrez, j'espère, de mon indifférence apparente pour les malheurs d'un Chabert à l'existence duquel je ne devais pas croire. J'ai reçu vos lettres, dit-elle vivement, en lisant sur les traits de son mari l'objection qui s'y exprimait, mais elles me parvinrent treize mois après la bataille d'Eylau ; elles étaient ouvertes, salies, l'écriture en était méconnaissable, et j'ai dû croire, après avoir obtenu la signature de Napoléon sur mon nouveau contrat de mariage, qu'un adroit intrigant voulait se jouer de moi. Pour ne pas troubler le repos de monsieur le comte Ferraud, et ne pas altérer les liens de la famille, j'ai donc dû prendre des précautions contre un faux Chabert. N'avais-je pas raison, dites ?

— Oui, tu as eu raison, c'est moi qui suis un sot, un animal, une bête, de n'avoir pas su mieux calculer les conséquences d'une situation semblable. Mais où allons-nous ? dit le colonel en se voyant à la barrière de La Chapelle.

— A ma campagne, près de Groslay, dans la vallée de Montmorency. Là, monsieur, nous réfléchirons ensemble au parti que nous devons prendre. Je connais mes devoirs. Si je suis à vous en droit, je ne vous appartiens plus en fait. Pouvez-vous désirer que nous devenions la fable de tout Paris ? N'instruisons pas le public de cette situation qui pour moi présente un côté ridicule, et sachons garder notre dignité. Vous m'aimez encore, reprit-elle en jetant sur le colonel un regard triste et doux ; mais moi, n'ai-je pas été autorisée à former d'autres liens ? En cette singulière position, une voix secrète me dit d'espérer en votre bonté qui m'est si connue. Aurais-je donc tort en vous prenant pour seul et unique arbitre de mon sort? Soyez juge et partie. Je me confie à la noblesse de votre caractère. Vous aurez la générosité de me pardonner les résultats de fautes innocentes. Je vous l'avouerai donc, j'aime monsieur Ferraud. Je me suis crue en droit de l'aimer. Je ne rougis pas de cet aveu devant vous ; s'il vous offense, il ne nous déshonore point. Je ne puis vous cacher les faits. Quand le hasard m'a laissée veuve, je n'étais pas mère.

Le colonel fit un signe de main à sa femme, pour lui imposer silence, et ils restèrent sans proférer un seul mot pendant une demi-lieue. Chabert croyait voir les deux petits enfants devant lui.

— Rosine !

— Monsieur ?

— Les morts ont donc bien tort de revenir ?

— Oh ! monsieur, non, non ! Ne me croyez pas ingrate. Seulement, vous trouvez une amante, une mère, là où vous aviez laissé une épouse. S'il n'est plus en mon pouvoir de vous aimer, je sais tout ce que je vous dois et puis vous offrir encore toutes les affections d'une fille.

— Rosine, reprit le vieillard d'une voix douce, je n'ai plus aucun ressentiment contre toi. Nous oublierons tout, ajouta-t-il avec un de ces sourires dont la grâce est toujours le reflet d'une belle âme. Je ne suis pas assez peu délicat pour exiger les semblants de l'amour chez une femme qui n'aime plus.

La comtesse lui lança un regard empreint d'une telle reconnaissance, que le pauvre Chabert aurait voulu rentrer dans sa fosse d'Eylau. Certains hommes ont une âme assez forte pour de tels dévouements, dont la récompense se trouve pour eux dans la certitude d'avoir fait le bonheur d'une personne aimée.

— Mon ami, nous parlerons de tout ceci plus tard et à cœur reposé, dit la comtesse.

La conversation prit un autre cours, car il était impossible de la continuer long-temps sur ce sujet. Quoique les deux époux revinssent souvent à leur situation bizarre, soit par des allusions, soit sérieusement, ils firent un charmant voyage, se rappelant les événements de leur union passée et les choses de l'Empire. La comtesse sut imprimer un charme doux à ces souvenirs, et répandit dans la conversation une teinte de mélancolie nécessaire pour y maintenir la gravité. Elle faisait revivre l'amour sans exciter aucun désir, et laissait entrevoir à son premier époux toutes les richesses morales qu'elle avait acquises, en tâchant de l'accoutumer à l'idée de restreindre son bonheur aux seules jouissances que goûte un père près d'une fille chérie. Le colonel avait connu la comtesse de l'Empire, il revoyait une comtesse de la Restauration. Enfin les deux époux arrivèrent par un chemin de traverse à un grand parc situé dans la petite vallée qui sépare les hauteurs de Margency du joli village de Groslay. La comtesse possédait là une délicieuse maison où le colonel vit, en arrivant, tous les apprêts que nécessitaient son séjour et celui de sa femme. Le malheur est une espèce de talisman dont la vertu consiste à corroborer notre constitution primitive : il augmente la défiance et la méchanceté chez certains hommes, comme il accroît la bonté de ceux qui ont un cœur excellent. L'infortune avait rendu le colonel encore plus secourable et meilleur qu'il ne l'avait été, il pouvait donc s'initier au secret des souffrances féminines qui sont inconnues à la plupart des hommes. Néanmoins, malgré son peu de défiance, il ne put s'empêcher de dire à sa femme :

— Vous étiez donc bien sûre de m'emmener ici?

— Oui, répondit-elle, si je trouvais le colonel Chabert dans le plaideur.

L'air de vérité qu'elle sut mettre dans cette réponse dissipa les légers soupçons que le colonel eut honte d'avoir conçus. Pendant trois jours la comtesse fut admirable près de son premier mari. Par de tendres soins et par sa constante douceur elle semblait vouloir effacer le souvenir des souffrances qu'il avait endurées, se faire pardonner les malheurs que, suivant ses aveux, elle avait innocemment causés; elle se plaisait à déployer pour lui, tout en lui faisant apercevoir une sorte de mélancolie, les charmes auxquels elle le savait faible; car nous sommes plus particulièrement accessibles à certaines façons, à des grâces de cœur ou d'esprit auxquelles nous ne résistons pas; elle voulait l'intéresser à sa situation, et l'attendrir assez pour s'emparer de son esprit et disposer souverainement de lui. Décidée à tout pour arriver à ses fins, elle ne savait pas encore ce qu'elle devait faire de cet homme, mais certes elle voulait l'anéantir socialement. Le soir du troisième jour elle sentit que, malgré ses efforts, elle ne pouvait cacher les inquiétudes que lui causait le résultat de ses manœuvres. Pour se trouver un moment à l'aise, elle monta chez elle, s'assit à son secrétaire, déposa le masque de tranquillité qu'elle conservait devant le comte Chabert, comme une actrice qui, rentrant fatiguée dans sa loge après un cinquième acte pénible, tombe demi-morte et laisse dans la salle une image d'elle-même à laquelle elle ne ressemble plus. Elle se mit à finir une lettre commencée qu'elle écrivait à Delbecq, à qui elle disait d'aller, en son nom, demander chez Derville communication des actes qui concernaient le colonel Chabert, de les copier et de venir aussitôt la trouver à Groslay. A peine avait-elle achevé, qu'elle entendit dans le corridor le bruit des pas du colonel, qui, tout inquiet, venait la retrouver.

— Hélas! dit-elle à haute voix, je voudrais être morte! Ma situation est intolérable...

Eh! bien, qu'avez-vous donc? demanda le bonhomme.

— Rien, rien, dit-elle.

Elle se leva, laissa le colonel et descendit pour parler sans témoin à sa femme de chambre, qu'elle fit partir pour Paris, en lui recommandant de remettre elle-même à Delbecq la lettre qu'elle venait d'écrire, et de la lui rapporter aussitôt qu'il l'aurait lue. Puis la comtesse alla s'asseoir sur un banc où elle était assez en vue pour que le colonel vînt l'y trouver aussitôt qu'il le voudrait. Le colonel, qui déjà cherchait sa femme, accourut et s'assit près d'elle.

— Rosine, lui dit-il, qu'avez-vous?

Elle ne répondit pas. La soirée était une de ces soirées magnifiques et calmes dont les secrètes harmonies répandent, au mois de juin, tant de suavité dans les couchers du soleil. L'air était pur et le silence profond, en sorte que l'on pouvait entendre dans le lointain du parc les voix de quelques enfants qui ajoutaient une sorte de mélodie aux sublimités du paysage.

— Vous ne me répondez pas? demanda le colonel à sa femme.

— Mon mari... dit la comtesse, qui s'arrêta, fit un mouvement, et s'interrompit pour lui demander en rougissant: — Comment dirai-je en parlant de monsieur le comte Ferraud?

— Nomme-le ton mari, ma pauvre enfant, répondit le colonel avec un accent de bonté, n'est-ce pas le père de tes enfants?

— Eh! bien, reprit-elle, si monsieur me demande ce que je suis venue faire ici, s'il apprend que je m'y suis enfermée avec un inconnu, que lui dirai-je? Écoutez, monsieur, reprit-elle en prenant une attitude pleine de dignité, décidez de mon sort, je suis résignée à tout...

— Ma chère, dit le colonel en s'emparant des mains de sa

femme, j'ai résolu de me sacrifier entièrement à votre bonheur...

— Cela est impossible, s'écria-t-elle en laissant échapper un mouvement convulsif. Songez donc que vous devriez alors renoncer à vous même et d'une manière authentique...

— Comment, dit le colonel, ma parole ne vous suffit pas?

Le mot *authentique* tomba sur le cœur du vieillard et y réveilla des défiances involontaires. Il jeta sur sa femme un regard qui la fit rougir, elle baissa les yeux, et il eut peur de se trouver obligé de la mépriser. La comtesse craignait d'avoir effarouché la sauvage pudeur, la probité sévère d'un homme dont le caractère généreux, les vertus primitives lui étaient connus. Quoique ces idées eussent répandu quelques nuages sur leurs fronts, la bonne harmonie se rétablit aussitôt entre eux. Voici comment. Un cri d'enfant retentit au loin.

— Jules, laissez votre sœur tranquille, s'écria la comtesse.

— Quoi, vos enfants sont ici? dit le colonel.

— Oui, mais je leur ai défendu de vous importuner.

Le vieux soldat comprit la délicatesse, le tact de femme renfermé dans ce procédé si gracieux, et prit la main de la comtesse pour la baiser.

— Qu'ils viennent donc, dit-il.

La petite fille accourait pour se plaindre de son frère.

— Maman!

— Maman!

— C'est lui qui...

— C'est elle...

Les mains étaient étendues vers la mère, et les deux voix enfantines se mêlaient. Ce fut un tableau soudain et délicieux!

— Pauvres enfants! s'écria la comtesse en ne retenant plus ses larmes, il faudra les quitter; à qui le jugement les donnera-t-il? On ne partage pas un cœur de mère, je les veux, moi!

— Est-ce vous qui faites pleurer maman! dit Jules en jetant un regard de colère au colonel.

— Taisez-vous, Jules, s'écria la mère d'un air impérieux.

Les deux enfants restèrent debout et silencieux, examinant leur mère et l'étranger avec une curiosité qu'il est impossible d'exprimer par des paroles.

— Oh! oui, reprit-elle, si l'on me sépare du comte, qu'on me laisse les enfants, et je serai soumise à tout...

Ce fut un mot décisif qui obtint tout le succès qu'elle en avait espéré.

— Oui, s'écria le colonel comme s'il achevait une phrase mentalement commencée, je dois rentrer sous terre. Je me le suis déjà dit.

— Puis-je accepter un tel sacrifice? répondit la comtesse. Si quelques hommes sont morts pour sauver l'honneur de leur maîtresse, ils n'ont donné leur vie qu'une fois. Mais ici vous donneriez votre vie tous les jours! Non, non, cela est impossible. S'il ne s'agissait que de votre existence, ce ne serait rien ; mais signer que vous n'êtes pas le colonel Chabert, reconnaître que vous êtes un imposteur, donner votre honneur, commettre un mensonge à toute heure du jour, le dévouement humain ne saurait aller jusque-là. Songez donc ! Non. Sans mes pauvres enfants, je me serais déjà enfuie avec vous au bout du monde...

— Mais, reprit Chabert, est-ce que je ne puis pas vivre ici, dans votre petit pavillon, comme un de vos parents? Je suis usé comme un canon de rebut, il ne me faut qu'un peu de tabac et *le Constitutionnel.*

La comtesse fondit en larmes. Il y eut entre la comtesse Ferraud et le colonel Chabert un combat de générosité d'où le soldat sortit vainqueur. Un soir, en voyant cette mère au milieu de ses enfants, le soldat fut séduit par les touchantes grâces d'un tableau de famille, à la campagne, dans l'ombre et le silence ; il prit la résolution de rester mort, et ne s'effrayant plus de l'authenticité d'un acte, il demanda comment il fallait s'y prendre pour assurer irrévocablement le bonheur de cette famille.

— Faites comme vous voudrez! lui répondit la comtesse, je vous déclare que je ne me mêlerai en rien de cette affaire. Je ne le dois pas.

Delbecq était arrivé depuis quelques jours, et, suivant les instructions verbales de la comtesse, l'intendant avait su gagner la confiance du vieux militaire. Le lendemain matin donc, le colonel Chabert partit avec l'ancien avoué pour Saint-Leu-Taverny, où Delbecq avait fait préparer chez le notaire un acte conçu en termes si crus que le colonel sortit brusquement de l'Etude après en avoir entendu la lecture.

— Mille tonnerres! je serais un joli coco! Mais je passerais pour un faussaire, s'écria-t-il.

— Monsieur, lui dit Delbecq, je ne vous conseille pas de signer trop vite. A votre place, je tirerais au moins trente mille livres de rente de ce procès-là, car madame les donnerait.

Après avoir foudroyé ce coquin émérite par le lumineux regard de l'honnête homme indigné, le colonel s'enfuit emporté par mille sentiments contraires. Il redevint défiant, s'indigna, se calma tour à tour. Enfin il entra dans le parc de Groslay par la brèche d'un mur, et vint à pas lents se reposer et réfléchir à son aise dans un cabinet pratiqué sous un kiosque d'où l'on découvrait le chemin de Saint-Leu. L'allée étant sablée avec cette espèce de terre jaunâtre par laquelle on remplace le gravier de rivière, la comtesse, qui était assise dans le petit salon de cette espèce de pavillon, n'entendit pas le colonel, car elle était trop préoccupée du succès de son affaire pour prêter la moindre attention au léger bruit que fit son mari. Le vieux soldat n'aperçut pas non plus sa femme au-dessus de lui dans le petit pavillon.

— Hé! bien, monsieur Delbecq, a-t-il signé? demanda la comtesse à son intendant qu'elle vit seul sur le chemin par-dessus la haie d'un saut de loup.

— Non, madame. Je ne sais même pas ce que notre homme est devenu. Le vieux cheval s'est cabré.

— Il faudra donc finir par le mettre à Charenton, dit-elle, puisque nous le tenons.

Le colonel, qui retrouva l'élasticité de la jeunesse pour franchir le saut de loup, fut en un clin d'œil devant l'intendant, auquel il appliqua la plus belle paire de soufflets qui jamais ait été reçue sur deux joues de procureur.

— Ajoute que les vieux chevaux savent ruer, lui dit-il.

Cette colère dissipée, le colonel ne se sentit plus la force de sauter le fossé. La vérité s'était montrée dans sa nudité. Le mot de la comtesse et la réponse de Delbecq avaient dévoilé le complot dont il allait être la victime. Les soins qui lui avaient été prodigués étaient une amorce pour le prendre dans un piége. Ce mot fut comme une goutte de quelque poison subtil qui détermina chez le vieux soldat le retour de ses douleurs et physiques et morales. Il revint vers le kiosque par la porte du parc, en marchant lentement, comme un homme affaissé. Donc, ni paix ni trêve pour lui! Dès ce moment il fallait commencer avec cette femme la guerre odieuse dont lui avait parlé Derville, entrer dans une vie de procès, se nourrir de fiel, boire chaque matin un calice d'amertume. Puis, pensée affreuse, où trouver l'argent nécessaire pour payer les frais des premières instances? Il lui prit un si grand dégoût de la vie, que s'il y avait eu de l'eau près de lui il s'y serait jeté, que s'il avait eu des pistolets il se serait brûlé la cervelle. Puis il retomba dans l'incertitude d'idées, qui, depuis sa conversation avec Derville chez le nourrisseur, avait changé son moral. Enfin, arrivé devant le kiosque, il monta dans le cabinet aérien dont les rosaces de verre offraient la vue de chacune des ravissantes perspectives de la vallée, et où il trouva sa femme assise sur une chaise. La comtesse examinait le paysage et gardait une contenance pleine de calme en montrant cette impénétrable physionomie que savent prendre les femmes déterminées à tout. Elle s'essuya les yeux comme si elle eût versé des pleurs, et joua par un geste distrait avec le long ruban rose de sa ceinture. Néanmoins, malgré son assurance apparente, elle ne put s'empêcher de frissonner en voyant devant elle son vénérable bienfaiteur, debout, les bras croisés, la figure pâle, le front sévère.

— Madame, dit-il après l'avoir regardée fixement pendant un moment et l'avoir forcée à rougir, madame, je ne vous maudis pas, je vous méprise. Maintenant, je remercie le hasard qui nous a désunis. Je ne sens même pas un désir de vengeance, je ne vous aime plus. Je ne veux rien de vous. Vivez tranquille sur la foi de ma parole, elle vaut mieux que les griffonnages de tous les notaires de Paris. Je ne réclamerai jamais le nom que j'ai peut-être illustré. Je ne suis plus qu'un pauvre diable nommé Hyacinthe, qui ne demande que sa place au soleil. Adieu...

La comtesse se jeta aux pieds du colonel, et voulut le retenir en lui prenant les mains, mais il la repoussa avec dégoût, en lui disant : — Ne me touchez pas.

La comtesse fit un geste intraduisible lorsqu'elle entendit le bruit des pas de son mari. Puis, avec la profonde perspicacité que donne une haute scélératesse ou le féroce égoïsme du monde, elle crut pouvoir vivre en paix sur la promesse et le mépris de ce loyal soldat.

Chabert disparut en effet. Le nourrisseur fit faillite et devint cocher de cabriolet. Peut-être le colonel s'adonna-t-il d'abord à quelque industrie du même genre. Peut-être, semblable à une pierre lancée dans un gouffre, alla-t-il, de cascade en cascade, s'abîmer dans cette boue de haillons qui foisonne à travers les rues de Paris.

Six mois après cet événement, Derville, qui n'entendait plus parler ni du colonel Chabert ni de la comtesse Ferraud, pensa qu'il était survenu sans doute entre eux une transaction, que, par vengeance, la comtesse avait fait dresser dans une autre Étude. Alors, un matin, il supputa les sommes avancées audit Chabert, y ajouta les frais, et pria la comtesse Ferraud de réclamer à monsieur le comte Chabert le montant de ce mémoire, en présumant qu'elle savait où se trouvait son premier mari.

Le lendemain même l'intendant du comte Ferraud, récemment nommé Président du Tribunal de Première Instance dans une ville importante, écrivit à Derville ce mot désolant :

« Monsieur,

« Madame la comtesse Ferraud me charge de vous prévenir que votre client avait complétement abusé de votre confiance, et que l'individu qui disait être le comte Chabert a reconnu avoir indûment pris de fausses qualités.

» Agréez, etc.

» DELBECQ. »

— On rencontre des gens qui sont aussi, ma parole d'honneur, par trop bêtes. Ils ont volé le baptême, s'écria Derville. Soyez donc humain, généreux, philanthrope et avoué, vous vous faites enfoncer ! Voilà une affaire qui me coûte plus de deux billets de mille francs.

Deux ans après la réception de cette lettre, Derville cherchait au Palais un avocat auquel il voulait parler, et qui plaidait à la Police correctionnelle. Le hasard voulut que Derville entrât à la sixième Chambre au moment où le Président condamnait comme vagabond le nommé Hyacinthe à deux mois de prison, et ordonnait qu'il fût ensuite conduit au dépôt de mendicité de Saint-Denis, sentence qui, d'après la jurisprudence des préfets de police, équivaut à une détention perpétuelle. Au nom d'Hyacinthe, Derville regarda le délinquant assis entre deux gendarmes sur le banc des prévenus, et reconnut, dans la personne du condamné, son faux colonel Chabert. Le vieux soldat était calme, immobile, presque distrait. Malgré ses haillons, malgré la misère empreinte sur sa physionomie, elle déposait d'une noble fierté. Son regard avait une expression de stoïcisme qu'un magistrat n'aurait pas dû méconnaître; mais, dès qu'un homme tombe entre les mains de la justice, il n'est plus qu'un être moral, une question de Droit ou de Fait, comme aux yeux des statisticiens il devient un chiffre. Quand le soldat fut reconduit au Greffe pour être emmené plus tard avec la fournée de vagabonds que l'on jugeait en ce moment, Derville usa du droit qu'ont les avoués d'entrer partout au Palais, l'accompagna au Greffe et l'y contempla pendant quelques instants, ainsi que les curieux mendiants parmi lesquels il se trouvait. L'antichambre du Greffe offrait alors un de ces spectacles que malheureusement ni les législateurs, ni les philanthropes, ni les peintres, ni les écrivains ne viennent étudier. Comme tous les laboratoires de la chicane, cette antichambre est une pièce obscure et puante, dont les murs sont garnis d'une banquette en bois noirci par le séjour perpétuel des malheureux qui viennent à ce rendez-vous de toutes les misères sociales, et auquel pas un d'eux ne manque. Un poète dirait que le jour a honte d'éclairer ce terrible égout par lequel passent tant d'infortunes! Il n'est pas une seule place où ne se soit assis quelque crime en germe ou consommé; pas un seul endroit où ne se soit rencontré quelque homme qui, désespéré par la légère flétrissure que la justice avait imprimée à sa première faute, n'ait commencé une existence au bout de laquelle devait se dresser la guillotine, ou détoner le pistolet du suicide. Tous ceux qui tombent sur le pavé de Paris rebondissent contre ces murailles jaunâtres, sur lesquelles un philanthrope qui ne serait pas un spéculateur pourrait déchiffrer la justification des nombreux suicides dont se plaignent des écrivains hypocrites, incapable de faire un pas pour les prévenir, et qui se trouve écrite dans cette antichambre, espèce de préface pour les drames de la Morgue ou pour ceux de la place de Grève. En ce moment le colonel Chabert s'assit au milieu de ces hommes à faces énergiques, vêtus des horribles livrées de la misère, silencieux par intervalles, ou causant à voix basse, car trois gendarmes de faction se promenaient en faisant retentir leurs sabres sur le plancher.

— Me reconnaissez-vous? dit Derville au vieux soldat en se plaçant devant lui.

— Oui, monsieur, répondit Chabert en se levant.

— Si vous êtes un honnête homme, reprit Derville à voix basse, comment avez-vous pu rester mon débiteur?

Le vieux soldat rougit comme aurait pu le faire une jeune fille accusée par sa mère d'un amour clandestin.

— Quoi! madame Ferraud ne vous a pas payé? s'écria-t-il à haute voix.

— Payé! dit Derville. Elle m'a écrit que vous étiez un intrigant.

Le colonel leva les yeux par un sublime mouvement d'horreur et d'imprécation, comme pour en appeler au ciel de cette tromperie nouvelle.

—Monsieur, dit-il d'une voix calme à force d'altération, obtenez des gendarmes la faveur de me laisser entrer au Greffe, je vais vous signer un mandat qui sera certainement acquitté.

Sur un mot dit par Derville au brigadier, il lui fut permis d'emmener son client dans le Greffe, où Hyacinthe écrivit quelques lignes adressées à la comtesse Ferraud.

Envoyez cela chez elle, dit le soldat, et vous serez remboursé de vos frais et de vos avances. Croyez, monsieur, que si je ne vous ai pas témoigné la reconnaissance que je vous dois pour vos bons offices, elle n'en est pas moins là, dit-il en se mettant la main sur le cœur. Oui, elle est là, pleine et entière. Mais que peuvent les malheureux? Ils aiment, voilà tout.

— Comment, lui dit Derville, n'avez-vous pas stipulé pour vous quelque rente?

— Ne me parlez pas de cela! répondit le vieux militaire. Vous ne pouvez pas savoir jusqu'où va mon mépris pour cette vie extétérieure à laquelle tiennent la plupart des hommes. J'ai subitement été pris d'une maladie, le dégoût de l'humanité. Quand je pense que Napoléon est à Sainte-Hélène, tout ici-bas m'est indifférent. Je ne puis plus être soldat, voilà tout mon malheur. Enfin, ajouta-t-il en faisant un geste plein d'enfantillage, il vaut mieux avoir du luxe dans ses sentiments que sur ses habits. Je ne crains, moi, le mépris de personne.

Et le colonel alla se remettre sur son banc. Derville sortit. Quand il revint à son Étude, il envoya Godeschal, alors son second clerc, chez la comtesse Ferraud, qui, à la lecture du billet, fit immédiatement payer la somme due à l'avoué du comte Chabert.

En 1832, vers la fin du mois de juin, un jeune avoué allait à Ris, en compagnie de son prédécesseur. Lorsqu'ils parvinrent à l'avenue qui conduit de la grande route à Bicêtre, ils aperçurent sous un des ormes du chemin un de ces vieux pauvres chenus et cassés qui ont obtenu le bâton de maréchal des mendiants, en vivant à Bicêtre comme les femmes indigentes vivent à la Salpêtrière. Cet homme, l'un des deux mille malheureux logés dans l'*Hospice de la Vieillesse*, était assis sur une borne et paraissait concentrer toute son intelligence dans une opération bien connue des invalides, et qui consiste à faire sécher au soleil le tabac de leurs mouchoirs, pour éviter de les blanchir, peut-être. Ce vieillard avait une physionomie attachante. Il était vêtu de cette robe de drap rougeâtre que l'Hospice accorde à ses hôtes, espèce de livrée horrible.

— Tenez, Derville, dit le jeune homme à son compagnon de voyage, voyez donc ce vieux. Ne ressemble-t-il pas à ces grotesques qui nous viennent d'Allemagne. Et cela vit, et cela est heureux peut-être !

Derville prit son lorgnon, regarda le pauvre, laissa échapper un mouvement de surprise et dit : — Ce vieux-là, mon cher, est tout un poème, ou, comme disent les romantiques, un drame. As-tu rencontré quelquefois la comtesse Ferraud ?

— Oui, c'est une femme d'esprit et très-agréable ; mais un peu trop dévote.

— Ce vieux bicêtrien est son mari légitime, le comte Chabert, l'ancien colonel, elle l'aura sans doute fait placer là. S'il est dans cet hospice au lieu d'habiter un hôtel, c'est uniquement pour avoir rappelé à la jolie comtesse Ferraud qu'il l'avait prise, comme un fiacre, sur la place. Je me souviens encore du regard de tigre qu'elle lui jeta dans ce moment-là.

Ce début ayant excité la curiosité du jeune homme auquel Derville avait récemment vendu sa charge, l'ancien avoué lui raconta l'histoire qui précède. Deux jours après, le lundi matin, en revenant à Paris, les deux amis jetèrent un coup d'œil sur Bicêtre, et Derville proposa d'aller voir le colonel Chabert. A moitié chemin de l'avenue, les deux gens de loi trouvèrent assis sur la souche d'un arbre abattu le vieillard qui tenait à la main un bâton et s'amusait à tracer des raies sur le sable. En le regardant attentivement, ils s'aperçurent qu'il venait de déjeuner autre part qu'à l'établissement.

— Bonjour, colonel Chabert, lui dit Derville.

— Pas Chabert ! pas Chabert ! je me nomme Hyacinthe, répondit le vieillard. Je ne suis plus un homme, je suis le numéro 164, septième salle, ajouta-t-il en regardant Derville avec une anxiété peureuse, avec une crainte de vieillard et d'enfant. — Vous allez voir le condamné à mort ! dit-il après un moment de silence. Il n'est pas marié, lui ! Il est bien heureux.

— Pauvre homme, dit Derville. Voulez-vous de l'argent pour acheter du tabac?

Avec toute la naïveté d'un gamin de Paris, le colonel tendit avidement la main à chacun des deux inconnus qui lui donnèrent une pièce de vingt francs; il les remercia par un regard stupide, en disant; — Braves troupiers! Il se mit au port d'armes, feignit de les coucher en joue, et s'écria en souriant : — Feu des deux pièces! vive Napoléon! Et il décrivit en l'air avec sa canne une arabesque imaginaire.

— Le genre de sa blessure l'aura fait tomber en enfance, dit Derville.

— Lui en enfance! s'écria un vieux bicêtrien qui les regardait. Ah! il y a des jours où il ne faut pas lui marcher sur le pied. C'est un vieux malin plein de philosophie et d'imagination. Mais aujourd'hui, que voulez-vous? il a fait le lundi. Monsieur, en 1820 il était déjà ici. Pour lors, un officier prussien, dont la calèche montait la côte de Villejuif, vint à passer à pied. Nous étions, nous deux Hyacinthe et moi, sur le bord de la route. Cet officier causait en marchant avec un autre, avec un Russe, ou quelque animal de la même espèce, lorsqu'en voyant l'ancien, le Prussien, histoire de blaguer, lui dit : — Voilà un vieux voltigeur qui devait être à Rosbach. — J'étais trop jeune pour y être, lui répondit-il, mais j'ai été assez vieux pour me trouver à Iéna. Pour lors le Prussien a filé, sans faire d'autres questions.

— Quelle destinée! s'écria Derville. Sorti de l'hospice des *Enfants trouvés*, il revient mourir à l'hospice de la *Vieillesse*, après avoir, dans l'intervalle, aidé Napoléon à conquérir l'Égypte et l'Europe. — Savez-vous, mon cher, reprit Derville après une pause, qu'il existe dans notre société trois hommes, le Prêtre, le Médecin et l'Homme de justice, qui ne peuvent pas estimer le monde? Ils ont des robes noires, peut-être parce qu'ils portent le deuil de toutes les vertus, de toutes les illusions. Le plus malheureux des trois est l'avoué. Quand l'homme vient trouver le prêtre, il arrive poussé par le repentir, par le remords, par des croyances qui le rendent intéressant, qui le grandissent, et consolent l'âme du médiateur, dont la tâche ne va pas sans une sorte de jouissance : il purifie, il répare, et réconcilie. Mais, nous autres avoués, nous voyons se répéter les mêmes sentiments mauvais, rien ne les corrige, nos Études sont des égouts qu'on ne peut pas curer. Combien de choses n'ai-je pas apprises en exerçant ma charge! J'ai vu mourir un père dans un grenier, sans sou ni maille, abandonné par deux filles auxquelles il avait donné quarante mille livres de rente! J'ai vu brûler des testaments; j'ai vu des mères dépouillant leurs enfants, des maris volant leurs femmes, des femmes tuant leurs maris en se servant de l'amour qu'elles leur inspiraient pour les rendre fous ou imbéciles, afin de vivre en paix avec un amant. J'ai vu des femmes donnant à l'enfant d'un premier lit des goûts qui devaient amener sa mort, afin d'enrichir l'enfant de l'amour. Je ne puis vous dire tout ce que j'ai vu, car j'ai vu des crimes contre lesquels la justice est impuissante. Enfin, toutes les horreurs que les romanciers croient inventer sont toujours au dessous de la vérité. Vous allez connaître ces jolies choses-là, vous; moi, je vais vivre à la campagne avec ma femme, Paris me fait horreur.

Paris, février—mars 1832.

FACINO CANE.

A LOUISE,

Comme un témoignage d'affectueuse reconnaissance.

Je demeurais alors dans une petite rue que vous ne connaissez sans doute pas, la rue de Lesdiguières : elle commence à la rue Saint-Antoine, en face d'une fontaine près de la place de la Bastille et débouche dans la rue de La Cerisaie. L'amour de la science m'avait jeté dans une mansarde où je travaillais pendant la nuit, et je passais le jour dans une bibliothèque voisine, celle de Monsieur. Je vivais frugalement, j'avais accepté toutes les conditions de la vie monastique, si nécessaire aux travailleurs. Quand il faisait beau, à peine me promenais-je sur le boulevard Bourdon. Une seule passion m'entraînait en dehors de mes habitudes studieuses ; mais n'était-ce pas encore de l'étude ? j'allais observer les mœurs du faubourg, ses habitants et leurs caractères. Aussi mal vêtu que les ouvriers, indifférent au décorum, je ne les mettais point en garde contre moi ; je pouvais me mêler à leurs groupes, les voir concluant leurs marchés, et se disputant à l'heure où ils quittent le travail. Chez moi l'observation était déjà devenue intuitive, elle pénétrait l'âme sans négliger le corps ; ou plutôt elle saisissait si bien les détails extérieurs, qu'elle allait sur-le-champ au delà ; elle me donnait la faculté de vivre de la vie de l'individu sur laquelle elle s'exerçait, en me permettant de me substituer à lui comme le derviche des Mille et une Nuits prenait le corps et l'âme des personnes sur lesquelles il prononçait certaines paroles.

Lorsque, entre onze heures et minuit, je rencontrais un ouvrier et sa femme revenant ensemble de l'Ambigu-Comique, je m'amusais à les suivre depuis le boulevard du Pont-aux-Choux jusqu'au boulevard Beaumarchais. Ces braves gens parlaient d'abord de la pièce qu'ils avaient vue ; de fil en aiguille, ils arrivaient à leurs affaires ; la mère tirait son enfant par la main, sans écouter ni ses plaintes ni ses demandes ; les deux époux comptaient l'argent qui leur serait payé le lendemain, ils le dépensaient de vingt manières différentes. C'était alors des détails de ménage, des doléances sur le prix excessif des pommes de terre, ou sur la longueur de l'hiver et le renchérissement des mottes, des représentations énergiques sur ce qui était dû au boulanger ; enfin des discussions qui s'envenimaient, et où chacun d'eux déployait son caractère en mots pittoresques. En entendant ces gens, je pouvais épouser leur vie, je me sentais leurs guenilles sur le dos, je marchais les pieds dans leurs souliers percés ; leurs désirs, leurs besoins, tout passait dans mon âme, ou mon âme passait dans la leur. C'était le rêve d'un homme éveillé. Je m'échauffais avec eux contre les chefs d'atelier qui les tyrannisaient, ou contre les mauvaises pratiques qui les faisaient revenir plusieurs fois sans les payer. Quitter ses habitudes, devenir un autre que soi par l'ivresse des facultés morales, et jouer ce jeu à volonté, telle était ma distraction. A quoi dois-je ce don ? Est-ce une seconde vue ? est-ce une de ces qualités dont l'abus mènerait à la folie ? Je n'ai jamais recherché les causes de cette puissance ; je la possède et m'en sers, voilà tout. Sachez seulement que, dès ce temps, j'avais décomposé les éléments de cette masse hétérogène nommée le peuple, que je l'avais analysée de manière à pouvoir évaluer ses qualités bonnes ou mauvaises. Je savais déjà de quelle utilité pourrait être ce faubourg, ce séminaire de révolutions qui renferme des héros, des inventeurs, des savants pratiques, des coquins, des scélérats, des vertus et des vices, tous comprimés par la misère, étouffés par la nécessité, noyés dans le vin, usés par les liqueurs fortes. Vous ne sauriez imaginer combien d'aventures perdues, combien de drames oubliés dans cette ville de douleur ! Combien d'horribles et belles choses ! L'imagination n'atteindra jamais au vrai qui s'y cache et que personne ne peut aller découvrir ; il faut descendre trop bas pour trouver ces admirables scènes ou tragiques ou comiques, chefs-d'œuvre enfantés par le hasard. Je ne sais comment j'ai si long-temps gardé sans la dire l'histoire que je vais vous raconter, elle fait partie de ces récits curieux restés dans le sac d'où la mémoire les tire capricieusement comme des numéros de loterie : j'en ai bien d'autres, aussi singuliers que celui-ci, également enfouis ; mais ils auront leur tour, croyez-le.

Un jour ma femme de ménage, la femme d'un ouvrier, vint me prier d'honorer de ma présence la noce d'une de ses sœurs. Pour vous faire comprendre ce que pouvait être cette noce il faut vous dire que je donnais quarante sous par mois à cette pauvre créature, qui venait tous les matins faire mon lit, nettoyer mes souliers, brosser mes habits, balayer la chambre et préparer mon déjeuner ; elle allait pendant le reste du temps tourner la manivelle d'une mécanique, et gagnait à ce dur métier dix sous par jour. Son mari, un ébéniste, gagnait quatre francs. Mais comme ce ménage avait trois enfants, il pouvait à peine honnêtement manger du pain. Je n'ai jamais rencontré de probité plus solide que celle de cet homme et de cette femme. Quand j'eus quitté le quartier, pendant cinq ans, la mère Vaillant est venue me souhaiter ma fête en m'apportant un bouquet et des oranges, elle qui n'avait jamais dix sous d'économie. La misère nous avait rapprochés. Je n'ai jamais pu lui donner autre chose que dix francs, souvent empruntés pour cette circonstance. Ceci peut expliquer ma promesse d'aller à la noce, je comptais me blottir dans la joie de ces pauvres gens.

Le festin, le bal, tout eut lieu chez un marchand de vin de la rue de Charenton, au premier étage, dans une grande chambre éclairée par des lampes à réflecteurs en fer-blanc, tendue d'un papier crasseux à hauteur des tables, et le long des murs de laquelle il y avait des bancs de bois. Dans cette chambre, quatre-vingts personnes endimanchées, flanquées de bouquets et de rubans, toutes animées par l'esprit de la Courtille, le visage enflammé, dansaient comme si le monde allait finir. Les mariés s'embrassaient à la satisfaction générale, et c'étaient des hé ! hé ! des ha ! ha ! facétieux mais réellement moins indécents que ne le sont les timides œillades des jeunes filles bien élevées. Tout ce monde exprimait un contentement brutal qui avait je ne sais quoi de communicatif.

Mais ni les physionomies de cette assemblée, ni la noce, ni rien de ce monde n'a trait à mon histoire. Retenez seulement la bizarrerie du cadre. Figurez-vous bien la boutique ignoble et peinte en rouge, sentez l'odeur du vin, écoutez les hurlements de cette joie, restez bien dans ce faubourg, au milieu de ces ouvriers, de ces vieillards, de ces pauvres femmes livrés au plaisir d'une nuit !

L'orchestre se composait de trois aveugles des Quinze-Vingts ; le premier était violon, le second clarinette, et le troisième flageolet. Tous trois étaient payés en bloc sept francs pour la nuit. Sur ce prix-là, certes, ils ne donnaient ni du Rossini, ni du Beethoven, ils jouaient ce qu'ils voulaient et ce qu'ils pouvaient ; personne ne leur faisait de reproches, charmante délicatesse ! Leur musique attaquait si brutalement le tympan, qu'après avoir jeté les yeux sur l'assemblée, je regardai ce trio d'aveugles, et fus tout d'abord disposé à l'indulgence en reconnaissant leur uniforme. Ces artistes étaient dans l'embrasure d'une croisée ; pour distinguer leurs physionomies, il fallait donc être près d'eux : je n'y vins pas sur-le-champ ; mais quand je m'en rapprochai, je ne sais pourquoi, tout fut dit, la noce et sa musique disparut, ma curiosité fut excitée au plus haut degré, car mon âme passa dans le corps du joueur de clarinette. Le violon et le flageolet avaient tous deux des figures vulgaires, la figure si connue de l'aveugle, pleine de contention, attentive et grave ; mais celle de la clarinette était un de ces phénomènes qui arrêtent tout court l'artiste et le philosophe.

Figurez-vous le masque en plâtre de Dante, éclairé par la lueur rouge du quinquet, et surmonté d'une forêt de cheveux d'un blanc argenté. L'expression amère et douloureuse de cette magnifique tête était agrandie par la cécité, car les yeux morts revivaient par la pensée ; il s'en échappait comme une lueur brûlante, produite par un désir unique, incessant, énergiquement inscrit sur un front bombé que traversaient des rides pareilles aux assises d'un vieux mur. Ce vieillard soufflait au hasard, sans faire la moindre attention à la mesure ni à l'air, ses doigts se baissaient ou se levaient, agitaient les vieilles clefs par une habitude machinale, il ne se gênait pas pour faire ce que l'on nomme des *canards* en termes d'orchestre, les danseurs ne s'en apercevaient pas plus que les deux acolytes de mon Italien ; car je voulais que ce fût un Italien, et c'était un Italien. Quelque chose de grand et de despotique se rencontrait dans ce vieil Homère qui gardait en lui-même une Odyssée condamnée à l'oubli. C'était une grandeur si réelle qu'elle triomphait encore de son abjection, c'était un despotisme si vivace qu'il dominait la pauvreté. Aucune des violentes passions qui conduisent l'homme au bien comme au mal, en font un forçat ou un héros, ne manquait à ce visage noblement coupé, lividement italien, ombragé par des sourcils grisonnants qui projetaient leur ombre sur des cavités profondes où l'on tremblait de voir reparaître la lumière de la pensée, comme on craint de voir venir à la bouche d'une caverne quelques brigands armés de torches et de poignards. Il existait un lion dans cette cage de chair, un lion dont la rage s'était inutilement épuisée contre le fer de ses barreaux. L'incendie du désespoir s'était éteint dans ses cendres, la lave s'était refroidie; mais les sillons, les bouleversements, un peu de fumée attestaient la violence de l'éruption, les ravages du feu. Ces idées, réveillées par l'aspect de cet homme, étaient aussi chaudes dans mon âme qu'elles étaient froides sur sa figure.

Entre chaque contredanse, le violon et le flageolet, sérieusement occupés de leur verre et de leur bouteille, suspendaient leur instrument au bouton de leur redingote rougeâtre, avançaient la main sur une petite table placée dans l'embrasure de la croisée où était leur cantine, et offraient toujours à l'Italien un verre plein qu'il ne pouvait prendre lui-même, car la table se trouvait derrière sa chaise; chaque fois, la clarinette les remerciait par un signe de tête amical. Leurs mouvements s'accomplissaient avec cette précision qui étonne toujours chez les aveugles des Quinze-Vingts, et qui semble faire croire qu'ils voient. Je m'approchai des trois aveugles pour les écouter; mais quand je fus près d'eux, ils m'étudièrent, ne reconnurent sans doute pas la nature ouvrière, et se tinrent coi.

— De quel pays êtes-vous, vous qui jouez de la clarinette?

— De Venise, répondit l'aveugle avec un léger accent italien.

— Êtes-vous né aveugle, ou êtes-vous aveugle par...

— Par accident, répondit-il vivement, une maudite goutte sereine.

— Venise est une belle ville, j'ai toujours eu la fantaisie d'y aller.

La physionomie du vieillard s'anima, ses rides s'agitèrent, il fut violemment ému.

— Si j'y allais avec vous, vous ne perdriez pas votre temps, me dit-il.

— Ne lui parlez pas de Venise, me dit le violon, ou notre doge va commencer son train; avec ça qu'il a déjà deux bouteilles dans le bocal, le prince!

— Allons, en avant, père Canard, dit le flageolet.

Tous trois se mirent à jouer; mais pendant le temps qu'ils mirent à exécuter les quatre contredanses, le Vénitien me flairait, il devinait l'excessif intérêt que je lui portais. Sa physionomie quitta sa froide expression de tristesse; je ne sais quelle espérance égaya tous ses traits, se coula comme une flamme bleue dans ses rides; il sourit, et s'essuya le front, ce front audacieux et terrible; enfin il devint gai comme un homme qui monte sur son dada.

— Quel âge avez-vous? lui demandai-je.

— Quatre-vingt-deux ans!

— Depuis quand êtes-vous aveugle?

— Voici bientôt cinquante ans, répondit-il avec un accent qui annonçait que ses regrets ne portaient pas seulement sur la perte de sa vue, mais sur quelque grand pouvoir dont il aurait été dépouillé.

— Pourquoi vous appellent-ils donc le doge? lui demandai-je.

— Ah! une farce, dit-il, je suis patricien de Venise, et j'aurais été doge tout comme un autre.

— Comment vous nommez-vous donc?

— Ici, me dit-il, le père Canet. Mon nom n'a jamais pu s'écrire autrement sur les registres; mais, en italien, c'est *Marco Facino ane, principe de Varese.*

— Comment? vous descendez du fameux condottiere Facino Cane dont les conquêtes ont passé aux ducs de Milan?

— *E vero,* me dit-il. Dans ce temps-là, pour n'être pas tué par les Visconti, le fils de Cane s'est réfugié à Venise et s'est fait inscrire sur le Livre d'or. Mais il n'y a plus de Cane maintenant que de livre. Et il fit un geste effrayant de patriotisme éteint et de dégoût pour les choses humaines.

— Mais si vous étiez sénateur de Venise, vous deviez être riche; comment avez-vous pu perdre votre fortune?

A cette question il leva la tête vers moi, comme pour me contempler par un mouvement vraiment tragique, et me répondit : — Dans les malheurs!

Il ne songeait plus à boire, il refusa par un geste le verre de vin que lui tendit en ce moment le vieux flageolet, puis il baissa la tête. Ces détails n'étaient pas de nature à éteindre ma curiosité. Pendant la contredanse que jouèrent ces trois machines, je contemplai le vieux noble vénitien avec les sentiments qui dévorent un homme de vingt ans. Je voyais Venise et l'Adriatique, je la voyais en ruines sur cette figure ruinée. Je me promenais dans cette ville si chère à ses habitants, j'allais du Rialto au grand canal, du quai des Esclavons au Lido, je revenais à sa cathédrale, si originalement sublime; je regardais les fenêtres de la *Casa Doro*, dont chacune a des ornements différents; je contemplais ses vieux palais si riches de marbre, enfin toutes ces merveilles avec lesquelles le savant sympathise d'autant plus qu'il les colore à son gré, et ne dépoétise pas ses rêves par le spectacle de la réalité. Je remontais le cours de la vie de ce rejeton du plus grand des condottieri, en y cherchant les traces de ses malheurs et les causes de cette profonde dégradation physique et morale qui rendait plus belles encore les étincelles de grandeur et de noblesse ranimées en ce moment. Nos pensées étaient sans doute communes, car je crois que la cécité rend les communications intellectuelles beaucoup plus rapides en défendant à l'attention de s'éparpiller sur les objets extérieurs. La preuve de notre sympathie ne se fit pas attendre. Facino Cane cessa de jouer, se leva, vint à moi et me dit un: — Sortons! qui produisit sur moi l'effet d'une douche électrique. Je lui donnai le bras, et nous nous en allâmes.

Quand nous fûmes dans la rue, il me dit : — Voulez-vous me mener à Venise, m'y conduire, voulez-vous avoir foi en moi? vous serez plus riche que ne le sont les dix maisons les plus riches d'Amsterdam ou de Londres, plus riche que les Rotschild, enfin riche comme les Mille et une Nuits.

Je pensai que cet homme était fou; mais il y avait dans sa voix une puissance à laquelle j'obéis. Je me laissai conduire et il me mena vers les fossés de la Bastille comme s'il avait eu des yeux. Il s'assit sur une pierre dans un endroit fort solitaire où depuis fut bâti le pont par lequel le canal Saint-Martin communique avec la Seine. Je me mis sur une autre pierre devant ce vieillard dont les cheveux blancs brillèrent comme des fils d'argent à la clarté de la lune. Le silence que troublait à peine le bruit orageux des boulevards qui arrivait jusqu'à nous, la pureté de la nuit, tout contribuait à rendre cette scène vraiment fantastique.

— Vous parlez de millions à un jeune homme, et vous croyez qu'il hésiterait à endurer mille maux pour les recueillir! Ne vous moquez-vous pas de moi?

— Que je meure sans confession, me dit-il avec violence, si ce que je vais vous dire n'est pas vrai. J'ai eu vingt ans comme vous les avez en ce moment, j'étais riche, j'étais beau, j'étais noble, j'ai commencé par la première des folies, par l'amour. J'ai aimé comme l'on n'aime plus, jusqu'à me mettre dans un coffre et risquer d'y être poignardé sans avoir reçu autre chose que la promesse d'un baiser. Mourir pour *elle* me semblait toute une vie. En 1760 je devins amoureux d'une Vendramini, une femme de dix-huit ans, mariée à un Sagredo, l'un des plus riches sénateurs, un homme de trente ans, fou de sa femme. Ma maîtresse et moi nous étions innocents comme deux chérubins, quand le *sposo* nous surprit causant d'amour ; j'étais sans armes, il me manqua, je sautai sur lui, je l'étranglai de mes deux mains en lui tordant le cou comme à un poulet. Je voulus partir avec Bianca, elle ne voulut pas me suivre. Voilà les femmes! Je m'en allai seul, je fus condamné, mes biens furent séquestrés au profit de mes héritiers ; mais j'avais emporté mes diamants, cinq tableaux de Titien roulés, et tout mon or. J'allai à Milan, où je ne fus pas inquiété : mon affaire n'intéressait point l'État.

— Une petite observation avant de continuer, dit-il après une pause. Que les fantaisies d'une femme influent ou non sur son enfant pendant qu'elle le porte ou quand elle le conçoit, il est certain que ma mère eut une passion pour l'or pendant sa grossesse. J'ai pour l'or une monomanie dont la satisfaction est si nécessaire à ma vie que, dans toutes les situations où je me suis trouvé, je n'ai jamais été sans or sur moi ; je manie constamment de l'or ; jeune, je portais toujours des bijoux et j'avais toujours sur moi deux ou trois cents ducats.

En disant ces mots, il tira deux ducats de sa poche et me les montra.

— Je sens l'or. Quoique aveugle, je m'arrête devant les boutiques de joailliers. Cette passion m'a perdu, je suis devenu joueur pour jouer de l'or. Je n'étais pas fripon, je fus friponné, je me ruinai. Quand je n'eus plus de fortune, je fus pris par la rage de voir Bianca : je revins secrètement à Venise, je la retrouvai, je fus heureux pendant six mois, caché chez elle, nourri par elle. Je pensais délicieusement à finir ainsi ma vie. Elle était recherchée par le Provéditeur ; celui-ci devina un rival, en Italie on les sent : il nous espionna, nous surprit au lit, le lâche! Jugez combien vive fut notre lutte : je ne le tuai pas, je le blessai grièvement. Cette aventure brisa mon bonheur. Depuis ce jour je n'ai jamais retrouvé de Bianca. J'ai eu de grands plaisirs, j'ai vécu à la cour de Louis XV parmi les femmes les plus célèbres ; nulle part je n'ai trouvé les qualités, les grâces, l'amour de ma chère Vénitienne. Le Provéditeur avait ses gens, il les appela, le palais fut cerné, envahi ; je me défendis pour pouvoir mourir sous les yeux de Bianca qui m'aidait à tuer le Provéditeur. Jadis cette femme n'avait pas voulu s'enfuir avec moi ; mais après six mois de bonheur elle voulait mourir de ma mort, et reçut plusieurs coups. Pris dans un grand manteau que l'on jeta sur moi, je fus roulé, porté dans une gondole et transporté dans un cachot des puits. J'avais vingt-deux ans, je tenais si bien le tronçon de mon épée que pour l'avoir il aurait fallu me couper le poing. Par un singulier hasard, ou plutôt inspiré par une pensée de précaution, je cachai ce morceau de fer dans un coin, comme s'il pouvait me servir. Je fus soigné. Aucune de mes blessures n'était mortelle. A vingt-deux ans, on revient de tout. Je devais mourir décapité, je fis le malade afin de gagner du temps. Je croyais être dans un cachot voisin du canal, mon projet était de m'évader en creusant le mur et traversant le canal à la nage, au risque de me noyer. Voici sur quels raisonnements s'appuyait mon espérance. Toutes les fois que le geôlier m'apportait à manger, je lisais des indications écrites sur les murs, comme : *côté du palais*, *côté du canal*, *côté du souterrain*, et je finis par apercevoir un plan dont le sens m'inquiétait peu, mais explicable par l'état actuel du palais ducal qui n'est pas terminé. Avec le génie que donne le désir de recouvrer la liberté, je parvins à déchiffrer, en tâtant du bout des doigts la superficie d'une pierre, une inscription arabe par laquelle l'auteur de ce travail avertissait ses successeurs qu'il avait détaché deux pierres de la dernière assise, et creusé onze pieds de souterrain. Pour continuer son œuvre, il fallait répandre sur le sol même du cachot les parcelles de pierre et de mortier produites par le travail de l'excavation. Quand même les gardiens ou les inquisiteurs n'eussent pas été rassurés par la construction de l'édifice qui n'exigeait qu'une surveillance extérieure, la disposition des puits, où l'on descend par quelques marches, permettait d'exhausser graduellement le sol sans que les gardiens s'en aperçussent. Cet immense travail avait été superflu, du moins pour celui qui l'avait entrepris, car son inachèvement annonçait la mort de l'inconnu. Pour que son dévouement ne fût pas à jamais perdu, il fallait qu'un prisonnier sût l'arabe ; mais j'avais étudié les langues orientales au couvent des Arméniens. Une phrase écrite derrière la pierre disait le destin de ce malheureux, mort victime de ses immenses richesses, que Venise avaient convoitées et dont elle s'était emparée. Il me fallut un mois pour arriver à un résultat. Pendant que je travaillais, et dans les moments où la fatigue m'anéantissait, j'entendais le son de l'or, je voyais de l'or devant moi, j'étais ébloui par des diamants ! Oh ! attendez. Pendant une nuit, mon acier émoussé trouva du bois. J'aiguisai mon bout d'épée, et fis un trou dans ce bois. Pour pouvoir travailler, je me roulais comme un serpent sur le ventre, je me mettais nu pour travailler à la manière des taupes, en portant mes mains en avant et me faisant de la pierre même un point d'appui. La surveille du jour où je devais comparaître devant mes juges, pendant la nuit, je voulus tenter un dernier effort ; je perçai le bois, et mon fer ne rencontra rien au delà. Jugez de ma surprise quand j'appliquai les yeux sur le trou ! J'étais dans le lambris d'une cave où une faible lumière me permettait d'apercevoir un monceau d'or. Le doge et l'un des Dix étaient dans ce caveau, j'entendais leurs voix ; leurs discours m'apprirent que là était le trésor secret de la République, les dons des doges, et les réserves du butin appelé le denier de Venise, et pris sur le produit des expéditions. J'étais sauvé ! Quand le geôlier vint, je lui proposai de favoriser ma fuite et de partir avec moi en emportant tout ce que nous pourrions prendre. Il n'y avait pas à hésiter, il accepta. Un navire faisait voile pour le Levant, toutes les précautions furent prises, Bianca favorisa les mesures que je dictais à mon complice. Pour ne pas donner l'éveil, Bianca devait nous rejoindre à Smyrne. En une nuit le trou fut agrandi, et nous descendîmes dans le trésor secret de Venise. Quelle nuit ! J'ai vu quatre tonnes pleines d'or. Dans la pièce précédente, l'argent était également amassé en deux tas qui laissaient un chemin au milieu pour traverser la chambre où les pièces relevées en talus garnissaient les murs à cinq pieds de hauteur. Je crus que le geôlier deviendrait fou ; il chantait, il sautait, il riait, il gambadait dans l'or ; je le menaçai de l'étrangler s'il perdait le temps ou s'il faisait du bruit. Dans sa joie, il ne vit pas d'abord une table où étaient les diamants. Je me jetai dessus assez habilement pour emplir ma veste de matelot et les poches de mon pantalon. Mon Dieu ! je n'en pris pas le tiers. Sous cette table étaient des lingots d'or. Je persuadai à mon compagnon de remplir d'or autant de sacs que nous pourrions en porter, en lui faisant observer que c'était la seule manière de n'être pas découverts à l'étranger. — Les perles, les bijoux, les diamants nous feraient reconnaître, lui dis-je. Quelle que fût notre avidité, nous ne pûmes prendre que deux mille livres d'or, qui nécessitèrent six voyages à travers la prison jusqu'à la gondole. La sentinelle à la porte d'eau avait été gagnée moyennant un sac de dix livres d'or. Quant aux deux gondoliers, ils croyaient servir la République. Au jour, nous partîmes. Quand nous fûmes en pleine mer, et que je me souvins de cette nuit ; quand je me rappelai les sensations que j'avais éprouvées, que je revis cet immense trésor où, suivant mes évaluations, je laissais trente millions en argent et vingt millions en or, plusieurs millions en diamants, perles et rubis, il se fit en moi comme un mouvement de folie. J'eus la fièvre de l'or. Nous nous fîmes débarquer à Smyrne, et nous nous embarquâmes aussitôt pour la France. Comme nous montions sur le bâtiment français, Dieu me fit la grâce de me débarrasser de mon complice. En ce moment je ne pensais pas à toute la portée de ce méfait du hasard, dont je me réjouis beaucoup. Nous étions si complétement énervés que nous demeurions hébétés, sans nous rien dire, attendant que nous fussions en sûreté pour jouir à notre aise. Il n'est pas étonnant que la tête ait tourné à ce drôle. Vous verrez combien Dieu m'a puni. Je ne me crus tranquille qu'après avoir vendu les deux tiers de mes diamants à Londres et à Amsterdam, et réalisé ma poudre d'or en valeurs commerciales. Pendant cinq ans, je me cachai dans Madrid ; puis, en 1770, je vins à Paris sous un nom espagnol, et menai le train le plus brillant. Bianca était morte. Au milieu de mes voluptés, quand je jouissais d'une fortune de six millions, je fus frappé de cécité. Je ne doute pas que cette infirmité ne soit le résultat de mon séjour dans le cachot, de mes travaux dans la pierre, si toutefois ma faculté de voir l'or n'emportait pas un abus de la puissance visuelle qui me prédestinait à perdre les yeux. En ce moment, j'aimais une femme à laquelle je comptais lier mon sort ; je lui avais dit le secret de mon nom, elle appartenait à une famille puissante, j'espérais tout de la faveur que m'accordait Louis XV ; j'avais mis ma confiance en cette femme, qui était l'amie de madame du Barry, elle me conseilla de consulter un fameux oculiste de Londres : mais, après quelques mois de séjour dans cette ville, j'y fus abandonné par cette femme dans Hyde-Park, elle m'avait dépouillé de toute ma fortune sans me laisser aucune ressource ; car, obligé de cacher mon nom, qui me livrait à la vengeance de Venise, je ne pouvais invoquer l'assistance de personne, je craignais Venise. Mon infirmité fut exploitée par les espions que cette femme avait attachés à ma personne. Je vous fais grâce d'aventures dignes de Gil Blas. Votre révolution vint. Je fus forcé d'entrer aux Quinze-Vingts, où cette créature me fit admettre après m'avoir tenu pendant deux ans à Bicêtre comme fou ; je n'ai jamais pu la tuer, je n'y voyais point, et j'étais trop pauvre pour acheter un bras. Si avant de perdre Benedetto Carpi, mon geôlier, je l'avais consulté sur la situation de mon cachot, j'aurais pu reconnaître le trésor et retourner à Venise quand la république fut anéantie par Napoléon. Cependant, malgré ma cécité, allons à Venise ! Je retrouverai la porte de la prison, je verrai l'or à travers les murailles, je le sentirai sous les eaux où il est enfoui ; car les événements qui ont renversé la puissance de Venise sont tels que le secret de ce trésor a dû mourir avec Vendramino, le frère de Bianca, un doge, qui, je l'espérais, aurait fait ma paix avec les Dix. J'ai adressé des notes au premier consul, j'ai proposé un traité à l'empereur d'Autriche, tous m'ont éconduit comme un fou ! Venez, partons pour Venise, partons mendiants, nous reviendrons millionnaires ; nous rachèterons mes biens, et vous serez mon héritier, vous serez prince de Varese.

Étourdi de cette confidence, qui dans mon imagination prenait les proportions d'un poème, à l'aspect de cette tête blanchie, et devant l'eau noire des fossés de la Bastille, eau dormante comme celle des canaux de Venise, je ne répondis pas. Facino Cane crut sans doute que je le jugeais comme tous les autres, avec une pitié dédaigneuse, il fit un geste qui exprima toute la philosophie du désespoir. Ce récit l'avait reporté peut-être à ses heureux jours, à Venise : il saisit sa clarinette et joua mélancoliquement une chanson vénitienne, barcarole pour laquelle il retrouva son premier talent, son talent de patricien amoureux. Ce fut quelque chose comme le *Super flumina Babylonis*. Mes yeux s'emplirent de larmes. Si quelques promeneurs attardés vinrent à passer le long du Boulevard Bourdon, sans doute ils s'arrêtèrent pour écouter cette dernière prière du banni, le dernier regret d'un nom perdu, auquel se mêlait le souvenir de Bianca. Mais l'or reprit bientôt le dessus, et la fatale passion éteignit cette lueur de jeunesse.

— Ce trésor, me dit-il, je le vois toujours, éveillé comme en rêve; je m'y promène, les diamants étincellent, je ne suis pas aussi aveugle que vous le croyez : l'or et les diamants éclairent ma nuit, la nuit du dernier Facino Cane, car mon titre passe aux Memmi. Mon Dieu! la punition du meurtrier a commencé de bien bonne heure! *Ave Maria...*

Il récita quelques prières que je n'entendis pas.

— Nous irons à Venise, m'écriai-je quand il se leva.

— J'ai donc trouvé un homme, s'écria-t-il le visage en feu.

Je le reconduisis en lui donnant le bras; il me serra la main à la porte des Quinze-Vingts, au moment où quelques personnes de la noce revenaient en criant à tue-tête.

— Partirons-nous demain! dit le vieillard.

— Aussitôt que nous aurons quelque argent.

— Mais nous pouvons aller à pied, je demanderai l'aumône..... Je suis robuste, et l'on est jeune quand on voit de l'or devant soi.

Facino Cane mourut pendant l'hiver après avoir langui deux mois. Le pauvre homme avait un catarrhe.

Paris, mars 1836.

LA MESSE DE L'ATHÉE.

CECI EST DÉDIÉ A AUGUSTE BORGET,

Par son ami

DE BALZAC.

    Un médecin à qui la science doit une belle théorie physiologique, et qui, jeune encore, s'est placé parmi les célébrités de l'École de Paris, centre de lumières auquel les médecins de l'Europe rendent tous hommage, le docteur Bianchon a longtemps pratiqué la chirurgie avant de se livrer à la médecine. Ses premières études furent dirigées par un des plus grands chirurgiens français, par l'illustre Desplein, qui passa comme un météore dans la science. De l'aveu de ses ennemis, il enterra dans la tombe une méthode intransmissible. Comme tous les gens de génie, il était sans héritiers : il portait et emportait tout avec lui. La gloire des chirurgiens ressemble à celle des acteurs, qui n'existent que de leur vivant et dont le talent n'est plus appréciable dès qu'ils ont disparu. Les acteurs et les chirurgiens, comme aussi les grands chanteurs, comme les virtuoses qui décuplent par leur exécution la puissance de la musique, sont tous les héros du moment. Desplein offre la preuve de cette similitude entre la destinée de ces génies transitoires. Son nom, si célèbre hier, aujourd'hui presque oublié, restera dans sa spécialité sans en franchir les bornes. Mais ne faut-il pas des circonstances inouïes pour que le nom d'un savant passe de la science dans l'histoire générale de l'humanité? Desplein avait-il cette universalité de connaissances qui fait d'un homme le *verbe* ou la *figure* d'un siècle? Desplein possédait un divin coup d'œil : il pénétrait le ma-

BOURGEAT.

Cet homme avait la foi du charbonnier; il aimait la sainte Vierge comme il eût aimé sa femme.

(LA MESSE DE L'ATHÉE.)

lade et sa maladie par une intuition acquise ou naturelle qui lui permettait d'embrasser les diagnostics particuliers à l'individu, de déterminer le moment précis, l'heure, la minute à laquelle il fallait opérer, en faisant la part aux circonstances atmosphériques et aux particularités du tempérament. Pour marcher ainsi de conserve avec la Nature, avait-il donc étudié l'incessante jonction des êtres et des substances élémentaires contenues dans l'atmosphère ou que fournit la terre à l'homme qui les absorbe et les prépare pour en tirer une expression particulière ? Procédait-il par cette puissance de déduction et d'analogie à laquelle est dû le génie de Cuvier ? Quoi qu'il en soit, cet homme s'était fait le confident de la Chair, il la saisissait dans le passé comme dans l'avenir, en s'appuyant sur le présent. Mais a-t-il résumé toute la science en sa personne comme ont fait Hippocrate, Galien, Aristote ? A-t-il conduit toute une école vers des mondes nouveaux ? Non. S'il est impossible de refuser à ce perpétuel observateur de la chimie humaine, l'antique science du Magisme, c'est-à-dire la connaissance des principes en fusion, les causes de la vie, la vie avant la vie, ce qu'elle sera par ses préparations avant d'être ; malheureusement tout en lui fut personnel : isolé dans sa vie par l'égoïsme, l'égoïsme suicide aujourd'hui sa gloire. Sa tombe n'est pas surmontée de la statue sonore qui redit à l'avenir les mystères que le Génie cherche à ses dépens. Mais peut-être le talent de Desplein était-il solidaire de ses croyances, et conséquemment mortel. Pour lui, l'atmosphère terrestre était un sac générateur : il voyait la terre comme un œuf dans sa coque, et ne pouvant savoir qui de l'œuf, qui de la poule, avait commencé, il n'admettait ni le coq ni l'œuf. Il ne croyait ni en l'animal antérieur, ni en l'esprit postérieur à l'homme. Desplein n'était pas dans le doute, il affirmait. Son athéisme pur et franc ressemblait à celui de beaucoup de savants, les meilleurs gens du monde, mais invinciblement athées, athées comme les gens religieux n'admettent pas qu'il puisse y avoir d'athées. Cette opinion ne devait pas être autrement chez un homme habitué depuis son jeune âge à disséquer l'être par excellence, avant, pendant et après la vie, à le fouiller dans tous ses appareils sans y trouver cette âme unique, si nécessaire aux théories religieuses. En y reconnaissant un centre cérébral, un centre nerveux et un centre aéro-sanguin, dont les deux premiers se suppléent si bien l'un l'autre, qu'il eut dans les derniers jours de sa vie la conviction que le sens de l'ouïe n'était pas absolument nécessaire pour entendre, ni le sens de la vue absolument nécessaire pour voir, et que le plexus solaire les remplaçait sans que l'on en pût douter ; Desplein, en trouvant deux âmes dans l'homme, corrobora son athéisme de ce fait, quoiqu'il ne préjuge encore rien sur Dieu. Cet homme mourut, dit-on, dans l'impénitence finale où meurent malheureusement beaucoup de beaux génies, à qui Dieu puisse pardonner.

La vie de cet homme si grand offrait beaucoup de petitesses, pour employer l'expression dont se servaient ses ennemis, jaloux de diminuer sa gloire, mais qu'il serait plus convenable de nommer des contre-sens apparents. N'ayant jamais connaissance des déterminations par lesquelles agissent les esprits supérieurs, les envieux ou les niais s'arment aussitôt de quelques contradictions superficielles pour dresser un acte d'accusation sur lequel ils les font momentanément juger. Si, plus tard, le succès couronne les combinaisons attaquées, en montrant la corrélation des préparatifs et des résultats, il subsiste toujours un peu des calomnies d'avant-garde. Ainsi, de nos jours, Napoléon fut condamné par nos contemporains, lorsqu'il déployait les ailes de son aigle sur l'Angleterre : il fallut 1816 pour expliquer 1804 et les bateaux plats de Boulogne.

Chez Desplein, la gloire et la science étant inattaquables, ses ennemis s'en prenaient à son humeur bizarre, à son caractère ; tandis qu'il possédait tout bonnement cette qualité que les Anglais nomment *excentricity*. Tantôt superbement vêtu comme Crébillon le tragique, tantôt il affectait une singulière indifférence en fait de vêtement ; on le voyait tantôt en voiture, tantôt à pied. Tour à tour brusque et bon, en apparence âpre et avare, mais capable d'offrir sa fortune à ses maîtres exilés qui lui firent l'honneur de l'accepter pendant quelques jours, aucun homme n'a inspiré plus de jugements contradictoires. Quoique capable, pour avoir un cordon noir que les médecins n'auraient pas dû briguer, de laisser tomber à la cour un livre d'heures de sa poche, croyez qu'il se moquait en lui-même de tout ; il avait un profond mépris pour les hommes, après les avoir observés d'en haut et d'en bas, après les avoir surpris dans leur véritable expression, au milieu des actes de l'existence les plus solennels et les plus mesquins. Chez un grand homme, les qualités sont souvent solidaires. Si, parmi ces colosses, l'un d'eux a plus de talent que d'esprit, son esprit est encore plus étendu que celui de qui l'on dit simplement : Il a de l'esprit. Tout génie suppose une vue morale. Cette vue peut s'appliquer à quelque spécialité; mais qui voit la fleur, doit voir le soleil. Celui qui entendit un diplomate, sauvé par lui, demandant: « Comment va l'Empereur? » et qui répondit: « Le courtisan revient, l'homme suivra! » celui-là n'est pas seulement chirurgien ou médecin, il est aussi prodigieusement spirituel. Ainsi, l'observateur patient et assidu de l'humanité légitimera les prétentions exorbitantes de Desplein et le croira, comme il se croyait lui-même, propre à faire un ministre tout aussi grand qu'était le chirurgien.

Parmi les énigmes que présente aux yeux de plusieurs contemporains la vie de Desplein, nous avons choisi l'une des plus intéressantes, parce que le mot s'en trouvera dans la conclusion du récit, et le vengera de quelques sottes accusations.

De tous les élèves que Desplein eut à son hôpital, Horace Bianchon fut un de ceux auxquels il s'attacha le plus vivement. Avant d'être interne à l'Hôtel-Dieu, Horace Bianchon était un étudiant en médecine, logé dans une misérable pension du quartier latin, connue sous le nom de la Maison-Vauquer. Ce pauvre jeune homme y sentait les atteintes de cette ardente misère, espèce de creuset d'où les grands talents doivent sortir purs et incorruptibles comme des diamants qui peuvent être soumis à tous les chocs sans se briser. Au feu violent de leurs passions déchaînées, ils acquièrent la probité la plus inaltérable, et contractent l'habitude des luttes qui attendent le génie, par le travail constant dans lequel ils ont cerclé leurs appétits trompés. Horace était un jeune homme droit, incapable de tergiverser dans les questions d'honneur allant sans phrase au fait, prêt pour ses amis à mettre en gage son manteau, comme à leur donner son temps et ses veilles. Horace était enfin un de ces amis qui ne s'inquiètent pas de ce qu'ils reçoivent en échange de ce qu'ils donnent, certains de recevoir à leur tour plus qu'ils ne donneront. La plupart de ses amis avaient pour lui ce respect intérieur qu'inspire une vertu sans emphase, et plusieurs d'entre eux redoutaient sa censure. Mais ces qualités, Horace les déployait sans pédantisme. Ni puritain ni sermonneur, il jurait de bonne grâce en donnant un conseil, et faisait volontiers un *tronçon de chière lie* quand l'occasion s'en présentait. Bon compagnon, pas plus prude que ne l'est un cuirassier, rond et franc, non pas comme un marin, car le marin d'aujourd'hui est un rusé diplomate, mais comme un brave jeune homme qui n'a rien à déguiser dans sa vie, il marchait la tête haute et la pensée rieuse. Enfin, pour tout exprimer par un mot, Horace était le Pylade de plus d'un Oreste, les créanciers étant pris aujourd'hui comme la figure la plus réelle des Furies antiques. Il portait sa misère avec cette gaieté qui peut-être est un des plus grands éléments du courage, et comme tous ceux qui n'ont rien, il contractait peu de dettes. Sobre comme un chameau, alerte comme un cerf, il était ferme dans ses idées et dans sa conduite. La vie heureuse de Bianchon commença du jour où l'illustre chirurgien acquit la preuve des qualités et des défauts qui, les uns aussi bien que les autres, rendent doublement précieux à ses amis le docteur Horace Bianchon. Quand un chef de clinique prend dans son giron un jeune homme, ce jeune homme a, comme on dit, le pied dans l'étrier. Desplein ne manquait pas d'emmener Bianchon pour se faire assister par lui dans les maisons opulentes où presque toujours quelque gratification tombait dans l'escarcelle de l'interne, et où se révélaient insensiblement au provincial les mystères de la vie parisienne; il le gardait dans son cabinet lors de ses consultations, et l'y employait; parfois, il l'envoyait accompagner un riche malade aux Eaux; enfin il lui préparait une clientèle. Il résulte de ceci qu'au bout d'un certain temps, le tyran de la chirurgie eut un Séide. Ces deux hommes, l'un au faîte des honneurs et de sa science, jouissant d'une immense fortune et d'une immense gloire; l'autre, modeste Oméga, n'ayant ni fortune ni gloire, devinrent intimes. Le grand Desplein disait tout à son interne; l'interne savait si telle femme s'était assise sur une chaise auprès du maître, ou sur le fameux canapé qui se trouvait dans le cabinet et sur lequel Desplein dormait : Bianchon connaissait les mystères de ce tempérament de lion et de taureau, qui finit par élargir, amplifier outre mesure le buste du grand homme, et causa sa mort par le développement du cœur. Il étudia les bizarreries de cette vie si occupée, les projets de cette avarice si sordide, les espérances de l'homme politique caché dans le savant; il put prévoir les déceptions qui attendaient le seul sentiment enfoui dans ce cœur moins de bronze que bronzé.

Un jour, Bianchon dit à Desplein qu'un pauvre porteur d'eau du quartier Saint-Jacques avait une horrible maladie causée par les fatigues et la misère; ce pauvre Auvergnat n'avait mangé que des pommes de terre dans le grand hiver de 1821. Desplein laissa tous ses malades. Au risque de crever son cheval, il vola, suivi de Bianchon, chez le pauvre homme et le fit transporter lui-même dans la maison de santé établie par le célèbre Dubois dans le faubourg Saint-Denis. Il alla soigner cet homme, auquel il donna, quand il l'eut rétabli, la somme nécessaire pour acheter un cheval et un tonneau. Cet Auvergnat se distingua par un trait original. Un de ses amis tombe malade, il l'emmène promptement chez Desplein, en disant à son bienfaiteur : — « Je n'aurais pas souffert qu'il allât chez un autre. » Tout bourru qu'il était, Desplein serra la main du porteur d'eau, et lui dit — : « Amène-les-moi tous. » Et il fit entrer l'enfant du Cantal à l'Hôtel-Dieu, où il eut de lui le plus grand soin. Bianchon avait déjà plusieurs fois remarqué chez son chef une prédilection pour les Auvergnats et surtout pour les porteurs d'eau ; mais, comme Desplein mettait une sorte d'orgueil à ses traitements de l'Hôtel-Dieu, l'élève n'y voyait rien de trop étrange.

Un jour, en traversant la place Saint-Sulpice, Bianchon aperçut son maître entrant dans l'église vers neuf heures du matin. Desplein, qui ne faisait jamais alors un pas sans son cabriolet, était à pied, et se coulait par la porte de la rue du Petit-Lion, comme s'il fût entré dans une maison suspecte. Naturellement pris de curiosité, l'interne qui connaissait les opinions de son maître, et qui était *Cabaniste* en dyable par un y grec (ce qui semble dans Rabelais une supériorité de diablerie), Bianchon se glissa dans Saint-Sulpice, et ne fut pas médiocrement étonné de voir le grand Desplein, cet athée sans pitié pour les anges qui n'offrent point prise aux bistouris, et ne peuvent avoir ni fistules ni gastrites, enfin, cet intrépide *dériseur*, humblement agenouillé, et où?... à la chapelle de la Vierge devant laquelle il écouta une messe, donna pour les frais du culte, donna pour les pauvres, en restant sérieux comme s'il se fût agi d'une opération.

— Il ne venait, certes, pas éclaircir des questions relatives à l'accouchement de la Vierge, disait Bianchon dont l'étonnement fut sans bornes. Si je l'avais vu tenant, à la Fête-Dieu, un des cordons du dais, il n'y aurait eu qu'à rire ; mais à cette heure, seul, sans témoins, il y a, certes, de quoi faire penser !

Bianchon ne voulut pas avoir l'air d'espionner le premier chirurgien de l'Hôtel-Dieu, il s'en alla. Par hasard, Desplein l'invita ce jour-là même à dîner avec lui, hors de chez lui, chez un restaurateur.

Entre la poire et le fromage Bianchon arriva, par d'habiles

préparations, à parler de la messe, en la qualifiant de momerie et de farce.

— Une farce, dit Desplein, qui a coûté plus de sang à la chrétienté que toutes les batailles de Napoléon et que toutes les sangsues de Broussais! La messe est une invention papale qui ne remonte pas plus haut que le VIe siècle, et que l'on a basée sur *Hoc est corpus*. Combien de torrents de sang n'a-t-il pas fallu verser pour établir la Fête-Dieu par l'institution de laquelle la cour de Rome a voulu constater sa victoire dans l'affaire de la Présence Réelle, schisme qui pendant trois siècles a troublé l'Église! Les guerres du comte de Toulouse et les Albigeois sont la queue de cette affaire. Les Vaudois et les Albigeois se refusaient à reconnaître cette innovation.

Enfin Desplein prit plaisir à se livrer à toute sa verve d'athée, et ce fut un flux de plaisanteries voltairiennes, ou, pour être plus exact, une détestable contrefaçon du *Citateur*.

— Ouais! se dit Bianchon en lui-même, où est mon dévot de ce matin?

Il garda le silence, il douta d'avoir vu son chef à Saint-Sulpice. Desplein n'eût pas pris la peine de mentir à Bianchon : ils se connaissaient trop bien tous deux, ils avaient déjà, sur des points tout aussi graves, échangé des pensées, discuté des systèmes *de natura rerum* en les sondant ou les disséquant avec les couteaux et le scalpel de l'Incrédulité. Trois mois se passèrent. Bianchon ne donna point de suite à ce fait, quoiqu'il restât gravé dans sa mémoire. Dans cette année, un jour, l'un des médecins de l'Hôtel-Dieu prit Desplein par le bras devant Bianchon, comme pour l'interroger.

— Qu'alliez-vous donc faire à Saint-Sulpice, mon cher maître? lui dit-il.

— Y voir un prêtre qui a une carie au genou, et que madame la duchesse d'Angoulême m'a fait l'honneur de me recommander, dit Desplein.

Le médecin se paya de cette défaite, mais non Bianchon.

— Ah! il va voir des genoux malades dans l'église! Il allait entendre sa messe, se dit l'interne.

Bianchon se promit de guetter Desplein; il se rappela le jour, l'heure auxquels il l'avait surpris entrant à Saint-Sulpice, et se promit d'y venir l'année suivante au même jour et à la même heure, afin de savoir s'il l'y surprendrait encore. En ce cas, la périodicité de sa dévotion autoriserait une investigation scientifique, car il ne devait pas se rencontrer chez un tel homme une contradiction directe entre la pensée et l'action. L'année suivante, au jour et à l'heure dits, Bianchon, qui déjà n'était plus l'interne de Desplein, vit le cabriolet du chirurgien s'arrêtant au coin de la rue de Tournon et de celle du Petit-Lion, d'où son ami s'en alla jésuitiquement le long des murs à Saint-Sulpice, où il entendit encore sa messe à l'autel de la Vierge. C'était bien Desplein ! le chirurgien en chef, l'athée *in petto*, le dévot par hasard. L'intrigue s'embrouillait. La persistance de cet illustre savant compliquait tout. Quand Desplein fut sorti, Bianchon s'approcha du sacristain qui vint desservir la chapelle, et lui demanda si ce monsieur était un habitué.

— Voici vingt ans que je suis ici, dit le sacristain, et depuis ce temps monsieur Desplein vient quatre fois par an entendre cette messe ; il l'a fondée.

— Une fondation faite par lui ! dit Bianchon en s'éloignant. Ceci vaut le mystère de l'Immaculée Conception, une chose qui, à elle seule, doit rendre un médecin incrédule.

Il se passa quelque temps sans que le docteur Bianchon, quoique ami de Desplein, fût en position de lui parler de cette particularité de sa vie. S'ils se rencontraient en consultation ou dans le monde, il était difficile de trouver ce moment de confiance et de solitude où l'on demeure les pieds sur les chenets, la tête appuyée sur le dos d'un fauteuil, et pendant lequel deux hommes se disent leurs secrets. Enfin, à sept ans de distance, après la révolution de 1830, quand le peuple se ruait sur l'Archevêché, quand les inspirations républicaines le poussaient à détruire les croix dorées qui poindaient, comme des éclairs, dans l'immensité de cet océan de maisons ; quand l'Incrédulité, côte à côte avec l'Émeute, se carrait dans les rues, Bianchon surprit Desplein entrant encore dans Saint-Sulpice. Le docteur l'y suivit, se mit près de lui, sans que son ami lui fît le moindre signe ou témoignât la moindre surprise. Tous deux entendirent la messe de fondation.

— Me direz-vous, mon cher, dit Bianchon à Desplein quand ils sortirent de l'église, la raison de votre capucinade ? Je vous ai déjà surpris trois fois allant à la messe, vous ! Vous me ferez raison de ce mystère, et m'expliquerez ce désaccord flagrant entre vos opinions et votre conduite. Vous ne croyez pas en Dieu, et vous allez à la messe! Mon cher maître, vous êtes tenu de me répondre.

— Je ressemble à beaucoup de dévots, à des hommes profondément religieux en apparence, mais tout aussi athées que nous pouvons l'être, vous et moi.

Et ce fut un torrent d'épigrammes sur quelques personnages politiques, dont le plus connu nous offre en ce siècle une nouvelle édition du Tartufe de Molière.

— Je ne vous demande pas tout cela, dit Bianchon, je veux savoir la raison de ce que vous venez de faire ici, pourquoi vous avez fondé cette messe.

— Ma foi, mon cher ami, dit Desplein, je suis sur le bord de ma tombe, je puis bien vous parler des commencements de ma vie.

En ce moment Bianchon et le grand homme se trouvaient dans la rue des Quatre-Vents, une des plus horribles rues de Paris. Desplein montra le sixième étage d'une de ces maisons qui ressemblent à un obélisque, dont la porte bâtarde donne sur une allée au bout de laquelle est un tortueux escalier éclairé par des jours justement nommés des *jours de souffrance*. C'était une maison verdâtre, au rez-de-chaussée de laquelle habitait un marchand de meubles, et qui paraissait loger à chacun de ses étages une différente misère. En levant le bras par un mouvement plein d'énergie, Desplein dit à Bianchon : — J'ai demeuré là-haut deux ans!

— Je le sais, d'Arthez y a demeuré, j'y suis venu presque tous les jours pendant ma première jeunesse, nous l'appelions alors le *bocal aux grands hommes !* Après?

— La messe que je viens d'entendre est liée à des événements qui se sont accomplis alors que j'habitais la mansarde où vous me dites qu'a demeuré d'Arthez, celle à la fenêtre de laquelle flotte une corde chargée de linge au-dessus d'un pot de fleurs. J'ai eu de si rudes commencements, mon cher Bianchon, que je puis disputer à qui que ce soit la palme des souffrances parisiennes. J'ai tout supporté : faim, soif, manque d'argent, manque d'habits, de chaussure et de linge, tout ce que la misère a de plus dur. J'ai soufflé sur mes doigts engourdis dans ce *bocal aux grands hommes*, que je voudrais aller revoir avec vous. J'ai travaillé pendant un hiver en voyant fumer ma tête, et distinguant l'air de ma transpiration comme nous voyons celle des chevaux par un jour de gelée. Je ne sais où l'on prend son point d'appui pour résister à cette vie. J'étais seul, sans secours, sans un sou ni pour acheter des livres ni pour payer les frais de mon éducation médicale ; sans un ami : mon caractère irascible, ombrageux, inquiet me desservait. Personne ne voulait voir dans mes irritations le malaise et le travail d'un homme qui, du fond de l'état social où il est, s'agite pour arriver à la surface. Mais j'avais, je puis vous le dire, à vous devant qui je n'ai pas besoin de me draper, j'avais ce lit de bons sentiments et de sensibilité vive qui sera toujours l'apanage des hommes assez forts pour grimper sur un sommet quelconque, après avoir piétiné long-temps dans les marécages de la Misère. Je ne pouvais rien tirer de ma famille, ni de mon pays, au delà de l'insuffisante pension qu'on me faisait. Enfin, à cette époque, je mangeais le matin un petit pain que le boulanger de la rue du Petit-Lion me vendait moins cher parce qu'il était de la veille ou de l'avant-veille, et je l'émiettais dans du lait : mon repas du matin ne me coûtait ainsi que deux sous. Je ne dînais que tous les deux jours dans une pension où le dîner coûtait seize sous. Je ne dépensais ainsi que neuf sous par jour. Vous connaissez aussi bien que moi quel soin je pouvais avoir de mes habits et de ma chaussure ! Je ne sais pas si plus tard nous éprouvons autant de chagrin par la trahison d'un confrère que nous en avons éprouvé, vous comme moi, en apercevant la rieuse grimace d'un soulier qui se découd, en entendant craquer l'entournure d'une redingote. Je ne buvais que de l'eau, j'avais le plus grand respect pour les Cafés. Zoppi m'apparaissait comme une terre promise où les Lucullus du pays latin avaient seuls droit de présence. — Pourrais-je jamais, me disais-je parfois, y prendre une tasse de café à la crème, y jouer une partie de dominos ? Enfin, je reportais dans mes travaux la rage que m'inspirait la misère. Je tâchais d'accaparer des connaissances positives afin d'avoir une immense valeur personnelle, pour mériter la place à laquelle j'arriverais le jour où je serais sorti de mon néant. Je consommais plus d'huile que de pain : la lumière qui m'éclairait pendant ces nuits obstinées me coûtait plus cher que ma nourriture. Ce duel a été long, opiniâtre, sans consolation. Je ne réveillais aucune sympathie autour de moi. Pour avoir des amis, ne faut-il pas se lier avec des jeunes gens, posséder quelques sous afin d'aller gobeloter avec eux, se rendre ensemble partout où vont des étudiants ! Je n'avais rien ! Et personne à Paris ne se figure que *rien* est *rien*. Quand il s'agissait de découvrir mes misères, j'éprouvais au gosier cette contraction nerveuse qui fait croire à nos malades qu'il leur remonte une boule de l'œsophage dans le larynx. J'ai plus tard rencontré de ces gens, nés riches, qui, n'ayant jamais manqué de rien, ne connaissent pas le problème de cette règle de trois : *Un jeune homme* EST *au crime comme une pièce de cent sous* EST *à* X. Ces imbéciles dorés me disent : — Pourquoi donc faisiez-vous des dettes ? pourquoi donc contractiez-vous des obligations onéreuses ? Ils me font l'effet de cette princesse qui, sachant que le peuple crevait de faim, disait : — Pourquoi n'achète-t-il pas de la brioche ? Je voudrais bien voir l'un de ces riches, qui se plaint que je lui prends trop cher quand il faut l'opérer, seul dans Paris, sans sou ni maille, sans un ami, sans crédit, et forcé de travailler de ses cinq doigts pour vivre ? Que ferait-il ? où irait-il apaiser sa faim ? Bianchon, si vous m'avez vu quelquefois amer et dur, je superposais alors mes premières douleurs sur l'insensibilité, sur l'égoïsme desquels j'ai eu des milliers de preuves dans les hautes sphères ; ou bien je pensais aux obstacles que la haine, l'envie, la jalousie, la calomnie ont élevés entre le succès et moi. A Paris, quand certaines gens vous voient prêts à mettre le pied à l'étrier, les uns vous tirent par le pan de votre habit, les autres lâchent la boucle de la sous-ventrière pour que vous vous cassiez la tête en tombant ; celui-ci vous déferre le cheval, celui-là vous vole le fouet : le moins traître est celui que vous voyez venir pour vous tirer un coup de pistolet à bout portant. Vous avez assez de talent, mon cher enfant, pour connaître bientôt la bataille horrible, incessante que la médiocrité livre à l'homme supérieur. Si vous perdez vingt-cinq louis un soir, le lendemain vous serez accusé d'être un joueur, et vos meilleurs amis diront que vous avez perdu la veille vingt-cinq mille francs. Ayez mal à la tête, vous passerez pour un fou. Ayez une vivacité, vous serez insociable. Si, pour résister à ce bataillon de pygmées, vous rassemblez en vous des forces supérieures, vos meilleurs amis s'écrieront que vous voulez tout dévorer, que vous avez la prétention de dominer, de tyranniser. Enfin vos qualités deviendront des défauts, vos défauts deviendront des vices, et vos vertus seront des crimes. Si vous avez sauvé quelqu'un, vous l'aurez tué ; si votre malade reparaît, il sera constant que vous aurez assuré le présent aux dépens de l'avenir ; s'il n'est pas mort, il mourra. Bronchez, vous serez tombé ! Inventez quoi que ce soit, réclamez vos droits, vous serez un homme difficultueux, un homme fin, qui ne veut pas laisser arriver les jeunes gens. Ainsi, mon cher, si je ne crois pas en Dieu, je crois encore moins à l'homme. Ne connaissez-vous pas en moi un Desplein entièrement différent du Desplein de qui chacun médit? Mais ne fouillons pas dans ce tas de boue. Donc, j'habitais cette maison, j'étais à travailler pour pouvoir passer mon premier examen, et je n'avais pas un liard. Vous savez! j'étais arrivé à l'une de ces dernières extrémités où l'on se dit : *Je m'engagerai!* J'avais un espoir. J'attendais de mon pays une malle pleine de linge, un présent de ces vieilles tantes qui, ne connaissant rien de Paris, pensent à vos chemises, en s'imaginant qu'avec trente francs par mois leur neveu mange des ortolans. La malle arriva pendant que j'étais à l'École : elle avait coûté quarante francs de port ; le portier, un cordonnier allemand logé dans une soupente, les avait payés et gardait la malle. Je me suis promené dans la rue des Fossés-Saint-Germain-des-Prés et dans la rue de l'École de Médecine, sans pouvoir inventer un stratagème qui me livrât ma malle sans être obligé de donner les quarante francs que j'aurais naturellement payés après avoir vendu le linge. Ma stupidité me fit deviner que je n'avais pas d'autre vocation que la chirurgie. Mon cher, les âmes délicates, dont la force s'exerce dans une sphère élevée, manquent de cet esprit d'intrigue, fertile en ressources, en combinaisons ; leur génie, à elles, c'est le hasard : elles ne cherchent pas, elles rencontrent. Enfin, je revins à la nuit, au moment où rentrait mon voisin, un porteur d'eau nommé Bourgeat, un homme de Saint-Flour. Nous nous connaissions comme se connaissent deux locataires qui ont chacun leur chambre sur le même carré, qui s'entendent dormant, toussant, s'habillant, et qui finissent par s'habituer l'un à l'autre. Mon voisin m'apprit que le propriétaire, auquel je devais trois termes, m'avait mis à la porte : il me faudrait déguerpir le lendemain. Lui-même était chassé à cause de sa profession. Je passai la nuit la plus douloureuse de ma vie. — Où prendre un commissionnaire pour emporter mon pauvre ménage, mes livres? comment payer le commissionnaire et le portier? où aller? Ces questions insolubles, je les répétais dans les larmes, comme les fous redisent leurs refrains. Je dormis. La misère a pour elle un divin sommeil plein de beaux rêves. Le lendemain matin, au moment où je mangeais mon écuellée de pain émietté dans mon lait, Bourgeat entre et me dit en mauvais français : « Monchieur l'étudiant, che chuis un pauvre homme, enfant trouvé de l'hôpital de Chain-Flour, chans père ni mère, et qui ne chuis pas assez riche pour me marier. Vous n'êtes pas non plus fertile en parents, ni garni de che qui che compte ? Écoutez, j'ai en bas une charrette à bras que j'ai louée à deux chous l'heure, toutes nos affaires peuvent y tenir ; si vous voulez, nous chercherons à nous loger de compagnie, puisque nous chommes chassés d'ici. Che n'est pas après tout le paradis terrestre. — Je le sais bien, lui dis-je, mon brave Bourgeat. Mais je suis bien embarrassé, j'ai en bas une malle qui contient pour cent écus de linge, avec lequel je pourrais payer le propriétaire et ce que je dois au portier, et je n'ai pas cent sous. — Bah ! j'ai quelques monnerons, me répondit joyeusement Bourgeat en me montrant une vieille bourse en cuir crasseux. Gardez vostre linge. » Bourgeat paya mes trois termes, le sien, et solda le portier. Puis, il mit nos meubles, mon linge dans sa charrette, et la traîna par les rues en s'arrêtant devant chaque maison où pendait un écriteau. Moi, je montais pour aller voir si le local à louer pouvait nous convenir. A midi nous errions encore dans le quartier latin sans y avoir rien trouvé. Le prix était un grand obstacle. Bourgeat me proposa de déjeuner chez un marchand de vin, à la porte duquel nous laissâmes la charrette. Vers le soir, je découvris dans la cour de Rohan, passage du Commerce, en haut d'une maison, sous les toits, deux chambres séparées par l'escalier. Nous eûmes chacun pour soixante francs de loyer par an. Nous voilà casés, moi et mon humble ami. Nous dînâmes ensemble. Bourgeat, qui gagnait environ cinquante sous par jour, possédait environ cent écus, il allait bientôt pouvoir réaliser son ambition en achetant un tonneau et un cheval. En apprenant ma situation, car il me tira mes secrets avec une profondeur matoise et une bonhomie dont le souvenir me remue encore aujourd'hui le cœur, il renonça pour quelque temps à l'ambition de toute sa vie : Bourgeat était marchand à la voie depuis vingt-deux ans, il sacrifia ses cent écus à mon avenir.

Ici Desplein serra violemment le bras de Bianchon.

— Il me donna l'argent nécessaire à mes examens ! Cet homme, mon ami, comprit que j'avais une mission, que les besoins de mon intelligence passaient avant les siens. Il s'occupa de moi, il m'appelait son *petit*, il me prêta l'argent nécessaire à mes achats de livres, il venait quelquefois tout doucement me voir travaillant ; enfin il prit des précautions maternelles pour que je substituasse à la nourriture insuffisante et mauvaise à laquelle j'étais condamné, une nourriture saine et abondante. Bourgeat, homme d'environ quarante ans, avait une figure bourgeoise du Moyen-Age, un front bombé, une tête qu'un peintre aurait pu faire poser comme modèle pour un Lycurgue. Le pauvre homme se sentait le cœur gros d'affections à placer ; il n'avait jamais été aimé que par un caniche mort depuis peu de temps, et dont il me parlait toujours en me demandant si je croyais que l'Église consentirait à dire des messes pour le repos de son âme. Son chien était, disait-il, un vrai chrétien, qui, durant douze années, l'avait accompagné à l'église sans avoir jamais aboyé, écoutant les orgues sans ouvrir la gueule, et restant accroupi près de lui d'un air qui lui faisait croire qu'il priait avec lui. Cet homme reporta sur moi toutes ses affections : il m'accepta comme un être seul et souffrant ; il devint pour moi la mère la plus attentive, le bienfaiteur le plus délicat, enfin l'idéal de cette vertu qui se complaît dans son œuvre. Quand je le rencontrais dans la rue, il me jetait un regard d'intelligence plein d'une inconcevable noblesse : il affectait alors de marcher comme s'il ne portait rien, il paraissait heureux de me voir en bonne santé, bien vêtu. Ce fut enfin le dévouement du peuple, l'amour de la grisette reporté dans une sphère élevée. Bourgeat faisait mes commissions, il m'éveillait la nuit aux heures dites, il nettoyait ma lampe, frottait notre palier ; aussi bon domestique que bon père, et propre comme une fille anglaise. Il faisait le ménage. Comme Philopémen, il sciait notre bois, et communiquait à toutes ses actions la simplicité du faire, en y gardant sa dignité, car il semblait comprendre que le but ennoblissait tout. Quand je quittai ce brave homme pour entrer à l'Hôtel-Dieu comme interne, il éprouva je ne sais quelle douleur morne en songeant qu'il ne pourrait plus vivre avec moi ; mais il se consola par la perspective d'amasser l'argent nécessaire aux dépenses de ma thèse, et il me fit promettre de le venir voir les jours de sortie. Bourgeat était fier de moi, il m'aimait pour moi et pour lui. Si vous recherchiez ma thèse, vous verriez qu'elle lui a été dédiée. Dans la dernière année de mon internat, j'avais gagné assez d'argent pour rendre tout ce que je devais à ce digne Auvergnat en lui achetant un cheval et un tonneau, il fut outré de colère de savoir que je me privais de mon argent, et néanmoins il était enchanté de voir ses souhaits réalisés ; il riait et me grondait, il regardait son tonneau, son cheval, et s'essuyait une larme en me disant : — C'est mal ! Ah ! le beau tonneau ! Vous avez eu tort, le cheval est fort comme un Auvergnat.

Je n'ai rien vu de plus touchant que cette scène. Bourgeat voulut absolument m'acheter cette trousse garnie en argent que vous avez vue dans mon cabinet, et qui en est pour moi la chose la plus précieuse. Quoique enivré par mes premiers succès, il ne lui est jamais échappé la moindre parole, le moindre geste qui voulussent dire : *C'est à moi qu'est dû cet homme !* Et cependant sans lui la misère m'aurait tué. Le pauvre homme s'était exterminé pour moi : il n'avait mangé que du pain frotté d'ail, afin que j'eusse du café pour suffire à mes veilles. Il tomba malade. J'ai passé, comme vous l'imaginez, les nuits à son chevet, je l'ai tiré d'affaire la première fois ; mais il eut une rechute deux ans après, et malgré les soins les plus assidus, malgré les plus grands efforts de la science, il dut succomber. Jamais roi ne fut soigné comme il le fut. Oui, Bianchon, j'ai tenté, pour arracher cette vie à la mort, des choses inouïes. Je voulais le faire vivre assez pour le rendre témoin de son ouvrage, pour lui réaliser tous ses vœux, pour satisfaire la seule reconnaissance qui m'ait empli le cœur, pour éteindre un foyer qui me brûle encore aujourd'hui !

— Bourgeat, reprit après une pause Desplein visiblement ému, mon second père est mort dans mes bras, me laissant tout ce qu'il possédait par un testament qu'il avait fait chez un écrivain public, et daté de l'année où nous étions venus nous loger dans la cour de Rohan. Cet homme avait la foi du charbonnier. Il aimait la sainte Vierge comme il eût aimé sa femme. Catholique ardent, il ne m'avait jamais dit un mot sur mon irréligion. Quand il fut en danger, il me pria de ne rien ménager pour qu'il eût les secours de l'Église. Je fis dire tous les jours la messe pour lui. Souvent, pendant la nuit, il me témoignait des craintes sur son avenir, il craignait de ne pas avoir vécu assez saintement. Le pauvre homme ! il travaillait du matin au soir. A qui donc appartiendrait le paradis, s'il y a un paradis ? Il a été administré comme un saint qu'il était, et sa mort fut digne de sa vie. Son convoi ne fut suivi que par moi. Quand j'eus mis en terre mon unique bienfaiteur, je cherchai comment m'acquitter envers lui ; je m'aperçus qu'il n'avait ni famille, ni amis, ni femme, ni enfants. Mais il croyait ! il avait une conviction religieuse, avais-je le droit de la discuter ? Il m'avait timidement parlé des messes dites pour le repos des morts, il ne voulait pas m'imposer ce devoir, en pensant que ce serait faire payer ses services. Aussitôt que j'ai pu établir une fondation, j'ai donné à Saint-Sulpice la somme nécessaire pour y faire dire quatre messes par an. Comme la seule chose que je puisse offrir à Bourgeat est la satisfaction de ses pieux désirs, le jour où se dit cette messe, au commencement de chaque saison, j'y vais en son nom, et récite pour lui les prières voulues. Je dis avec la bonne foi du douteur : « Mon Dieu, s'il est une sphère où tu mettes après leur mort ceux qui ont été parfaits, pense au bon Bourgeat ; et s'il y a quelque chose à souffrir pour lui, donne-moi ses souffrances, afin de le faire entrer plus vite dans ce que l'on appelle le paradis. » Voilà, mon cher, tout ce qu'un homme qui a mes opinions peut se permettre. Dieu doit être un bon diable, il ne saurait m'en vouloir. Je vous le jure, je donnerais ma fortune pour que la croyance de Bourgeat pût m'entrer dans la cervelle.

Bianchon, qui soigna Desplein dans sa dernière maladie, n'ose pas affirmer aujourd'hui que l'illustre chirurgien soit mort athée. Des croyants n'aimeront-ils pas à penser que l'humble Auvergnat sera venu lui ouvrir la porte du ciel, comme il lui ouvrit jadis la porte du temple terrestre au fronton duquel se lit : *Aux grands hommes la patrie reconnaissante!*

Paris, janvier 1836.

SARRASINE.

A MONSIEUR CHARLES DE BERNARD DU GRAIL.

J'étais plongé dans une de ces rêveries profondes qui saisissent tout le monde, même un homme frivole, au sein des fêtes les plus tumultueuses. Minuit venait de sonner à l'horloge de l'Élysée-Bourbon. Assis dans l'embrasure d'une fenêtre, et caché sous les plis onduleux d'un rideau de moire, je pouvais contempler à mon aise le jardin de l'hôtel où je passais la soirée. Les arbres, imparfaitement couverts de neige, se détachaient faiblement du fond grisâtre que formait un ciel nuageux, à peine blanchi par la lune. Vus au sein de cette atmosphère fantastique, ils ressemblaient vaguement à des spectres mal enveloppés de leurs linceuls, image gigantesque de la fameuse *danse des morts*. Puis, en me retournant de l'autre côté, je pouvais admirer la danse des vivants ! un salon splendide, aux parois d'argent et d'or, aux lustres étincelants, brillant de bougies. Là, fourmillaient, s'agitaient et papillonnaient les plus jolies femmes de Paris, les plus riches, les mieux titrées, éclatantes, pompeuses, éblouissantes de diamants ! des fleurs sur la tête, sur le sein, dans les cheveux, semées sur les robes, ou en guirlandes à leurs pieds. C'était de légers frémissements de joie, des pas voluptueux qui faisaient rouler les dentelles, les blondes, la mousseline autour de leurs flancs délicats. Quelques regards trop vifs perçaient çà et là, éclipsaient les lumières, le feu des diamants, et animaient encore des cœurs trop ardents. On surprenait aussi des airs de tête significatifs pour les amants, et des attitudes négatives

Sarrasine la crayonna dans toutes les poses; il la fit sans voile, assise, debout, couchée..... etc.

(SARRASINE.)

pour les maris. Les éclats de voix des joueurs, à chaque coup imprévu, le retentissement de l'or se mêlaient à la musique, au murmure des conversations; pour achever d'étourdir cette foule enivrée par tout ce que le monde peut offrir de séductions, une vapeur de parfums et l'ivresse générale agissaient sur les imaginations affolées. Ainsi à ma droite, la sombre et silencieuse image de la mort; à ma gauche, les décentes bacchanales de la vie: ici, la nature froide, morne, en deuil; là les hommes en joie. Moi, sur la frontière de ces deux tableaux si disparates, qui, mille fois répétés de diverses manières, rendent Paris la ville la plus amusante du monde et la plus philosophique, je faisais une macédoine morale, moitié plaisante, moitié funèbre. Du pied gauche je marquais la mesure, et je croyais avoir l'autre dans un cercueil. Ma jambe était en effet glacée par un de ces vents coulis qui vous gèlent une moitié du corps tandis que l'autre éprouve la chaleur moite des salons, accident assez fréquent au bal.

— Il n'y a pas fort long-temps que monsieur de Lanty possède cet hôtel?

— Si fait. Voici bientôt dix ans que le maréchal de Carigliano le lui a vendu...

— Ah!

— Ces gens-là doivent avoir une fortune immense?

— Mais il le faut bien.

— Quelle fête! Elle est d'un luxe insolent.

— Les croyez-vous aussi riches que le sont monsieur de Nucingen ou monsieur de Gondreville?

— Mais vous ne savez donc pas?

J'avançai la tête et reconnus les deux interlocuteurs pour appartenir à cette gent curieuse qui, à Paris, s'occupe exclusivement des *Pourquoi?* des *Comment? D'où vient-il? Qui sont-ils ? Qu'y a-t-il? Qu'a-t-elle fait?* Ils se mirent à parler bas, et s'éloignèrent pour aller causer plus à l'aise sur quelque canapé solitaire. Jamais mine plus féconde ne s'était ouverte aux chercheurs de mystères. Personne ne savait de quel pays venait la famille de Lanty, ni de quel commerce, de quelle spoliation, de quelle piraterie ou de quel héritage provenait une fortune estimée à plusieurs millions. Tous les membres de cette famille parlaient l'italien, le français, l'espagnol, l'anglais et l'allemand, avec assez de perfection pour faire supposer qu'ils avaient dû long-temps séjourner parmi ces différents peuples. Étaient-ce des bohémiens? étaient-ce des flibustiers?

— Quand ce serait le diable! disaient de jeunes politiques, ils reçoivent à merveille.

— Le comte de Lanty eût-il dévalisé quelque *Casauba*, j'épouserais bien sa fille! s'écriait un philosophe.

Qui n'aurait épousé Marianina, jeune fille de seize ans, dont la beauté réalisait les fabuleuses conceptions des poètes orientaux? Comme la fille du sultan dans le conte de *la Lampe merveilleuse*, elle aurait dû rester voilée. Son chant faisait pâlir les talents incomplets des Malibran, des Sontag, des Fodor, chez lesquelles une qualité dominante a toujours exclu la perfection de l'ensemble; tandis que Marianina savait unir au même degré la pureté du son, la sensibilité, la justesse du mouvement et des intonations, l'âme et la science, la correction et le sentiment. Cette fille était le type de cette poésie secrète, lien commun de tous les arts, et qui fuit toujours ceux qui la cherchent. Douce et modeste, instruite et spirituelle, rien ne pouvait éclipser Marianina si ce n'était sa mère.

Avez-vous jamais rencontré de ces femmes dont la beauté foudroyante défie les atteintes de l'âge, et qui semblent à trente-six ans plus désirables qu'elles ne devaient l'être quinze ans plus tôt? Leur visage est une âme passionnée, il étincelle; chaque trait y brille d'intelligence; chaque pore possède un éclat particulier, surtout aux lumières. Leurs yeux séduisants attirent, refusent, parlent ou se taisent; leur démarche est innocemment savante; leur voix déploie les mélodieuses richesses des tons les plus coquettement doux et tendres. Fondés sur des comparaisons, leurs éloges caressent l'amour propre le plus chatouilleux. Un mouvement de leurs sourcils, le moindre jeu de l'œil, leur lèvre qui se fronce, impriment une sorte de terreur à ceux qui font dépendre d'elles leur vie et leur bonheur. Inexpérimente de l'amour et docile au discours, une jeune fille peut se laisser séduire; mais pour ces sortes de femmes, un homme doit savoir, comme monsieur de Jaucourt, ne pas crier quand, en se cachant au fond d'un cabinet, la femme de chambre lui brise les deux doigts dans la jointure d'une porte. Aimer ces puissantes sirènes, n'est-ce pas jouer sa vie? Et voilà pourquoi peut-être les aimons-nous si passionnément! Telle était la comtesse de Lanty.

Filippo, frère de Marianina, tenait, comme sa sœur, de la beauté merveilleuse de la comtesse. Pour tout dire en un mot, ce jeune homme était une image vivante de l'Antinoüs, avec des formes plus grêles. Mais comme ces maigres et délicates proportions s'allient bien à la jeunesse quand un teint olivâtre, des sourcils vigoureux et le feu d'un œil velouté promettent pour l'avenir des passions mâles, des idées généreuses ! Si Filippo restait, dans tous les cœurs de jeunes filles, comme un type, il demeurait également dans le souvenir de toutes les mères, comme le meilleur parti de France.

La beauté, la fortune, l'esprit, les grâces de ces deux enfants venaient uniquement de leur mère. Le comte de Lanty était petit, laid et grêlé ; sombre comme un Espagnol, ennuyeux comme un banquier. Il passait d'ailleurs pour un profond politique, peut-être parce qu'il riait rarement, et citait toujours monsieur de Metternich ou Wellington.

Cette mystérieuse famille avait tout l'attrait d'un poème de lord Byron, dont les difficultés étaient traduites d'une manière différente par chaque personne du beau monde : un chant obscur et sublime de strophe en strophe. La réserve que monsieur et madame de Lanty gardaient sur leur origine, sur leur existence passée et sur leurs relations avec les quatre parties du monde n'eût pas été longtemps un sujet d'étonnement à Paris. En nul pays peut-être l'axiome de Vespasien n'est mieux compris. Là, les écus même tachés de sang ou de boue ne trahissent rien et représentent tout. Pourvu que la haute société sache le chiffre de votre fortune, vous êtes classé parmi les sommes qui vous sont égales, et personne ne vous demande à voir vos parchemins, parce que tout le monde sait combien peu ils coûtent. Dans une ville où les problèmes sociaux se résolvent par des équations algébriques, les aventuriers ont en leur faveur d'excellentes chances. En supposant que cette famille eût été bohémienne d'origine, elle était si riche, si attrayante, que la haute société pouvait bien lui pardonner ses petits mystères. Mais, par malheur, l'histoire énigmatique de la maison Lanty offrait un perpétuel intérêt de curiosité, assez semblable à celui des romans d'Anne Radcliffe.

Les observateurs, ces gens qui tiennent à savoir dans quel magasin vous achetez vos candélabres, ou qui vous demandent le prix du loyer quand votre appartement leur semble beau, avaient remarqué, de loin en loin, au milieu des fêtes, des concerts, des bals, des raouts donnés par la comtesse, l'apparition d'un personnage étrange. C'était un homme. La première fois qu'il se montra dans l'hôtel, ce fut pendant un concert, où il semblait avoir été attiré vers le salon par la voix enchanteresse de Marianina.

— Depuis un moment, j'ai froid, dit à sa voisine une dame placée près de la porte.

L'inconnu, qui se trouvait près de cette femme, s'en alla.

— Voilà qui est singulier! j'ai chaud, dit cette femme après le départ de l'étranger. Et vous me taxerez peut-être de folie, mais je ne saurais m'empêcher de penser que mon voisin, ce monsieur vêtu de noir qui vient de partir, causait ce froid.

Bientôt l'exagération naturelle aux gens de la haute société fit naître et accumuler les idées les plus plaisantes, les expressions les plus bizarres, les contes les plus ridicules sur ce personnage mystérieux. Sans être précisément un vampire, une goule, un homme artificiel, une espèce de Faust ou de Robin des bois, il participait, au dire des gens amis du fantastique, de toutes ces natures anthropomorphes. Il se rencontrait çà et là des Allemands qui prenaient pour des réalités ces railleries ingénieuses de la médisance parisienne. L'étranger était simplement un *vieillard*. Plusieurs de ces jeunes hommes, habitués à décider, tous les matins, l'avenir de l'Europe, dans quelques phrases élégantes, voulaient voir en l'inconnu quelque grand criminel, possesseur d'immenses richesses. Des romanciers racontaient la vie de ce vieillard, et vous donnaient des détails véritablement curieux sur les atrocités commises par lui pendant le temps qu'il était au service du prince de Mysore. Des banquiers, gens plus positifs, établissaient une fable spécieuse :
— Bah! disaient-ils en haussant leurs larges épaules par un mouvement de pitié, ce petit vieux est une *tête génoise!*

— Monsieur, si ce n'est pas une indiscrétion, pourriez-vous avoir la bonté de m'expliquer ce que vous entendez par une tête génoise?

— Monsieur, c'est un homme sur la vie duquel reposent d'énormes capitaux, et de sa bonne santé dépendent sans doute les revenus de cette famille.

Je me souviens d'avoir entendu chez madame d'Espard un magnétiseur prouvant, par des considérations historiques très-spécieuses, que ce vieillard, mis sous verre, était le fameux Basalmo, dit Cagliostro. Selon ce moderne alchimiste, l'aventurier sicilien avait échappé à la mort, et s'amusait à faire de l'or pour ses petits-enfants. Enfin le bailli de Ferette prétendait avoir reconnu dans ce singulier personnage le comte de Saint-Germain. Ces niaiseries, dites avec le ton spirituel, avec l'air railleur qui, de nos jours, caractérise une société sans croyances, entretenaient de vagues soupçons sur la maison de Lanty. Enfin, par un singulier concours de circonstances, les membres de cette famille justifiaient les conjectures du monde, en tenant une conduite assez mystérieuse avec ce vieillard, dont la vie était en quelque sorte dérobée à toutes les investigations.

Ce personnage franchissait-il le seuil de l'appartement qu'il était censé occuper à l'hôtel de Lanty, son apparition causait toujours une grande sensation dans la famille. On eût dit un événement de haute importance. Filippo, Marianina, madame de Lanty et un vieux domestique avaient seuls le privilége d'aider l'inconnu à marcher, à se lever, à s'asseoir. Chacun en surveillait les moindres mouvements. Il semblait que ce fût une personne enchantée de qui dépendissent le bonheur, la vie ou la fortune de tous. Était-ce crainte ou affection ? Les gens du monde ne pouvaient découvrir aucune induction qui les aidât à résoudre ce problème. Caché pendant des mois entiers au fond d'un sanctuaire inconnu, ce génie familier en sortait tout à coup comme furtivement, sans être attendu, et apparaissait au milieu des salons comme ces fées d'autrefois qui descendaient de leurs dragons volants pour venir troubler les solennités auxquelles elles n'avaient pas été conviées. Les observateurs les plus exercés pouvaient alors seuls deviner l'inquiétude des maîtres du logis, qui savaient dissimuler leurs sentiments avec une singulière habileté. Mais, parfois, tout en dansant dans un quadrille, la trop naïve Marianina jetait un regard de terreur sur le vieillard qu'elle surveillait au sein des groupes. Ou bien Filippo s'élançait en se glissant à travers la foule, pour le joindre, et restait auprès de lui, tendre et attentif, comme si le contact des hommes ou le moindre souffle dût briser cette créature bizarre. La comtesse tâchait de s'en approcher, sans paraître avoir eu l'intention de le rejoindre ; puis, en prenant des manières et une physionomie autant empreintes de servilité que de tendresse, de soumission que de despotisme, elle disait deux ou trois mots auxquels déférait presque toujours le vieillard, il disparaissait emmené, ou, pour mieux dire, emporté par elle. Si madame de Lanty n'était pas là, le comte employait mille stratagèmes pour arriver à lui ; mais il avait l'air de s'en faire écouter difficilement, et le traitait comme un enfant gâté dont la mère écoute les caprices ou redoute la mutinerie. Quelques indiscrets s'étant hasardés à questionner étourdiment le comte de Lanty, cet homme froid et réservé n'avait jamais paru comprendre l'interrogation des curieux. Aussi, après bien des tentatives, que la circonspection de tous les membres de cette famille rendit vaines, personne ne chercha-t-il à découvrir un secret si bien gardé. Les espions de bonne compagnie, les gobe-mouches et les politiques avaient fini, de guerre lasse, par ne plus s'occuper de ce mystère.

Mais, en ce moment il y avait peut-être au sein de ces salons resplendissants des philosophes qui, tout en prenant une glace, un sorbet, ou en posant sur une console leur verre vide de punch, se disaient : — Je ne serais pas étonné d'apprendre que ces gens-là sont des fripons. Ce vieux, qui se cache et n'apparaît qu'aux équinoxes ou aux solstices, m'a tout l'air d'un assassin...

— Ou d'un banqueroutier...

— C'est à peu près la même chose. Tuer la fortune d'un homme, c'est quelquefois pis que de le tuer lui-même.

— Monsieur, j'ai parié vingt louis, il m'en revient quarante.

— Ma foi ! monsieur, il n'en reste que trente sur le tapis...

— Hé ! bien, voyez-vous comme la société est mêlée ici. On n'y peut pas jouer.

— C'est vrai. Mais voilà bientôt six mois que nous n'avons aperçu l'Esprit. Croyez-vous que ce soit un être vivant ?

— Hé ! hé ! tout au plus...

Ces derniers mots étaient dits, autour de moi, par des inconnus qui s'en allèrent au moment où je résumais, dans une dernière pensée, mes réflexions mélangées de noir et de blanc, de vie et de mort. Ma folle imagination autant que mes yeux contemplait tour à tour et la fête, arrivée à son plus haut degré de splendeur, et le sombre tableau des jardins. Je ne sais combien de temps je méditai sur ces deux côtés de la médaille humaine ; mais soudain le rire étouffé d'une jeune femme me réveilla. Je restai stupéfait à l'aspect de l'image qui s'offrit à mes regards. Par un des plus rares caprices de la nature, la pensée en demi-deuil qui se roulait dans ma cervelle en était sortie, elle se trouvait devant moi, personnifiée, vivante, elle avait jailli comme Minerve de la tête de Jupiter, grande et forte, elle avait tout à la fois cent ans et vingt-deux ans, elle était vivante et morte. Échappé de sa chambre, comme un fou de sa loge, le petit vieillard s'était sans doute adroitement coulé derrière une haie de gens attentifs à la voix de Marianina, qui finissait la cavatine de *Tancrède*. Il semblait être sorti de dessous terre, poussé par quelque mécanisme de théâtre. Immobile et sombre, il resta pendant un moment à regarder cette fête, dont le murmure avait peut-être atteint à ses oreilles. Sa préoccupation, presque somnambulique, était si concentrée sur les choses qu'il se trouvait au milieu du monde sans voir le monde. Il avait surgi sans cérémonie auprès d'une des plus ravissantes femmes de Paris, danseuse élégante et jeune, aux formes délicates, une de ces figures aussi fraîches que l'est celle d'un enfant, blanches et roses, et si frêles, si transparentes, qu'un regard d'homme semble devoir les pénétrer, comme les rayons du soleil traversent une glace pure. Ils étaient là, devant moi, tous deux, ensemble, unis et si serrés, que l'étranger froissait et la robe de gaze, et les guirlandes de fleurs, et les cheveux légèrement crêpés, et la ceinture flottante.

J'avais amené cette jeune femme au bal de madame de Lanty. Comme elle venait pour la première fois dans cette maison, je lui pardonnai son rire étouffé; mais je lui fis vivement je ne sais quel signe impérieux qui la rendit tout interdite et lui donna du respect pour son voisin. Elle s'assit près de moi. Le vieillard ne voulut pas quitter cette délicieuse créature, à laquelle il s'attacha capricieusement avec cette obstination muette et sans cause apparente, dont sont susceptibles les gens extrêmement âgés, et qui les fait ressembler à des enfants. Pour s'asseoir auprès de la jeune dame, il lui fallut prendre un pliant. Ses moindres mouvements furent empreints de cette lourdeur froide, de cette stupide indécision qui caractérise les gestes d'un paralytique. Il se posa lentement sur son siége, avec circonspection, et en grommelant quelques paroles inintelligibles. Sa voix cassée ressembla au bruit que fait une pierre en tombant dans un puits. La jeune femme me pressa vivement la main, comme si elle eût cherché à se garantir d'un précipice, et frissonna quand cet homme, qu'elle regardait, tourna sur elle deux yeux sans chaleur, deux yeux glauques qui ne pouvaient se comparer qu'à de la nacre ternie.

— J'ai peur, me dit-elle en se penchant à mon oreille.

— Vous pouvez parler, répondis-je. Il entend très-difficilement.

— Vous le connaissez donc ?

— Oui.

Elle s'enhardit alors assez pour examiner pendant un moment cette créature sans nom dans le langage humain, forme sans substance, être sans vie, ou vie sans action. Elle était sous le charme de cette craintive curiosité qui pousse les femmes à se procurer des émotions dangereuses, à voir des tigres enchaînés, à regarder des boas, en s'effrayant de n'en être séparées que par de faibles barrières. Quoique le petit vieillard eût le dos courbé comme celui d'un journalier, on s'apercevait facilement que sa taille avait dû être ordinaire. Son excessive maigreur, la délicatesse de ses membres, prouvaient que ses proportions étaient toujours restées sveltes. Il portait une culotte de soie noire, qui flottait autour de ses cuisses décharnées en décrivant des plis comme une voile abattue. Un anatomiste eût reconnu soudain les symptômes d'une affreuse étisie en voyant les petites jambes qui servaient à soutenir ce corps étrange. Vous eussiez dit de deux os mis en croix sur une tombe. Un sentiment de profonde horreur pour l'homme saisissait le cœur quand une fatale attention vous dévoilait les marques imprimées par la décrépitude à cette casuelle machine. L'inconnu portait un gilet blanc, brodé d'or, à l'ancienne mode, et son linge était d'une blancheur éclatante. Un jabot de dentelle d'Angleterre assez roux, dont la richesse eût été enviée par une reine, formait des ruches jaunes sur sa poitrine ; mais sur lui cette dentelle était plutôt un haillon qu'un ornement. Au milieu de ce jabot, un diamant d'une valeur incalculable scintillait comme le soleil. Ce luxe suranné, ce trésor intrinsèque et sans goût, faisaient encore mieux ressortir la figure de cet être bizarre. Le cadre était digne du portrait. Ce visage noir était anguleux et creusé dans tous les sens. Le menton était creux ; les tempes étaient creuses ; les yeux étaient perdus en de jaunâtres orbites. Les os maxillaires, rendus saillants par une maigreur indescriptible, dessinaient des cavités au milieu de chaque joue. Ces gibbosités, plus ou moins éclairées par les lumières, produisirent des ombres et des reflets curieux qui achevaient d'ôter à ce visage les caractères de la face humaine. Puis les années avaient si fortement collé sur les os la peau jaune et fine de ce visage qu'elle y décrivait partout une multitude de rides ou circulaires, comme les replis de l'eau troublée par un caillou que jette un enfant, ou étoilées comme une fêlure de vitre, mais toujours profondes et aussi pressées que les feuillets dans la tranche d'un livre. Quelques vieillards nous présentent souvent des portraits plus hideux ; mais ce qui contribuait le plus à donner l'apparence d'une création artificielle au spectre survenu devant nous, était le rouge et le blanc dont il reluisait. Les sourcils de son masque recevaient de la lumière un lustre qui révélait une peinture très-bien exécutée. Heureusement pour la vue attristée de tant de ruines, son crâne cadavéreux était caché sous une perruque blonde dont les boucles innombrables trahissaient une prétention extraordinaire. Du reste, la coquetterie féminine de ce personnage fantasmagorique était assez énergiquement annoncée par les boucles d'or qui pendaient à ses oreilles, par les anneaux dont les admirables pierreries brillaient à ses doigts ossifiés, et par une chaîne de montre qui scintillait comme les chatons d'une rivière au cou d'une femme. Enfin, cette espèce d'idole japonaise conservait sur ses lèvres bleuâtres un rire fixe et arrêté, un rire implacable et goguenard, comme celui d'une tête de mort. Silencieuse, immobile autant qu'une statue, elle exhalait l'odeur musquée des vieilles robes que les héritiers d'une duchesse exhument de ses tiroirs pendant un inventaire. Si le vieillard tournait les yeux vers l'assemblée, il semblait que les mouvements de ces globes incapables de réfléchir une lueur se fussent accomplis par un artifice imperceptible ; et quand les yeux s'arrêtaient, celui qui les examinait finissait par douter qu'ils eussent remué. Voir, auprès de ces débris humains, une jeune femme dont le cou, les bras et le corsage étaient nus et blancs ; dont les formes pleines et verdoyantes de beauté, dont les cheveux bien plantés sur un front d'albâtre inspiraient l'amour, dont les yeux ne recevaient pas, mais répandaient la lumière, qui était suave, fraîche, et dont les boucles vaporeuses, dont l'haleine embaumée semblaient trop lourdes, trop dures, trop puissantes pour cette ombre, pour cet homme en poussière ; ah ! c'était bien la mort et la vie, ma pensée, une arabesque imaginaire, une chimère hideuse à moitié, divinement femelle par le corsage.

— Il y a pourtant de ces mariages-là qui s'accomplissent assez souvent dans le monde, me dis-je.

— Il sent le cimetière, s'écria la jeune femme épouvantée qui me pressa comme pour s'assurer de ma protection, et dont les mouvements tumultueux me dirent qu'elle avait grand'peur. — C'est une horrible vision, reprit-elle, je ne saurais rester là plus long-temps. Si je le regarde encore, je croirai que la mort elle-même est venue me chercher. Mais vit-il?

Elle porta la main sur le phénomène avec cette hardiesse que les femmes puisent dans la violence de leurs désirs ; mais une sueur froide sortit de ses pores, car aussitôt qu'elle eut touché le vieillard, elle entendit un cri semblable à celui d'une crécelle. Cette aigre voix, si c'était une voix, s'échappa d'un gosier presque desséché. Puis à cette clameur succéda vivement une petite toux d'enfant convulsive et d'une sonorité particulière. A ce bruit, Marianina, Filippo et madame de Lanty jetèrent les yeux sur nous, et leurs regards furent comme des éclairs. La jeune femme aurait voulu être au fond de la Seine. Elle prit mon bras et m'entraîna vers un boudoir. Hommes et femmes, tout le monde nous fit place. Parvenus au fond des appartements de réception, nous entrâmes dans un petit cabinet demi-circulaire. Ma compagne se jeta sur un divan, palpitant d'effroi, sans savoir où elle était.

— Madame, vous êtes folle, lui dis-je.

— Mais, reprit-elle après un moment de silence pendant lequel je l'admirai, est-ce ma faute ? Pourquoi madame de Lanty laisse-t-elle errer des revenants dans son hôtel?

— Allons, répondis-je, vous imitez les sots. Vous prenez un petit vieillard pour un spectre.

— Taisez-vous, répliqua-t-elle avec cet air imposant et railleur que toutes les femmes savent si bien prendre quand elles veulent avoir raison. — Le joli boudoir ! s'écria-t-elle en regardant autour d'elle. Le satin bleu fait toujours à merveille en tenture. Est-ce frais ! Ah ! le beau tableau ! ajouta-t-elle en se levant, et allant se mettre en face d'une toile magnifiquement encadrée.

Nous restâmes pendant un moment dans la contemplation de cette merveille, qui semblait due à quelque pinceau surnaturel. Le tableau représentait Adonis étendu sur une peau de lion. La lampe suspendue au milieu du boudoir, et contenue dans un vase d'albâtre, illuminait alors cette toile d'une lueur douce qui nous permit de saisir toutes les beautés de la peinture.

— Un être si parfait existe-t-il ? me demanda-t-elle après avoir examiné, non sans un doux sourire de contentement, la grâce exquise des contours, la pose, la couleur, les cheveux, tout enfin.

— Il est trop beau pour un homme, ajouta-t-elle après un examen pareil à celui qu'elle aurait fait d'une rivale.

Oh ! comme je ressentis alors les atteintes de cette jalousie à laquelle un poète avait essayé vainement de me faire croire ! la jalousie des gravures, des tableaux, des statues, où les artistes exagèrent la beauté humaine, par suite de la doctrine qui les porte à tout idéaliser.

— C'est un portrait, lui répondis-je. Il est dû au talent de Vien. Mais ce grand peintre n'a jamais vu l'original, et votre admiration sera moins vive peut-être quand vous saurez que cette académie a été faite d'après une statue de femme.

— Mais qui est-ce ?

J'hésitai.

— Je veux le savoir, ajouta-t-elle vivement.

— Je crois, lui dis-je, que cet Adonis représente un... un... un parent de madame de Lanty.

J'eus la douleur de la voir abîmée dans la contemplation de cette figure. Elle s'assit en silence, je me mis auprès d'elle, et lui pris la main sans qu'elle s'en aperçût ! Oublié pour un portrait ! En ce moment le bruit léger des pas d'une femme dont la robe frémissait, retentit dans le silence. Nous vîmes entrer la jeune Marianina, plus brillante encore par son expression d'innocence que par sa grâce et par sa fraîche toilette ; elle marchait alors lentement, et tenait avec un soin maternel, avec une filiale sollicitude, le spectre habillé qui nous avait fait fuir du salon de musique ; elle le conduisit en le regardant avec une espèce d'inquiétude posant lentement ses pieds débiles. Tous deux, ils arrivèrent assez péniblement à une porte cachée dans la tenture. Là, Marianina frappa doucement. Aussitôt apparut, comme par magie, un grand homme sec, espèce de génie familier. Avant de confier le vieillard à ce gardien mystérieux, la jeune enfant baisa respectueusement le cadavre ambulant, et sa chaste caresse ne fut pas exempte de cette câlinerie gracieuse dont le secret appartient à quelques femmes privilégiées.

— *Addio, addio !* disait-elle avec les inflexions les plus jolies de sa jeune voix.

Elle ajouta même sur la dernière syllabe une roulade admirablement bien exécutée, mais à voix basse, et comme pour peindre l'effusion de son cœur par une expression poétique. Le vieillard, frappé subitement par quelque souvenir, resta sur le seuil de ce réduit secret. Nous entendîmes alors, grâce à un profond silence, le soupir lourd qui sortit de sa poitrine : il tira la plus belle des bagues dont ses doigts de squelette étaient chargés, et la plaça dans le sein de Marianina. La jeune folle se mit à rire, reprit la bague, la glissa par-dessus son gant à l'un de ses doigts, et s'élança vivement vers le salon, où retentirent en ce moment les préludes d'une contredanse. Elle nous aperçut.

— Ah ! vous étiez là ! dit-elle en rougissant.

Après nous avoir regardés comme pour nous interroger, elle courut à son danseur avec l'insouciante pétulance de son âge.

— Qu'est-ce que cela veut dire ? me demanda ma jeune partenaire. Est-ce son mari ? Je crois rêver. Où suis-je ?

— Vous ! répondis-je, vous, madame, qui êtes exaltée et qui, comprenant si bien les émotions les plus imperceptibles, savez cultiver dans un cœur d'homme le plus délicat des sentiments, sans le flétrir, sans le briser dès le premier jour, vous qui avez pitié des peines du cœur, et qui à l'esprit d'une Parisienne joignez une âme passionnée digne de l'Italie ou de l'Espagne....

Elle vit bien que mon langage était empreint d'une ironie amère ; et, alors, sans avoir l'air d'y prendre garde, elle m'interrompit pour dire : — Oh ! vous me faites à votre goût. Singulière tyrannie ! Vous voulez que je ne sois pas *moi*.

— Oh ! je ne veux rien, m'écriai-je épouvanté de son attitude sévère. Au moins est-il vrai que vous aimez à entendre raconter l'histoire de ces passions énergiques enfantées dans nos cœurs par les ravissantes femmes du Midi ?

— Oui. Hé ! bien ?

— Hé ! bien, j'irai demain soir chez vous vers neuf heures, et je vous révélerai ce mystère.

— Non, répondit-elle d'un air mutin, je veux l'apprendre sur-le-champ.

— Vous ne m'avez pas encore donné le droit de vous obéir quand vous dites : Je veux.

— En ce moment, répondit-elle avec une coquetterie désespérante, j'ai le plus vif désir de connaître ce secret. Demain, je ne vous écouterai peut-être pas...

Elle sourit, et nous nous séparâmes ; elle toujours aussi fière, aussi rude, et moi toujours aussi ridicule en ce moment que toujours. Elle eut l'audace de valser avec un jeune aide-de-camp, et je restai tour à tour fâché, boudeur, admirant, aimant, jaloux.

— A demain, me dit-elle vers deux heures du matin, quand elle sortit du bal.

— Je n'irai pas, pensais-je, et je t'abandonne. Tu es plus capricieuse, plus fantasque mille fois peut-être..... que mon imagination.

Le lendemain, nous étions devant un bon feu, dans un petit salon élégant, assis tous deux ; elle sur une causeuse ; moi, sur des coussins, presque à ses pieds, et mon œil sous le sien. La rue était silencieuse. La lampe jetait une clarté douce. C'était une de ces soirées délicieuses à l'âme, un de ces moments qui ne s'oublient jamais, une de ces heures passées dans la paix et le désir, et dont, plus tard, le charme est toujours un sujet de regret, même quand nous nous trouvons plus heureux. Qui peut effacer la vive empreinte des premières sollicitations de l'amour ?

— Allons, dit-elle, j'écoute.

— Mais je n'ose commencer. L'aventure a des passages dangereux pour le narrateur. Si je m'enthousiasme, vous me ferez taire.

— Parlez.

— J'obéis.

— Ernest-Jean Sarrasine était le seul fils d'un procureur de la Franche-Comté, repris-je après une pause. Son père avait assez loyalement gagné six à huit mille livres de rente, fortune de praticien qui, jadis, en province, passait pour colossale. Le vieux maître Sarrasine, n'ayant qu'un enfant, ne voulut rien négliger pour son éducation, il espérait en faire un magistrat, et vivre assez long-temps pour voir, dans ses vieux jours, le petit-fils de Mathieu Sarrasine, laboureur au pays de Saint-Dié, s'asseoir sur les lis et dormir à l'audience pour la plus grande gloire du Parlement ; mais le ciel ne réservait pas cette joie au procureur. Le jeune Sarrasine, confié de bonne heure aux Jésuites, donna les preuves d'une turbulence peu commune. Il eut l'enfance d'un homme de talent. Il ne voulait étudier qu'à sa guise, se révoltait souvent, et restait parfois des heures entières plongé dans de confuses méditations, occupé, tantôt à contempler ses camarades quand ils jouaient, tantôt à se représenter les héros d'Homère. Puis, s'il lui arrivait de se divertir, il mettait une ardeur extraordinaire dans ses jeux. Lorsqu'une lutte s'élevait entre un camarade et lui, rarement le combat finissait sans qu'il y eût du sang répandu. S'il était le plus faible, il mordait. Tour à tour agissant ou passif, sans aptitude ou trop intelligent, son caractère bizarre le fit redouter de ses maîtres autant que de ses camarades. Au lieu d'apprendre les éléments de la langue grecque, il dessinait le révérend père qui leur expliquait un passage de Thucydide, croquait le maître de mathématiques, le préfet, les valets, le correcteur, et barbouillait tous les murs d'esquisses informes. Au lieu de chanter les louanges du Seigneur à l'église, il s'amusait, pendant les offices, à déchiqueter un banc; ou quand il avait volé quelque morceau de bois, il sculptait quelque figure de sainte. Si le bois, la pierre ou le crayon lui manquaient, il rendait ses idées avec de la mie de pain. Soit qu'il copiât les personnages des tableaux qui garnissaient le chœur, soit qu'il improvisât, il laissait toujours à sa place de grossières ébauches, dont le caractère licencieux désespérait les plus jeunes pères; et les médisants prétendaient que les vieux jésuites en souriaient. Enfin, s'il faut en croire la chronique du collège, il fut chassé, pour avoir, en attendant son tour au confessionnal, un vendredi-saint, sculpté une grosse bûche en forme de Christ. L'impiété gravée sur cette statue était trop forte pour ne pas attirer un châtiment à l'artiste. N'avait-il pas eu l'audace de placer sur le haut du tabernacle cette figure passablement cynique ! Sarrasine vint chercher à Paris un refuge contre les menaces de la malédiction paternelle. Ayant une de ces volontés fortes qui ne connaissent pas d'obstacles, il obéit aux ordres de son génie et entra dans l'atelier de Bouchardon. Il travaillait pendant toute la journée, et, le soir, allait mendier sa subsistance. Bouchardon, émerveillé des progrès et de l'intelligence du jeune artiste, devina bientôt la misère dans laquelle se trouvait son élève; il le secourut, le prit en affection, et le traita comme son enfant. Puis, lorsque le génie de Sarrasine se fut dévoilé par une de ces œuvres où le talent à venir lutte contre l'effervescence de la jeunesse, le généreux Bouchardon essaya de le remettre dans les bonnes grâces du vieux procureur. Devant l'autorité du sculpteur célèbre le courroux paternel s'apaisa. Besançon tout entier se félicita d'avoir donné le jour à un grand homme futur. Dans le premier moment d'extase où le plongea sa vanité flattée, le praticien avare mit son fils en état de paraître avec avantage dans le monde. Les longues et laborieuses études exigées par la sculpture domptèrent pendant long-temps le caractère impétueux et le génie sauvage de Sarrasine. Bouchardon, prévoyant la violence avec laquelle les passions se déchaîneraient dans cette jeune âme, peut-être aussi vigoureusement trempée que celle de Michel-Ange, en étouffa l'énergie sous des travaux continus. Il réussit à maintenir dans de justes bornes la fougue extraordinaire de Sarrasine, en lui défendant de travailler, en lui proposant des distractions quand il le voyait emporté par la furie de quelque pensée, ou en lui confiant d'importants travaux au moment où il était prêt à se livrer à la dissipation. Mais, auprès de cette âme passionnée, la douceur fut toujours la plus puissante de toutes les armes, et le maître ne prit un grand empire sur son élève qu'en en excitant la reconnaissance par une bonté paternelle. A l'âge de vingt-deux ans, Sarrasine fut forcément soustrait à la salutaire influence que Bouchardon exerçait sur ses mœurs et sur ses habitudes. Il porta les peines de son génie en gagnant le prix de sculpture fondé par le marquis de Marigny, le frère de madame de Pompadour, qui fit tant pour les Arts. Diderot vanta comme un chef-d'œuvre la statue de l'élève de Bouchardon. Ce ne fut pas sans une profonde douleur que le sculpteur du roi vit partir pour l'Italie un jeune homme dont, par principe, il avait entretenu l'ignorance profonde sur les choses de la vie. Sarrasine était depuis six ans le commensal de Bouchardon. Fanatique de son art comme Canova le fut depuis, il se levait au jour, entrait dans l'atelier pour n'en sortir qu'à la nuit, et ne vivait qu'avec sa muse. S'il allait à la Comédie-Française, il y était entraîné par son maître. Il se sentait si gêné chez madame Geoffrin et dans le grand monde où Bouchardon essaya de l'introduire, qu'il préféra rester seul, et répudia les plaisirs de cette époque licencieuse. Il n'eut pas d'autre maîtresse que la Sculpture et Clotilde, l'une des célébrités de l'Opéra. Encore cette intrigue ne dura-t-elle pas. Sarrasine était assez laid, toujours mal mis, et de sa nature si libre, si peu régulier dans sa vie privée, que l'illustre nymphe, redoutant quelque catastrophe, rendit bientôt le sculpteur à l'amour des Arts. Sophie Arnould a dit je ne sais quel bon mot à ce sujet. Elle s'étonna, je crois, que sa camarade eût pu l'emporter sur des statues. Sarrasine partit pour l'Italie en 1758. Pendant le voyage, son imagination ardente s'enflamma sous un ciel de cuivre et à l'aspect des monuments merveilleux dont est semée la patrie des Arts. Il admira les statues, les fresques, les tableaux ; et, plein d'émulation, il vint à Rome, en proie au désir d'inscrire son nom entre les noms de Michel-Ange et de monsieur Bouchardon. Aussi, pendant les premiers jours, partagea-t-il son temps entre ses travaux d'atelier et l'examen des œuvres d'art qui abondent à Rome. Il avait déjà passé quinze jours dans l'état d'extase qui saisit toutes les jeunes imaginations à l'aspect de la reine des ruines, quand, un soir, il entra au théâtre d'*Argentina*, devant lequel se pressait une grande foule. Il s'enquit des causes de cette affluence, et le monde répondit par deux noms : — Zambinella ! Jomelli ! Il entre et s'assied au parterre, pressé par deux *abbati* notablement gros ; mais il était assez heureusement placé près de la scène. La toile se leva. Pour la première fois de sa vie il entendit cette musique dont monsieur Jean-Jacques Rousseau lui avait si éloquemment vanté les délices, pendant une soirée du baron d'Holbach. Les sens du jeune sculpteur furent, pour ainsi dire, lubrifiés par les accents de la sublime harmonie de Jomelli. Les langoureuses originalités de ces voix italiennes habilement mariées le plongèrent dans une ravissante extase. Il resta muet, immobile, ne se sentant pas même foulé par deux prêtres. Son âme passa dans ses oreilles et dans ses yeux. Il crut écouter par chacun de ses pores. Tout à coup des applaudissements à faire crouler la salle accueillirent l'entrée en scène de la *prima-donna*. Elle s'avança par coquetterie sur le devant du théâtre, et salua le public avec une grâce infinie. Les lumières, l'enthousiasme de tout un peuple, l'illusion de la scène, les prestiges d'une toilette qui, à cette époque, était assez engageante, conspirèrent en faveur de cette femme. Sarrasine poussa des cris de plaisir. Il admirait en ce moment la beauté idéale de laquelle il avait jusqu'alors cherché çà et là les perfections dans la nature, en demandant à un modèle, souvent ignoble, les rondeurs d'une jambe accomplie ; à tel autre, les contours du sein ; à celui-là, ses blanches épaules ; prenant enfin le cou d'une jeune fille, et les mains de cette femme, et les genoux polis de cet enfant, sans rencontrer jamais sous le ciel froid de Paris les riches et suaves créations de la Grèce antique. La Zambinella lui montrait réunies, bien vivantes et délicates, ces exquises proportions de la nature féminine si ardemment désirées, desquelles un sculpteur est, tout à la fois, le juge le plus sévère et le plus passionné. C'était une bouche expressive, des yeux d'amour, un teint d'une blancheur éblouissante. Et joignez à ces détails, qui eussent ravi un peintre, toutes les merveilles des Vénus révérées et rendues par le ciseau des Grecs. L'artiste ne se lassait pas d'admirer la grâce inimitable avec laquelle les bras étaient attachés au buste, la rondeur prestigieuse du cou, les lignes harmonieusement décrites par les sourcils, par le nez, puis l'ovale parfait du visage, la pureté de ses contours vifs, et l'effet de cils fournis, recourbés qui terminaient de larges et voluptueuses paupières. C'était plus qu'une femme, c'était un chef-d'œuvre ! Il se trouvait dans cette création inespérée, de l'amour à ravir tous les hommes, et des beautés dignes de satisfaire un critique. Sarrasine dévorait des yeux la statue de Pygmalion, pour lui descendue de son piédestal. Quand la Zambinella chanta, ce fut un délire. L'artiste eut froid ; puis, il sentit un foyer qui pétilla soudain dans les profondeurs de son être intime, de ce que nous nommons le cœur, faute de mot ! Il n'applaudit pas, il ne dit rien, il éprouvait un mouvement de folie, espèce de frénésie qui ne nous agite qu'à cet âge où le désir a je ne sais quoi de terrible et d'infernal. Sarrasine voulait s'élancer sur le théâtre et s'emparer de cette femme. Sa force, centuplée par une dépression morale impossible à expliquer, puisque ces phénomènes se passent dans une sphère inaccessible à l'observation humaine, tendait à se projeter avec une violence douloureuse. A le voir, on eût dit d'un homme froid et stupide. Gloire, science, avenir, existence, couronnes, tout s'écroula. — Être aimé d'elle, ou mourir, tel fut l'arrêt que Sarrasine porta sur lui-même. Il était si complétement ivre qu'il ne voyait plus ni salle, ni spectateurs, ni acteurs, n'entendait plus de musique. Bien mieux, il n'existait pas de distance entre lui et la Zambinella, il la possédait, ses yeux attachés sur elle s'emparaient d'elle. Une puissance presque diabolique lui permettait de sentir le vent de cette voix, de respirer la poudre embaumée dont ces cheveux étaient imprégnés, de voir les méplats de ce visage, d'y compter les veines bleues qui en nuançaient la peau satinée. Enfin cette voix agile, fraîche et d'un timbre argenté, souple comme un fil auquel le moindre souffle d'air donne une forme, qu'il roule et déroule, développe et disperse, cette voix attaquait si vivement son âme qu'il laissa plus d'une fois échapper de ces cris involontaires arrachés par les délices convulsives trop rarement données par les passions humaines. Bientôt il fut obligé de quitter le théâtre. Ses jambes tremblantes refusaient presque de le soutenir. Il était abattu, faible comme un homme nerveux qui s'est livré à quelque effroyable colère. Il avait eu tant de plaisir, ou peut-être avait-il tant souffert, que sa vie s'était écoulée comme l'eau d'un vase renversé par un choc. Il sentait en lui un vide, un anéantissement semblable à ces atonies qui désespèrent les convalescents au sortir d'une forte maladie. Envahi par une tristesse inexplicable, il alla s'asseoir sur les marches d'une église. Là, le dos appuyé contre une colonne, il se perdit dans une méditation confuse comme un rêve. La passion l'avait foudroyé. De retour au logis, il tomba dans un de ces paroxysmes d'activité qui nous révèlent la présence de principes nouveaux dans notre existence. En proie à cette première fièvre d'amour qui tient autant au plaisir qu'à la douleur, il voulut tromper son impatience et son délire en dessinant la Zambinella de mémoire. Ce fut une sorte de méditation matérielle. Sur telle feuille, la Zambinella se trouvait dans cette attitude, calme et froide en apparence, affectionnée par Raphaël, par le Giorgion et par tous les grands peintres. Sur telle autre, elle tournait la tête avec finesse en achevant une roulade, et semblait s'écouter elle-même. Sarrasine crayonna sa maîtresse dans toutes les poses : il la fit sans voile, assise, debout, couchée, ou chaste ou amoureuse, en réalisant, grâce au délire de ses crayons, toutes les idées capricieuses qui sollicitent notre imagination quand nous pensons fortement à une maîtresse. Mais sa pensée furieuse alla plus loin que le dessin. Il voyait la Zambinella, lui parlait, la suppliait, épuisait mille années de vie et de bonheur avec elle, en la plaçant dans toutes les situations imaginables, en essayant, pour ainsi dire, l'avenir avec elle. Le lendemain, il envoya son laquais louer, pour toute la saison, une loge voisine de la scène. Puis, comme tous les jeunes gens dont l'âme est puissante, il s'exagéra les difficultés de son entreprise, et donna, pour première pâture à sa passion, le bonheur de pouvoir admirer sa maîtresse sans obstacles. Cet âge d'or de l'amour, pendant lequel nous jouissons de notre propre sentiment et où nous nous trouvons heureux presque par nous-mêmes, ne devait pas durer long-temps chez Sarrasine. Cependant les événements le surprirent quand il était encore sous le charme de cette printanière hallucination, aussi naïve que voluptueuse. Pendant une huitaine de jours, il vécut toute une vie, occupé le matin à pétrir la glaise à l'aide de laquelle il réussissait à copier la Zambinella, malgré les voiles, les jupes, les corsets et les nœuds de rubans qui la lui dérobaient. Le soir, installé de bonne heure dans sa loge, seul, couché sur un sofa, il se faisait, semblable à un Turc enivré d'opium, un bonheur aussi fécond, aussi prodigue qu'il le souhaitait. D'abord il se familiarisa graduellement avec les émotions trop vives que lui donnait le chant de sa maîtresse ; puis il apprivoisa ses yeux à la voir, et finit par la contempler sans redouter l'explosion de la sourde rage par laquelle il avait été animé le premier jour. Sa passion devint plus profonde en devenant plus tranquille. Du reste, le farouche sculpteur ne souffrait pas que sa solitude, peuplée d'images, parée des fantaisies de l'espérance et pleine de bonheur, fût troublée par ses camarades. Il aimait avec tant de force et si naïvement qu'il eut à subir les innocents scrupules dont nous sommes assaillis quand nous aimons pour la première fois. En commençant à entrevoir qu'il faudrait bientôt agir, s'intriguer, demander où demeurait la Zambinella, savoir si elle avait une mère, un oncle, un tuteur, une famille ; en songeant enfin aux moyens de la voir, de lui parler, il sentait son cœur se gonfler si fort à des idées si ambitieuses, qu'il remettait ces soins au lendemain, heureux de ses souffrances physiques autant que de ses plaisirs intellectuels.

— Mais, me dit madame de Rochefide en m'interrompant, je ne vois encore ni Marianina ni son petit vieillard.

— Vous ne voyez que lui, m'écriai-je impatienté comme un auteur auquel on fait manquer l'effet d'un coup de théâtre. Depuis quelques jours, repris-je après une pause, Sarrasine était si fidèlement venu s'installer dans sa loge, et ses regards exprimaient tant d'amour, que sa passion pour la voix de Zambinella aurait été la nouvelle de tout Paris, si cette aventure s'y fût passée ; mais en Italie, madame, au spectacle, chacun y assiste pour son compte, avec ses passions, avec un intérêt de cœur qui exclut l'espionnage des lorgnettes. Cependant la frénésie du sculpteur ne devait pas échapper long-temps aux regards des chanteurs et des cantatrices. Un soir, le Français s'aperçut qu'on riait de lui dans les coulisses. Il eût été difficile de savoir à quelles extrémités il se serait porté, si la Zambinella n'était pas entrée en scène. Elle jeta sur Sarrasine un des coups d'œil éloquents qui disent souvent beaucoup plus de choses que les femmes ne le veulent. Ce regard fut toute une révélation. Sarrasine était aimé ! — Si ce n'est qu'un caprice, pensa-t-il en accusant déjà sa maîtresse de trop d'ardeur, elle ne connaît pas la domination sous laquelle elle va tomber. Son caprice durera, j'espère, autant que ma vie. En ce moment, trois coups légèrement frappés à la porte de sa loge excitèrent l'attention de l'artiste. Il ouvrit. Une vieille femme entra mystérieusement. — Jeune homme, dit-elle, si vous voulez être heureux, ayez de la prudence, enveloppez-vous d'une cape, abaissez sur vos yeux un grand chapeau ; puis, vers dix heures du soir, trouvez-vous dans la rue du Corso, devant l'hôtel d'Espagne. — J'y serai, répondit-il en mettant deux louis dans la main ridée de la duègne. Il s'échappa de sa loge, après avoir fait un signe d'intelligence à la Zambinella, qui baissa timidement ses voluptueuses paupières comme une femme heureuse d'être enfin comprise. Puis il courut chez lui, afin d'emprunter à la toilette toutes les séductions qu'elle pourrait lui prêter. En sortant du théâtre, un inconnu l'arrêta par le bras. — Prenez garde à vous, seigneur Français, lui dit-il à l'oreille. Il s'agit de vie et de mort. Le cardinal Cigognara est son protecteur, et ne badine pas. Quand un démon aurait mis entre Sarrasine et la Zambinella les profondeurs de l'enfer, en ce moment il eût tout traversé d'une enjambée. Semblable aux chevaux des immortels peints par Homère, l'amour du sculpteur avait franchi en un clin d'œil d'immenses espaces. — La mort dût-elle m'attendre au sortir de la maison, j'irais encore plus vite, répondit-il. — *Poverino !* s'écria l'inconnu en disparaissant. Parler de danger à un amoureux, n'est-ce pas lui vendre des plaisirs? Jamais le laquais de Sarrasine n'avait vu son maître si minutieux en fait de toilette. Sa plus belle épée, présent de Bouchardon, le nœud que Clotilde lui avait donné, son habit pailleté, son gilet de drap d'argent, sa tabatière d'or, ses montres précieuses, tout fut tiré des coffres, et il se para comme une jeune fille qui doit se promener devant son premier amant. A l'heure dite, ivre d'amour et bouillant d'espérances, Sarrasine, le nez dans son manteau, courut au rendez-vous donné par la vieille. La duègne attendait. — Vous avez bien tardé ! lui dit-elle. Venez. Elle entraîna le Français dans plusieurs petites rues, et s'arrêta devant un palais d'assez belle apparence. Elle frappa. La porte s'ouvrit. Elle conduisit Sarrasine à travers un labyrinthe d'escaliers, de galeries et d'appartements qui n'étaient éclairés que par les lueurs incertaines de la lune, et arriva bientôt à une porte, entre les fentes de laquelle s'échappaient de vives lumières, d'où partaient de joyeux éclats de plusieurs voix. Tout à coup Sarrasine fut ébloui, quand, sur un mot de la vieille, il fut admis dans ce mystérieux appartement, et se trouva dans un salon aussi brillamment éclairé que somptueusement meublé, au milieu duquel s'élevait une table bien servie, chargée de sacro-saintes bouteilles, de riants flacons dont les facettes rougies étincelaient. Il reconnut les chanteurs et les cantatrices du théâtre, mêlés à des femmes charmantes, tous prêts à commencer une orgie d'artistes qui n'attendait plus que lui. Sarrasine réprima un mouvement de dépit, et fit bonne contenance. Il avait espéré une chambre mal éclairée, sa maîtresse auprès d'un brasier, un jaloux à deux pas, la mort et l'amour, des confidences échangées à voix basse, cœur à cœur, des baisers périlleux, et les visages si voisins, que les cheveux de la Zambinella eussent caressé son front chargé de désirs, brûlant de bonheur. — Vive la folie! s'écria-t-il. *Signori e belle donne,* vous me permettrez de prendre plus tard ma revanche, et de vous témoigner ma reconnaissance pour la manière dont vous accueillez un pauvre sculpteur. Après avoir reçu les compliments assez affectueux de la plupart des personnes présentes, qu'il connaissait de vue, il tâcha de s'approcher de la bergère sur laquelle la Zambinella était nonchalamment étendue. Oh! comme son cœur battit quand il aperçut un pied mignon, chaussé de ces mules qui, permettez-moi de le dire, madame, donnaient jadis au pied des femmes une expression si coquette, si voluptueuse, que je ne sais pas comment les hommes y pouvaient résister. Les bas blancs bien tirés et à coins verts, les jupes courtes, les mules pointues et à talons hauts du règne de Louis XV ont peut-être un peu contribué à démoraliser l'Europe et le clergé.

— Un peu! dit la marquise. Vous n'avez donc rien lu?

— La Zambinella, repris-je en souriant, s'était effrontément croisé les jambes, et agitait en badinant celle qui se trouvait dessus, attitude de duchesse, qui allait bien à son genre de beauté capricieuse et pleine d'une certaine mollesse engageante. Elle avait quitté ses habits de théâtre, et portait un corps qui dessinait une taille svelte et que faisaient valoir des paniers et une robe de satin brodée de fleurs bleues. Sa poitrine, dont une dentelle dissimulait les trésors par un luxe de coquetterie, étincelait de blancheur. Coiffée à peu près comme se coiffait madame du Barry, sa figure, quoique surchargée d'un large bonnet, n'en paraissait que plus mignonne, et la poudre lui seyait bien. La voir ainsi, c'était l'adorer. Elle sourit gracieusement au sculpteur. Sarrasine, tout mécontent de ne pouvoir lui parler que devant témoins, s'assit poliment auprès d'elle, et l'entretint de musique en la louant sur son prodigieux talent ; mais sa voix tremblait d'amour, de crainte et d'espérance. — Que craignez-vous ? lui dit Vitagliani, le chanteur le plus célèbre de la troupe. Allez, vous n'avez pas un seul rival à craindre ici. Le ténor sourit silencieusement. Ce sourire se répéta sur les lèvres de tous les convives, dont l'attention avait une certaine malice cachée dont ne devait pas s'apercevoir un amoureux. Cette publicité fut comme un coup de poignard que Sarrasine aurait soudainement reçu dans le cœur. Quoique doué d'une certaine force de caractère, et bien qu'aucune circonstance ne dût influer sur son amour, il n'avait peut-être pas encore songé que Zambinella était presque une courtisane, et qu'il ne pouvait pas avoir tout à la fois les jouissances pures qui rendent l'amour d'une jeune fille chose si délicieuse, et les emportements fougueux par lesquels une femme de théâtre fait acheter les trésors de sa passion. Il réfléchit et se résigna. Le souper fut servi. Sarrasine et la Zambinella se mirent sans cérémonie à côté l'un de l'autre. Pendant la moitié du festin, les artistes gardèrent quelque mesure, et le sculpteur put causer avec la cantatrice. Il lui trouva de l'esprit, de la finesse ; mais elle était d'une ignorance surprenante, et se montra faible et superstitieuse. La délicatesse de ses organes se reproduisait dans son entendement. Quand Vitagliani déboucha la première bouteille de vin de Champagne, Sarrasine lut dans les yeux de sa voisine une crainte assez vive de la petite détonation produite par le dégagement du gaz. Le tressaillement involontaire de cette organisation féminine fut interprété par l'amoureux artiste comme l'indice d'une excessive sensibilité. Cette faiblesse charma le Français. Il entre tant de protection dans l'amour d'un homme ! — Vous disposerez de ma puissance comme d'un bouclier ! Cette phrase n'est-elle pas écrite au fond de toutes les déclarations d'amour ? Sarrasine, trop passionné pour débiter des galanteries à la belle Italienne, était, comme tous les amants, tour à tour grave, rieur ou recueilli. Quoiqu'il parût écouter les convives, il n'entendait pas un mot de ce qu'ils disaient, tant il s'adonnait au plaisir de se trouver près d'elle, de lui effleurer la main, de la servir. Il nageait dans une joie secrète. Malgré l'éloquence de quelques regards mutuels, il fut étonné de la réserve dans laquelle la Zambinella se tint avec lui. Elle avait bien commencé la première à lui presser le pied et à l'agacer avec la malice d'une femme libre et amoureuse ; mais soudain elle s'était enveloppée dans une modestie de jeune fille, après avoir entendu raconter par Sarrasine un trait qui peignit l'excessive violence de son caractère. Quand le souper devint une orgie, les convives se mirent à chanter, inspirés par le peralta et le pedro ximenès. Ce furent des duos ravissants, des airs de la Calabre, des seguidilles espagnoles, des canzonettes napolitaines. L'ivresse était dans tous les yeux, dans la musique, dans les cœurs et dans les voix. Il déborda tout à coup une vivacité enchanteresse, un abandon cordial, une bonhomie italienne dont rien ne peut donner l'idée à ceux qui ne connaissent que les assemblées de Paris, les raouts de Londres ou les cercles de Vienne. Les plaisanteries et les mots d'amour se croisaient, comme des balles dans une bataille, à travers les rires, les impiétés, les invocations à la sainte Vierge ou *al Bambino*. L'un se coucha sur un sofa, et se mit à dormir. Une jeune fille écoutait une déclaration sans savoir qu'elle répandait du xérès sur la nappe. Au milieu de ce désordre, la Zambinella, comme frappée de terreur, resta pensive. Elle refusa de boire, mangea peut-être un peu trop ; mais la gourmandise est, dit-on, une grâce chez les femmes. En admirant la pudeur de sa maîtresse, Sarrasine fit de sérieuses réflexions pour l'avenir. — Elle veut sans doute être épousée, se dit-il. Alors il s'abandonna aux délices de ce mariage. Sa vie entière ne lui semblait pas assez longue pour épuiser la source de bonheur qu'il trouvait au fond de son âme. Vitagliani, son voisin, lui versa si souvent à boire que, vers les trois heures du matin, sans être complétement ivre, Sarrasine se trouva sans force contre son délire. Dans un moment de fougue, il emporta cette femme en se sauvant dans une espèce de boudoir qui communiquait au salon, et sur la porte duquel il avait plus d'une fois tourné les yeux. L'Italienne était armée d'un poignard. — Si tu approches, dit-elle, je serais forcée de te plonger cette arme dans le cœur. Va ! tu me mépriserais. J'ai conçu trop de respect pour ton caractère pour me livrer ainsi. Je ne veux pas déchoir du sentiment que tu m'accordes. — Ah ! ah ! dit Sarrasine, c'est un mauvais moyen pour éteindre une passion que de l'exciter. Es-tu donc déjà corrompue à ce point que, vieille de cœur, tu agirais comme une jeune courtisane, qui aiguise les émotions dont elle fait commerce ? — Mais c'est aujourd'hui vendredi, répondit-elle effrayée de la violence du Français. Sarrasine, qui n'était pas dévot, se prit à rire. La Zambinella bondit comme un jeune chevreuil et s'élança dans la salle du festin. Quand Sarrasine y apparut courant après elle, il fut accueilli par un rire infernal. Il vit la Zambinella évanouie sur un sofa. Elle était pâle et comme épuisée par l'effort extraordinaire qu'elle venait de faire. Quoique Sarrasine sût peu d'italien, il entendit sa maîtresse disant à voix basse à Vitagliani : — Mais il me tuera ! Cette scène étrange rendit le sculpteur tout confus. La raison lui revint. Il resta d'abord immobile ; puis il retrouva la parole, s'assit auprès de sa maîtresse et protesta de son respect. Il trouva la force de donner le change à sa passion en disant à cette femme les discours les plus exaltés ; et, pour peindre son amour, il déploya les trésors de cette éloquence magique, officieux interprète que les femmes refusent rarement de croire. Au moment où les premières lueurs du matin surprirent les convives, une femme proposa d'aller à Frascati. Tous accueillirent par de vives acclamations l'idée de passer la journée à la villa Ludovisi. Vitagliani descendit pour louer des voitures. Sarrasine eut le bonheur de conduire la Zambinella dans un phaéton. Une fois sortis de Rome, la gaieté, un moment réprimée par les combats que chacun avait livrés au sommeil, se réveilla soudain. Hommes et femmes, tous paraissaient habitués à cette vie étrange, à ces plaisirs continus, à cet entraînement d'artiste qui fait de la vie une fête perpétuelle où l'on rit sans arrière-pensées. La compagne du sculpteur était la seule qui parût abattue. — Êtes-vous malade ? lui dit Sarrasine. Aimeriez-vous mieux rentrer chez vous ? — Je ne suis pas assez forte pour supporter tous ces excès, répondit-elle. J'ai besoin de grands ménagements ; mais près de vous, je me sens si bien ! Sans vous, je ne serais pas restée à ce souper ; une nuit passée me fait perdre toute ma fraîcheur.

- Vous êtes si délicate ! reprit Sarrasine en contemplant les traits mignons de cette charmante créature. — Les orgies m'abîment la voix. — Maintenant que nous sommes seuls, s'écria l'artiste, et que vous n'avez plus à craindre l'effervescence de ma passion, dites-moi que vous m'aimez. — Pourquoi ? répliqua-t-elle, à quoi bon ? Je vous ai semblé jolie. Mais vous êtes Français, et votre sentiment passera. Oh ! vous ne m'aimeriez pas comme je voudrais être aimée. — Comment ! — Sans but de passion vulgaire, purement. J'abhorre les hommes encore plus peut-être que je ne hais les femmes. J'ai besoin de me réfugier dans l'amitié. Le monde est désert pour moi. Je suis une créature maudite. condamnée à comprendre le bonheur,

à le sentir, à le désirer, et, comme tant d'autres, forcée à le voir me fuir à toute heure. Souvenez-vous, seigneur, que je ne vous aurai pas trompé. Je vous défends de m'aimer. Je puis être un ami dévoué pour vous, car j'admire votre force et votre caractère. J'ai besoin d'un frère, d'un protecteur. Soyez tout cela pour moi, mais rien de plus. — Ne pas vous aimer! s'écria Sarrasine; mais, chère ange, tu es ma vie, mon bonheur! — Si je disais un mot vous me repousseriez avec horreur. — Coquette! rien ne peut m'effrayer. Dis-moi que tu me coûteras l'avenir, que dans deux mois je mourrai, que je serai damné pour t'avoir seulement embrassée. Il l'embrassa malgré les efforts que fit la Zambinella pour se soustraire à ce baiser passionné. — Dis-moi que tu es un démon, qu'il te faut ma fortune, mon nom, toute ma célébrité! Veux-tu que je ne sois pas sculpteur? Parle. — Si je n'étais pas une femme? demanda timidement la Zambinella d'une voix argentine et douce. — La bonne plaisanterie! s'écria Sarrasine. Crois-tu pouvoir tromper l'œil d'un artiste? N'ai-je pas, depuis dix jours, dévoré, scruté, admiré tes perfections? Une femme seule peut avoir ce bras rond et moelleux, ces contours élégants. Ah! tu veux des compliments! Elle sourit tristement, et dit en murmurant : — Fatale beauté! Elle leva les yeux au ciel. En ce moment son regard eut je ne sais quelle expression d'horreur si puissante, si vive, que Sarrasine en tressaillit. — Seigneur Français, reprit-elle, oubliez à jamais un instant de folie. Je vous estime; mais quant à de l'amour, ne m'en demandez pas; ce sentiment est étouffé dans mon cœur. Je n'ai pas de cœur! s'écria-t-elle en pleurant. Le théâtre sur lequel vous m'avez vue, ces applaudissements, cette musique, cette gloire, à laquelle on m'a condamnée, voilà ma vie, je n'en ai pas d'autre. Dans quelques heures vous ne me verrez plus des mêmes yeux, la femme que vous aimez sera morte. Le sculpteur ne répondit pas. Il était la proie d'une sourde rage qui lui pressait le cœur. Il ne pouvait que regarder cette femme extraordinaire avec des yeux enflammés qui brûlaient. Cette voix empreinte de faiblesse, l'attitude, les manières et les gestes de Zambinella, marqués de tristesse, de mélancolie et de découragement, réveillaient dans son âme toutes les richesses de la passion. Chaque parole était un aiguillon. En ce moment, ils étaient arrivés à Frascati. Quand l'artiste tendit les bras à sa maîtresse pour l'aider à descendre, il la sentit toute frissonnante.
— Qu'avez-vous? Vous me feriez mourir, s'écria-t-il en la voyant

pâlir, si vous aviez la moindre douleur dont je fusse la cause même innocente. — Un serpent ! dit-elle en montrant une couleuvre qui se glissait le long d'un fossé. J'ai peur de ces odieuses bêtes. Sarrasine écrasa la tête de la couleuvre d'un coup de pied. — Comment avez-vous assez de courage ! reprit la Zambinella en contemplant avec un effroi visible le reptile mort. — Eh ! bien, dit l'artiste en souriant, oseriez-vous bien prétendre que vous n'êtes pas femme ? Ils rejoignirent leurs compagnons et se promenèrent dans les bois de la villa Ludovisi, qui appartenait alors au cardinal Cicognara. Cette matinée s'écoula trop vite pour l'amoureux sculpteur, mais elle fut remplie par une foule d'incidents qui lui dévoilèrent la coquetterie, la faiblesse, la mignardise de cette âme molle et sans énergie. C'était la femme avec ses peurs soudaines, ses caprices sans raison, ses troubles instinctifs, ses audaces sans cause, ses bravades et sa délicieuse finesse de sentiment. Il y eut un moment où, s'aventurant dans la campagne, la petite troupe des joyeux chanteurs vit de loin quelques hommes armés jusqu'aux dents, et dont le costume n'avait rien de rassurant. A ce mot : — Voici des brigands, chacun doubla le pas pour se mettre à l'abri dans l'enceinte de la villa du cardinal. En cet instant critique, Sarrasine s'aperçut à la pâleur de la Zambinella qu'elle n'avait plus assez de force pour marcher ; il la prit dans ses bras et la porta, pendant quelque temps, en courant. Quand il se fut rapproché d'une vigne voisine, il mit sa maîtresse à terre. — Expliquez-moi, lui dit-il, comment cette extrême faiblesse qui, chez toute autre femme, serait hideuse, me déplairait, et dont la moindre preuve suffirait presque pour éteindre mon amour, en vous me plaît, me charme ? — Oh ! combien je vous aime ! reprit-il. Tous vos défauts, vos terreurs, vos petitesses ajoutent je ne sais quelle grâce à votre âme. Je sens que je détesterais une femme forte, une Sapho, courageuse, pleine d'énergie, de passion. O frêle et douce créature ! comment peux-tu être autrement ? Cette voix d'ange, cette voix délicate, eût été un contre-sens si elle fût sortie d'un corps autre que le tien. — Je ne puis, dit-elle, vous donner aucun espoir. Cessez de me parler ainsi, car l'on se moquerait de vous. Il m'est impossible de vous interdire l'entrée du théâtre ; mais si vous m'aimez ou si vous êtes sage, vous n'y viendrez plus. Écoutez, monsieur, dit-elle d'une voix grave. — Oh ! tais-toi, dit l'artiste enivré. Les obstacles attisent l'amour dans mon cœur. La Zambinella resta dans une attitude gracieuse et modeste ; mais elle se tut, comme si une pensée terrible lui eût révélé quelque malheur. Quand il fallut revenir à Rome, elle monta dans une berline à quatre places, en ordonnant au sculpteur, d'un air impérieusement cruel, d'y retourner seul avec le phaéton. Pendant le chemin, Sarrasine résolut d'enlever la Zambinella. Il passa toute la journée occupé à former des plans plus extravagants les uns que les autres. A la nuit tombante, au moment où il sortit pour aller demander à quelques personnes où était situé le palais habité par sa maîtresse, il rencontra l'un de ses camarades sur le seuil de la porte. — Mon cher, lui dit ce dernier, je suis chargé par notre ambassadeur de t'inviter à venir ce soir chez lui. Il donne un concert magnifique, et quand tu sauras que Zambinella y sera... — Zambinella ! s'écria Sarrasine en délire à ce nom, j'en suis fou ! — Tu es comme tout le monde, lui répondit son camarade. — Mais si vous êtes mes amis, toi, Vien, Lauterbourg et Allegrain, vous me prêterez votre assistance pour un coup de main après la fête, demanda Sarrasine. — Il n'y a pas de cardinal à tuer, pas de... — Non, non, dit Sarrasine, je ne vous demande rien que d'honnêtes gens ne puissent faire. En peu de temps le sculpteur disposa tout pour le succès de son entreprise. Il arriva l'un des derniers chez l'ambassadeur, mais il y vint dans une voiture de voyage attelée de chevaux vigoureux menés par l'un des plus entreprenants *vetturini* de Rome. Le palais de l'ambassadeur était plein de monde, ce ne fut pas sans peine que le sculpteur, inconnu à tous les assistants, parvint au salon où dans ce moment Zambinella chantait. — C'est sans doute par égard pour les cardinaux, les évêques et les abbés qui sont ici, demanda Sarrasine, qu'*elle* est habillée en homme, qu'elle a une bourse derrière la tête, les cheveux crêpés et une épée au côté ? — Elle ! Qui elle ? répondit le vieux seigneur auquel s'adressait Sarrasine. — La Zambinella. — La Zambinella ? reprit le prince romain. Vous moquez-vous ? D'où venez-vous ? Est-il jamais monté de femmes sur les théâtres de Rome ? Et ne savez-vous pas par quelles créatures les rôles de femme sont remplis dans les États du pape ? C'est moi, monsieur, qui ai doté Zambinella de sa voix. J'ai tout payé à ce drôle-là, même son maître à chanter. Eh ! bien, il a si peu de reconnaissance du service que je lui ai rendu, qu'il n'a jamais voulu mettre les pieds chez moi. Et cependant, s'il fait fortune, il me la devra tout entière. Le prince Chigi aurait pu parler, certes, long-temps, Sarrasine ne l'écoutait pas. Une affreuse vérité avait pénétré dans son âme. Il était frappé comme d'un coup de foudre. Il resta immobile, les yeux attachés sur le prétendu chanteur. Son regard flamboyant eut une sorte d'influence magnétique sur Zambinella, car le *musico* finit par détourner subitement la vue vers Sarrasine, et alors sa voix céleste s'altéra. Il trembla! Un murmure involontaire échappé à l'assemblée, qu'il tenait comme attachée à ses lèvres, acheva de le troubler; il s'assit, et discontinua son air. Le cardinal Cicognara, qui avait épié du coin de l'œil la direction que prit le regard de son protégé, aperçut alors le Français; il se pencha vers un de ses aides-de-camp ecclésiastiques, et parut demander le nom du sculpteur. Quand il eut obtenu la réponse qu'il désirait, il contempla fort attentivement l'artiste, et donna des ordres à un abbé, qui disparut avec prestesse. Cependant Zambinella, s'étant remis, recommença le morceau qu'il avait interrompu si capricieusement; mais il l'exécuta mal, et refusa, malgré toutes les instances qui lui furent faites, de chanter autre chose. Ce fut la première fois qu'il exerça cette tyrannie capricieuse qui, plus tard, ne le rendit pas moins célèbre que son talent et son immense fortune, due, dit-on, non moins à sa voix qu'à sa beauté. — C'est une femme, dit Sarrasine en se croyant seul. Il y a là-dessous quelque intrigue secrète. Le cardinal Cicognara trompe le pape et toute la ville de Rome! Aussitôt le sculpteur sortit du salon, rassembla ses amis, et les embusqua dans la cour du palais. Quand Zambinella se fut assuré du départ de Sarrasine, il parut recouvrer quelque tranquillité. Vers minuit, après avoir erré dans les salons, en homme qui cherche un ennemi, le *musico* quitta l'Assemblée. Au moment où il franchissait la porte du palais, il fut adroitement saisi par des hommes qui le bâillonnèrent avec un mouchoir et le mirent dans la voiture louée par Sarrasine. Glacé d'horreur, Zambinella resta dans un coin sans oser faire un mouvement. Il voyait devant lui la figure terrible de l'artiste qui gardait un silence de mort. Le trajet fut court. Zambinella, enlevé par Sarrasine, se trouva bientôt dans un atelier sombre et nu. Le chanteur, à moitié mort, demeura sur une chaise, sans oser regarder une statue de femme, dans laquelle il reconnut ses traits. Il ne proféra pas une parole, mais ses dents claquaient. Il était transi de peur. Sarrasine se promenait à grands pas. Tout à coup il s'arrêta devant Zambinella. — Dis-moi la vérité, demanda-t-il d'une voix sourde et altérée. Tu es une femme? Le cardinal Cicognara... Zambinella tomba sur ses genoux, et ne répondit qu'en baissant la tête. — Ah! tu es une femme, s'écria l'artiste en délire; car même un... Il n'acheva pas. — Non, reprit-il, *il* n'aurait pas tant de bassesse. — Ah! ne me tuez pas, s'écria Zambinella fondant en larmes. Je n'ai consenti à vous tromper que pour plaire à mes camarades, qui voulaient rire. — Rire! répondit le sculpteur d'une voix qui eut un éclat infernal. Rire, rire! Tu as osé te jouer d'une passion d'homme, toi? — Oh! grâce! répliqua Zambinella. — Je devrais te faire mourir! cria Sarrasine en tirant son épée par un mouvement de violence. Mais, reprit-il avec un dédain froid, en fouillant ton être avec un poignard, y trouverais-je un sentiment à éteindre, une vengeance à satisfaire? Tu n'es rien. Homme ou femme, je te tuerais! mais... Sarrasine fit un geste de dégoût, qui l'obligea de détourner sa tête, et alors il regarda la statue. — Et c'est une illusion! s'écria-t-il. Puis se tournant vers Zambinella: — Un cœur de femme était pour moi un asile, une patrie. As-tu des sœurs qui te ressemblent! Non. Eh! bien, meurs! Mais non, tu vivras. Te laisser la vie n'est-ce pas te vouer à quelque chose de pire que la mort? Ce n'est ni mon sang ni mon existence que je regrette, mais l'avenir et ma fortune de cœur. Ta main débile a renversé mon bonheur. Quelle espérance puis-je te ravir pour toutes celles que tu as flétries? Tu m'as ravalé jusqu'à toi. *Aimer, être aimé!* sont désormais des mots vides de sens pour moi, comme pour toi. Sans cesse je penserai à cette femme imaginaire en voyant une femme réelle. Il montra la statue par un geste de désespoir. — J'aurai toujours dans le souvenir une harpie céleste qui viendra enfoncer ses griffes dans tous mes sentiments d'homme, et qui signera toutes les autres femmes d'un cachet d'imperfection! Monstre! toi qui ne peux donner la vie à rien, tu m'as dépeuplé la terre de toutes ses femmes. Sarrasine s'assit en face du chanteur épouvanté. Deux grosses larmes sortirent de ses yeux secs, roulèrent le long de ses joues mâles et tombèrent à terre: deux larmes de rage, deux larmes âcres et brûlantes. — Plus d'amour! je suis mort à tout plaisir, à toutes les émotions humaines. A ces mots, il saisit un marteau et le lança sur la statue avec une force si extravagante qu'il la manqua. Il crut avoir détruit ce monument de sa folie, et alors il reprit son épée et la brandit pour tuer le chanteur. Zambinella jeta des cris perçants. En ce moment trois hommes entrèrent, et soudain le sculpteur tomba percé de trois coups de stylet. — De la part du cardinal Cicognara, dit l'un d'eux, — C'est un bienfait digne d'un chrétien, répondit le Français en expirant. Ces sombres émissaires apprirent à Zambinella l'inquiétude de son protecteur, qui attendait à la porte dans une voiture fermée, afin de pouvoir l'emmener aussitôt qu'il serait délivré.

— Mais, me dit madame de Rochefide, quel rapport existe-t-il entre cette histoire et le petit vieillard que nous avons vu chez les Lanty?

— Madame, le cardinal Cicognara se rendit maître de la statue de Zambinella et la fit exécuter en marbre, elle est aujourd'hui dans le musée Albani. C'est là qu'en 1794 la famille Lanty la retrouva, et pria Vien de la copier. Le portrait qui vous a montré Zambinella à vingt ans, un instant après l'avoir vu centenaire, a servi plus tard pour l'Endymion de Girodet, vous avez pu en reconnaître le type dans l'Adonis.

— Mais ce ou cette Zambinella?

— Ne saurait-être, madame, que le grand-oncle de Marianina. Vous devez concevoir maintenant l'intérêt que madame de Lanty peut avoir à cacher la source d'une fortune qui provient...

— Assez! dit-elle en me faisant un geste impérieux.

Nous restâmes pendant un moment plongés dans le plus profond silence.

— Hé! bien lui dis-je.

— Ah! s'écria-t-elle en se levant et se promenant à grands pas dans la chambre. Elle vint me regarder, et me dit d'une voix altérée : — Vous m'avez dégoûtée de la vie et des passions pour longtemps. Au monstre près, tous les sentiments humains ne se dénouent-ils pas ainsi, par d'atroces déceptions? Mères, des enfants nous assassinent ou par leur mauvaise conduite ou par leur froideur. Épouses, nous sommes trahies. Amantes, nous sommes délaissées, abandonnées. L'amitié! existe-t-elle? Demain je me ferais dévote si je ne savais pouvoir rester comme un roc inaccessible au milieu des orages de la vie. Si l'avenir du chrétien est encore une illusion, au moins elle ne se détruit qu'après la mort. Laissez-moi seule.

— Ah! lui dis-je, vous savez punir.

— Aurais-je tort?

— Oui, répondis-je avec une sorte de courage. En achevant cette histoire, assez connue en Italie, je puis vous donner une haute idée des progrès faits par la civilisation actuelle. On n'y fait plus de ces malheureuses créatures.

— Paris, dit-elle, est une terre bien hospitalière ; il accueille tout, et les fortunes honteuses, et les fortunes ensanglantées. Le crime et l'infamie y ont droit d'asile, y rencontrent des sympathies ; la vertu seule y est sans autels. Oui, les âmes pures ont une patrie dans le ciel ! Personne ne m'aura connue ! J'en suis fière.

Et la marquise resta pensive.

Paris, novembre 1830.

L'INTERDICTION.

DÉDIÉ A MONSIEUR LE CONTRE-AMIRAL BAZOCHE,

Gouverneur de l'île Bourbon,

par l'auteur reconnaissant,
DE BALZAC.

En 1828, vers une heure du matin, deux personnes sortaient d'un hôtel situé dans la rue du Faubourg-Saint-Honoré, près de l'Élysée-Bourbon : l'une était un médecin célèbre, Horace Bianchon ; l'autre un des hommes les plus élégants de Paris, le baron de Rastignac, tous deux amis depuis long-temps. Chacun d'eux avait renvoyé sa voiture, il ne s'en trouva point dans le faubourg ; mais la nuit était belle et le pavé sec.

— Allons à pied jusqu'au boulevard, dit Eugène de Rastignac à Bianchon, tu prendras une voiture au Cercle ; il y en a là jusqu'au matin. Tu m'accompagneras jusque chez moi.

— Volontiers.

— Eh ! bien, mon cher, qu'en dis-tu ?

— De cette femme ? répondit froidement le docteur.

— Je reconnais mon Bianchon, s'écria Rastignac.

— Hé ! bien, quoi ?

— Mais tu parles, mon cher, de la marquise d'Espard comme d'une malade à placer dans ton hôpital.

— Veux-tu savoir ce que je pense, Eugène ? Si tu quittes madame de Nucingen pour cette marquise, tu changeras ton cheval borgne contre un aveugle.

— Madame de Nucingen a trente-six ans, Bianchon.

POPINOT.

Cet homme avait une bouche sur les lèvres de laquelle respirait une bonté divine.

(L'INTERDICTION.)

— Et celle-ci en a trente-trois, répliqua vivement le docteur.

— Ses plus cruelles ennemies ne lui en donnent que vingt-six.

— Mon cher, quand tu auras intérêt à connaître l'âge d'une femme, regarde ses tempes et le bout de son nez. Quoi que fassent les femmes avec leurs cosmétiques, elles ne peuvent rien sur ces incorruptibles témoins de leurs agitations. Là chacune de leurs années a laissé ses stigmates. Quand les tempes d'une femme sont attendries, rayées, fanées d'une certaine façon ; quand au bout de son nez il se trouve de ces petits points qui ressemblent aux imperceptibles parcelles noires que font pleuvoir à Londres les cheminées où l'on brûle du charbon de terre ! votre serviteur ! la femme a passé trente ans. Elle sera belle, elle sera spirituelle, elle sera aimante, elle sera tout ce que tu voudras ; mais elle aura passé trente ans, mais elle arrive à sa maturité. Je ne blâme pas ceux qui s'attachent à ces sortes de femmes ; seulement, un homme aussi distingué que tu l'es ne doit pas prendre une reinette de février pour une petite pomme d'api qui sourit sur sa branche et demande un coup de dent. L'amour ne va jamais consulter les registres de l'État Civil ; personne n'aime une femme parce qu'elle a tel ou tel âge, parce qu'elle est belle ou laide, bête ou spirituelle : on aime parce qu'on aime.

— Eh ! bien, moi, je l'aime par bien d'autres raisons. Elle est marquise d'Espard, elle est née Blamont-Chauvry, elle est à la mode, elle a de l'âme, elle a un pied aussi joli que celui de la duchesse de Berri, elle a peut-être cent mille livres de rente, et je l'épouserai peut-être un jour ! enfin elle payera mes dettes.

— Je te croyais riche, dit Bianchon en interrompant Rastignac.

— Bah ! J'ai quinze mille livres de rente, précisément ce qu'il faut pour mon écurie. J'ai été roué, mon cher, dans l'affaire de monsieur de Nucingen, je te raconterai cette histoire-là. J'ai marié mes sœurs, voilà le plus clair de ce que j'ai gagné depuis que nous nous sommes vus, et j'aime mieux les avoir établies que de posséder cent mille écus de rente. Maintenant que veux-tu que je devienne ? J'ai de l'ambition. Où peut me mener madame de Nucingen ? Encore un an, je serai chiffré, casé, comme l'est un homme marié. J'ai tous les désagréments du mariage et ceux du célibat sans avoir les avantages ni de l'un ni de l'autre, situation fausse, à laquelle arrivent tous ceux qui restent trop long-temps attachés à une même jupe.

— Eh! crois-tu donc trouver ici la pie au nid! dit Bianchon. Ta marquise, mon cher, ne me revient pas du tout.

— Tes opinions libérales te troublent l'œil. Si madame d'Espard était une madame Rabourdin...

— Écoute, mon cher, noble ou bourgeoise, elle serait toujours sans âme, elle serait toujours le type le plus achevé de l'égoïsme. Crois-moi, les médecins sont habitués à juger les hommes et les choses; les plus habiles d'entre nous confessent l'âme en confessant le corps. Malgré ce joli boudoir où nous avons passé la soirée, malgré le luxe de cet hôtel, il serait possible que madame la marquise fût endettée.

— Qui te le fait croire?

— Je n'affirme pas, je suppose. Elle a parlé de son âme comme feu Louis XVIII parlait de son cœur. Écoute-moi! cette femme frêle, blanche, aux cheveux châtains, et qui se plaint pour se faire plaindre, jouit d'une santé de fer, possède un appétit de loup, une force et une lâcheté de tigre. Jamais ni la gaze, ni la soie, ni la mousseline, n'ont été plus habilement entortillées autour d'un mensonge! *Ecco*.

— Tu m'effraies, Bianchon! tu as donc appris bien des choses depuis notre séjour à la Maison-Vauquer?

— Oui, depuis ce temps-là, mon cher, j'en ai vu, des marionnettes, des poupées et des pantins! Je connais un peu de ces belles dames de qui vous soignez le corps et ce qu'elles ont de plus précieux, leur enfant, quand elles l'aiment, ou leur visage qu'elles adorent toujours. Vous passez les nuits à leur chevet, vous vous exterminez pour leur sauver la plus légère altération de beauté, n'importe où; vous avez réussi, vous leur gardez le secret comme si vous étiez mort, elles vous envoient demander votre mémoire et le trouvent horriblement cher. Qui les a sauvées? la nature! Loin de vous prôner, elles médisent de vous, en craignant de vous donner pour médecin à leurs bonnes amies. Mon cher, ces femmes de qui vous dites: — « C'est des anges! » moi, je les ai vues déshabillées des petites mines sous lesquelles elles couvrent leur âme, aussi bien que des chiffons sous lesquels elles déguisent leurs imperfections : sans manières et sans corset. Elles ne sont pas belles. Nous avons commencé par voir bien des graviers, bien des saletés sous le flot du monde, quand nous étions échoués sur le roc de la Maison-Vauquer; ce que nous y avons vu n'était rien. Depuis que je vais dans

, la haute société, j'ai rencontré des monstruosités habillées de satin, des Michonneau en gants blancs, des Poiret chamarrés de cordons, des grands seigneurs faisant mieux l'usure que le papa Gobseck! A la honte des hommes, quand j'ai voulu donner une poignée de main à la vertu, je l'ai trouvée grelottant dans un grenier, poursuivie de calomnies, vivotant avec quinze cents francs de rente ou d'appointements, et passant pour une folle, pour une originale ou une bête. Enfin, mon cher, la marquise est une femme à la mode, et j'ai précisément ces sortes de femmes en horreur. Veux-tu savoir pourquoi? Une femme qui a l'âme élevée, le goût pur, un esprit doux, le cœur richement étoffé, qui mène une vie simple n'a pas une seule chance d'être à la mode. Conclus? Une femme à la mode et un homme au pouvoir sont deux analogies; mais à cette différence près, que les qualités par lesquelles un homme s'élève au-dessus des autres le grandissent et font sa gloire; tandis que les qualités par lesquelles une femmes arrive à son empire d'un jour, sont d'effroyables vices : elle se dénature pour cacher son caractère, elle doit, pour mener la vie militante du monde, avoir une santé de fer sous une apparence frêle. En qualité de médecin, je sais que la bonté de l'estomac exclut la bonté du cœur. Ta femme à la mode ne sent rien, sa fureur de plaisir a sa cause dans une envie de réchauffer sa nature froide, elle veut des émotions et des jouissances, comme un vieillard se met en espalier à la rampe de l'Opéra. Comme elle a plus de tête que de cœur, elle sacrifie à son triomphe les passions vraies et les amis, comme un général envoie au feu ses plus dévoués lieutenants pour gagner une bataille. La femme à la mode n'est plus une femme : elle n'est ni mère, ni épouse, ni amante; elle est un sexe dans le cerveau, médicalement parlant. Aussi ta marquise a-t-elle tous les symptômes de sa monstruosité, elle a le bec de l'oiseau de proie, l'œil clair et froid, la parole douce; elle est polie comme l'acier d'une mécanique, elle émeut tout, moins le cœur.

— Il y a du vrai dans ce que tu dis, Bianchon.

— Du vrai! reprit Bianchon, tout est vrai. Crois-tu donc que je n'aie pas été atteint jusqu'au fond du cœur par l'insultante politesse avec laquelle elle me faisait mesurer la distance idéale que la noblesse met entre nous? que je n'aie pas été pris d'une profonde pitié pour ses caresses de chatte en pensant à son but. Dans un an d'ici, elle n'écrirait pas un mot pour me rendre le plus léger service, et ce soir elle m'a criblé de sourires, en croyant que je puis influencer mon oncle Popinot, de qui dépend le gain de son procès.....

— Mon cher, aurais-tu mieux aimé qu'elle te fît des sottises? J'admets ta catilinaire contre les femmes à la mode ; mais tu n'es pas dans la question. Je préférerai toujours pour femme une marquise d'Espard à la plus chaste, à la plus recueillie, à la plus aimante créature de la terre. Épousez un ange ! il faut aller s'enterrer dans son bonheur au fond d'une campagne. La femme d'un homme politique est une machine à gouvernement, une mécanique à beaux compliments, à révérences : elle est le premier, le plus fidèle des instruments dont se sert un ambitieux ; enfin c'est un ami qui peut se compromettre sans danger, et que l'on désavoue sans conséquence. Suppose Mahomet à Paris, au dix-neuvième siècle ! sa femme serait une Rohan, fine et flatteuse comme une ambassadrice, rusée comme figaro. Ta femme aimante ne mène à rien, une femme du monde mène à tout, elle est le diamant avec lequel un homme coupe toutes les vitres, quand il n'a pas la clef d'or avec laquelle s'ouvrent toutes les portes. Aux bourgeois les vertus bourgeoises, aux ambitieux les vices de l'ambition. D'ailleurs, mon cher, crois-tu que l'amour d'une duchesse de Langeais ou de Maufrigneuse, d'une lady Dudley n'apporte pas d'immenses plaisirs ? Si tu savais combien le maintien froid et sévère de ces femmes donne du prix à la moindre preuve de leur affection ! quelle joie de voir une pervenche poindant sous la neige ! Un sourire jeté sous l'éventail dément la réserve d'une attitude imposée, et qui vaut toutes les tendresses débridées de tes bourgeoises à dévouement hypothétique ; car en amour le dévouement est bien près de la spéculation. Puis, une femme à la mode, une Blamont-Chauvry a ses vertus aussi ! Ses vertus sont la fortune, le pouvoir, l'éclat, un certain mépris pour tout ce qui est au-dessous d'elle...

— Merci, dit Bianchon.

— Vieux boniface ! répondit en riant Rastignac. Allons, ne sois pas vulgaire, fais comme ton ami Desplein : sois baron, sois chevalier de l'ordre de Saint-Michel, deviens pair de France, et marie tes filles à des ducs.

— Moi, je veux que les cinq cent mille diables...

— Là, là, tu n'as donc de supériorité qu'en médecine ; vraiment tu me fais beaucoup de peine.

— Je hais ces sortes de gens, je souhaite une révolution qui nous en délivre à jamais.

— Ainsi, cher Robespierre à lancette, tu n'iras pas demain chez ton oncle Popinot ?

— Si, dit Bianchon, quand il s'agit de toi, j'irais chercher de l'eau en enfer...

— Cher ami, tu m'attendris ; j'ai juré que le marquis serait interdit ! Tiens, je me trouve encore une vieille larme pour te remercier.

— Mais, dit Horace en continuant, je ne te promets pas de réussir à vos souhaits près de Jean-Jules Popinot, tu ne le connais pas ; mais je l'amènerai après-demain chez ta marquise, elle l'entortillera si elle peut. J'en doute. Toutes les truffes, toutes les duchesses, toutes les poulardes et tous les couteaux de guillotine seraient là dans la grâce de leurs séductions ; le roi lui promettrait la pairie, le bon Dieu lui donnerait l'investiture du Paradis et les revenus du Purgatoire ; aucun de ces pouvoirs n'obtiendrait de lui, de faire passer un fétu d'un plateau à l'autre de sa balance. Il est juge comme la mort est la mort.

Les deux amis étaient arrivés devant le Ministère des Affaires étrangères, au coin du boulevard des Capucines.

— Te voilà chez toi, dit en riant Bianchon qui lui montra l'hôtel du ministre. Et voici ma voiture, ajouta-t-il en montrant un fiacre. Ainsi se résume pour chacun de nous l'avenir.

— Tu seras heureux au fond de l'eau, tandis que je lutterai toujours à la surface avec les tempêtes, jusqu'à ce qu'en sombrant, j'aille te demander place dans ta grotte, mon vieux !

— A samedi, répliqua Bianchon.

— Convenu, dit Rastignac. Tu me promets le Popinot ?

— Oui, je ferai tout ce que ma conscience me permettra de faire. Peut-être cette demande en interdiction cache-t-elle quelque petit *dramorama*, pour nous rappeler par un mot notre mauvais bon temps.

— Pauvre Bianchon ! ce ne sera jamais qu'un honnête homme, se dit Rastignac en voyant le fiacre s'éloigner.

— Rastignac m'a chargé de la plus difficile de toutes les négociations, se dit Bianchon en se souvenant à son lever de la commission délicate qui lui était confiée. Mais je n'ai jamais demandé à mon oncle le moindre petit service au Palais, et j'ai fait pour lui plus de mille visites *gratis*. D'ailleurs, entre nous, nous ne nous gênons point. Il me dira oui ou non, et tout sera fini.

Après ce petit monologue, le célèbre docteur se dirigea, dès sept heures du matin, vers la rue du Fouarre où demeurait monsieur Jean-Jules Popinot, juge au Tribunal de Première Instance du Département de la Seine. La rue du Fouarre, mot qui signifiait autrefois rue de la Paille, fut au treizième siècle la plus illustre rue de Paris. Là furent les écoles de l'Université, quand la voix d'Abeilard et celle de Gerson retentissaient dans le monde savant. Elle est aujourd'hui l'une des plus sales rues du douzième Arrondissement, le plus pauvre quartier de Paris, celui dans lequel les deux tiers de la population manquent de bois en hiver, celui qui jette le plus de marmots au tour des Enfants-Trouvés, le plus de malades à l'Hôtel-Dieu, le plus de mendiants dans les rues, qui envoie le plus de chiffonniers au coin des bornes, le plus de vieillards souffrants le long des murs où rayonne le soleil, le plus d'ouvriers sans travail sur les places, le plus de prévenus à la Police correctionnelle. Au milieu de cette rue toujours humide et dont le ruisseau roule vers la Seine les eaux noires de quelques teintureries, est une vieille maison, sans doute restaurée sous François Ier, et construite en briques maintenues par des chaînes en pierre de taille. Sa solidité semble attestée par une configuration extérieure qu'il n'est pas rare de voir à quelques maisons de Paris. S'il est permis de hasarder ce mot, elle a comme un ventre produit par le renflement que décrit son premier étage affaissé sous le poids du second et du troisième, mais que soutient la forte muraille du rez-de-chaussée. Au premier coup d'œil, il semble que les entre-deux des croisées, quoique renforcés par leurs bordures en pierre de taille, vont éclater; mais l'observateur ne tarde pas à s'apercevoir qu'il en est de cette maison comme de la tour de Bologne : les vieilles briques et les vieilles pierres rongées conservent invinciblement leur centre de gravité. Par toutes les saisons, les solides assises du rez-de-chaussée offrent la teinte jaunâtre et l'imperceptible suintement que l'humidité donne à la pierre. Le passant a froid en longeant ce mur où des bornes échancrées le protègent mal contre la roue des cabriolets. Comme dans toutes les maisons bâties avant l'invention des voitures, la baie de la porte forme une arcade extrêmement basse, assez semblable au porche d'une prison. A droite de cette porte, sont trois croisées revêtues extérieurement de grilles en fer à mailles si serrées qu'il est impossible aux curieux de voir la destination intérieure des pièces humides et sombres, tant d'ailleurs les vitres sont sales et poudreuses; à gauche sont deux autres croisées semblables dont une parfois ouverte permet d'apercevoir le portier, sa femme et ses enfants grouillant, travaillant, cuisinant, mangeant et criant au milieu d'une salle planchéiée, boisée où tout tombe en lambeaux et où l'on descend par deux marches, profondeur qui semble indiquer le progressif exhaussement du pavé parisien. Si, par un jour de pluie, quelque passant s'abrite sous la longue voûte à solives saillantes et blanchies à la chaux qui mène de la porte à l'escalier, il lui est difficile de ne pas contempler le tableau que présente l'intérieur de cette maison. A gauche, se trouve un jardinet carré qui ne permet pas de faire plus de quatre enjambées en tout sens, jardin à terre noire où il existe des treillages sans pampres, où, à défaut de végétation, il vient à l'ombre de deux arbres, des papiers, de vieux linges, des tessons, des gravats tombés du toit; terre infertile où le temps a jeté sur les murs, sur le tronc des arbres et sur leurs branches une poudreuse empreinte semblable à de la suie froide. Les deux corps de logis en équerre dont se compose la maison, tirent leur jour de ce jardinet entouré par deux maisons voisines bâties en colombage, décrépites, menaçant ruine, où se voit à chaque étage quelque grotesque attestation de l'état exercé par le locataire. Ici de longs bâtons supportent d'immenses écheveaux de laine teinte qui sèchent; là sur des cordes se balancent des chemises blanchies; plus haut des volumes endossés montrent sur un ais leurs tranches fraîchement marbrées; les femmes chantent, les maris sifflent, les enfants crient; le menuisier scie ses planches, un tourneur en cuivre fait grincer son métal; toutes les industries s'accordent pour produire un bruit que le nombre des instruments rend furibond. Le système général de la décoration intérieure de ce passage, qui n'est ni une cour, ni un jardin, ni une voûte, et qui tient de toutes ces choses, consiste en piliers de bois posés sur des dés en pierre, et qui figurent des ogives. Deux arcades donnent sur le jardinet; deux autres qui font face à la porte cochère, laissent voir un escalier de bois dont la rampe fut jadis une merveille de serrurerie tant le fer y affecte des formes bizarres, et dont les marches usées tremblent sous le pied. Les portes de chaque appartement ont des chambranles bruns de crasse, de graisse, de poussière, et sont garnies de doubles portes revêtues de velours d'Utrecht semées de clous dédorés disposés en losanges. Ces restes de splendeur annoncent que, sous Louis XIV, cette maison était habitée par quelque conseiller au Parlement, par de riches ecclésiastiques ou par quelque trésorier des Parties Casuelles. Mais ces vestiges de l'ancien luxe attirent un sourire sur les lèvres par un naïf contraste entre le présent et le passé. Monsieur Jean-Jules Popinot demeurait au premier étage de cette maison où l'obscurité naturelle aux premiers étages des maisons parisiennes était redoublée par l'étroitesse de la rue. Ce vieux logis était connu de tout le douzième Arrondissement, auquel la Providence avait donné ce magistrat comme elle donne une plante bienfaisante pour guérir ou modérer chaque maladie. Voici le croquis de ce personnage que voulait séduire la brillante marquise d'Espard.

En qualité de magistrat, monsieur Popinot était toujours vêtu de noir, costume qui contribuait à le rendre ridicule aux yeux des gens habitués à tout juger sur un examen superficiel. Les hommes jaloux de conserver la dignité qu'impose ce vêtement, doivent se soumettre à des soins continuels et minutieux ; mais le cher monsieur Popinot était incapable d'obtenir sur lui-même la propreté puritaine qu'exige le noir. Son pantalon toujours usé ressemblait à du voile, étoffe avec laquelle se font les robes d'avocat ; et son maintien habituel finissait par y dessiner une si grande quantité de plis, qu'il s'y trouvait par places des lignes blanchâtres, rouges ou luisantes qui dénonçaient une avarice sordide ou la pauvreté la plus insoucieuse. Ses gros bas de laine grimaçaient dans ses souliers déformés. Son linge avait ce ton roux contracté dans l'armoire par un long séjour, et qui annonçait en feu madame Popinot la manie du linge ; suivant la mode flamande, elle ne se donnait sans doute que deux fois par an l'embarras d'une lessive. L'habit et le gilet du magistrat étaient en harmonie avec le pantalon, les souliers, les bas et le linge. Il avait un bonheur constant dans son incurie, car le jour où il endossait un habit neuf, il l'appropriait à l'ensemble de sa toilette en y faisant des taches avec une inexplicable promptitude. Le bonhomme attendait que sa cuisinière le prévînt de la vétusté de son chapeau pour le renouveler. Sa cravate était toujours tordue sans apprêt, et jamais il ne rétablissait le désordre que son rabat de juge avait mis dans le col de sa chemise recroquevillé. Il ne prenait aucun soin de sa chevelure grise, et ne se faisait la barbe que deux fois par semaine. Il ne portait jamais de gants, et fourrait habituellement ses mains dans ses goussets vides dont l'entrée salie, presque toujours déchirée, ajoutait un trait de plus à la négligence de sa personne. Quiconque a fréquenté le Palais de Justice à Paris, endroit où s'observent toutes les variétés du vêtement noir, pourra se figurer la tournure de monsieur Popinot. L'habitude de siéger pendant des journées entières modifie beaucoup le corps, de même que l'ennui causé par d'interminables plaidoyers agit sur la physionomie des magistrats. Enfermé dans des salles ridiculement étroites, sans majesté d'architecture et où l'air est promptement vicié, le juge parisien prend forcément un visage refrogné, grimé par l'attention, attristé par l'ennui; son teint s'étiole, contracte des teintes ou verdâtres ou terreuses, suivant le tempérament de l'individu. Enfin, dans un temps donné, le plus florissant jeune homme devient une pâle machine à *considérants*, une mécanique appliquant le code sur tous les cas, avec le flegme des volants d'une horloge. Si donc la nature avait doué monsieur Popinot d'un extérieur peu agréable, la magistrature ne l'avait pas embelli. Sa charpente offrait des lignes heurtées. Ses gros genoux, ses grands pieds, ses larges mains contrastaient avec une figure sacerdotale qui ressemblait vaguement à une tête de veau, douce jusqu'à la fadeur, mal éclairée par des yeux vairons, dénuée de sang, fendue par un nez droit et plat, surmontée d'un front sans protubérance, décorée de deux immenses oreilles qui fléchissaient sans grâce. Ses cheveux grêles et rares laissaient voir son crâne par plusieurs sillons irréguliers. Un seul trait recommandait ce visage au physionomiste. Cet homme avait une bouche sur les lèvres de laquelle respirait une bonté divine. C'était de bonnes grosses lèvres rouges, à mille plis, sinueuses, mouvantes, dans lesquelles la nature avait exprimé de beaux sentiments; des lèvres qui parlaient au cœur et annonçaient en cet homme l'intelligence, la clarté, le don de seconde vue, un angélique esprit; aussi l'eussiez-vous mal compris en le jugeant seulement sur son front déprimé, sur ses yeux sans chaleur et sur sa piteuse allure. Sa vie répondait à sa physionomie, elle était pleine de travaux secrets et cachait la vertu d'un saint. De fortes études sur le Droit l'avaient si bien recommandé quand Napoléon réorganisa la justice en 1806 et 1811, que, sur l'avis de Cambacérès, il fut inscrit un des premiers pour siéger à la Cour impériale de Paris. Popinot n'était pas intrigant. A chaque nouvelle exigence, à chaque nouvelle sollicitation, le ministre reculait Popinot, qui ne mit jamais les pieds ni chez l'Archichancelier ni chez le Grand-Juge. De la Cour, il fut exporté sur les listes du Tribunal, puis repoussé jusqu'au dernier échelon par les intrigues des gens actifs et remuants. Il fut nommé Juge-suppléant. Un cri général s'éleva dans le Palais : — Popinot Juge-suppléant ! Cette injustice frappa le monde judiciaire, les avocats, les huissiers, tout le monde, excepté Popinot, qui ne se plaignit point. La première clameur passée, chacun trouva que tout était pour le mieux dans le meilleur des mondes possibles, qui certes doit être le monde judiciaire. Popinot fut Juge-suppléant jusqu'au jour où le plus célèbre Garde des Sceaux de la Restauration vengea les passe-droits faits à cet homme modeste et silencieux par les Grands-Juges de l'Empire. Après avoir été Juge-suppléant pendant douze années, monsieur Popinot devait sans doute mourir simple Juge au Tribunal de la Seine.

Pour expliquer l'obscure destinée d'un des hommes supérieurs de l'ordre judiciaire, il est nécessaire d'entrer ici dans quelques considérations qui serviront à dévoiler sa vie, son caractère, et qui montreront d'ailleurs quelques-uns des rouages de cette grande machine nommée la Justice. Monsieur Popinot fut classé par les trois Présidents qu'eut successivement le Tribunal de la Seine, dans une catégorie de *jugerie*, seul mot qui puisse rendre l'idée à exprimer. Il n'obtint pas dans cette compagnie la réputation de capacité que ses travaux lui avaient méritée par avance. De même qu'un peintre est invariablement enfermé dans la catégorie des paysagistes, des portraitistes, des peintres d'histoire, de marine ou de genre par le public des artistes, des connaisseurs ou des niais qui par envie, qui par omnipotence critique, qui par préjugé, le barricadent dans son intelligence en croyant tous qu'il existe des calus dans toutes les cervelles, étroitesse de jugement que le monde applique aux écrivains, aux hommes d'État, à tous les gens qui commencent par une spécialité avant d'être proclamés universels; de même, Popinot eut sa destination et fut cerclé dans son genre. Les magistrats, les avocats, les avoués, tout ce qui pâture sur le terrain judiciaire, distingue deux éléments dans une cause : le Droit et l'Équité. L'équité résulte des faits, le droit est l'application des principes aux faits. Un homme peut avoir raison en équité, tort en justice, sans que le juge soit accusable. Entre la conscience et le fait, il est un abîme de raisons déterminantes qui sont inconnues au juge, et qui condamnent ou légitiment un fait. Un juge n'est pas Dieu, son devoir est d'adapter les faits aux principes, de juger des espèces variées à l'infini, en se servant d'une mesure déterminée. Si le juge avait le pouvoir de lire dans la conscience et de démêler les motifs afin de rendre d'équitables arrêts, chaque juge serait un grand homme. La France a besoin d'environ six mille juges ; aucune génération n'a six mille grands hommes à son service, à plus forte raison ne peut-elle les trouver pour sa magistrature. Popinot était au milieu de la civilisation parisienne un très-habile cadi, qui par la nature de son esprit et à force d'avoir frotté la lettre de la loi dans l'esprit des faits, avait reconnu le défaut des applications spontanées et violentes. Aidé par sa seconde vue judiciaire, il perçait l'enveloppe du double mensonge sous lequel les plaideurs cachent l'intérieur des procès. Juge comme l'illustre Desplein était chirurgien, il pénétrait les consciences comme ce savant pénétrait les corps. Sa vie et ses mœurs l'avaient conduit à l'appréciation exacte des pensées les plus secrètes par l'examen des faits. Il creusait un procès comme Cuvier fouillait l'humus du globe. Comme ce grand penseur, il allait de déductions en déductions avant de conclure, et reproduisait le passé de la conscience comme Cuvier reconstruisait un anoplotérium. A propos d'un rapport, il s'éveillait souvent la nuit, surpris par un filon de vérité qui brillait soudain dans sa pensée. Frappé des injustices profondes qui couronnaient ces luttes où tout dessert l'honnête homme, où tout profite aux fripons, il concluait souvent contre le droit en faveur de l'équité dans toutes les causes où il s'agissait de questions en quelque sorte divinatoires. Il passa donc parmi ses collègues pour un esprit peu pratique, ses raisons longuement déduites allongeaient d'ailleurs les délibérations ; quand Popinot remarqua leur répugnance à l'écouter, il donna son avis brièvement. On dit qu'il jugeait mal ces sortes d'affaires ; mais, comme son génie d'appréciation était frappant, que son jugement était lucide et sa pénétration profonde, il fut regardé comme possédant une aptitude spéciale pour les pénibles fonction de Juge d'Instruction. Il demeura donc Juge d'instruction pendant la plus grande partie de sa vie judiciaire. Quoique ses qualités le rendissent éminemment propre à cette carrière difficile, et qu'il eût la réputation d'être un profond criminaliste à qui ses fonctions plaisaient, la bonté de son cœur le mettait constamment à la torture, et il était pris entre sa conscience et sa pitié comme dans un étau. Quoique mieux rétribuées que celles de Juge civil, les fonctions de Juge d'instruction ne tentent personne ; elles sont trop assujettissantes. Popinot, homme de modestie et de vertueux savoir, sans ambition, travailleur infatigable, ne se plaignit pas de sa destination : il fit au bien public le sacrifice de ses goûts, de sa compatissance, et se laissa déporter dans les lagunes de l'Instruction criminelle, où il sut être à la fois sévère et bienfaisant. Parfois, son greffier remettait au prévenu de l'argent pour acheter du tabac, ou pour avoir un vêtement chaud en hiver ; en le reconduisant du cabinet du juge à la Souricière, prison temporaire où l'on tient les prévenus à la disposition de l'instructeur. Il savait être juge inflexible et homme charitable. Aussi nul n'obtenait-il plus facilement que lui des aveux sans recourir aux ruses judiciaires. Il avait d'ailleurs la finesse de l'observateur. Cet homme, d'une bonté niaise en apparence, simple et distrait, devinait les ruses des Crispins du bagne, déjouait les filles les plus astucieuses, et faisait fléchir les scélérats. Des circonstances peu communes avaient aiguisé sa perspicacité ; mais pour les dire, besoin est de pénétrer dans sa vie intime : car le juge était en lui le côté social ; un autre homme plus grand et moins connu se trouvait en lui.

Douze ans avant le jour où cette histoire commence, en 1816, par cette terrible disette qui coïncida fatalement avec le séjour des alliés en France, Popinot fut nommé président de la commission extraordinaire instituée pour distribuer des secours aux indigents de son quartier au moment où il projetait d'abandonner la rue du Fouarre, dont l'habitation ne lui déplaisait pas moins qu'à sa femme. Ce grand jurisconsulte, ce profond criminaliste, de qui la supériorité paraissait à ses collègues une aberration, avait depuis cinq ans aperçu les résultats judiciaires sans en voir les causes. En montant dans les greniers, en apercevant les misères, en étudiant les nécessités cruelles qui conduisent graduellement les pauvres à des actions blâmables, en mesurant enfin leurs longues luttes, il fut saisi de compassion. Ce juge devint alors le saint Vincent-de-Paul de ces grands enfants, de ces ouvriers souffrants. Sa transformation ne fut pas tout à coup complète. La bienfaisance a son entraînement comme les vices ont le leur. La charité dévore la bourse d'un saint comme la roulette mange les biens du joueur, graduellement. Popinot alla d'infortune en infortune, d'aumône en aumône ; puis, quand il eut soulevé tous les haillons qui forment à cette misère publique comme un appareil sous lequel s'envenime une plaie fiévreuse, il devint, au bout d'un an, la providence de son quartier. Il fut membre du comité de bienfaisance et du bureau de charité. Partout où des fonctions gratuites étaient à exercer, il acceptait et agissait sans emphase, à la manière de l'*homme au petit manteau* qui passe sa vie à porter des soupes dans les marchés et dans les endroits où sont les gens affamés. Popinot avait le bonheur d'agir sur une plus vaste circonférence et dans une sphère plus élevée : il veillait à tout, il prévenait le crime, il donnait de l'ouvrage aux ouvriers inoccupés, il faisait placer les impotents, il distribuait ses secours avec discernement sur tous les points menacés, se constituant le conseil de la veuve, le protecteur des enfants sans asile, le commanditaire des petits commerces. Personne au Palais ni dans Paris ne connaissait cette vie secrète de Popinot. Il est des vertus si éclatantes qu'elles comportent l'obscurité : les hommes s'empressent de les mettre sous le boisseau. Quant aux obligés du magistrat, tous, travaillant pendant le jour et fatigués la nuit, étaient peu propres à le prôner; ils avaient l'ingratitude des enfants, qui ne peuvent jamais s'acquitter parce qu'ils doivent trop. Il y a des ingratitudes forcées ; mais quel cœur a pu semer le bien pour récolter la reconnaissance et se croire grand ? Dès la deuxième année de son apostolat secret, Popinot avait fini par convertir en un parloir le magasin du rez-de-chaussée de sa maison, qui était éclairé par les trois croisées à grilles en fer. Les murs et le plafond de cette grande pièce avaient été blanchis à la chaux, et le mobilier consistait en bancs de bois semblables à ceux des écoles, en une armoire grossière, un bureau de noyer et un fauteuil. Dans l'armoire étaient ses registres de bienfaisance, ses modèles de *bons de pain*, son journal. Il tenait ses écritures commercialement, afin de ne pas être la dupe de son cœur. Toutes les misères du quartier étaient chiffrées, casées dans un livre où chaque malheur avait son compte, comme chez un marchand les débiteurs divers. Lorsqu'il y avait doute sur une famille, sur un homme à secourir, le magistrat trouvait à ses ordres les renseignements de la police de sûreté. Lavienne, domestique fait pour le maître, était son aide-camp. Il dégageait ou renouvelait les reconnaissances du Mont-de-Piété, et courait aux endroits les plus menacés pendant que son maître travaillait au Palais. De quatre à sept heures du matin en été, de six à neuf heures en hiver, cette salle était pleine de femmes, d'enfants, d'indigents, auxquels Popinot donnait audience. Il n'était nullement besoin de poêle en hiver; la foule abondait si drûment que l'atmosphère devenait chaude ; seulement Lavienne mettait de la paille sur le carreau trop humide. A la longue, les bancs étaient devenus polis comme de l'acajou verni ; puis, à hauteur d'homme, la muraille avait reçu je ne sais quelle sombre peinture appliquée par les haillons et les vêtements délabrés de ces pauvres gens. Ces malheureux aimaient tant Popinot que, quand, avant l'ouverture de sa porte, ils étaient attroupés vers le matin en hiver, les femmes se chauffant avec des *gueux*, les hommes se brassant pour s'échauffer, jamais un murmure n'avait troublé son sommeil. Les chiffonniers, les gens à état nocturne connaissaient ce logis, et voyaient souvent le cabinet du magistrat éclairé à des heures indues. Enfin les voleurs disaient en passant : *Voilà sa maison*, et la respectaient. Le matin appartenait aux pauvres, le milieu du jour aux criminels, le soir aux travaux judiciaires.

Le génie d'observation que possédait Popinot était donc nécessairement *bifrons* : il devinait les vertus de la misère, les bons sentiments froissés, les belles actions en principe, les dévouements inconnus, comme il allait chercher au fond des consciences les plus légers linéaments du crime, les fils les plus ténus des délits, pour en tout discerner. Le patrimoine de Popinot valait mille écus de rente. Sa femme, sœur de monsieur Bianchon le père, médecin à Sancerre, lui en avait apporté deux fois autant. Elle était morte depuis cinq ans, et avait laissé sa fortune à son mari. Comme les appointements de juge-suppléant ne sont pas considérables, et que Popinot n'était juge en pied que depuis quatre ans, il est facile de deviner la cause de sa parcimonie dans tout ce qui concernait sa personne ou sa vie, en voyant combien ses revenus étaient médiocres, combien grande était sa bienfaisance. D'ailleurs l'indifférence en fait de vêtements, qui signalait en Popinot l'homme préoccupé, n'est-elle pas la marque distinctive de la haute science, de l'art cultivé follement, de la pensée perpétuellement active ? Pour achever ce portrait, il suffira d'ajouter que Popinot était du petit nombre des juges du Tribunal de la Seine auxquels la décoration de la Légion-d'Honneur n'avait pas été donnée.

Tel était l'homme que le Président de la deuxième Chambre du Tribunal, à laquelle appartenait Popinot, rentré depuis deux ans parmi les juges civils, avait commis pour procéder à l'interrogatoire du marquis d'Espard, sur la requête présentée par sa femme afin d'obtenir une interdiction.

La rue du Fouarre, où fourmillaient tant de malheureux de si grand matin, devenait déserte à neuf heures et reprenait son aspect sombre et misérable. Bianchon pressa donc le trot de son cheval, afin de surprendre son oncle au milieu de son audience. Il ne pensa pas sans sourire à l'étrange contraste que produirait le juge auprès de madame d'Espard ; mais il se promit de l'amener à faire une toilette qui ne le rendît pas trop ridicule.

— Mon oncle a-t-il seulement un habit neuf ? se disait Bianchon en entrant dans la rue du Fouarre, où les croisées du parloir jetaient une pâle lumière. Je ferai bien, je crois, de m'entendre là-dessus avec Lavienne.

Au bruit du cabriolet, une dizaine de pauvres surpris sortirent de dessous le porche et se découvrirent en reconnaissant le médecin ; car Bianchon, qui traitait gratuitement les malades que lui recommandait le juge, n'était pas moins connu que lui des malheureux assemblés là. Bianchon aperçut son oncle au milieu du parloir, dont les bancs étaient en effet garnis d'indigents qui présentaient les grotesques singularités de costume à l'aspect desquelles s'arrêtent en pleine rue les passants les moins artistes. Certes, un dessinateur, un Rembrandt, s'il en existait un de nos jours, aurait conçu là l'une de ses plus magnifiques compositions en voyant ces misères naïvement posées et silencieuses. Ici la rugueuse figure d'un austère vieillard à barbe blanche, au crâne apostolique, offrait un saint Pierre tout fait. Sa poitrine, découverte en partie, laissait voir des muscles saillants, indice d'un tempérament de bronze qui lui avait servi de point d'appui pour soutenir tout un poème de malheurs. Là une jeune femme donnait à teter à son dernier enfant pour l'empêcher de crier, en en tenant un autre, âgé de cinq ans environ, entre ses genoux. Ce sein dont la blancheur éclatait au milieu des haillons, cet enfant à chairs transparentes, et son frère, dont la pose révélait un avenir de gamin, attendrissaient l'âme par une sorte d'opposition à demi gracieuse avec la longue file de figures rougies par le froid, au milieu de laquelle apparaissait cette famille. Plus loin une vieille femme, pâle et froide, présentait ce masque repoussant du paupérisme en révolte, prêt à venger en un jour de sédition toutes ses peines passées. Il y était aussi l'ouvrier jeune, débile, paresseux, de qui l'œil plein d'intelligence annonçait de hautes facultés comprimées par des besoins vainement combattus, se taisant sur ses souffrances, et près de mourir faute de rencontrer l'occasion de passer entre les barreaux de l'immense vivier où s'agitent ces misères qui s'entre-dévorent. Les femmes étaient en majorité ; leurs maris, partis pour leurs ateliers, leur laissaient sans doute le soin de plaider la cause du ménage avec cet esprit qui caractérise la femme du peuple, presque toujours la reine dans son taudis. Vous eussiez vu sur toutes les têtes des foulards déchirés, des robes bordées de boue, des fichus en lambeaux, des casaquins sales et troués, mais partout des yeux qui brillaient comme autant de flammes vives. Réunion horrible, dont l'aspect inspirait d'abord le dégoût, mais qui bientôt causait une sorte de terreur au moment où l'on apercevait que, purement fortuite, la résignation de ces âmes, aux prises avec tous les besoins de la vie, était une spéculation fondée sur la bienfaisance. Les deux chandelles qui éclairaient le parloir vacillaient dans une espèce de brouillard causé par la puante atmosphère de ce lieu mal aéré.

Le magistrat n'était pas le personnage le moins pittoresque au milieu de cette assemblée. Il avait sur la tête un bonnet de coton roussâtre. Comme il était sans cravate, son cou, rouge de froid et ridé, se dessinait nettement au-dessus du collet pelé de sa vieille robe de chambre. Sa figure fatiguée offrait l'expression à demi stupide que donne la préoccupation. Sa bouche, pareille à celle de tous ceux qui travaillent, s'était ramassée comme une bourse dont on a serré les cordons. Son front contracté semblait supporter le fardeau de toutes les confidences qui lui étaient faites : il sentait, analysait et jugeait. Attentif autant qu'un prêteur à la petite semaine, ses yeux quittaient ses livres et ses renseignements pour pénétrer jusqu'au for intérieur des individus qu'il examinait avec la rapidité de vision par laquelle les avares expriment leurs inquiétudes. Debout derrière son maître, prêt à exécuter ses ordres, Lavienne faisait sans doute la police et accueillait les nouveaux venus en les encourageant contre leur propre honte. Quand le médecin parut, il se fit un mouvement sur les bancs. Lavienne tourna la tête et fut étrangement surpris de voir Bianchon.

— Ah ! te voilà, mon garçon, dit Popinot en se détirant les bras. Qui t'amène à cette heure ?

— Je craignais que vous ne fissiez aujourd'hui, sans m'avoir vu, certaine visite judiciaire au sujet de laquelle je veux vous entretenir.

— Eh! bien, reprit le juge en s'adressant à une grosse petite femme qui restait debout près de lui, si vous ne me dites pas ce que vous avez, je ne le devinerai pas, ma fille.

— Dépêchez-vous, lui dit Lavienne, ne prenez pas le temps des autres.

— Monsieur, dit enfin la femme en rougissant et baissant la voix de manière à n'être entendue que de Popinot et de Lavienne, je suis *marchande des quatre saisons,* et j'ai mon petit dernier pour lequel je dois les mois de nourrice. Donc j'avais caché mon pauvre argent...

— Eh! bien, votre homme l'a pris? dit Popinot en devinant le dénoûment de la confession.

— Oui, monsieur.

— Comment vous nommez-vous?

— La Pomponne.

— Votre mari?

— Toupinet.

— Rue du Petit-Banquier? reprit Popinot en feuilletant son registre. Il est en prison, dit-il en lisant une observation en marge de la case où ce ménage était inscrit.

— Pour dettes, mon cher monsieur.

Popinot hocha la tête.

— Mais, monsieur, je n'ai pas de quoi garnir ma brouette, le propriétaire est venu hier et m'a forcée de le payer, sans quoi j'étais à la porte.

Lavienne se pencha vers son maître et lui dit quelques mots à l'oreille.

— Eh! bien, que vous faut-il pour acheter votre fruit à la Halle?

— Mais, mon cher monsieur, j'aurais besoin, pour continuer mon commerce, de... oui, j'aurais bien besoin de dix francs.

Le juge fit un signe à Lavienne, qui tira d'un grand sac dix francs et les donna à la femme pendant que le juge inscrivait le prêt sur son registre. A voir le mouvement de joie qui fit tressaillir la marchande, Bianchon devina les anxiétés par lesquelles cette femme avait été sans doute agitée en venant de sa maison chez le juge.

— A vous, dit Lavienne au vieillard à barbe blanche.

Bianchon tira le domestique à part, et s'enquit du temps que prendrait cette audience.

— Monsieur a eu deux cents personnes ce matin, en voici encore quatre-vingts *à faire*, dit Lavienne; monsieur le docteur aurait le temps d'aller à ses premières visites.

— Mon garçon, dit le juge en se retournant et saisissant Horace par le bras, tiens, voici deux adresses ici près, l'une rue de Seine, et l'autre rue de l'Arbalète. Cours-y. Rue de Seine, une jeune fille vient de s'asphyxier, et tu trouveras rue de l'Arbalète un homme à faire entrer à ton hôpital. Je t'attendrai pour déjeuner.

Bianchon revint au bout d'une heure. La rue du Fouarre était déserte, le jour commençait à poindre, son oncle remontait chez lui, le dernier pauvre de qui le magistrat venait de panser l'âme s'en allait, le sac de Lavienne était vide.

— Eh! bien, comment vont-ils? dit le juge au docteur en montant l'escalier.

— L'homme est mort, répondit Bianchon, la jeune fille s'en tirera.

Depuis que l'œil et la main d'une femme y manquaient, l'appartement où demeurait Popinot avait pris une physionomie en harmonie avec celle du maître. L'incurie de l'homme emporté par une pensée dominante imprimait son cachet bizarre en toutes choses. Partout une poussière invétérée, partout dans les objets ces changements de destination dont l'industrie rappelait celle des ménages de garçon. C'était des papiers dans des vases de fleurs, des bouteilles d'encre vides sur les meubles, des assiettes oubliées, des briquets phosphoriques convertis en bougeoirs au moment où il fallait faire une recherche, des déménagements partiels commencés et oubliés, enfin tous les encombrements et les vides occasionnés par des pensées de rangement abandonnées. Mais le cabinet du magistrat, particulièrement remué par ce désordre incessant, accusait sa marche sans haltes, l'entraînement de l'homme accablé d'affaires, poursuivi par des nécessités qui se croisent. La bibliothèque était comme au pillage, les livres traînaient, les uns empilés le dos dans les pages ouvertes, les autres tombés les feuillets contre terre; les dossiers de procédure disposés en ligne, le long du corps de la bibliothèque, encombraient le parquet. Ce parquet n'avait pas été frotté depuis deux ans. Les tables et les meubles étaient chargés d'*ex voto* apportés par la misère reconnaissante. Sur les cornets en verre bleu qui ornaient la cheminée se trouvaient deux globes de verre, à l'intérieur desquels étaient répandues diverses couleurs mêlées, ce qui leur donnait l'apparence d'un curieux produit de la nature. Des bouquets en fleurs artificielles, des tableaux où le chiffre de Popinot était entouré de cœurs et d'immortelles décoraient les murs. Ici des boîtes en ébénisterie prétentieusement faites, et qui ne pouvaient servir à rien. Là, des serre-papiers travaillés dans le goût des ouvrages exécutés au bagne par les forçats. Ces chefs-d'œuvre de patience, ces *rébus* de gratitude, ces bouquets desséchés donnaient au cabinet et à la chambre du juge l'air d'une boutique de jouets d'enfant. Le bonhomme se faisait des *memento* de ces ouvrages, il les emplissait de notes, de plumes oubliées et de menus papiers. Ces sublimes témoignages d'une charité divine étaient pleins de poussière, sans fraîcheur. Quelques oiseaux parfaitement empaillés, mais rongés par les mites, se dressaient dans cette forêt de colifichets où dominait un angora, le chat favori de madame Popinot à laquelle un naturaliste sans le sou l'avait restitué sans doute avec toutes les apparences de la vie, payant ainsi par un trésor éternel une légère aumône. Quelque artiste du quartier, de qui le cœur avait égaré les pinceaux, avait également fait les portraits de monsieur et de madame Popinot. Jusque dans l'alcôve de la chambre à coucher se voyaient des pelottes brodées, des paysages en point de marque, et des croix en papier plié dont les fioritures décelaient un travail insensé. Les rideaux de fenêtres étaient noircis par la fumée, et les draperies n'avaient plus aucune couleur. Entre la cheminée et la longue table carrée sur laquelle travaillait le magistrat, la cuisinière avait servi deux tasses de café au lait sur un guéridon. Deux fauteuils d'acajou garnis en étoffe de crin attendaient l'oncle et le neveu. Comme le jour intercepté par les croisées n'arrivait pas jusqu'à cette place, la cuisinière avait laissé deux chandelles dont la mèche démesurément longue formait champignon, et jetait cette lumière rougeâtre qui fait durer la chandelle par la lenteur de la combustion; découverte due aux avares.

— Cher oncle, vous devriez vous vêtir plus chaudement quand vous descendez à ce parloir.

— Je me fais scrupule de les faire attendre ces pauvres gens! Eh! bien, que me veux-tu, toi?

— Mais je viens vous inviter à dîner demain chez la marquise d'Espard.

— Une de nos parentes? demanda le juge d'un air si naïvement préoccupé que Bianchon se mit à rire.

— Non, mon oncle, la marquise d'Espard est une haute et puissante dame, qui a présenté une requête au tribunal, à l'effet de faire interdire son mari, et vous avez été commis...

— Et tu veux que j'aille dîner chez elle! Es-tu fou? dit le juge en saisissant le code de procédure. Tiens, lis donc l'article qui défend au magistrat de boire et de manger chez l'une des parties qu'il doit juger. Qu'elle vienne me voir si elle a quelque chose à me dire, ta marquise. Je devais en effet aller demain interroger son mari, après avoir examiné l'affaire pendant la nuit prochaine. Il se leva, prit un dossier qui se trouvait sous un serre-papier à portée de sa vue, se dit après avoir lu l'intitulé: Voici les pièces. Puisque cette haute et puissante dame t'intéresse, dit-il, voyons la requête!

Popinot croisa sa robe de chambre dont les pans retombaient toujours en laissant sa poitrine à nu; il trempa ses mouillettes dans son café refroidi, et chercha la requête qu'il lut en se permettant quelques parenthèses et quelques discussions auxquelles son neveu prit part.

« A monsieur le Président du Tribunal civil de Première Instance du département de la Seine, séant au Palais de Justice.

» Madame Jeanne-Clémentine-Athénaïs de Blamont-Chauvry, épouse de monsieur Charles-Maurice-Marie Andoche, comte de Nègrepelisse, marquis d'Espard (Bonne noblesse), propriétaire; ladite dame d'Espard demeurant rue du Faubourg-Saint-Honoré, n° 104, et ledit sieur d'Espard, rue de la Montagne-Sainte-Geneviève, n° 22 (Ah! oui, monsieur le président m'a dit que c'était dans mon quartier!), ayant M° Desroches pour avoué, »

— Desroches! un petit faiseur d'affaires, un homme mal vu du Tribunal et de ses confrères, qui nuit à ses clients!

— Pauvre garçon! dit Bianchon, il est malheureusement sans fortune, et il se démène comme un diable dans un bénitier, voilà tout.

» A l'honneur de vous exposer, monsieur le président, que depuis une année les facultés morales et intellectuelles de monsieur d'Espard, son mari, ont subi une altération si profonde, qu'elles constituent aujourd'hui l'état de démence et d'imbécillité prévu par l'article 486 du Code civil, et appellent au secours de sa fortune, de sa personne, et dans l'intérêt de ses enfants qu'il garde près de lui, l'application des dispositions voulues par le même article ;

» Qu'en effet l'état moral de monsieur d'Espard, qui, depuis quelques années, offrait des craintes graves fondées sur le système adopté par lui pour le gouvernement de ses affaires, a parcouru, pendant cette dernière année surtout, une déplorable échelle de dépression ; que la volonté, la première, a ressenti les effets du mal, et que son anéantissement a laissé monsieur le marquis d'Espard livré à tous les dangers d'une incapacité constatée par les faits suivants :

» Depuis long-temps tous les revenus que procurent les biens du marquis d'Espard passent, sans causes plausibles et sans avantages, même temporaires, à une vieille femme de qui la laideur repoussante est généralement remarquée, et nommée madame Jeanrenaud, demeurant tantôt à Paris, rue de La Vrillière, numéro 8 ; tantôt à Villeparisis, près Claye, département de Seine-et-Marne, et au profit de son fils, âgé de trente-six ans, officier de l'ex-garde impériale, que, par son crédit, monsieur le marquis d'Espard a placé dans la garde royale en qualité de chef d'escadron au premier régiment de cuirassiers. Ces personnes, réduites en 1814 à la dernière misère, ont successivement acquis des immeubles d'un prix considérable, entre autres et dernièrement un hôtel Grande rue Verte, où le sieur Jeanrenaud fait actuellement des dépenses considérables afin de s'y établir avec la dame Jeanrenaud sa mère, en vue du mariage qu'il poursuit ; lesquelles dépenses s'élèvent déjà à plus de cent mille francs. Ce mariage est procuré par les démarches du marquis d'Espard auprès de son banquier, le sieur Mongenod, duquel il a demandé la nièce en mariage pour ledit sieur Jeanrenaud, en promettant son crédit pour lui obtenir la dignité de baron. Cette nomination a eu lieu effectivement par ordonnance de Sa Majesté en date du 29 décembre dernier, sur les sollicitations du marquis d'Espard, ainsi qu'il peut en être justifié par Sa Grandeur monseigneur le Garde des Sceaux, si le tribunal jugeait à propos de recourir à son témoignage ;

» Qu'aucune raison, *même prise parmi celles que la morale et la loi réprouvent également,* ne peut justifier l'empire que la dame veuve Jeanrenaud a pris sur le marquis d'Espard, qui, d'ailleurs, la voit très-rarement ; ni expliquer son étrange affection pour ledit sieur baron Jeanrenaud, avec qui ses communications sont peu fréquentes : cependant leur autorité se trouve être si grande, que chaque fois qu'ils ont besoin d'argent, fût-ce même pour satisfaire de simples fantaisies, cette dame ou son fils... »

— Hé! hé! *raison que la morale et la loi réprouvent!* Que veut nous insinuer le clerc ou l'avoué ? dit Popinot.

Bianchon se mit à rire.

« ... cette dame *ou son fils* obtiennent sans aucune discussion du marquis d'Espard ce qu'ils demandent, et, à défaut d'argent comptant, monsieur d'Espard signe des lettres de change négociées par le sieur Mongenod, lequel a fait offre à l'exposante d'en témoigner;

» Que d'ailleurs, à l'appui de ces faits, il est arrivé récemment, lors du renouvellement des baux de la terre d'Espard, que les fermiers ayant donné une somme assez importante pour la continuation de leurs contrats, le sieur Jeanrenaud s'en est fait faire immédiatement la délivrance ;

» Que la volonté du marquis d'Espard a si peu de concours à l'abandon de ces sommes, que quand il lui en a été parlé il n'a point paru s'en souvenir; que, toutes les fois que des personnes graves l'ont questionné sur son dévouement à ces deux individus, ses réponses ont indiqué une si entière abnégation de ses idées, de ses intérêts, qu'il existe nécessairement en cette affaire une cause occulte sur laquelle l'exposante appelle l'œil de la justice, attendu qu'il est impossible que cette cause ne soit pas criminelle, abusive et tortionnaire, ou d'une nature appréciable par la médecine légale, si toutefois cette obsession n'est pas de celles qui rentrent dans l'abus des forces morales, et qu'on ne peut qualifier qu'en se servant du terme extraordinaire de *possession*... »

— Diable! reprit Popinot, que dis-tu de cela, toi, docteur? Ces faits-là sont bien étranges.

— Ils pourraient être, répondit Bianchon, un effet du pouvoir magnétique.

— Tu crois donc aux bêtises de Mesmer, à son baquet, à la vue au travers des murailles?

— Oui, mon oncle, dit gravement le docteur. En vous entendant lire cette requête, j'y pensais. Je vous déclare que j'ai vérifié, dans une autre sphère d'action, plusieurs faits analogues, relativement à l'empire sans bornes qu'un homme peut acquérir sur un autre. Je suis, contrairement à l'opinion de mes confrères, entièrement convaincu de la puissance de la volonté, considérée comme une force motrice. J'ai vu, tout compérage et charlatanisme à part, les effets de cette *possession*. Les actes promis au *magnétiseur* par le *magnétisé* pendant le sommeil ont été scrupuleusement accomplis dans l'état de veille. La volonté de l'un était devenue la volonté de l'autre.

— Toute espèce d'acte?
— Oui.
— Même criminel?
— Même criminel.
— Il faut que ce soit toi pour que je t'écoute.
— Je vous en rendrai témoin, dit Bianchon.
— Hum! Hum! fit le juge. En supposant que la cause de cette prétendue *possession* appartînt à cet ordre de faits, elle serait difficile à constater et à faire admettre en justice.

— Je ne vois pas, si cette dame Jeanrenaud est affreusement laide et vieille, quel autre moyen de séduction elle pourrait avoir, dit Bianchon.

— Mais, reprit le juge, en 1814, époque à laquelle la séduction aurait éclaté, cette femme devait avoir quatorze ans de moins; si elle a été liée dix ans auparavant avec monsieur d'Espard, ces calculs de date nous reportent à vingt-quatre ans en arrière, époque à laquelle la dame pouvait être jeune, jolie, et avoir conquis, par des moyens fort naturels, pour elle aussi bien que pour son fils, sur monsieur d'Espard, un empire auquel certains hommes ne savent pas se soustraire. Si la cause de cet empire semble répréhensible aux yeux de la justice, il est justifiable aux yeux de la nature. Madame Jeanrenaud aura pu se fâcher du mariage contracté probablement vers ce temps par le marquis d'Espard avec mademoiselle de Blamont-Chauvry; et il pourrait n'y avoir au fond de ceci qu'une rivalité de femme, puisque le marquis ne demeure plus depuis longtemps avec madame d'Espard.

— Mais cette laideur repoussante, mon oncle?

— La puissance des séductions, reprit le juge, est en raison directe avec la laideur; vieille question! D'ailleurs, et la petite vérole, docteur? Mais continuons.

« Que dès l'année 1815, pour fournir aux sommes exigées par ces deux personnes, monsieur le marquis d'Espard est allé se loger avec ses deux enfants rue de la Montagne-Sainte-Geneviève, dans un appartement dont le dénûment est indigne de son nom et de sa qualité (On se loge comme on veut !); qu'il y détient ses deux enfants, le comte Clément d'Espard, et le vicomte Camille d'Espard, dans les habitudes d'une vie en désaccord avec leur avenir, avec leur nom et leur fortune, que souvent le manque d'argent est tel, que récemment le propriétaire, un sieur Mariast, fit saisir les meubles garnissant les lieux; que quand cette voie de poursuite fut effectuée en sa présence, le marquis d'Espard a aidé l'huissier, qu'il a traité comme un homme de qualité, en lui prodiguant toutes les marques de courtoisie et d'attention qu'il aurait eues pour une personne élevée au-dessus de lui en dignité... »

L'oncle et le neveu se regardèrent en riant.

« Que, d'ailleurs, tous les actes de sa vie, en dehors des faits allégués à l'égard de la dame veuve Jeanrenaud et du sieur baron Jeanrenaud son fils, sont empreints de folie; que, depuis bientôt dix ans, il s'occupe si exclusivement de la Chine, de ses coutumes, de ses mœurs, de son histoire, qu'il rapporte tout aux habitudes chinoises; que, questionné sur ce point, il confond les affaires du temps, les événements de la veille, avec les faits relatifs à la Chine; qu'il censure les actes du gouvernement et la conduite du Roi, quoique d'ailleurs il l'aime personnellement, en les comparant à la politique chinoise.

« Que cette monomanie a poussé le marquis d'Espard à des actions dénuées de sens; que, contre les habitudes de son rang et les idées qu'il professait sur le devoir de la noblesse, il a entrepris une affaire commerciale pour laquelle il souscrit journellement des obligations à terme qui menacent aujourd'hui son honneur et sa fortune, attendu qu'elles emportent pour lui la qualité de négociant, et peuvent, faute de payement, le faire déclarer en faillite; que ces obligations, contractées envers les marchands de papier, les imprimeurs, les lithographes et les coloristes, qui ont fourni les éléments nécessaires à cette publication intitulée : *Histoire pittoresque de la Chine,* et paraissant par livraisons, sont d'une telle importance, que ces mêmes fournisseurs ont supplié l'exposante de requérir l'interdiction du marquis d'Espard afin de sauver leurs créances... »

— Cet homme est un fou, s'écria Bianchon.

— Tu crois cela, toi ! dit le juge. Il faut l'entendre. Qui n'écoute qu'une cloche n'entend qu'un son.

— Mais il me semble....., dit Bianchon.

— Mais il me semble, dit Popinot, que si quelqu'un de mes parents voulait s'emparer de l'administration de mes biens, et qu'au lieu d'être un simple juge, de qui les collègues peuvent examiner tous les jours l'état moral, je fusse duc et pair, un avoué quelque peu rusé, comme est Desroches, pourrait dresser une requête semblable contre moi.

« Que l'éducation de ses enfants a souffert de cette monomanie, et qu'il leur a fait apprendre, contrairement à tous les usages de l'enseignement, les faits de l'histoire chinoise qui contredisent les doctrines de la religion catholique, et leur a fait apprendre les dialectes chinois... »

— Ici Desroches me paraît drôle, dit Bianchon.

— La requête a été dressée par quelque premier clerc qui n'était pas très-Chinois, dit le juge.

« Qu'il laisse souvent ses enfants dénués des choses les plus nécessaires ; que l'exposante, malgré ses instances, ne peut les voir ; que le sieur marquis d'Espard les lui amène une seule fois par an ; que, sachant les privations auxquelles ils sont soumis, elle a fait de vains efforts pour leur donner les choses les plus nécessaires à l'existence, et desquelles ils manquaient... »

— Oh! madame la marquise, voici des farces. Qui prouve trop ne prouve rien. Mon cher enfant, dit le juge en laissant le dossier sur ses genoux, quelle est la mère qui jamais a manqué de cœur, d'esprit, d'entrailles, au point de rester au-dessous des inspirations suggérées par l'instinct animal ? Une mère est aussi rusée pour arriver à ses enfants qu'une jeune fille peut l'être pour conduire à bien une intrigue d'amour. Si ta marquise avait voulu nourrir ou vêtir ses enfants, le diable ne l'en aurait, certes, pas empêchée ! hein ? Elle est un peu trop longue, cette couleuvre, pour un vieux juge ! Continuons ?

« Que l'âge auquel arrivent lesdits enfants exige, dès à présent, qu'il soit pris des précautions pour les soustraire à la funeste influence de cette éducation, qu'il y soit pourvu selon leur rang, et qu'ils n'aient point sous les yeux l'exemple que leur donne la conduite de leur père ;

» Qu'à l'appui des faits présentement allégués, il existe des preuves dont le tribunal obtiendra facilement la répétition : maintes fois monsieur d'Espard a nommé le juge de paix du douzième arrondissement un mandarin de troisième classe; il a souvent appelé

les professeurs du collége Henri IV des *lettrés* (Ils s'en fâchent!).
A propos des choses les plus simples, il a dit que cela ne se passait pas ainsi en Chine ; il fait, dans le cours d'une conversation ordinaire, allusion soit à la dame Jeanrenaud, soit à des événements arrivés sous le règne de Louis XIV, et demeure alors plongé dans une mélancolie noire : il s'imagine parfois être en Chine. Plusieurs de ses voisins, notamment les sieurs Edme Becker, étudiant en médecine, Jean-Baptiste Frémiot, professeur, domiciliés dans la même maison, pensent, après avoir pratiqué le marquis d'Espard, que sa monomanie, en tout ce qui est relatif à la Chine, est une conséquence d'un plan formé par le sieur baron Jeanrenaud et la dame veuve sa mère pour achever l'anéantissement des facultés morales du marquis d'Espard, attendu que le seul service que paraît rendre à monsieur d'Espard la dame Jeanrenaud est de lui procurer tout ce qui a rapport à l'empire de la Chine ;

» Qu'enfin l'exposante offre de prouver au Tribunal que les sommes absorbées par les sieur et dame veuve Jeanrenaud, de 1814 à 1828, ne s'élèvent pas à moins d'un million de francs.

» A la confirmation des faits qui précèdent, l'exposante offre à monsieur le Président le témoignage des personnes qui voient habituellement monsieur le marquis d'Espard, et dont les noms et qualités sont désignés ci-dessous, parmi lesquelles beaucoup l'ont suppliée de provoquer l'interdiction de monsieur le marquis d'Espard, comme le seul moyen de mettre sa fortune à l'abri de sa déplorable administration, et ses enfants loin de sa funeste influence.

« Ce considéré, monsieur le Président, et vu les pièces ci-jointes, l'exposante requiert qu'il vous plaise, attendu que les faits qui précèdent prouvent évidemment l'état de démence et d'imbécillité de monsieur le marquis d'Espard, ci-dessus nommé, qualifié et domicilié, ordonner que, pour parvenir à l'interdiction d'icelui, la présente requête et les pièces à l'appui seront communiquées à monsieur le procureur du Roi, et commettre l'un de messieurs les juges du tribunal à l'effet de faire le rapport au jour que vous voudrez bien indiquer, pour être sur le tout par le Tribunal statué ce qu'il appartiendra, et vous ferez justice, » etc.

— Et voici, dit Popinot, l'ordonnance du Président qui me commet! Eh! bien, que veut de moi la marquise d'Espard? Je sais tout. J'irai demain avec mon greffier chez monsieur le marquis, car ceci ne me paraît pas clair du tout.

— Écoutez, mon cher oncle, je ne vous ai jamais demandé le moindre petit service qui eût trait à vos fonctions judiciaires ; eh ! bien, je vous prie d'avoir pour madame d'Espard une complaisance que mérite sa situation. Si elle venait ici, vous l'écouteriez ?

— Oui.

— Eh ! bien, allez l'entendre chez elle : madame d'Espard est une femme maladive, nerveuse, délicate, qui se trouverait mal dans votre nid à rats. Allez-y le soir, au lieu d'y accepter à dîner, puisque la loi vous défend de boire et de manger chez vos justiciables.

— La loi ne vous défend-elle pas de recevoir des legs de vos morts ? dit Popinot croyant apercevoir une teinte d'ironie sur les lèvres de son neveu.

— Allons mon oncle, quand ce ne serait que pour deviner le vrai de cette affaire, accordez-moi ma demande ? Vous viendrez là comme juge d'instruction, puisque les choses ne vous semblent pas claires. Diantre ! l'interrogatoire de la marquise n'est pas moins nécessaire que celui de son mari.

— Tu as raison, dit le magistrat, elle pourrait bien être la folle. J'irai.

— Je viendrai vous prendre : écrivez sur votre agenda : *Demain soir à neuf heures chez madame d'Espard*. Bien, dit Bianchon en voyant son oncle notant le rendez-vous.

Le lendemain soir, à neuf heures, le docteur Bianchon monta le poudreux escalier de son oncle, et le trouva travaillant à la rédaction de quelque jugement épineux. L'habit demandé par Lavienne n'avait pas été apporté par le tailleur, en sorte que Popinot prit son vieil habit plein de taches et fut le Popinot *incomptus* dont l'aspect excitait le rire sur les lèvres de ceux auxquels sa vie intime était inconnue. Bianchon obtint cependant de mettre en ordre la cravate de son oncle et de lui boutonner son habit, il en cacha les taches en croisant les revers des basques de droite à gauche et présentant ainsi la partie encore neuve du drap. Mais en quelques instants le juge retroussa son habit sur sa poitrine par la manière dont il mit ses mains dans ses goussets en obéissant à son habitude. L'habit, démesurément plissé par-devant et par-derrière, forma comme une bosse au milieu du dos, et produisit entre le gilet et le pantalon une solution de continuité par laquelle se montra la chemise. Pour son malheur, Bianchon ne s'aperçut de ce surcroît de ridicule qu'au moment où son oncle se présenta chez la marquise.

Une légère esquisse de la vie de la personne chez laquelle se rendaient en ce moment le docteur et le juge est ici nécessaire pour rendre intelligible la conférence que Popinot allait avoir avec elle.

Madame d'Espard était, depuis sept ans, très à la mode à Paris, où la Mode élève et abaisse tour à tour des personnages qui, tantôt grands, tantôt petits, c'est-à-dire tour à tour en vue et oubliés, deviennent plus tard des personnes insupportables comme le sont tous les ministres disgraciés et toutes les majestés déchues. Incommodes par leurs prétentions fanées, ces flatteurs du passé savent tout, médisent de tout, et, comme les dissipateurs ruinés, sont les amis de tout le monde. Pour avoir été quittée par son mari vers l'année 1815, madame d'Espard devait s'être mariée au commencement de l'année 1812; ses enfants avaient donc nécessairement, l'un quinze et l'autre treize ans. Par quel hasard une mère de famille, âgée d'environ trente-trois ans, était-elle à la mode? Quoique la Mode soit capricieuse et que nul ne puisse à l'avance désigner ses favoris, que souvent elle exalte la femme d'un banquier ou quelque personne d'une élégance et de beauté douteuses, il doit sembler surnaturel que la Mode eût pris des allures constitutionnelles en adoptant la *présidence d'âge*. Ici la Mode avait fait comme tout le monde, elle acceptait madame d'Espard pour une jeune femme. La marquise avait trente-trois ans sur les registres de l'état civil, et vingt-deux ans le soir dans un salon. Mais combien de soins et d'artifices! Des boucles artificieuses lui cachaient les tempes. Elle se condamnait chez elle au demi-jour en faisant la malade afin de rester dans les teintes protectrices d'une lumière passée à la mousseline. Comme Diane de Poitiers, elle pratiquait l'eau froide pour ses bains; comme elle encore, la marquise couchait sur le crin, dormait sur des oreillers de maroquin pour conserver sa chevelure, mangeait peu, ne buvait que de l'eau, combinait ses mouvements afin d'éviter la fatigue, et mettait une exactitude monastique dans les moindres actes de sa vie. Ce rude système a, dit-on, été poussé jusqu'à l'emploi de la glace au lieu d'eau et jusqu'aux aliments froids par une illustre Polonaise qui, de nos jours, allie une vie déjà séculaire aux occupations, aux mœurs de la petite-maîtresse. Destinée à vivre autant que vécut Marion de

Lorme, à laquelle des biographes accordent cent trente ans, l'ancienne Vice-Reine de la Pologne montre, à près de cent ans, un esprit et un cœur jeunes, une gracieuse figure, une taille charmante ; elle peut dans sa conversation où les mots pétillent comme les sarments au feu comparer les hommes et les livres de la littérature actuelle, aux hommes et aux livres du dix-huitième siècle. De Varsovie, elle commande ses bonnets chez Herbault. Grande dame, elle a le dévouement d'une petite fille ; elle nage, elle court comme un lycéen, et sait se jeter sur une causeuse aussi gracieusement qu'une jeune coquette ; elle insulte la mort et se rit de la vie. Elle étonna jadis l'empereur Alexandre, et peut aujourd'hui surprendre l'empereur Nicolas par la magnificence de ses fêtes. Elle fait encore verser des larmes à quelque jeune homme épris, car elle a l'âge qu'il lui plaît d'avoir. Enfin, elle est un véritable conte de fée, si toutefois elle n'est pas la fée du conte. Madame d'Espard avait-elle connu madame Zayoncsek ? voulait-elle la recommencer ? Quoi qu'il en soit, la marquise prouvait la bonté de ce régime, son teint était pur, son front n'avait point de rides, son corps gardait, comme celui de la bien-aimée de Henri II, la souplesse, la fraîcheur, attraits cachés qui ramènent et fixent l'amour auprès d'une femme. Les précautions si simples de ce régime indiqué par l'art, par la nature, peut-être aussi par l'expérience, trouvaient d'ailleurs en elle un système général qui les corroborait. La marquise était douée d'une profonde indifférence pour tout ce qui n'était pas elle ; les hommes l'amusaient, mais aucun d'eux ne lui avait causé ces grandes excitations qui remuent profondément les deux natures et brisent l'une par l'autre. Elle n'avait ni haine ni amour. Offensée, elle se vengeait froidement et tranquillement, à son aise, en attendant l'occasion de satisfaire la mauvaise pensée qu'elle conservait sur quiconque s'était mal posé dans son souvenir. Elle ne se remuait pas, ne s'agitait point ; elle parlait, car elle savait qu'en disant deux mots une femme peut faire tuer trois hommes. Elle s'était vue quittée par monsieur d'Espard avec un singulier plaisir : n'emmenait-il pas deux enfants qui, pour le moment, l'ennuyaient, et qui, plus tard, pouvaient nuire à ses prétentions ? Ses amis les plus intimes, comme ses adorateurs les moins persévérants, ne lui voyant aucun de ces bijoux à la Cornélie qui vont et viennent en avouant sans le savoir l'âge d'une mère, tous la prenaient pour une jeune femme. Les deux enfants, de qui la marquise paraissait tant s'inquiéter dans sa requête, étaient aussi bien que leur père inconnus du monde comme le passage nord-est est inconnu des marins. Monsieur d'Espard passait pour un original qui avait abandonné sa femme sans avoir contre elle le plus petit sujet de plainte. Maîtresse d'elle-même à vingt-deux ans, et maîtresse de sa fortune, qui consistait en vingt-six mille livres de rente, la marquise hésita longtemps avant de prendre un parti, et de décider son existence. Quoiqu'elle profitât des dépenses que son mari avait faites dans son hôtel, qu'elle gardât les ameublements, les équipages, les chevaux, enfin toute une maison montée, elle mena d'abord une vie retirée pendant les années 16, 17 et 18, époque à laquelle les familles se remettaient des désastres occasionnés par les tourmentes politiques. Appartenant d'ailleurs à l'une des maisons les plus considérables et les plus illustres du faubourg Saint-Germain, ses parents lui conseillèrent de vivre en famille, après la séparation forcée à laquelle la condamnait l'inexplicable caprice de son mari. En 1820, la marquise sortit de sa léthargie, parut à la cour, dans les fêtes et reçut chez elle. De 1821 à 1827, elle tint un grand état de maison, se fit remarquer par son goût et par sa toilette; elle eut son jour, ses heures de réception; puis elle s'assit bientôt sur le trône où précédemment avaient brillé madame la vicomtesse de Beauséant, la duchesse de Langeais, madame Firmiani, laquelle, après son mariage avec monsieur de Camps, avait résigné le sceptre aux mains de la duchesse de Maufrigneuse, à qui madame d'Espard l'arracha. Le monde ne savait rien de plus sur la vie intime de la marquise d'Espard. Elle paraissait devoir demeurer long-temps à l'horizon parisien, comme un soleil près de se coucher, mais qui ne se coucherait jamais. La marquise s'était étroitement liée avec une duchesse non moins célèbre par sa beauté que par son dévouement à la personne d'un prince alors en disgrâce, mais habitué à toujours entrer en dominateur dans les gouvernements à venir. Madame d'Espard était également l'amie d'une étrangère près de laquelle un illustre et rusé diplomate russe analysait les affaires publiques. Enfin une vieille comtesse accoutumée à battre les cartes du grand jeu politique l'avait maternellement adoptée. Pour tout homme à haute vue, madame d'Espard se préparait ainsi à faire succéder une sourde, mais réelle influence, au règne public et frivole qu'elle devait à la mode. Son salon prenait une consistance politique. Ces mots : *Qu'en dit-on chez madame d'Espard? Le salon de madame d'Espard est contre telle mesure*, commençaient à se répéter par un assez grand nombre de sots pour donner à son troupeau de fidèles l'autorité d'une coterie. Quelques blessés politiques, pansés, chatouillés par elle, tels que le favori de Louis XVIII, qui ne pouvait plus se faire prendre en considération, et d'anciens ministres près de revenir au pouvoir, la disaient aussi forte en diplomatie que l'était à Londres la femme de l'ambassadeur russe. La marquise avait plusieurs fois donné, soit à des députés, soit à des pairs, des mots et des idées qui de la tribune avaient retenti en Europe. Elle avait souvent bien jugé de quelques événements sur lesquels ses habitués n'osaient émettre un avis. Les principaux personnages de la cour venaient jouer au whist chez elle le soir. Elle avait d'ailleurs les qualités de ses défauts. Elle passait pour être discrète et l'était. Son amitié paraissait être à toute épreuve. Elle servait ses protégés avec une persistance qui prouvait qu'elle tenait moins à se faire des créatures qu'à augmenter son crédit. Cette conduite était inspirée par sa passion dominante, la vanité. Les conquêtes et les plaisirs auxquels tiennent tant de femmes, lui semblaient à elle des moyens : elle voulait vivre sur tous les points du plus grand cercle que puisse décrire la vie. Parmi les hommes encore jeunes auxquels l'avenir appartenait et qui se pressaient dans ses salons aux grands jours, se remarquaient messieurs de Marsay, de Ronquerolles, de Montriveau, de la Roche-Hugon, de Sérizy, Ferraud, Maxime de Trailles, de Listomère, les deux Vandenesse, du Châtelet, etc. Souvent elle admettait un homme sans vouloir recevoir sa femme, et son pouvoir était assez fort déjà pour imposer ces dures conditions à certaines personnes ambitieuses telles que deux célèbres banquiers royalistes, messieurs de Nucingen et Ferdinand du Tillet. Elle avait si bien étudié le fort et le faible de la vie parisienne, qu'elle s'était toujours conduite de façon à ne laisser à aucun homme le moindre avantage sur elle. On aurait pu promettre une somme énorme d'un billet ou d'une lettre où elle se serait compromise, sans en pouvoir trouver un seul. Si la sécheresse de son âme lui permettait de jouer son rôle au naturel, son extérieur ne la servait pas moins bien. Elle avait une taille jeune. Sa voix était à commandement souple et fraîche, claire, dure. Elle possédait éminemment les secrets de cette attitude aristocratique par laquelle une femme efface le passé. La marquise connaissait bien l'art de mettre un espace immense entre elle et l'homme qui se croit des droits à la familiarité après un bonheur de hasard. Son regard imposant savait tout nier. Dans sa conversation, les grands et beaux sentiments, les nobles déterminations paraissaient découler naturellement d'une âme et d'un cœur pur; mais elle était en réalité tout calcul, et bien capable de flétrir un homme maladroit dans ses transactions, au moment où elle transigerait sans honte au profit de ses intérêts personnels. En essayant de s'attacher à cette femme, Rastignac avait bien deviné le plus habile des instruments : mais il ne s'en était pas encore servi; loin de pouvoir le manier, il se faisait déjà broyer par lui. Ce jeune *condottiere* de l'intelligence, condamné, comme Napoléon, à toujours livrer bataille en sachant qu'une seule défaite était le tombeau de sa fortune, avait rencontré dans sa protectrice un dangereux adversaire. Pour la première fois de sa vie turbulente, il faisait une partie sérieuse avec un partner digne de lui. Dans la conquête de madame d'Espard il apercevait un ministère. Aussi la servait-il avant de s'en servir : dangereux début.

L'hôtel d'Espard exigeait un nombreux domestique, le train de la marquise était considérable. Les grandes réceptions avaient lieu au rez-de-chaussée, mais la marquise habitait le premier étage de sa maison. La tenue d'un grand escalier magnifiquement orné, des appartements décorés dans le goût noble qui jadis respirait à Versailles, annonçaient une immense fortune. Quand le juge vit la porte cochère s'ouvrant devant le cabriolet de son neveu, il examina par un rapide coup d'œil la loge, le suisse, la cour, les écuries, les dispositions de cette demeure, les fleurs qui garnissaient l'escalier, l'exquise propreté des rampes, des murs, des tapis, et compta les valets en livrée qui, au coup de cloche, arrivèrent sur le palier. Ses yeux, qui, la veille, sondaient au fond de son parloir la grandeur des misères sous les vêtements boueux du peuple, étudièrent avec la même lucidité de vision l'ameublement et le décor des pièces par lesquelles il passa, pour y découvrir les misères de la grandeur.

— Monsieur Popinot. — Monsieur Bianchon.

Ces deux noms furent dits à l'entrée du boudoir où se trouvait la marquise, jolie pièce récemment remeublée et qui donnait sur le jardin de l'hôtel. En ce moment, madame d'Espard était assise dans un de ces anciens fauteuils *rococo* que MADAME avait mis à la mode. Rastignac occupait près d'elle, à sa gauche, une chauffeuse dans laquelle il s'était établi comme le *primo* d'une dame italienne. Debout, à l'angle de la cheminée, se tenait un troisième personnage. Ainsi que le savant docteur l'avait deviné, la marquise était une femme d'un tempérament sec et nerveux : sans son régime, son teint eût pris la couleur rougeâtre que donne un constant échauffement ; mais elle ajoutait encore à sa blancheur factice par les nuances et les tons vigoureux des étoffes dont elle s'entourait ou avec lesquelles elle s'habillait. Le brun-rouge, le marron, le bistre à reflets d'or, lui allaient à merveille. Son boudoir, copié sur celui d'une célèbre lady alors à la mode à Londres, était en velours couleur de tan ; mais elle y avait ajouté de nombreux agréments dont les jolis dessins atténuaient la pompe excessive de cette royale couleur. Elle était coiffée comme une jeune personne, en bandeaux terminés par des boucles qui faisaient ressortir l'ovale un peu long de sa figure ; mais autant la forme ronde est ignoble, autant la forme oblongue est majestueuse. Les doubles miroirs à facettes qui allongent ou aplatissent à volonté les figures donnent une preuve évidente de cette règle applicable à la physiognomonie. En apercevant Popinot qui s'arrêta sur la porte comme un animal effrayé, tendant le cou, la main gauche dans son gousset, la droite armée d'un chapeau dont la coiffe était crasseuse, la marquise jeta sur Rastignac un regard dans lequel la moquerie était en germe. L'aspect un peu niais du bonhomme s'accordait si bien avec sa grotesque tournure, avec son air effaré, qu'en voyant la figure contristée de Bianchon, qui se sentait humilié dans son oncle, Rastignac ne put s'empêcher de rire en détournant la tête. La marquise salua par un geste de tête, et fit un pénible effort pour se soulever dans son fauteuil où elle retomba non sans grâce, en paraissant s'excuser de son impolitesse sur une débilité jouée.

En ce moment, le personnage qui se trouvait debout entre la cheminée et la porte salua légèrement, avança deux chaises en les présentant par un geste au docteur et au juge ; puis, quand il les vit assis, il se remit le dos contre la tenture, et se croisa les bras. Un mot sur cet homme. Il est de nos jours un peintre, Decamps, qui possède au plus haut degré l'art d'intéresser à ce qu'il représente à vos regards, que ce soit une pierre ou un homme. Sous ce rapport, son crayon est plus savant que son pinceau. Qu'il dessine une chambre nue et qu'il y laisse un balai sur la muraille ; s'il le veut, vous frémirez : vous croirez que ce balai vient d'être l'instrument d'un crime et qu'il est trempé de sang ; ce sera le balai dont s'est servie la veuve Bancal pour nettoyer la salle où Fualdès fut égorgé. Oui, le peintre ébouriffera le balai comme l'est un homme en colère, il en hérissera les brins comme si c'était vos cheveux frémissants; il en fera comme un truchement entre la poésie secrète de son imagination et la poésie qui se déploiera dans la vôtre. Après vous avoir effrayé par la vue de ce balai, demain il en dessinera quelque autre auprès duquel un chat endormi, mais mystérieux dans son sommeil, vous affirmera que ce balai sert à la femme d'un cordonnier allemand pour se rendre au Broken. Ou bien ce sera quelque balai pacifique auquel il suspendra l'habit d'un employé au Trésor. Decamps a dans son pinceau ce que Paganini avait dans son archet, une puissance magnétiquement communicative. Eh ! bien, il faudrait transporter dans le style ce génie saisissant, ce *chique* du crayon pour peindre l'homme droit, maigre et grand, vêtu de noir, à longs cheveux noirs, qui resta debout sans mot dire. Ce seigneur avait une figure à lame de couteau, froide, âpre, dont le teint ressemblait aux eaux de la Seine quand elle est trouble et qu'elle charrie les charbons de quelque bateau coulé. Il regardait à terre, écoutait et jugeait. Sa pose effrayait. Il était là, comme le célèbre balai auquel Decamps a donné le pouvoir accusateur de révéler un crime. Parfois, la marquise essaya durant la conférence d'obtenir un avis tacite en arrêtant pendant un instant ses yeux sur ce personnage ; mais quelque vive que fût la muette interrogation, il demeura grave et roide, autant que la statue du Commandeur.

Le bon Popinot, assis au bord de sa chaise, en face du feu, son chapeau entre les jambes, regardait les candélabres dorés en or moulu, la pendule, les curiosités entassées sur la cheminée, l'étoffe et les agréments de la tenture, enfin tous ces jolis riens si coûteux dont s'entoure une femme à la mode. Il fut tiré de sa contemplation bourgeoise par madame d'Espard qui lui disait d'une voix flûtée :
— Monsieur, je vous dois un million de remercîments...

— Un million de remercîments, se dit le bonhomme en lui-même, c'est trop, il n'y en a pas un.

— ..... Pour la peine que vous daignez...

— Daignez ! pensa-t-il, elle se moque de moi.

— .... Daignez prendre en venant voir une pauvre plaideuse, trop malade pour pouvoir sortir...

Ici le juge coupa la parole à la marquise en lui jetant un regard d'inquisiteur par lequel il examina l'état sanitaire de la pauvre plaideuse. — Elle se porte comme un charme ! se dit-il.

— Madame, répondit-il en prenant un air respectueux, vous ne me devez rien. Quoique ma démarche ne soit pas dans les habitudes du Tribunal, nous ne devons rien épargner pour arriver à la découverte de la vérité dans ces sortes d'affaires. Nos jugements sont alors déterminés moins par le texte de la loi, que par les inspirations de notre conscience. Que je cherche la vérité dans mon cabinet ou ici, pourvu que je la trouve, tout sera bien.

Pendant que Popinot parlait, Rastignac serrait la main à Bianchon, et la marquise faisait au docteur une petite inclination de tête pleine de gracieuses faveurs.

— Quel est ce monsieur ? dit Bianchon à l'oreille de Rastignac en lui montrant l'homme noir.

— Le chevalier d'Espard, le frère du marquis.

— Monsieur votre neveu m'a dit, répondit la marquise à Popinot, combien vous aviez d'occupations, et je sais déjà que vous êtes assez bon pour vouloir cacher un bienfait, afin de dispenser vos obligés de la reconnaissance. Il paraît que ce tribunal vous fatigue extrêmement. Pourquoi ne double-t-on pas le nombre des juges ?

— Ah ! madame, *ça n'est pas l'embarras*, dit Popinot, ça n'en serait pas plus mal. Mais quand ça se fera, les poules auront des dents.

En entendant cette phrase, qui allait si bien à la physionomie du juge, le chevalier d'Espard le toisa d'un coup d'œil, et eut l'air de se dire : Nous en aurons facilement raison.

La marquise regarda Rastignac, qui se pencha vers elle.

— Voilà, lui dit-il, comment sont faits les gens chargés de prononcer sur les intérêts et sur la vie des particuliers.

Comme la plupart des hommes vieillis dans un métier, Popinot se laissait volontiers aller aux habitudes qu'il y avait contractées, habitudes de pensée d'ailleurs. Sa conversation sentait le juge d'Instruction. Il aimait à questionner ses interlocuteurs, à les presser entre des conséquences inattendues, à leur faire dire plus qu'ils ne voulaient en faire savoir. Pozzo di Borgo s'amusait, dit-on, à surprendre les secrets de ses interlocuteurs, à les embarrasser dans ses piéges diplomatiques : il déployait ainsi, par une invincible accoutumance, son esprit trempé de ruse. Aussitôt que Popinot eut, pour ainsi dire, toisé le terrain sur lequel il se trouvait, il jugea qu'il était nécessaire d'avoir recours aux finesses les plus habiles, les mieux déguisées et les mieux entortillées, en usage au Palais pour surprendre la vérité.

Bianchon demeurait froid et sévère comme un homme qui se décide à subir un supplice en taisant ses douleurs; mais intérieurement, il souhaitait à son oncle le pouvoir de marcher sur cette femme comme on marche sur une vipère : comparaison que lui inspirèrent la longue robe, la courbe de la pose, le col allongé, la petite tête et les mouvements onduleux de la marquise.

— Eh! bien, monsieur, reprit madame d'Espard, quelle que soit ma répugnance à faire de l'égoïsme, je souffre depuis trop longtemps pour ne pas souhaiter que vous la finissiez promptement. Aurai-je bientôt une solution heureuse?

— Madame, je ferai tout ce qui dépendra de moi pour la terminer, dit Popinot d'un air plein de bonhomie. Ignorez-vous la cause qui a nécessité la séparation existant entre vous et le marquis d'Espard? demanda le juge en regardant la marquise.

— Oui, monsieur, répondit-elle en se posant pour débiter un récit préparé. Au commencement de l'année 1816, monsieur d'Espard, qui, depuis trois mois, avait tout à fait changé d'humeur, me proposa d'aller vivre auprès de Briançon, dans une de ses terres, sans avoir égard à ma santé, que ce climat aurait ruinée, sans tenir compte de mes habitudes; je refusai de le suivre. Mon refus lui inspira des reproches si mal fondés, que dès ce moment, j'eus des soupçons sur la rectitude de son esprit. Le lendemain il me quitta, me laissant son hôtel, la libre disposition de mes revenus, et alla se loger rue de la Montagne-Sainte-Geneviève, en emmenant mes deux enfants.

— Permettez, madame, dit le juge en interrompant, quels étaient ces revenus?

— Vingt-six mille livres de rente, répondit-elle en parenthèse. Je consultai sur-le-champ le vieux monsieur Bordin pour savoir ce que j'avais à faire, reprit-elle; mais il paraît que les difficultés sont telles pour ôter à un père le gouvernement de ses enfants, que j'ai dû me résigner à demeurer seule à vingt-deux ans, âge auquel beaucoup de jeunes femmes peuvent faire des sottises. Vous avez sans doute lu ma requête, monsieur; vous connaissez les principaux faits sur lesquels je me fonde pour demander l'interdiction de monsieur d'Espard?

— Avez-vous fait, madame, demanda le juge, des démarches auprès de lui pour obtenir vos enfants ?

Oui, monsieur ; mais elles ont été toutes inutiles. Il est bien cruel pour une mère d'être privée de l'affection de ses enfants, surtout quand ils peuvent donner des jouissances auxquels tiennent toutes les femmes.

— L'aîné doit avoir seize ans, dit le juge.

— Quinze ! répondit vivement la marquise.

Ici Bianchon regarda Rastignac. Madame d'Espard se mordit les lèvres.

— En quoi l'âge de mes enfants vous importe-t-il ?

— Ha ! madame, dit le juge sans avoir l'air de faire attention à la portée de ses paroles, un jeune garçon de quinze ans et son frère, âgé sans doute de treize ans, ont des jambes et de l'esprit, ils pourraient venir vous voir en cachette ; s'ils ne viennent pas, ils obéissent à leur père et pour lui obéir en ce point il faut l'aimer beaucoup.

— Je ne vous comprends pas, dit la marquise.

— Vous ignorez peut-être, répondit Popinot, que votre avoué prétend dans votre requête que vos chers enfants sont très-malheureux près de leur père...

Madame d'Espard dit avec une charmante innocence : — Je ne sais pas ce que l'avoué m'a fait dire.

— Pardonnez-moi ces inductions, mais la justice pèse tout, reprit Popinot. Ce que je vous demande, madame, est inspiré par le désir de bien connaître l'affaire. Selon vous, monsieur d'Espard vous aurait quittée sur le prétexte le plus frivole. Au lieu d'aller à Briançon, où il voulait vous emmener, il est resté à Paris. Ce point n'est pas clair. Connaissait-il cette dame Jeanrenaud avant son mariage ?

— Non, monsieur, répondit la marquise avec une sorte de déplaisir visible seulement pour Rastignac et pour le chevalier d'Espard.

Elle se trouvait blessée d'être mise sur la sellette par ce juge, quand elle se proposait d'en pervertir le jugement ; mais, comme l'attitude de Popinot restait niaise à force de préoccupation, elle finit par attribuer ses questions au génie *interrogant* du bailli de Voltaire.

— Mes parents, dit-elle en continuant, m'ont mariée à l'âge de seize ans avec monsieur d'Espard, de qui le nom, la fortune, les habitudes répondaient à ce que ma famille exigeait de l'homme qui devait être mon mari. Monsieur d'Espard avait alors vingt-six ans, il était gentilhomme dans l'acception anglaise de ce mot ; ses manières me plurent, il paraissait avoir beaucoup d'ambition, et j'aime les ambitieux, dit-elle en regardant Rastignac. Si monsieur d'Espard n'avait pas rencontré cette dame Jeanrenaud, ses qualités, son savoir, ses connaissances l'auraient porté, selon le jugement de ses amis d'alors, au gouvernement des affaires ; le roi Charles X, alors Monsieur, le tenait haut dans son estime, et la pairie, une charge à la cour, une place élevée l'attendaient. Cette femme lui a tourné la tête et a détruit l'avenir de toute une famille.

— Quelles étaient alors les opinions religieuses de monsieur d'Espard ?

— Il était, dit-elle, il est encore d'une haute piété.

— Vous ne pensez pas que madame Jeanrenaud ait agi sur lui au moyen du mysticisme ?

— Non, monsieur.

— Vous avez un bel hôtel, madame, dit brusquement Popinot en retirant ses mains de ses goussets, et se levant pour écarter les basques de son habit et se chauffer. Ce boudoir est fort bien, voilà des chaises magnifiques, vos appartements sont bien somptueux ; vous devez gémir en effet, en vous trouvant ici, de savoir vos enfants mal logés, mal vêtus et mal nourris. Pour une mère, je n'imagine rien de plus affreux !

— Oui, monsieur. Je voudrais tant procurer quelques plaisirs à ces pauvres petits que leur père fait travailler du matin au soir à ce déplorable ouvrage sur la Chine !

— Vous donnez de beaux bals, ils s'y amuseraient, mais ils y prendraient peut-être le goût de la dissipation ; cependant leur père pourrait bien vous les envoyer une ou deux fois par hiver.

— Il me les amène au jour de l'an et le jour de ma naissance. Ces jours-là, monsieur d'Espard me fait la grâce de dîner avec eux chez moi.

— Cette conduite est bien singulière, dit Popinot en prenant l'air d'un homme convaincu. Avez-vous vu cette dame Jeanrenaud ?

— Un jour, mon beau-frère, qui, par intérêt pour son frère...

— Ah ! monsieur, dit le juge en interrompant la marquise, est le frère de monsieur d'Espard ?

Le chevalier s'inclina sans dire une parole.

— Monsieur d'Espard, qui a suivi cette affaire, m'a menée à l'Oratoire où cette femme va au prêche, car elle est protestante. Je l'ai vue, elle n'a rien d'attrayant, elle ressemble à une bouchère; elle est extrêmement grasse, horriblement marquée de la petite vérole; elle a les mains et les pieds d'un homme, elle louche, enfin c'est un monstre.

— Inconcevable! dit le juge en paraissant le plus niais de tous les juges du royaume. Et cette créature demeure ici près, rue Verte, dans un hôtel! Il n'y a donc plus de bourgeois!

— Un hôtel où son fils a fait des dépenses folles.

— Madame, dit le juge, j'habite le faubourg Saint-Marceau, je ne connais pas ces sortes de dépenses : qu'appelez-vous des dépenses folles ?

— Mais, dit la marquise, une écurie, cinq chevaux, trois voitures, une calèche, un coupé, un cabriolet.

— Cela coûte donc *gros* ? dit Popinot étonné.

— Énormément, dit Rastignac en l'interrompant. Un train pareil demande pour l'écurie, pour l'entretien des voitures et l'habillement des gens, entre quinze et seize mille francs.

— Croyez-vous, madame? demanda le juge d'un air surpris.

— Oui, au moins, répondit la marquise.

— Et l'ameublement de l'hôtel a dû coûter encore *gros* ?

— Plus de cent mille francs, répondit la marquise qui ne put s'empêcher de sourire de la vulgarité du juge.

— Les juges, madame, reprit le bonhomme, sont assez incrédules, ils sont même payés pour l'être, et je le suis. Monsieur le baron Jeanrenaud et sa mère auraient, si cela est, étrangement spolié monsieur d'Espard. Voici une écurie qui, selon vous, coûterait seize mille francs par an. La table, les gages des gens, les grosses dépenses de maison devraient aller au double, ce qui exigerait cinquante ou soixante mille francs par an. Croyez-vous que ces gens, naguère si misérables, puissent avoir une si grande fortune? Un million donne à peine quarante mille livres de rente.

— Monsieur, le fils et la mère ont placé les fonds donnés par monsieur d'Espard en rentes sur le grand-livre, quand elles étaient à 60 ou 80. Je crois que leurs revenus doivent monter à plus de soixante mille francs. Le fils a d'ailleurs de très-beaux appointements.

— S'ils dépensent soixante mille francs, dit le juge, combien dépensez-vous donc?

— Mais, répondit madame d'Espard, à peu près autant.

Le chevalier fit un mouvement, la marquise rougit, Bianchon regarda Rastignac; mais le juge prit un air de bonhomie qui trompa madame d'Espard. Le chevalier ne prit plus aucune part à la conversation, il vit tout perdu.

— Ces gens, madame, dit Popinot, peuvent être traduits devant le juge extraordinaire.

— Telle était mon opinion, reprit la marquise enchantée. Menacés de la police correctionnelle, ils auraient transigé.

— Madame, dit Popinot, quand monsieur d'Espard vous quitta, ne vous donna-t-il pas une procuration pour gérer et administrer vos biens?

— Je ne comprends pas le but de ces questions, dit vivement la marquise. Il me semble que si vous preniez en considération l'état où me met la démence de mon mari, vous devriez vous occuper de lui et non de moi.

— Madame, dit le juge, nous y arrivons. Avant de confier à vous ou à d'autres l'administration des biens de monsieur d'Espard, s'il était interdit, le tribunal doit savoir comment vous avez gouverné les vôtres. Si monsieur d'Espard vous avait remis une procuration, il vous aurait témoigné de la confiance, et le tribunal apprécierait ce fait. Avez-vous eu sa procuration? Vous pourriez avoir acheté, vendu des immeubles, placé des fonds?

— Non, monsieur; il n'est pas dans les habitudes des Blamont-Chauvry de faire le commerce, dit-elle, vivement piquée dans son orgueil nobiliaire et oubliant son affaire. Mes biens sont restés intacts, et monsieur d'Espard ne m'a pas donné de procuration.

Le chevalier mit la main sur ses yeux pour ne pas laisser voir la vive contrariété que lui faisait éprouver le peu de prévoyance de sa belle-sœur, qui se tuait par ses réponses. Popinot avait marché droit au fait malgré les détours de son interrogatoire.

— Madame, dit le juge en montrant le chevalier, monsieur, sans doute, vous appartient par les liens du sang? nous pouvons parler à cœur ouvert devant ces messieurs.

— Parlez, dit la marquise étonnée de cette précaution.

— Hé! bien, madame, j'admets que vous ne dépensiez que soixante mille francs par an, et cette somme semblera bien employée à qui voit vos écuries, votre hôtel, votre nombreux domestique, et les habitudes d'une maison dont le luxe me semble supérieur à celui des Jeanrenaud.

La marquise fit un geste d'assentiment.

— Or, reprit le juge, si vous ne possédez que vingt-six mille francs de rente, entre nous soit dit, vous pourriez avoir une centaine de mille francs de dettes. Le tribunal serait donc en droit de croire qu'il existe dans les motifs qui vous portent à demander l'interdiction de monsieur votre mari un intérêt personnel, un besoin d'acquitter vos dettes, si... vous... en... aviez. Les sollicitations qui m'ont été faites m'ont intéressé à votre situation, examinez-la bien, confessez-vous. Il serait encore temps, dans le cas où mes suppositions seraient justes, d'éviter le scandale d'un blâme qu'il serait dans les attributions du tribunal d'exprimer dans les *attendu* de son jugement, si vous ne rendiez pas votre position nette et claire. Nous sommes forcés d'examiner les motifs des demandeurs aussi bien que d'écouter les défenses de l'homme à interdire, de rechercher si les requérants ne sont pas guidés par la passion, égarés par des cupidités malheureusement trop communes...

La marquise était sur le gril de Saint-Laurent.

— ... Et j'ai besoin d'avoir des explications à ce sujet, disait le juge. Madame, je ne demande pas à compter avec vous, mais seulement à savoir comment vous avez suffi à un train de soixante mille livres de rente, et cela depuis quelques années. Il est beaucoup de femmes qui accomplissent ce phénomène dans leur ménage, mais vous n'êtes pas de ces femmes-là. Parlez, vous pouvez avoir des moyens fort légitimes, des grâces royales, quelques ressources dans les indemnités récemment accordées; mais, dans ce cas, l'autorisation de votre mari eût été nécessaire pour les recueillir.

La marquise était muette.

— Songez, dit Popinot, que monsieur d'Espard peut vouloir se défendre, et son avocat aura le droit de rechercher si vous avez des créanciers. Ce boudoir est fraîchement meublé, vos appartements n'ont pas le mobilier que vous laissait, en 1816, monsieur le marquis. Si, comme vous me faisiez l'honneur de me le dire, les ameublements sont coûteux pour des Jeanrenaud, ils le sont encore plus pour vous, qui êtes une grande dame. Si je suis juge, je suis homme, je puis me tromper, éclairez-moi. Songez aux devoirs que la loi m'impose, aux recherches rigoureuses qu'elle exige alors qu'il s'agit de prononcer l'interdiction d'un père de famille qui se trouve dans toute la force de l'âge. Aussi excuserez-vous, madame la marquise, les objections que j'ai l'honneur de vous soumettre, et sur lesquelles il vous est facile de me donner quelques explications. Quand un homme est interdit pour le fait de démence, il lui faut un curateur; qui serait le curateur?

— Son frère, dit la marquise.

Le chevalier salua. Il y eut un moment de silence qui fut gênant pour ces cinq personnes en présence. En se jouant, le juge avait découvert la plaie de cette femme. La figure bourgeoisement bonnasse de Popinot, de qui la marquise, le chevalier et Rastignac étaient disposés à rire, avait acquis à leurs yeux sa physionomie véritable. En le regardant à la dérobée, tous trois apercevaient les mille significations de cette bouche éloquente. L'homme ridicule devenait un juge perspicace. Son attention à évaluer le boudoir s'expliquait : il était parti de l'éléphant doré qui soutenait la pendule pour questionner ce luxe, et venait de lire au fond du cœur de cette femme.

— Si le marquis d'Espard est fou de la Chine, dit Popinot en montrant la garniture de cheminée, j'aime à voir que les produits vous en plaisent également. Mais peut-être est-ce à monsieur le marquis que vous devez les charmantes chinoiseries que voici, dit-il en désignant de précieuses babioles.

Cette raillerie de bon goût fit sourire Bianchon, pétrifia Rastignac, et la marquise mordit ses lèvres minces.

— Monsieur, dit madame d'Espard, au lieu d'être le défenseur d'une femme placée dans la cruelle alternative de voir sa fortune et ses enfants perdus, ou de passer pour l'ennemie de son mari, vous m'accusez! vous soupçonnez mes intentions! Avouez que votre conduite est étrange...

— Madame, répondit vivement le juge, la circonspection que le tribunal apporte en ces sortes d'affaires vous aurait donné, dans tout autre juge, un critique peut-être moins indulgent que je ne le suis. D'ailleurs, croyez-vous que l'avocat de monsieur d'Espard sera très-complaisant? Ne saura-t-il pas envenimer des intentions qui peuvent être pures et désintéressées? Votre vie lui appartiendra, il la fouillera sans mettre à ses recherches la respectueuse déférence que j'ai pour vous.

— Monsieur, je vous remercie, répondit ironiquement la marquise. Admettons pour un moment que je doive trente mille, cinquante mille francs, ce serait d'abord une bagatelle pour les maisons d'Espard et de Blamont-Chauvry; mais si mon mari ne jouit pas de ses facultés intellectuelles, serait-ce un obstacle à son interdiction?

— Non, madame, dit Popinot.

— Quoique vous m'ayez interrogée avec un esprit de ruse que je ne devais pas supposer chez un juge, dans une circonstance où la franchise suffisait pour tout apprendre, reprit-elle, et que je me regarde comme autorisée à ne plus rien dire, je vous répondrai sans détour que mon état dans le monde, que tous ces efforts faits pour me conserver des relations sont en désaccord avec mes goûts. J'ai commencé la vie par demeurer long-temps dans la solitude; mais l'intérêt de mes enfants a parlé, j'ai senti que je devais remplacer leur père. En recevant mes amis, en entretenant toutes ces relations, en contractant ces dettes, j'ai garanti leur avenir, je leur ai préparé de brillantes carrières où ils trouveront aide et soutien; et, pour avoir ce qu'ils ont acquis ainsi, bien des calculateurs, magistrats ou banquiers payeraient volontiers tout ce qu'il m'en a coûté.

— J'apprécie votre dévouement, madame, répondit le juge. Il vous honore, et je ne blâme en rien votre conduite. Le magistrat appartient à tous : il doit tout connaître, il lui faut tout peser.

Le tact de la marquise et son habitude de juger les hommes lui firent deviner que monsieur Popinot ne pourrait être influencé par aucune considération. Elle avait compté sur quelque magistrat ambitieux, elle rencontrait un homme de conscience. Elle songea soudain à d'autres moyens pour assurer le succès de son affaire. Les domestiques apportèrent le thé.

— Madame a-t-elle d'autres explications à me donner? dit Popinot en voyant ces apprêts.

— Monsieur, lui répondit-elle avec hauteur, faites votre métier : interrogez monsieur d'Espard, et vous me plaindrez, j'en suis certaine... Elle releva la tête en regardant Popinot avec une fierté mêlée d'impertinence, le bonhomme la salua respectueusement.

— Il est gentil, ton oncle, dit Rastignac à Bianchon. Il ne comprend donc rien, il ne sait donc pas ce qu'est la marquise d'Espard, il ignore donc son influence, son pouvoir occulte sur le monde? Elle aura demain chez elle le Garde des Sceaux...

— Mon cher, que veux-tu que j'y fasse, dit Bianchon, ne t'ai-je pas prévenu? Ce n'est pas un homme coulant.

— Non, dit Rastignac, c'est un homme à couler.

Le docteur fut forcé de saluer la marquise et son muet chevalier pour courir après Popinot, qui, n'étant pas homme à demeurer dans une situation gênante, trottinait dans les salons.

— Cette femme-là doit cent mille écus, dit le juge en montant dans le cabriolet de son neveu.

— Que pensez-vous de l'affaire?

— Moi, dit le juge, je n'ai jamais d'opinion avant d'avoir tout examiné. Demain, de bon matin, je manderai madame Jeanrenaud par-devant moi, dans mon cabinet, à quatre heures, pour lui demander des explications sur les faits qui lui sont relatifs, car elle est compromise.

— Je voudrais bien savoir la fin de cette affaire.

— Eh! mon Dieu, ne vois-tu pas que la marquise est l'instrument de ce grand homme sec qui n'a pas soufflé mot. Il y a un peu de Caïn chez lui, mais du Caïn qui cherche sa massue dans le Tribunal, où, malheureusement, nous avons quelques épées de Caïn.

— Ah! Rastignac, s'écria Bianchon, que fais-tu dans cette galère?

— Nous sommes accoutumés à voir de ces petits complots dans les familles : il ne se passe pas d'année qu'il n'y ait des jugements de non-lieu sur des demandes en interdiction. Dans nos mœurs, on n'est pas déshonoré par ces sortes de tentatives; tandis que nous envoyons aux galères un pauvre diable pour avoir cassé la vitre qui le séparait d'une sébile pleine d'or. Notre code n'est pas sans défauts.

— Mais les faits de la requête?

— Mon garçon, tu ne connais donc pas encore les romans judiciaires que les clients imposent à leurs avoués? Si les avoués se condamnaient à ne présenter que la vérité, ils ne gagneraient pas l'intérêt de leurs charges.

Le lendemain, à quatre heures après midi, une grosse dame, qui ressemblait assez à une futaille à laquelle on aurait mis une robe et une ceinture, suait et soufflait en montant l'escalier du juge Popinot. Elle était à grand'peine sortie d'un landau vert qui lui seyait à merveille : la femme ne se concevait pas sans le landau, ni le landau sans la femme.

— C'est moi, mon cher monsieur, dit-elle en se présentant à la porte du cabinet du juge, madame Jeanrenaud, que vous avez demandée ni plus ni moins que si elle était une voleuse. Ces paroles communes furent prononcées d'une voix commune, scandée par les sifflements obligés d'un asthme, et terminée par un accès de toux. Quand je traverse les endroits humides, vous ne sauriez croire comme je souffre, monsieur. Je ne ferai pas de vieux os, sauf votre respect. Enfin me voilà.

Le juge resta tout ébahi à l'aspect de cette prétendue maréchale d'Ancre. Madame Jeanrenaud avait une figure percée d'une infinité de trous, très-colorée, à front bas, un nez retroussé, une figure ronde comme une boule; car chez la bonne femme tout était rond. Elle avait les yeux vifs d'une campagnarde, l'air franc, la parole joviale, des cheveux châtains retenus par un faux bonnet sous un chapeau vert orné d'un vieux bouquet d'oreilles-d'ours. Ses seins volumineux excitaient le rire en faisant craindre une grotesque explosion à chaque tousserie. Ses grosses jambes étaient de celles qui font dire d'une femme, par les gamins de Paris, qu'elle est bâtie sur pilotis. La veuve avait une robe verte garnie de chinchilla, qui lui allait comme une tache de cambouis sur le voile d'une mariée. Enfin chez elle tout était d'accord avec son dernier mot : — Me voilà.

— Madame, lui dit Popinot, vous êtes soupçonnée d'avoir employé la séduction sur monsieur le marquis d'Espard pour vous faire attribuer des sommes considérables.

— De quoi, de quoi? dit-elle, la séduction ! mais, mon cher monsieur, vous êtes un homme respectable, et d'ailleurs, comme magistrat, vous devez avoir du bon sens, regardez-moi? Dites-moi si je suis femme à séduire quelqu'un. Je ne peux pas nouer les cordons de mes souliers ni me baisser. Voilà vingt ans que, Dieu merci, je ne peux pas mettre de corset sous peine de mort violente. J'étais mince comme une asperge à dix-sept ans, et jolie, je puis vous le dire aujourd'hui. J'ai donc épousé Jeanrenaud, un brave homme, conducteur de bateaux de sel. J'ai eu mon fils, qui est un beau garçon : il est ma gloire ; et, sans me mépriser, c'est mon plus bel ouvrage. Mon petit Jeanrenaud était un soldat flatteur pour Napoléon et l'a servi dans la garde impériale. Hélas !

la mort de mon homme, qui a péri noyé, m'a fait une révolution : j'ai eu la petite vérole, je suis restée deux ans dans ma chambre sans bouger, et j'en suis sortie grosse comme vous voyez, laide à perpétuité et malheureuse comme les pierres... Voilà mes séductions !

— Mais, madame, quels sont donc alors les motifs que peut avoir monsieur d'Espard pour vous avoir donné des sommes ?...

— Immenses, monsieur, dites le mot, je le veux bien ; mais quant aux motifs, je ne suis pas autorisé à les déclarer.

— Vous auriez tort. En ce moment sa famille, justement inquiète, va le poursuivre...

— Dieu de Dieu ! dit la bonne femme en se levant avec vivacité, serait-il donc susceptible d'être tourmenté à mon égard ? le roi des hommes, un homme qui n'a pas son pareil ! Plutôt qu'il lui arrive le moindre chagrin, et j'oserais dire un cheveu de moins sur la tête, nous rendrons tout, monsieur le juge. Mettez cela sur vos papiers. Dieu de Dieu ! je cours dire à Jeanrenaud ce qu'il en est. Ah ! voilà du propre !

Et la petite vieille se leva, sortit, roula par les escaliers, et disparut.

— Elle ne ment pas, celle-là, se dit le juge. Allons, je saurai tout demain, car demain j'irai chez le marquis d'Espard.

Les gens qui ont dépassé l'âge auquel l'homme dépense sa vie à tort et à travers connaissent l'influence exercée sur les événements majeurs par des actes en apparence indifférents, et ne s'étonneront pas de l'importance attachée au petit fait que voici. Le lendemain Popinot eut un coryza, maladie sans danger, connue sous le nom impropre et ridicule de *rhume de cerveau*. Incapable de soupçonner la gravité d'un délai, le juge, qui se sentit un peu de fièvre, garda la chambre et n'alla pas interroger le marquis d'Espard. Cette journée perdue fut, dans cette affaire, ce que fut, à la journée des Dupes, le bouillon pris par Marie de Médicis, qui, retardant sa conférence avec Louis XIII, permit à Richelieu d'arriver le premier à Saint-Germain et de ressaisir son royal captif. Avant de suivre le magistrat et son greffier chez le marquis d'Espard, peut-être est-il nécessaire de jeter un coup d'œil sur la maison, sur l'intérieur et les affaires de ce père de famille représenté comme un fou dans la requête de sa femme.

Il se rencontre çà et là dans les vieux quartiers de Paris plusieurs bâtiments où l'archéologue reconnaît un certain désir d'orner la ville, et cet amour de la propriété qui porte à donner de la durée aux constructions. La maison où demeurait alors monsieur d'Espard, rue de la Montagne-Sainte-Geneviève, était un de ces antiques monuments bâtis en pierre de taille, et qui ne manquaient pas d'une certaine richesse dans l'architecture ; mais le temps avait noirci la pierre, et les révolutions de la ville en avaient altéré le dehors et le dedans. Les hauts personnages, qui jadis habitaient le quartier de l'Université, s'en étant allés avec les grandes institutions ecclésiastiques, cette demeure avait abrité des industries et des habitants auxquels elle ne fut jamais destinée. Dans le dernier siècle, une imprimerie en avait dégradé les parquets, sali les boiseries, noirci les murailles, et détruit les principales dispositions intérieures. Autrefois l'hôtel d'un cardinal, cette noble maison était aujourd'hui livrée à d'obscurs locataires. Le caractère de son architecture indiquait qu'elle avait été bâtie durant les règnes de Henri III, de Henri IV et de Louis XIII, à l'époque où se construisaient aux environs les hôtels Mignon, Serpente, le palais de la princesse Palatine et la Sorbonne. Un vieillard se souvenait de l'avoir entendu, dans le dernier siècle, nommer l'hôtel Duperron. Il paraissait vraisemblable que cet illustre cardinal l'avait construite ou seulement habitée. Il existe en effet à l'angle de la cour un perron composé de plusieurs marches, par lequel on entre dans la maison ; et l'on descend au jardin par un autre perron construit au milieu de la façade intérieure. Malgré les dégradations, le luxe déployé par l'architecte dans les balustrades et dans la tribune de ces deux perrons annonce la naïve intention de rappeler le nom du propriétaire, espèce de calembour sculpté que se permettaient souvent nos ancêtres. Enfin, à l'appui de cette preuve, les archéologues peuvent voir dans les tympans qui ornent les deux principales façades quelques traces de cordons du chapeau romain. Monsieur le marquis d'Espard occupait le rez-de-chaussée, sans doute afin d'avoir la jouissance du jardin, qui pouvait passer dans ce quartier pour spacieux, et se trouvait à l'exposition du midi, deux avantages qu'exigeait impérieusement la santé de ses enfants. La situation de la maison, dans une rue dont le nom indique la pente rapide, procurait, à ce rez-de-chaussée, une assez grande élévation pour qu'il n'y eût jamais d'humidité. Monsieur d'Espard avait dû louer son appartement pour une très-modique somme, les loyers étant peu chers à l'époque où il vint dans ce quartier, afin d'être au centre des colléges et de surveiller l'éducation de ses enfants. D'ailleurs, l'état dans lequel il prit les lieux où tout était à réparer avait nécessairement décidé le propriétaire à se montrer fort accommodant. Monsieur d'Espard avait donc pu, sans être taxé de folie, faire chez lui quelques dépenses pour s'y établir convenablement. La hauteur des pièces, leur disposition, leurs boiseries dont les cadres seuls subsistaient, l'agencement des plafonds, tout respirait cette grandeur que le Sacerdoce a imprimée aux choses entreprises ou créées par lui, et que les artistes retrouvent aujourd'hui dans les plus légers fragments qui en subsistent, ne fût-ce qu'un livre, un habillement, un pan de bibliothèque, ou quelque fauteuil. Les peintures ordonnées par le marquis offraient ces tons bruns aimés par la Hollande, par l'ancienne bourgeoisie parisienne, et qui fournissent aujourd'hui de beaux effets aux peintres de genre. Les panneaux étaient tendus de papiers unis qui s'accordaient avec les peintures. Les fenêtres avaient des rideaux d'étoffe peu coûteuse, mais choisie de manière à produire un effet en harmonie avec l'aspect général. Les meubles étaient rares et bien distribués. Quiconque entrait dans cette demeure ne pouvait se défendre d'un sentiment doux et paisible, inspiré par le calme profond, par le silence qui y régnait, par la modestie et par l'unité de la couleur, en donnant à cette expression le sens qu'y attachent les peintres. Une certaine noblesse dans les détails, l'exquise propreté des meubles, un accord parfait entre les choses et les personnes, tout amenait sur les lèvres le mot *suave*. Peu de personnes étaient admises dans ces appartements habités par le marquis et ses deux fils, dont l'existence pouvait sembler mystérieuse à tout le voisinage. Dans un des corps de logis en retour sur la rue, au troisième étage, il existe trois grandes chambres qui restaient dans l'état de délabrement et de nudité grotesque où les avait mises l'imprimerie. Ces trois pièces, destinées à l'exploitation de l'Histoire pittoresque de la Chine, étaient disposées de manière à contenir un bureau, un magasin et un cabinet où se tenait monsieur d'Espard pendant une partie de la journée, car après le déjeuner, jusqu'à quatre heures du soir, le marquis demeurait dans son cabinet, au troisième étage, pour surveiller la publication qu'il avait entreprise. Les personnes qui venaient le voir le trouvaient habituellement là. Souvent, au retour de leurs classes, ses deux enfants montaient à ce bureau. L'appartement du rez-de-chaussée formait donc un sanctuaire où le père et ses fils demeuraient depuis le dîner jusqu'au lendemain. Sa vie de famille était ainsi soigneusement murée. Il avait pour tout domestique une cuisinière, vieille femme depuis long-temps attachée à sa maison, et un valet de chambre âgé de quarante ans, qui le servait avant qu'il n'épousât mademoiselle de Blamont. La gouvernante des enfants était restée près d'eux. Les soins minutieux dont témoignait la tenue de l'appartement annonçaient l'esprit d'ordre, le maternel amour que cette femme déployait pour les intérêts de son maître dans la conduite de sa maison et dans le gouvernement des enfants. Graves et peu communicatifs, ces trois braves gens semblaient avoir compris la pensée qui dirigeait la vie intérieure du marquis. Ce contraste entre leurs habitudes et celles de la plupart des valets constituait une singularité qui jetait sur cette maison un air de mystère, et qui servait beaucoup la calomnie à laquelle monsieur d'Espard donnait lui-même prise. Des motifs louables lui avaient fait prendre la résolution de ne se lier avec aucun des locataires de la maison. En entreprenant l'éducation de ses enfants, il désirait les garantir de tout contact avec des étrangers. Peut-être aussi voulut-il éviter les ennuis du voisinage. Chez un homme de sa qualité, par un temps où le libéralisme agitait particulièrement le quartier latin, cette conduite devait exciter contre lui de petites passions, des sentiments dont la niaiserie n'est comparable qu'à leur bassesse, et qui engendraient des commérages de portiers, des propos envenimés de porte à porte, ignorés de monsieur d'Espard et de ses gens. Son valet de chambre passait pour être un jésuite, sa cuisinière était une sournoise, la gouvernante s'entendait avec madame Jeanrenaud pour dépouiller le fou. Le fou était le marquis. Les locataires arrivèrent insensiblement à taxer de folie une foule de choses observées chez monsieur d'Espard, et passées au tamis de leurs appréciations sans qu'ils y trouvassent des motifs raisonnables. Croyant peu au succès de sa publication sur la Chine, ils avaient fini par persuader au propriétaire de la maison que monsieur d'Espard était sans argent, au moment même où, par un oubli que commettent beaucoup de gens occupés, il avait laissé le receveur des contributions lui envoyer une contrainte pour le payement de sa cote arriérée. Le propriétaire avait alors réclamé, dès le 1er janvier, son terme par l'envoi d'une quittance que la portière s'était amusée à garder. Le 15 un commandement avait été signifié, la portière l'avait tardivement remis à monsieur d'Espard, qui prit cet acte pour un malentendu, sans croire à de mauvais procédés de la part d'un homme chez lequel il demeurait depuis douze ans. Le marquis fut saisi par un huissier pendant que son valet de chambre allait porter l'argent du terme chez son propriétaire. Cette saisie, insidieusement racontée aux personnes avec lesquelles il était en relation pour son entreprise, en avait alarmé quelques-unes, qui doutaient déjà de la solvabilité de monsieur d'Espard, à cause des sommes énormes que lui soutiraient, disait-on, le baron Jeanrenaud et sa mère. Les soupçons des locataires, des créanciers et du propriétaire étaient d'ailleurs presque justifiés par la grande économie que le marquis apportait dans ses dépenses. Il se conduisait en homme ruiné. Ses domestiques payaient immédiatement dans le quartier les plus menus objets nécessaires à la vie, et agissaient comme des gens qui ne veulent pas de crédit; s'ils eussent demandé quoi que ce fût sur parole, ils auraient peut-être éprouvé des refus, tant les commérages calomnieux avaient obtenu de créance dans le quartier. Il est des marchands qui aiment celles de leurs pratiques qui les payent mal, quand ils ont avec elles des rapports constants; tandis qu'ils en haïssent d'excellentes qui se tiennent sur une ligne trop élevée pour leur permettre des accointances, mot vulgaire mais expressif. Les hommes sont ainsi. Dans presque toutes les classes, ils accordent au compérage ou à des âmes viles qui les flattent les facilités, les faveurs refusées à la supériorité qui les blesse quelle que soit la manière dont elle se révèle. Le boutiquier qui crie contre la cour a ses courtisans. Enfin les façons du marquis et celles de ses enfants devaient engendrer de mauvaises dispositions chez leurs voisins, et les porter insensiblement à un degré de malfaisance auquel les gens ne reculent plus devant une lâcheté quand elle nuit à l'adversaire qu'ils se sont créé. Monsieur d'Espard était gentilhomme, comme sa femme était une grande dame : deux types magnifiques, déjà si rares en France que l'observateur peut y compter les personnes qui en offrent une complète réalisation. Ces deux personnages reposent sur des idées primitives, sur des croyances pour ainsi dire innées, sur des habitudes prises dès l'enfance, et qui n'existent plus. Pour croire au sang pur, à une race privilégiée, pour se mettre par la pensée au dessus des autres hommes, ne faut-il pas, dès sa naissance, avoir mesuré l'espace qui sépare les patriciens du peuple ? Pour commander, ne faut-il pas ne point avoir connu d'égaux ? Ne faut-il pas enfin que l'éducation inculque les idées que la nature inspire aux grands hommes à qui elle a mis une couronne au front avant que leur mère n'y puisse mettre un baiser ? Ces idées et cette éducation ne sont plus possibles en France, où depuis quarante ans le hasard s'est arrogé le droit de faire des nobles en les trempant dans le sang des batailles, en les dorant de gloire, en les couronnant de l'auréole du génie ; où l'abolition des substitutions et des majorats, en émiettant les héritages, force le noble à s'occuper de ses affaires au lieu de s'occuper des affaires de l'État, et où la grandeur personnelle ne peut plus être qu'une grandeur acquise après de longs et patients travaux : ère toute nouvelle. Considérée comme un débris de ce grand corps nommé la féodalité, monsieur d'Espard méritait une admiration respectueuse. S'il se croyait par le sang au-dessus des autres hommes, il croyait également à toutes les obligations de la noblesse ; il possédait les vertus et la force qu'elle exige. Il avait élevé ses enfants dans ses principes, et leur avait communiqué dès le berceau la religion de sa caste. Un sentiment profond de leur dignité, l'orgueil du nom, la certitude d'être grands par eux-mêmes, enfantèrent chez eux une fierté royale, le courage des preux et la bonté protectrice des seigneurs châtelains ; leurs manières en harmonie avec leurs idées, et qui eussent paru belles chez des princes, blessaient tout le monde rue de la Montagne-Sainte-Geneviève, pays d'égalité s'il en fût, où l'on croyait d'ailleurs monsieur d'Espard ruiné, où, depuis le plus petit jusqu'au plus grand, tout le monde refusait les priviléges de la noblesse à un noble sans argent, par la raison que chacun les laisse usurper aux bourgeois enrichis. Ainsi, le défaut de communication entre cette famille et les autres personnes existait au moral comme au physique.

Chez le père aussi bien que chez les enfants, l'extérieur et l'âme étaient en harmonie. Monsieur d'Espard, alors âgé d'environ cinquante ans, aurait pu servir de modèle pour exprimer l'aristocratie nobiliaire au dix-neuvième siècle. Il était mince et blond, sa figure avait cette distinction native dans la coupe et dans l'expression générale qui annonçait les sentiments élevés ; mais elle portait l'empreinte d'une froideur calculée qui commandait un peu trop le respect. Son nez aquilin, tordu dans le bout, de gauche à droite, légère déviation qui n'était pas sans grâce ; ses yeux bleus, son front haut, assez saillant aux sourcils pour former un épais cordon qui arrêtait la lumière en ombrant l'œil, indiquaient un esprit droit, susceptible de persévérance, une grande loyauté, mais donnaient en même temps un air étrange à sa physionomie. Cette cambrure du front aurait pu faire croire en effet à quelque peu de folie, et ses épais sourcils rapprochés ajoutaient encore à cette apparente bizarrerie. Il avait les mains blanches et soignées des gentilshommes, ses pieds étaient étroits et hauts. Son parler indécis, non-seulement dans la prononciation qui ressemblait à celle d'un bègue, mais encore dans l'expression des idées, sa pensée et sa parole produisaient dans l'esprit de l'auditeur l'effet d'un homme qui va et vient, qui, pour employer un mot de la langue familière, tatillonne, touche à tout, s'interrompt dans ses gestes, et n'achève rien. Ce défaut, purement extérieur, contrastait avec la décision de sa bouche pleine de fermeté, avec le caractère tranché de sa physionomie. Sa démarche un peu saccadée seyait à sa manière de parler. Ces singularités contribuaient à confirmer sa prétendue folie. Malgré son élégance, il était pour sa personne d'une économie systématique, et portait pendant trois ou quatre ans la même redingote noire, brossée avec un soin extrême par son vieux valet de chambre. Quant à ses enfants, tous deux étaient beaux et doués d'une grâce qui n'excluait pas l'expression d'un dédain aristocratique. Ils avaient cette vive coloration, cette fraîcheur de regard, cette transparence dans la chair qui dénonce des mœurs pures, l'exactitude dans le régime, la régularité des travaux et des amusements. Tous deux avaient des cheveux noirs et des yeux bleus, le nez tordu comme celui de leur père; mais peut-être leur mère leur avait-elle transmis cette dignité du parler, du regard et de la contenance, héréditaire chez les Blamont-Chauvry. Leur voix fraîche comme le cristal possédait le don d'émouvoir et cette mollesse qui exerce de si grandes séductions; enfin, ils avaient la voix qu'une femme aurait voulu entendre après avoir reçu la flamme de leurs regards. Ils conservaient surtout la modestie de leur fierté, une chaste réserve, un *noli me tangere*, qui, plus tard, aurait pu paraître un effet du calcul, tant cette contenance inspirait l'envie de les connaître. L'aîné, le comte Clément de Nègrepelisse, entrait dans sa seizième année. Depuis deux ans il avait quitté la jolie petite veste anglaise que conservait encore son frère, le vicomte Camille d'Espard. Le comte, qui depuis environ six mois n'allait plus au collége Henri IV, était vêtu comme un jeune homme adonné aux premiers bonheurs que procure l'élégance. Son père n'avait pas voulu lui faire faire inutilement une année de philosophie, il tâchait de donner à ses connaissances une sorte de lien par l'étude des mathématiques transcendantes. En même temps le marquis lui apprenait les langues orientales, le droit diplomatique de l'Europe, le blason, et l'histoire aux grandes sources, l'histoire dans les chartes, dans les pièces authentiques, dans les recueils d'ordonnances. Camille était entré récemment en Rhétorique.

Le jour où Popinot se proposa de venir interroger monsieur d'Espard, fut un jeudi, jour de congé. Avant que leur père ne s'éveillât, sur les neuf heures, les deux frères jouaient dans le jardin. Clément se défendait mal contre les instances de son frère qui désirait aller au tir pour la première fois, et qui lui demandait d'appuyer sa demande auprès du marquis. Le vicomte abusait toujours un peu de sa faiblesse, et prenait souvent plaisir à lutter avec son frère. Tous deux se mirent donc à se quereller et à se battre en jouant comme des écoliers. En courant dans le jardin, l'un après l'autre, ils firent assez de bruit pour éveiller leur père qui se mit à sa fenêtre, sans être aperçu par eux, grâce à la chaleur du combat. Le marquis se plut à considérer ses deux enfants qui s'entrelaçaient comme deux serpents, et montraient leurs têtes animées par le déploiement de leurs forces : leurs visages étaient blancs et roses, leurs yeux lançaient des éclairs, leurs membres se tordaient comme des cordes au feu ; ils tombaient, se relevaient, se reprenaient comme deux athlètes dans un cirque, et causaient à leur père un de ces bonheurs qui récompenserait les plus vives peines d'une vie agitée. Deux personnes, l'une au second, l'autre au premier étage de la maison, regardèrent dans le jardin, et dirent aussitôt que le vieux fou s'amusait à faire battre ses enfants. Aussitôt plusieurs têtes parurent aux fenêtres ; le marquis les aperçut, dit un mot à ses fils, qui tout à coup grimpèrent à la fenêtre, sautèrent dans sa chambre, et Clément obtint aussitôt la permission demandée par Camille. Il ne fut bruit dans la maison que du nouveau trait de folie du marquis.

Quand Popinot se présenta vers midi, accompagné de son greffier, à la porte où il demanda monsieur d'Espard, la portière le conduisit au troisième étage, en lui racontant comme quoi monsieur d'Espard, pas plus tard que ce matin, avait fait battre ses deux enfants, et riait, comme un monstre qu'il était, en voyant le cadet qui mordait l'aîné jusqu'au sang, et comment sans doute il voulait les voir se détruire.

— Demandez-moi pourquoi ! ajouta-t-elle, il ne le sait pas lui-même.

Au moment où la portière disait au juge ce mot décisif, elle l'avait amené sur le palier du troisième étage, en face d'une porte placardée d'affiches qui annonçaient les livraisons successives de l'Histoire pittoresque de la Chine. Ce palier fangeux, cette rampe sale, cette porte où l'imprimerie avait laissé ses stigmates, cette fenêtre délabrée et les plafonds où les apprentis s'étaient plu à dessiner des monstruosités avec la flamme fumeuse de leurs chandelles, les tas de papiers et d'ordures amoncelés dans les coins, à dessein où par insouciance; enfin tous les détails du tableau qui s'offrait aux regards s'accordaient si bien avec les faits allégués par la marquise que, malgré son impartialité, le juge ne put s'empêcher d'y croire.

— Vous y êtes, messieurs, dit la portière, voilà la manifacture où les Chinois mangent de quoi nourrir tout le quartier.

Le greffier regarda le juge en souriant, et Popinot eut quelque peine à conserver son sérieux. Tous deux entrèrent dans la première chambre, où se trouvait un vieil homme qui sans doute faisait à la fois le service d'un garçon de bureau, d'un garçon de magasin et d'un caissier. Ce vieillard était le maître Jacques de la Chine. De longues planches, sur lesquelles étaient entassées les livraisons publiées, garnissaient les murs de cette chambre. Au fond, une cloison en bois et en grillage, intérieurement ornée de rideaux verts, formait un cabinet. Une chattière destinée à recevoir ou à donner les écus indiquait le siége de la caisse.

— Monsieur d'Espard? dit Popinot en s'adressant à cet homme vêtu d'une blouse grise.

Le garçon du magasin ouvrit la porte de la seconde chambre, où le magistrat et son greffier aperçurent un vieillard vénérable, à chevelure blanche, simplement vêtu, décoré de la croix de Saint-Louis, assis devant un bureau, et qui cessa de comparer des feuilles coloriées pour regarder les deux survenants. Cette pièce était un bureau modeste, rempli de livres et d'épreuves. Il s'y trouvait une table en bois noir, où sans doute venait travailler une personne absente en ce moment.

— Monsieur est monsieur le marquis d'Espard ? dit Popinot.

— Non, monsieur, répondit le vieillard en se levant. Que désirez-vous de lui ? ajouta-t-il en s'avançant vers eux, et témoignant par son maintien des manières élevées et des habitudes dues à l'éducation d'un gentilhomme.

— Nous voudrions lui parler d'affaires qui lui sont entièrement personnelles, répondit Popinot.

— D'Espard, voici des messieurs qui te demandent, dit alors ce personnage en entrant dans la dernière pièce où le marquis était au coin de la cheminée occupé à lire les journaux.

Ce dernier cabinet avait un tapis usé, les fenêtres étaient garnies de rideaux en toile grise, il n'y avait que quelques chaises en acajou, deux fauteuils, un secrétaire à cylindre, un bureau à la Tronchin, puis sur la cheminée une méchante pendule et deux vieux candélabres. Le vieillard précéda Popinot et son greffier, leur avança deux chaises, comme s'il était le maître du logis, et monsieur d'Espard le laissa faire. Après des salutations respectives pendant lesquelles le juge observa le prétendu fou, le marquis demanda naturellement quel était l'objet de cette visite. Ici Popinot regarda le vieillard et le marquis d'un air assez significatif.

— Je crois, monsieur le marquis, répondit-il, que la nature de mes fonctions et l'enquête qui m'amène exigent que nous soyons seuls, quoiqu'il soit dans l'esprit de la loi que, dans ce cas, les interrogatoires reçoivent une sorte de publicité domestique. Je suis Juge au Tribunal de Première Instance du département de la Seine, et commis par monsieur le Président pour vous interroger sur les faits articulés dans une requête en interdiction présentée par madame la marquise d'Espard.

Le vieillard se retira. Quand le juge et son justiciable furent seuls, le greffier ferma la porte, s'établit sans cérémonie au bureau à la Tronchin où il déroula ses papiers et prépara son procès-verbal. Popinot n'avait pas cessé de regarder monsieur d'Espard, il observait l'effet produit sur lui par cette déclaration, si cruelle pour un homme plein de raison. Le marquis d'Espard, dont la figure était ordinairement pâle comme le sont les figures des personnes blondes, devint subitement rouge de colère ; il eut un léger tressaillement, s'assit, posa son journal sur la cheminée, et baissa les yeux. Il reprit bientôt la dignité du gentilhomme et contempla le juge, comme pour chercher sur sa physionomie les indices de son caractère.

— Comment, monsieur, n'ai-je pas été prévenu d'une semblable requête? lui demanda-t-il.

— Monsieur le marquis, les personnes dont l'interdiction est requise n'étant pas censées jouir de leur raison, la signification de la requête est inutile. Le devoir du Tribunal est de vérifier, avant tout, les allégations des requérants.

— Rien n'est plus juste, répondit le marquis. Eh! bien, monsieur, veuillez m'indiquer la manière dont je dois me conduire....

— Vous n'avez qu'à répondre à mes demandes, en n'omettant aucun détail. Quelque délicates que soient les raisons qui vous auraient porté à agir de manière à donner à madame d'Espard le prétexte de sa requête, parlez sans crainte. Il est inutile de vous faire observer que la magistrature connaît ses devoirs, et qu'en semblable occurrence le secret le plus profond...

— Monsieur, dit le marquis dont les traits accusèrent une douleur vraie, si de mes explications il résultait un blâme de la conduite tenue par madame d'Espard, qu'en adviendrait-il?

— Le Tribunal pourrait exprimer une censure dans les motifs de son jugement.

— Cette censure est-elle facultative? Si je stipulais avec vous, avant de vous répondre, qu'il ne sera rien dit de blessant pour madame d'Espard au cas où votre rapport me serait favorable, le Tribunal aurait-il égard à ma prière?

Le juge regarda le marquis, et ces deux hommes échangèrent alors des pensées d'une égale noblesse.

— Noël, dit Popinot à son greffier, retirez-vous dans l'autre pièce. Si vous êtes utile, je vous rappellerai. — Si, comme je suis en ce moment disposé à le croire, il se rencontre en cette affaire des malentendus, je puis vous promettre, monsieur, que, sur votre demande, le Tribunal agirait avec courtoisie, reprit-il en s'adressant au marquis quand le greffier fut sorti. Il est un premier fait allégué par madame d'Espard, le plus grave de tous, et sur lequel je vous prie de m'éclairer, dit le juge après une pause. Il s'agit de la dissipation de votre fortune au profit d'une dame Jeanrenaud, veuve d'un conducteur de bateaux, ou plutôt au profit de son fils le colonel, que vous auriez placé, pour qui vous auriez épuisé la faveur dont vous jouissiez auprès du Roi, enfin envers lequel vous auriez poussé la protection jusqu'à lui procurer un bon mariage. La requête donne à penser que cette amitié dépasse en dévouement tous les sentiments, même ceux que la morale réprouve...

Une rougeur subite colora le visage et le front du marquis, il lui vint même des larmes aux yeux, ses cils furent humectés; puis un juste orgueil réprima cette sensibilité qui, chez un homme, passe pour de la faiblesse.

— En vérité, monsieur, répondit le marquis d'une voix altérée, vous me jetez dans une étrange perplexité. Les motifs de ma conduite étaient condamnés à mourir avec moi..... Pour en parler, je dois vous découvrir des plaies secrètes, vous livrer l'honneur de ma famille, et, chose délicate que vous apprécierez, parler de moi. J'espère, monsieur, que tout sera secret entre nous. Vous saurez trouver dans les formes judiciaires un mode qui permette de rédiger un jugement sans qu'il y soit question de mes révélations....

— Sous ce rapport, tout est possible, monsieur le marquis.

— Monsieur, dit monsieur d'Espard, quelque temps après mon mariage, ma femme avait fait de si grandes dépenses, que je fus obligé d'avoir recours à un emprunt. Vous savez quelle fut la situation des familles nobles pendant la Révolution? Il ne m'avait point été permis d'avoir d'intendant ni d'homme d'affaires. Aujourd'hui les gentilshommes sont à peu près tous forcés de faire eux-mêmes leurs affaires. La plupart de mes titres de propriété avaient été rapportés du Languedoc, de la Provence ou du Comtat à Paris par mon père qui craignait, avec assez de raison, les recherches que les titres de famille, et ce qu'on nommait alors les parchemins des privilégiés, attiraient à leurs propriétaires. Nous sommes Nègrepelisse en notre nom. D'Espard est un titre acquis sous Henri IV par une alliance qui nous a donné les biens et les titres de la maison d'Espard, à la condition de mettre en abîme sur nos armes l'écusson des d'Espards, vieille famille du Béarn, alliée à la maison d'Albret par les femmes : *d'or, à trois pals de sable, écartelé d'azur à deux pates de griffon d'argent onglées de gueules posées en sautoir, avec le fameux :* DES PARTEM LEONIS *pour devise.* Aux jours de cette alliance, nous perdîmes Nègrepelisse, petite ville aussi célèbre dans les guerres de religion, que le fut alors celui de mes ancêtres qui en portait le nom. Le capitaine de Nègrepelisse fut ruiné par l'incendie de ses biens, car les protestants n'épargnèrent pas un ami de Montluc. La Couronne fut injuste envers monsieur de Nègrepelisse, il n'eut ni le bâton de maréchal, ni gouvernement, ni indemnités; le roi Charles IX, qui l'aimait, mourut sans avoir pu le récompenser; Henri IV moyenna bien son mariage avec mademoiselle d'Espard, et lui procura les domaines de cette maison; mais tous les biens des Nègrepelisse avaient déjà passé dans les mains des créanciers. Mon bisaïeul le marquis d'Espard fut, comme moi, mis assez jeune à la tête de ses affaires par la mort de son père, lequel après avoir dissipé la fortune de sa femme, ne lui laissa que les terres substituées de la maison d'Espard, mais grevées d'un douaire. Le jeune marquis d'Espard se trouva donc d'autant plus gêné qu'il avait une charge à la cour. Particulièrement bien vu de Louis XIV, la faveur du roi fut un brevet de fortune. Ici, monsieur, fut faite sur notre écusson une tache inconnue, horrible, une tache de boue et de sang, que je suis occupé à laver. Je découvris ce secret dans les titres relatifs à la terre de Nègrepelisse, et dans des liasses de correspondances.

En ce moment solennel, le marquis parlait sans bégaiement, il ne lui échappait aucune des répétitions qui lui étaient habituelles; mais chacun a pu observer que les personnes qui, dans les choses ordinaires de la vie, sont affectées de ces deux défauts, s'en débarrassent au moment où quelque passion vive anime leur discours.

— La révocation de l'édit de Nantes eut lieu, reprit-il. Peut-être ignorez-vous, monsieur, que, pour beaucoup de favoris, ce fut une occasion de fortune. Louis XIV donna aux grands de sa cour les terres confisquées sur les familles protestantes qui ne se mirent pas en règle pour la vente de leurs biens. Quelques personnes en faveur allèrent, comme on disait alors, à la chasse aux protestants. J'ai acquis la certitude que la fortune actuelle de deux familles ducales se compose de terres confisquées sur de malheureux négociants. Je ne vous expliquerai point, à vous, homme de justice, les manœuvres employées pour tendre des pièges aux réfugiés qui avaient de grandes fortunes à emporter : qu'il vous suffise de savoir que la terre de Nègrepelisse composée de vingt-deux clochers et de droits sur la ville; que celle de Gravenges, qui jadis nous avait appartenu, se trouvaient entre les mains d'une famille protestante. Mon grand-père y rentra par la donation que lui en fit Louis XIV. Cette donation reposait sur des actes marqués au coin d'une épouvantable iniquité. Le propriétaire de ces deux terres croyant pouvoir rentrer en France, avait simulé une vente et allait en Suisse rejoindre sa famille, qu'il y avait envoyée tout d'abord. Il voulait sans doute profiter de tous les délais accordés par l'ordonnance, afin de régler les affaires de son commerce. Cet homme fut arrêté par un ordre du gouverneur, le fidéicommissaire déclara la vérité, le pauvre négociant fut pendu, mon père eut les deux terres. J'aurais voulu pouvoir ignorer la part que mon aïeul prit à cette intrigue ; mais le gouverneur était son oncle maternel, et j'ai lu malheureusement une lettre par laquelle il le priait de s'adresser à Déodatus, mot convenu entre les courtisans pour parler du Roi. Il règne dans cette lettre, à propos de la victime, un ton de plaisanterie qui m'a fait horreur. Enfin, monsieur, les sommes envoyées par la famille réfugiée pour racheter la vie du pauvre homme furent gardées par le gouverneur, qui n'en dépêcha pas moins le négociant.

Le marquis d'Espard s'arrêta.

— Ce malheureux se nommait Jeanrenaud, reprit-il. Ce nom doit vous expliquer ma conduite. Je n'ai pas pensé, sans une vive douleur, à la honte secrète qui pesait sur ma famille. Cette fortune permit à mon grand-père d'épouser une Navarreins-Lansac, héritière des biens de cette branche cadette, beaucoup plus riche alors que ne l'était la branche aînée de Navarreins. Mon père se trouva dès lors un des plus considérables propriétaires du royaume. Il put épouser ma mère, qui était une Grandlieu de la branche cadette. Quoique mal acquis, ces biens nous ont étrangement profité ! Résolu de promptement réparer le mal, j'écrivis en Suisse, et n'eus de repos qu'au moment où je fus sur la trace des héritiers du protestant. Je finis par savoir que les Jeanrenaud, réduits à la dernière misère, avaient quitté Fribourg, et qu'ils étaient revenus habiter la France. Enfin, je découvris dans monsieur Jeanrenaud, simple lieutenant de cavalerie sous Bonaparte, l'héritier de cette malheureuse famille. A mes yeux, monsieur, le droit des Jeanrenaud était clair. Pour que la prescription s'établisse, ne faut-il pas que les détenteurs puissent être attaqués ? A quel pouvoir les réfugiés se seraient-ils adressés ? leur tribunal était là-haut, ou plutôt, monsieur, le tribunal était là, dit le marquis en se frappant le cœur. Je n'ai pas voulu que mes enfants pussent penser de moi ce que j'ai pensé de mon père et de mes aïeux ; j'ai voulu leur léguer un héritage et des écussons sans souillure, je n'ai pas voulu que la noblesse fût un mensonge en ma personne. Enfin, politiquement parlant, les émigrés qui réclament contre les confiscations révolutionnaires doivent-ils garder encore des biens qui sont le fruit de confiscations obtenues par des crimes ? J'ai rencontré chez monsieur Jeanrenaud et chez sa mère une probité revêche : à les entendre, il semblait qu'ils me spoliassent. Malgré mes instances, ils n'ont accepté que la valeur qu'avaient les terres au jour où ma famille les reçut du Roi. Ce prix fut arrêté entre nous à la somme de onze cent mille francs, qu'ils me laissèrent la facilité de payer, à ma convenance, sans intérêts. Pour obtenir ce résultat, j'ai dû me priver de mes revenus pendant longtemps. Ici, monsieur, commença la perte de quelques illusions que je m'étais faites sur le caractère de madame d'Espard. Quand je lui proposai de quitter Paris et d'aller en province, où avec la moitié de ses revenus, nous pourrions vivre honorablement, et arriver ainsi plus promptement à une restitution dont je lui parlai, sans lui dire la gravité des faits, madame d'Espard me traita de fou. Je découvris alors le vrai caractère de ma femme : elle eût approuvé sans scrupule la conduite de mon grand-père, et se serait moquée des huguenots ; effrayé de sa froideur, de son peu d'attachement pour ses enfants, qu'elle m'abandonnait sans regret, je résolus de lui laisser sa fortune, après avoir acquitté nos dettes communes. Ce n'était pas d'ailleurs à elle à payer mes sottises, me dit-elle. N'ayant plus assez de revenus pour vivre et pourvoir à l'éducation de mes enfants, je me décidai à les élever moi-même, à en faire des hommes de cœur et des gentilshommes. En plaçant mes revenus dans les fonds publics, j'ai pu m'acquitter beaucoup plus promptement que je ne l'espérais, car je profitai des chances que présenta l'augmentation des rentes. En me réservant quatre mille livres pour mes fils et moi, je n'aurais pu payer que vingt mille écus par an, ce qui aurait exigé près de dix-huit années pour achever ma libération, tandis que dernièrement j'ai soldé mes onze cent mille francs dus. Ainsi, j'ai le bonheur d'avoir accompli cette restitution sans avoir causé le moindre tort à mes enfants. Voilà, monsieur, la raison des payements faits à madame Jeanrenaud et à son fils.

— Ainsi, dit le juge en contenant l'émotion que lui donnait ce récit, madame la marquise connaissait les motifs de votre retraite ?

— Oui, monsieur.

Popinot fit un haut-le-corps assez expressif, se leva soudain, et ouvrit la porte du cabinet.

— Noël, allez-vous-en, dit-il à son greffier. Monsieur, reprit le juge, quoique ce que vous venez de me dire suffise pour m'éclairer, je désirerais vous entendre relativement aux autres faits allégués en la requête. Ainsi, vous avez entrepris ici une affaire commerciale en dehors des habitudes d'un homme de qualité.

— Nous ne saurions parler de cette affaire ici, dit le marquis en faisant signe au juge de sortir. — Nouvion, reprit-il en s'adressant au vieillard, je descends chez moi, mes enfants vont revenir, tu dîneras avec nous.

— Monsieur le marquis, dit Popinot sur l'escalier, ceci n'est donc pas votre appartement?

— Non, monsieur. J'ai loué ces chambres pour y mettre les bureaux de cette entreprise. Voyez, reprit-il en montrant une affiche, cette histoire est publiée sous le nom d'un des plus honorables libraires de Paris, et non par moi.

Le marquis fit entrer le juge au rez-de-chaussée en lui disant :
— Voici mon appartement, monsieur.

Popinot fut naturellement ému par la poésie plutôt trouvée que cherchée qui respirait sous ces lambris. Le temps était magnifique, les fenêtres étaient ouvertes, l'air du jardin répandait au salon des senteurs végétales; les rayons du soleil égayaient et animaient les boiseries un peu brunes de ton. A cet aspect, Popinot jugea qu'un fou serait peu capable d'inventer l'harmonie suave qui le saisissait en ce moment.

— Il me faudrait un appartement semblable, pensait-il. Vous quitterez bientôt ce quartier? demanda-t-il à haute voix.

— Je l'espère, répondit le marquis; mais j'attendrai que mon plus jeune fils ait fini ses études, et que le caractère de mes enfants soit entièrement formé, avant de les introduire dans le monde et près de leur mère; d'ailleurs, après leur avoir donné la solide instruction qu'ils possèdent, je veux la compléter en les faisant voyager dans les capitales de l'Europe, afin de leur faire voir les hommes et les choses, et les habituer à parler les langues qu'ils ont apprises. Monsieur, dit-il en faisant asseoir le juge dans le salon, je ne pouvais vous entretenir de la publication sur la Chine devant un vieil ami de ma famille, le comte de Nouvion, revenu de l'émigration sans aucune espèce de fortune, et avec qui j'ai fait cette affaire, moins pour moi que pour lui. Sans lui confier les motifs de ma retraite, je lui dis que j'étais ruiné comme lui, mais que j'avais assez d'argent pour entreprendre une spéculation dans laquelle il pouvait s'employer utilement. Mon précepteur fut l'abbé

Grozier, qu'à ma recommandation Charles X nomma son bibliothécaire à la bibliothèque de l'Arsenal, qui lui fut rendue quand il était Monsieur. L'abbé Grozier possédait des connaissances profondes sur la Chine, sur ses mœurs et ses coutumes ; il m'avait fait son héritier à un âge où il est difficile qu'on ne se fanatise pas pour ce que l'on apprend. A vingt-cinq ans je savais le chinois, et j'avoue que je n'ai jamais pu me défendre d'une admiration exclusive pour ce peuple, qui a conquis ses conquérants, dont les annales remontent incontestablement à une époque beaucoup plus reculée que ne le sont les temps mythologiques ou bibliques ; qui, par ses institutions immuables, a conservé l'intégrité de son territoire, dont les monuments sont gigantesques, dont l'administration est parfaite, chez lequel les révolutions sont impossibles, qui a jugé le beau idéal comme un principe d'art infécond, qui a poussé le luxe et l'industrie à un si haut degré que nous ne pouvons le surpasser en aucun point, tandis qu'il nous égale là où nous nous croyons supérieurs. Mais, monsieur, s'il m'arrive souvent de plaisanter en comparant à la Chine la situation des états européens, je ne suis pas Chinois, je suis un gentilhomme français. Si vous aviez des doutes sur la finance de cette entreprise, je puis vous prouver que nous comptons deux mille cinq cents souscripteurs à ce monument littéraire, iconographique, statistique et religieux, dont l'importance a été généralement appréciée, nos souscripteurs appartiennent à toutes les nations de l'Europe, nous n'en avons que douze cents en France. Notre ouvrage coûtera environ trois cents francs, et le comte de Nouvion y trouvera six à sept mille livres de rente pour sa part, car son bien-être fut le secret motif de cette entreprise. Pour mon compte, je n'ai en vue que la possibilité de donner à mes enfants quelques douceurs. Les cent mille francs que j'ai gagnés, bien malgré moi, payeront leurs leçons d'armes, leurs chevaux, leur toilette, leurs spectacles, leurs maîtres d'agrément, les toiles qu'ils barbouillent, les livres qu'ils veulent acheter, enfin toutes ces petites fantaisies que les pères ont tant de plaisir à satisfaire. S'il avait fallu refuser ces jouissances à mes pauvres enfants si méritants, si courageux dans le travail, le sacrifice que je fais à notre nom m'aurait été doublement pénible. En effet, monsieur, les douze années pendant lesquelles je me suis retiré du monde pour élever mes enfants m'ont valu l'oubli le plus complet à la cour. J'ai déserté la carrière politique, j'ai perdu toute ma fortune historique, toute une illustration nouvelle que je pouvais léguer à mes enfants ; mais notre maison n'aura rien perdu, mes fils seront des hommes distingués. Si la pairie m'a manqué, ils la conquerront noblement en se consacrant aux affaires de leur pays, et lui rendront de ces services qui ne s'oublient pas. Tout en purifiant le passé de notre maison, je lui assurais un glorieux avenir : n'est-ce pas avoir accompli une belle tâche quoique secrète et sans gloire ? Avez-vous maintenant, monsieur, quelques autres éclaircissements à me demander ?

En ce moment le bruit de plusieurs chevaux retentit dans la cour.

— Les voici, dit le marquis.

Bientôt les deux jeunes gens, de qui la mise était à la fois élégante et simple, entrèrent dans le salon, bottés, éperonnés, gantés, agitant gaiement leur cravache. Leur figure animée rapportait la fraîcheur du grand air, ils étaient étincelants de santé. Tous deux vinrent serrer la main de leur père, échangèrent avec lui, comme entre amis, un coup d'œil plein de muette tendresse, et saluèrent froidement le juge. Popinot regarda comme tout à fait inutile d'interroger le marquis sur ses relations avec ses fils.

— Vous êtes-vous bien amusés ? leur demanda le marquis.

— Oui, mon père. J'ai, pour la première fois, abattu six poupées en douze coups ! dit Camille.

— Où êtes-vous allé vous promener ?

— Au bois où nous avons vu notre mère.

— S'est-elle arrêtée ?

— Nous allions si vite en ce moment, qu'elle ne nous a sans doute pas vus, répondit le jeune comte.

— Mais alors pourquoi n'êtes-vous pas allé vous présenter ?

— J'ai cru remarquer, mon père, qu'elle n'est pas contente de se voir abordée par nous en public, dit Clément à voix basse. Nous sommes un peu trop grands.

Le juge avait l'oreille assez fine pour entendre cette phrase, qui attira quelques nuages sur le front du marquis. Popinot se plut à contempler le spectacle que lui offraient le père et les enfants. Ses yeux, empreints d'une sorte d'attendrissement, revenaient sur la figure de monsieur d'Espard, de qui les traits, la contenance et les manières lui représentaient la probité sous sa plus belle forme, la probité spirituelle et chevaleresque, la noblesse dans toute sa beauté.

— Vous, vous voyez, monsieur, lui dit le marquis en reprenant son bégaiement, vous voyez que la justice, que la justice peut entrer ici, ici, à toute heure; oui, à toute heure ici. S'il y a des fous, s'il y a des fous, ce ne peut être que les enfants, qui sont un peu fous de leur père, et le père qui est très-fou de ses enfants; mais c'est une folie de bon aloi.

En ce moment la voix de madame Jeanrenaud se fit entendre dans l'antichambre, et la bonne femme entra dans le salon malgré les observations du valet de chambre.

— Je ne vais pas par quatre chemins, moi! criait-elle. Oui, monsieur le marquis, dit-elle en faisant un salut à la ronde, il faut que je vous parle à l'instant même. Parbleu! je suis venue encore trop tard, puisque voilà monsieur le juge criminel.

— Criminel! dirent les deux enfants.

— Il y avait de bien bonnes raisons pour que je ne vous trouvasse pas chez vous, puisque vous étiez ici. Ah, bah! la justice est toujours là quand il s'agit de mal faire. Je viens, monsieur le marquis, vous dire que je suis d'accord avec mon fils de tout vous rendre, puisqu'il y va de notre honneur, qui est menacé. Mon fils et moi, nous aimons mieux tout vous restituer que de vous causer le plus léger chagrin. En vérité, faut être bête comme des pots sans anse pour vouloir vous interdire...

— Interdire notre père? crièrent les deux enfants en se serrant contre le marquis. Qu'y a-t-il?

— Chut, madame! dit Popinot.

— Mes enfants, laissez-nous, dit le marquis.

Les deux jeunes gens allèrent au jardin.

— Madame, dit le juge, les sommes que monsieur le marquis vous a remises vous sont légitimement dues, quoiqu'elles vous aient été données en vertu d'un principe de probité très-étendu. Si les gens qui possèdent des biens confisqués de quelque manière que ce soit, même par des manœuvres perfides, étaient, après cent cinquante ans, obligés à des restitutions, il se trouverait en France peu de propriétés légitimes. Les biens de Jacques Cœur ont enrichi vingt familles nobles, les confiscations abusives prononcées par les Anglais au profit de leurs adhérents, quand l'Anglais possédait une partie de la France, ont fait la fortune de plusieurs maisons princières. Notre législation permet à monsieur le marquis de disposer de ses revenus à titre gratuit sans qu'il puisse être accusé de dissipation. L'interdiction d'un homme se base sur l'absence de toute raison dans ses actes ; mais ici la cause des remises qui vous sont faites est puisée dans les motifs les plus sacrés, les plus honorables. Ainsi vous pouvez tout garder sans remords et laisser le monde mal interpréter cette belle action. A Paris, la vertu la plus pure est l'objet des plus sales calomnies. Il est malheureux que l'état actuel de notre société rende la conduite de monsieur le marquis sublime. Je voudrais, pour l'honneur de notre pays, que de semblables actes y fussent trouvés tout simples ; mais les mœurs sont telles que je suis forcé, par comparaison, de regarder monsieur d'Espard comme un homme auquel il faudrait décerner une couronne au lieu de le menacer d'un jugement d'interdiction. Pendant tout le cours d'une longue vie judiciaire, je n'ai rien vu ni entendu qui m'ait plus ému que ce que je viens de voir et d'entendre. Mais il n'y a rien d'extraordinaire à trouver la vertu sous sa plus belle forme alors qu'elle est mise en pratique par des hommes qui appartiennent à la classe la plus élevée. Après m'être expliqué de cette manière, j'espère, monsieur le marquis, que vous serez certain de mon silence, et que vous n'aurez aucune inquiétude sur le jugement à intervenir, s'il y a jugement.

— Eh ! bien, à la bonne heure, dit madame Jeanrenaud, en voilà un de juge ! Tenez, mon cher monsieur, je vous embrasserais si je n'étais pas si laide ; vous parlez comme un livre.

Le marquis tendit sa main à Popinot, et Popinot y frappa doucement de la sienne en jetant à ce grand homme de la vie privée un regard plein d'harmonies pénétrantes, auquel le marquis répondit par un gracieux sourire. Ces deux natures si pleines, si riches, l'une bourgeoise et divine, l'autre noble et sublime, s'étaient mises à l'unisson doucement, sans choc, sans éclat de passion, comme si deux lumières pures se fussent confondues. Le père de tout un quartier se sentait digne de presser la main de cet homme deux fois noble, et le marquis éprouvait au fond de son cœur un mouvement qui l'avertissait que la main du juge était une de celles d'où s'échappent incessamment les trésors d'une inépuisable bienfaisance.

— Monsieur le marquis, ajouta Popinot en le saluant, je suis heureux d'avoir à vous dire que, dès les premiers mots de cet interrogatoire, j'avais jugé mon greffier inutile. Puis il s'approcha du marquis, l'entraîna dans l'embrasure d'une croisée et lui dit :

— Il est temps que vous rentriez chez vous, monsieur ; je crois qu'en cette affaire madame la marquise a subi des influences que vous devez combattre dès aujourd'hui.

Popinot sortit, se retourna plusieurs fois dans la cour et dans la rue, attendri par le souvenir de cette scène. Elle appartenait à ces effets qui s'implantent dans la mémoire pour y refleurir à certaines heures où l'âme cherche des consolations.

— Cet appartement me conviendrait bien, se dit-il en arrivant chez lui.

Le lendemain, vers dix heures du matin, Popinot, qui la veille avait rédigé son rapport, s'achemina au Palais dans l'intention de faire prompte et bonne justice. Au moment où il entrait au vestiaire pour y prendre sa robe et mettre son rabat, le garçon de salle lui dit que le Président du Tribunal le priait de passer dans son cabinet, où il l'attendait. Popinot s'y rendit aussitôt.

— Bonjour, mon cher Popinot, lui dit le magistrat en l'emmenant dans l'embrasure de la fenêtre.

— Monsieur le Président, s'agit-il d'une affaire sérieuse ?

— Une niaiserie, dit le Président. Le Garde des sceaux, avec lequel j'ai eu l'honneur de dîner hier, m'a pris à part dans un coin. Il avait su que vous étiez allé prendre le thé chez madame d'Espard, dans l'affaire de laquelle vous avez été commis. Il m'a fait entendre qu'il était convenable que vous ne siégiez point dans cette cause...

— Ah! monsieur le Président, je puis affirmer que je suis sorti de chez madame d'Espard au moment où le thé fut servi ; d'ailleurs ma conscience...

— Oui, oui, dit le Président, le Tribunal tout entier, la Cour, le Palais vous connaissent. Je ne vous répéterai pas ce que j'ai dit de vous à Sa Grandeur ; mais vous savez : *la femme de César ne doit pas être soupçonnée.* Aussi ne faisons-nous pas de cette niaiserie une affaire de discipline, mais une question de convenance. Entre nous, il s'agit moins de vous que du Tribunal.

— Mais, monsieur le Président, si vous connaissiez l'espèce, dit le juge en essayant de tirer son rapport de sa poche.

— Je suis persuadé d'avance que vous avez apporté dans cette affaire la plus stricte indépendance. Et moi-même, en province, simple juge, j'ai souvent pris bien plus qu'une tasse de thé avec les gens que j'avais à juger ; mais il suffit que le Garde des sceaux en ait parlé, que l'on puisse causer de vous, pour que le Tribunal évite une discussion à ce sujet. Tout conflit avec l'opinion publique est toujours dangereux pour un Corps constitué, même quand il a raison contre elle, parce que les armes ne sont pas égales. Le journalisme peut tout dire, tout supposer ; et notre dignité nous interdit tout, même la réponse. D'ailleurs j'en ai conféré avec votre Président, et monsieur Camusot vient d'être commis sur la récusation que vous allez donner. C'est une chose arrangée en famille, car je vous demande votre récusation comme un service personnel, et en revanche, vous aurez la croix de la Légion-d'Honneur qui vous est depuis si longtemps due, j'en fais mon affaire.

En voyant monsieur Camusot, un juge récemment appelé d'un Tribunal du ressort à celui de Paris et qui s'avança pour le saluer, Popinot ne put retenir un sourire ironique. Ce jeune homme blond et pâle, plein d'ambition cachée, semblait prêt à pendre et à dépendre, au bon plaisir des rois de la terre, les innocents aussi bien que les coupables et à suivre l'exemple des Laubardemont plutôt que celui des Molé. Popinot se retira en saluant le Président et le juge, et dédaigna de relever la mensongère accusation portée contre lui.

Paris, février 1836.

HISTOIRE

DE LA GRANDEUR ET DE LA DÉCADENCE

DE

CÉSAR BIROTTEAU

MARCHAND PARFUMEUR, ADJOINT AU MAIRE DU DEUXIÈME ARRONDISSEMENT
DE PARIS, CHEVALIER DE LA LÉGION-D'HONNEUR, ETC.

A MONSIEUR ALPHONSE DE LAMARTINE

Son admirateur

DE BALZAC.

I.

CÉSAR A SON APOGÉE

Durant les nuits d'hiver, le bruit ne cesse dans la rue Saint-Honoré que pendant un instant; les maraîchers y continuent, en allant à la Halle, le mouvement qu'ont fait les voitures qui reviennent du spectacle ou du bal. Au milieu de ce point d'orgue qui, dans la grande symphonie du tapage parisien, se rencontre vers une heure du matin, la femme de monsieur César Birotteau, marchand parfumeur établi près de la place Vendôme, fut réveillée en sursaut par un épouvantable rêve. La parfumeuse s'était vue double, elle s'était apparu à elle-même en haillons, tournant d'une main sèche et ridée le bec de canne de sa propre boutique, où elle se trouvait à la fois et sur le seuil de la porte et sur son fauteuil dans le comp-

CÉSAR BIROTTEAU.

Habituellement en parlant il se croisait les mains derrière le dos.

(CÉSAR BIROTTEAU.)

toir ; elle se demandait l'aumône, elle s'entendait parler à la porte et au comptoir. Elle voulut saisir son mari et posa la main sur une place froide. Sa peur devint alors tellement intense qu'elle ne put remuer son cou qui se pétrifia : les parois de son gosier se collèrent, la voix lui manqua ; elle resta clouée sur son séant, les yeux agrandis et fixes, les cheveux douloureusement affectés, les oreilles pleines de sons étranges, le cœur contracté mais palpitant, enfin tout à la fois en sueur et glacée au milieu d'une alcôve dont les deux battants étaient ouverts. La peur est un sentiment morbifique à demi, qui presse si violemment la machine humaine que les facultés y sont soudainement portées soit au plus haut degré de leur puissance, soit au dernier de la désorganisation. La Physiologie a été pendant long-temps surprise de ce phénomène qui renverse ses systèmes et bouleverse ses conjectures, quoiqu'il soit tout bonnement un foudroiement opéré à l'intérieur, mais, comme tous les accidents électriques, bizarre et capricieux dans ses modes. Cette explication deviendra vulgaire le jour où les savants auront reconnu le rôle immense que joue l'électricité dans la pensée humaine. Madame Birotteau subit alors quelques-unes des souffrances en quelque sorte lumineuses que procurent ces terribles décharges de la volonté répandue ou concentrée par un mécanisme inconnu. Ainsi pendant un laps de temps, fort court en l'appréciant à la mesure de nos montres, mais incommensurable au compte de ses rapides impressions, cette pauvre femme eut le monstrueux pouvoir d'émettre plus d'idées, de faire surgir plus de souvenirs que dans l'état ordinaire de ses facultés elle n'en aurait conçu pendant toute une journée. La poignante histoire de ce monologue peut se résumer en quelques mots absurdes, contradictoires et dénués de sens comme il le fut.

— Il n'existe aucune raison qui puisse faire sortir Birotteau de mon lit ! Il a mangé tant de veau que peut-être est-il indisposé ? Mais s'il était malade, il m'aurait éveillée. Depuis dix-neuf ans que nous couchons ensemble dans ce lit, dans cette même maison, jamais il ne lui est arrivé de quitter sa place sans me le dire, pauvre mouton ! Il n'a découché que pour passer la nuit au corps-de-garde. S'est-il couché ce soir avec moi ? Mais oui, mon Dieu, suis-je bête !

Elle jeta les yeux sur le lit, et vit le bonnet de nuit de son mari qui conservait la forme presque conique de la tête.

— Il est donc mort! Se serait-il tué? Pourquoi? reprit-elle. Depuis deux ans qu'ils l'ont nommé adjoint au maire, il est *tout je ne sais comment*. Le mettre dans les fonctions publiques, n'est-ce pas, foi d'honnête femme, à faire pitié? Ses affaires vont bien, il m'a donné un châle. Elles vont mal peut-être? Bah! je le saurais. Sait-on jamais ce qu'un homme a dans son sac? ni une femme non plus? ça n'est pas un mal. Mais n'avons-nous pas vendu pour cinq mille francs aujourd'hui! D'ailleurs un adjoint ne peut pas se faire mourir soi-même, il connaît trop bien les lois. Où donc est-il?

Elle ne pouvait ni tourner le cou, ni avancer la main pour tirer un cordon de sonnette qui aurait mis en mouvement une cuisinière, trois commis et un garçon de magasin. En proie au cauchemar qui continuait dans son état de veille, elle oubliait sa fille paisiblement endormie dans une chambre contiguë à la sienne, et dont la porte donnait au pied de son lit. Enfin elle cria : — Birotteau! et ne reçut aucune réponse. Elle croyait avoir crié le nom, et ne l'avait prononcé que mentalement.

— Aurait-il une maîtresse? Il est trop bête, reprit-elle. D'ailleurs, il m'aime trop pour cela. N'a-t-il pas dit à madame Roguin qu'il ne m'avait jamais fait d'infidélité, même en pensée. C'est la probité venue sur terre, cet homme-là. Si quelqu'un mérite le paradis, n'est-ce pas lui? De quoi peut-il s'accuser à son confesseur? il lui dit des *nunu*. Pour un royaliste qu'il est, sans savoir pourquoi, par exemple, il ne fait guère bien mousser sa religion. Pauvre chat, il va dès huit heures en cachette à la messe, comme s'il allait dans une maison de plaisir. Il craint Dieu, pour Dieu même : l'enfer ne le concerne guère. Comment aurait-il une maîtresse? il quitte si peu ma jupe qu'il m'en ennuie. Il m'aime mieux que ses yeux, il s'aveuglerait pour moi. Pendant dix-neuf ans, il n'a jamais proféré de parole plus haut que l'autre, parlant à ma personne. Sa fille ne passe qu'après moi. Mais Césarine est là, Césarine! Césarine! Il n'a jamais eu de pensée qu'il ne me l'ait dite. Il avait bien raison, quand il venait au PETIT MATELOT, de prétendre que je ne le connaîtrais qu'à l'user. Et plus là!... voilà de l'extraordinaire.

Elle tourna péniblement la tête et regarda furtivement à travers sa chambre, alors pleine de ces pittoresques effets de nuit qui font le désespoir du langage, et semblent appartenir exclusivement au pinceau des peintres de genre. Par quels mots rendre les effroyables zigzags que produisent les ombres portées, les apparences fantastiques des rideaux bombés par le vent, les jeux de la lumière incertaine que projette la veilleuse dans les plis du calicot rouge, les flammes que vomit une patère dont le centre rutilant ressemble à l'œil d'un voleur, l'apparition d'une robe agenouillée, enfin toutes les bizarreries qui effraient l'imagination au moment où elle n'a de puissance que pour percevoir des douleurs et pour les agrandir. Madame Birotteau crut voir une forte lumière dans la pièce qui précédait sa chambre, et pensa tout à coup au feu; mais en apercevant un foulard rouge, qui lui parut être une mare de sang répandu, les voleurs l'occupèrent exclusivement, surtout quand elle voulut trouver les traces d'une lutte dans la manière dont les meubles étaient placés. Au souvenir de la somme qui était en caisse, une crainte généreuse éteignit les froides ardeurs du cauchemar; elle s'élança tout effarée, en chemise, au milieu de sa chambre, pour secourir son mari, qu'elle supposait aux prises avec des assassins.

— Birotteau! Birotteau! cria-t-elle enfin d'une voix pleine d'angoisses.

Elle trouva le marchand parfumeur au milieu de la pièce voisine, une aune à la main et mesurant l'air, mais si mal enveloppé dans sa robe de chambre d'indienne verte, à pois couleur chocolat, que le froid lui rougissait les jambes sans qu'il le sentît, tant il était préoccupé. Quand César se retourna pour dire à sa femme : — Eh bien! que veux-tu, Constance? son air, comme celui des hommes distraits par des calculs, fut si exorbitamment niais, que madame Birotteau se mit à rire.

— Mon Dieu, César, es-tu original comme ça! dit-elle. Pourquoi me laisses-tu seule sans me prévenir? J'ai manqué mourir de peur, je ne savais quoi m'imaginer. Que fais-tu donc là, ouvert à tous vents? Tu vas t'enrhumer comme un loup. M'entends-tu, Birotteau?

— Oui, ma femme, me voilà, répondit le parfumeur en rentrant dans la chambre.

— Allons, arrive donc te chauffer, et dis-moi quelle lubie tu as, reprit madame Birotteau en écartant les cendres du feu, qu'elle s'empressa de rallumer. Je suis gelée. Étais-je bête de me lever en chemise! Mais j'ai vraiment cru qu'on t'assassinait.

Le marchand posa son bougeoir sur la cheminée, s'enveloppa

dans sa robe de chambre, et alla chercher machinalement à sa femme un jupon de flanelle.

— Tiens, mimi, couvre-toi donc, dit-il. Vingt-deux sur dix-huit, reprit-il en continuant son monologue, nous pouvons avoir un superbe salon.

— Ah çà, Birotteau, te voilà donc en train de devenir fou ? rêves-tu ?

— Non, ma femme, je calcule.

— Pour faire tes bêtises, tu devrais bien au moins attendre le jour, s'écria-t-elle en rattachant son jupon sous sa camisole pour aller ouvrir la porte de la chambre où couchait sa fille.

— Césarine dort, dit-elle, elle ne nous entendra point. Voyons, Birotteau, parle donc. Qu'as-tu ?

— Nous pouvons donner le bal.

— Donner un bal ! nous ? Foi d'honnête femme, tu rêves, mon cher ami.

— Je ne rêve point, ma belle biche blanche. Écoute, il faut toujours faire ce qu'on doit relativement à la position où l'on se trouve. Le gouvernement m'a mis en évidence, j'appartiens au gouvernement ; nous sommes obligés d'en étudier l'esprit et d'en favoriser les intentions en les développant. Le duc de Richelieu vient de faire cesser l'occupation de la France. Selon monsieur de La Billardière, les fonctionnaires qui représentent la ville de Paris doivent se faire un devoir, chacun dans la sphère de ses influences, de célébrer la libération du territoire. Témoignons un vrai patriotisme qui fera rougir celui des soi-disant libéraux, ces damnés intrigants, hein ? Crois-tu que je n'aime pas mon pays ? Je veux montrer aux libéraux, à mes ennemis, qu'aimer le roi, c'est aimer la France !

— Tu crois donc avoir des ennemis, mon pauvre Birotteau ?

— Mais oui, ma femme, nous avons des ennemis. Et la moitié de nos amis dans le quartier sont nos ennemis. Ils disent tous : Birotteau a la chance, Birotteau est un homme de rien, le voilà cependant adjoint, tout lui réussit. Eh bien ! ils vont être encore joliment attrapés. Apprends la première que je suis chevalier de la Légion-d'Honneur : le roi a signé hier l'ordonnance.

— Oh ! alors, dit madame Birotteau tout émue, faut donner le bal, mon bon ami. Mais qu'as-tu donc tant fait pour avoir la croix ?

— Quand hier monsieur de La Billardière m'a dit cette nouvelle, reprit Birotteau embarrassé, je me suis aussi demandé, comme toi, quels étaient mes titres ; mais en revenant j'ai fini par les reconnaître et par approuver le gouvernement. D'abord, je suis royaliste, j'ai été blessé à Saint-Roch en vendémiaire, n'est-ce pas quelque chose que d'avoir porté les armes dans ce temps-là pour la bonne cause ? Puis, selon quelques négociants, je me suis acquitté de mes fonctions consulaires à la satisfaction générale. Enfin, je suis adjoint, le roi accorde quatre croix au corps municipal de la ville de Paris. Examen fait des personnes qui, parmi les adjoints, pouvaient être décorées, le préfet m'a porté le premier sur la liste. Le roi doit d'ailleurs me connaître : grâce au vieux Ragon, je lui fournis la seule poudre dont il veuille faire usage ; nous possédons seuls la recette de la poudre de la feue reine, pauvre chère auguste victime ! Le maire m'a violemment appuyé. Que veux-tu ? Si le roi me donne la croix sans que je la lui demande, il me semble que je ne peux la refuser sans lui manquer à tous égards. Ai-je voulu être adjoint ? Aussi, ma femme, puisque nous avons le vent en poupe, comme dit ton oncle Pillerault quand il est dans ses gaietés, suis-je décidé à mettre chez nous tout d'accord avec notre haute fortune. Si je puis être quelque chose, je me risquerai à devenir ce que le bon Dieu voudra que je sois, sous-préfet, si tel est mon destin. Ma femme, tu commets une grave erreur en croyant qu'un citoyen a payé sa dette à son pays après avoir débité pendant vingt ans des parfumeries à ceux qui venaient en chercher. Si l'État réclame le concours de nos lumières, nous les lui devons, comme nous lui devons l'impôt mobilier, les portes et fenêtres, *et cœtera*. As-tu donc envie de toujours rester dans ton comptoir ? Il y a, Dieu merci, bien assez long-temps que tu y séjournes. Le bal sera notre fête à nous. Adieu le détail, pour toi s'entend. Je brûle notre enseigne de LA REINE DES ROSES, j'efface sur notre tableau CÉSAR BIROTTEAU, MARCHAND PARFUMEUR, SUCCESSEUR DE RAGON, et mets tout bonnement *Parfumeries* en grosses lettres d'or. Je place à l'entresol le bureau, la caisse, et un joli cabinet pour toi. Je fais mon magasin de l'arrière-boutique, de la salle à manger et de la cuisine actuelles. Je loue le premier étage de la maison voisine, où j'ouvre une porte dans le mur. Je retourne l'escalier, afin d'aller de plain-pied d'une maison à l'autre. Nous aurons alors un grand appartement meublé *aux oiseaux !*

Oui, je renouvelle ta chambre, je te ménage un boudoir, et donne une jolie chambre à Césarine. La demoiselle de comptoir que tu prendras, notre premier commis et ta femme de chambre (oui, madame, vous en aurez une!) logeront au second. Au troisième, il y aura la cuisine, la cuisinière et le garçon de peine. Le quatrième sera notre magasin général de bouteilles, cristaux et porcelaines. L'atelier de nos ouvrières dans le grenier! Les passants ne verront plus coller les étiquettes, faire des sacs, trier des flacons, boucher des fioles. Bon pour la rue Saint-Denis; mais rue Saint-Honoré, fi donc! mauvais genre. Notre magasin doit être cossu comme un salon. Dis donc, sommes-nous les seuls parfumeurs qui soient dans les honneurs? N'y a-t-il pas des vinaigriers, des marchands de moutarde qui commandent la garde nationale, et qui sont très-bien vus au château? Imitons-les, étendons notre commerce, et en même temps poussons-nous dans les hautes sociétés.

— Tiens, Birotteau, sais-tu ce que je pense en t'écoutant? Eh bien! tu me fais l'effet d'un homme qui cherche midi à quatorze heures. Souviens-toi de ce que je t'ai conseillé quand il a été question de te nommer maire : ta tranquillité avant tout! « Tu es fait, t'ai-je dit, pour être en évidence, comme mon bras pour faire une aile de moulin. Les grandeurs seraient ta perte. » Tu ne m'as pas écoutée, la voilà venue notre perte. Pour jouer un rôle politique, il faut de l'argent, en avons-nous? Comment, tu veux brûler ton enseigne qui a coûté six cents francs, et renoncer à la Reine des Roses, à ta vraie gloire? Laisse donc les autres être des ambitieux. Qui met la main à un bûcher en retire de la flamme, est-ce vrai? la politique brûle aujourd'hui. Nous avons cent bons mille francs, écus, placés en dehors de notre commerce, de notre fabrique et de nos marchandises? Si tu veux augmenter ta fortune, agis aujourd'hui comme en 1793 : les rentes sont à soixante-douze francs, achète des rentes. Tu auras dix mille livres de revenu, sans que ce placement nuise à nos affaires. Profite de ce revirement pour marier notre fille, vends notre fonds et allons dans ton pays. Comment, pendant quinze ans, tu n'as parlé que d'acheter *les Trésorières*, ce joli petit bien près de Chinon, où il y a des eaux, des prés, des bois, des vignes, deux métairies, qui rapporte mille écus, dont l'habitation nous plaît à tous deux, que nous pouvons avoir encore pour soixante mille francs, et monsieur veut aujourd'hui devenir quelque chose dans le gouvernement? Souviens-toi donc de ce que nous sommes, des parfumeurs. Il y a seize ans, avant que tu n'eusses inventé la DOUBLE PATE DES SULTANES et l'EAU CARMINATIVE, si l'on était venu te dire : « Vous allez avoir l'argent nécessaire pour acheter les Trésorières » ne te serais-tu pas trouvé mal de joie? Eh bien! tu peux acquérir cette propriété, dont tu avais tant envie que tu n'ouvrais la bouche que de ça, maintenant tu parles de dépenser en bêtises un argent gagné à la sueur de notre front, je peux dire le nôtre, j'ai toujours été assise dans ce comptoir par tous les temps comme un pauvre chien dans sa niche. Ne vaut-il pas mieux avoir un pied à terre chez ta fille, devenue la femme d'un notaire de Paris, et vivre huit mois de l'année à Chinon, que de commencer ici à faire de cinq sous six blancs, et de six blancs rien. Attends la hausse des fonds publics, tu donneras huit mille livres de rente à ta fille, nous en garderons deux mille pour nous, le produit de notre fonds nous permettra d'avoir les Trésorières. Là, dans ton pays, mon bon petit chat, en emportant notre mobilier qui vaut gros, nous serons comme des princes, tandis qu'ici faut au moins un million pour faire figure.

— Voilà où je t'attendais, ma femme, dit César Birotteau. Je ne suis pas assez bête encore (quoique tu me croies bien bête, toi!) pour ne pas avoir pensé à tout. Écoute-moi bien. Alexandre Crottat nous va comme un gant pour gendre, et il aura l'étude de Roguin; mais crois-tu qu'il se contente de cent mille francs de dot (une supposition que nous donnions tout notre avoir liquide pour établir notre fille, et c'est mon avis. J'aimerais mieux n'avoir que du pain sec pour le reste de mes jours, et la voir heureuse comme une reine, enfin la femme d'un notaire de Paris, comme tu dis). Eh bien! cent mille francs ou même huit mille livres de rente ne sont rien pour acheter l'étude à Roguin. Ce petit Xandrot, comme nous l'appelons, nous croit, ainsi que tout le monde, bien plus riches que nous ne le sommes. Si son père, ce gros fermier qui est avare comme un colimaçon, ne vend pas pour cent mille francs de terres, Xandrot ne sera pas notaire, car l'étude à Roguin vaut quatre ou cinq cent mille francs. Si Crottat n'en donne pas moitié comptant, comment se tirerait-il d'affaire? Césarine doit avoir deux cent mille francs de dot; et je veux nous retirer bons bourgeois de Paris avec quinze mille livres de rentes. Hein! Si je te faisais voir ça clair comme le jour, n'aurais-tu pas la margoulette fermée?

— Ah! si tu as le Pérou...

— Oui, j'ai, ma biche. Oui, dit-il en prenant sa femme par la taille et la frappant à petits coups, ému par une joie qui anima tous ses traits. Je n'ai point voulu te parler de cette affaire avant qu'elle ne fût cuite; mais, ma foi, demain je la terminerai, peut-être. Voici : Roguin m'a proposé une spéculation si sûre qu'il s'y met avec Ragon, avec ton oncle Pillerault et deux autres de ses clients. Nous allons acheter aux environs de la Madeleine des terrains que, suivant les calculs de Roguin, nous aurons pour le quart de la valeur à laquelle ils doivent arriver d'ici à trois ans, époque à laquelle, les baux étant expirés, nous deviendrons maîtres d'exploiter. Nous sommes tous six par portions convenues. Moi je fournis trois cent mille francs, afin d'y être pour trois huitièmes. Si quelqu'un de nous a besoin d'argent, Roguin lui en trouvera sur sa part en l'hypothéquant. Pour tenir la queue de la poêle et savoir comment frira le poisson, j'ai voulu être propriétaire en nom pour la moitié qui sera commune entre Pillerault, le bonhomme Ragon et moi. Roguin sera sous le nom d'un monsieur Charles Claparon, mon co-propriétaire, qui donnera, comme moi, une contre-lettre à ses associés. Les actes d'acquisition se font par promesses de vente sous seing privé jusqu'à ce que nous soyons maîtres de tous les terrains. Roguin examinera quels sont les contrats qui devront être réalisés, car il n'est pas sûr que nous puissions nous dispenser de l'enregistrement et en rejeter les droits sur ceux à qui nous vendrons en détail, mais ce serait trop long à t'expliquer. Les terrains payés, nous n'aurons qu'à nous croiser les bras, et dans trois ans d'ici nous serons riches d'un million. Césarine aura vingt ans, notre fonds sera vendu, nous irons alors à la grâce de Dieu modestement vers les grandeurs.

— Eh bien ! où prendras-tu donc tes trois cent mille francs? dit madame Birotteau.

— Tu n'entends rien aux affaires, ma chatte aimée. Je donnerai les cent mille francs qui sont chez Roguin, j'emprunterai quarante mille francs sur les bâtiments et les jardins où sont nos fabriques dans le faubourg du Temple, nous avons vingt mille francs en portefeuille; en tout, cent soixante mille francs. Reste cent quarante mille autres, pour lesquels je souscrirai des effets à l'ordre de monsieur Charles Claparon, banquier ; il en donnera la valeur, moins l'escompte. Voilà nos cent mille écus payés : *qui a terme ne doit rien*. Quand les effets arriveront à échéance, nous les acquitterons avec nos gains. Si nous ne pouvions plus les solder, Roguin me remettrait des fonds à cinq pour cent, hypothéqués sur ma part de terrain. Mais les emprunts seront inutiles : j'ai découvert une essence pour faire pousser les cheveux, une *Huile Comagène!* Livingston m'a posé là-bas une presse hydraulique pour fabriquer mon huile avec des noisettes qui, sous cette forte pression, rendront aussitôt toute leur huile. Dans un an, suivant mes probabilités, j'aurai gagné cent mille francs, au moins. Je médite une affiche qui commencera par : *A bas les perruques!* dont l'effet sera prodigieux. Tu ne t'aperçois pas de mes insomnies, toi! Voilà trois mois que le succès de l'HUILE DE MACASSAR m'empêche de dormir. Je veux couler *Macassar!*

— Voilà donc les beaux projets que tu roules dans ta caboche depuis deux mois, sans vouloir m'en rien dire. Je viens de me voir en mendiante à ma propre porte, quel avis du ciel! Dans quelque temps, il ne nous restera que les yeux pour pleurer. Jamais tu ne feras ça, moi vivante, entends-tu, César? Il se trouve là-dessous quelques manigances que tu n'aperçois pas, tu es trop probe et trop loyal pour soupçonner des friponneries chez les autres. Pourquoi vient-on t'offrir des millions? Tu te dépouilles de toutes tes valeurs, tu t'avances au-delà de tes moyens, et si ton *huile* ne prend pas, si l'on ne trouve pas d'argent, si la valeur des terrains ne se réalise pas, avec quoi paieras-tu tes billets? est-ce avec les coques de tes noisettes? Pour te placer plus haut dans la société, tu ne veux plus être en nom, tu veux ôter l'enseigne de la Reine des Roses, et tu vas faire encore tes salamalecs d'affiches et de prospectus qui montreront César Birotteau au coin de toutes les bornes et au-dessus de toutes les planches, aux endroits où l'on bâtit.

— Oh! tu n'y es pas. J'aurai une succursale sous le nom de Popinot, dans quelque maison autour de la rue des Lombards, où je mettrai le petit Anselme. J'acquitterai ainsi la dette de la reconnaissance envers monsieur et madame Ragon, en établissant leur neveu, qui pourra faire fortune. Ces pauvres Ragonnins m'ont l'air d'avoir été bien grêlés depuis quelque temps.

— Tiens, ces gens-là veulent ton argent.

— Mais quelles gens donc, ma belle? Est-ce ton oncle Pillerault qui nous aime comme ses petits boyaux et dîne avec nous tous les dimanches? Est-ce ce bon vieux Ragon, notre prédécesseur, qui voit quarante ans de probité devant lui, avec qui nous faisons notre boston? Enfin serait-ce Roguin, un notaire de Paris, un homme de cinquante-sept ans, qui a vingt-cinq ans de notariat? Un notaire de Paris, ce serait la fleur des pois, si les honnêtes gens ne valaient pas tous le même prix. Au besoin, mes associés m'aideraient! Où donc est le complot, ma biche blanche? Tiens, il faut que je te dise ton fait! Foi d'honnête homme, je l'ai sur le cœur.

Tu as toujours été défiante comme une chatte! Aussitôt que nous avons eu pour deux sous à nous dans la boutique, tu croyais que les chalands étaient des voleurs.

Il faut se mettre à tes genoux afin de te supplier de te laisser enrichir! Pour une fille de Paris, tu n'as guère d'ambition! Sans tes craintes perpétuelles, il n'y aurait pas eu d'homme plus heureux que moi!

Si je t'avais écoutée, je n'aurais jamais fait ni la *Pâte des Sultanes*, ni l'*Eau carminative*. Notre boutique nous a fait vivre, mais ces deux découvertes et nos savons nous ont donné les cent soixante mille francs que nous possédons clair et net!

Sans mon génie, car j'ai du talent comme parfumeur, nous serions de petits détaillants, nous tirerions le diable par la queue pour *joindre les deux bouts*, et je ne serais pas un des notables négociants qui concourent à l'élection des juges au tribunal de commerce, je n'aurais été ni juge ni adjoint. Sais-tu ce que je serais? un boutiquier comme a été le père Ragon, soit dit sans l'offenser, car je respecte les boutiques, le plus beau de notre nez en est fait!

Après avoir vendu de la parfumerie pendant quarante ans, nous posséderions, comme lui, trois mille livres de rente; et au prix où sont les choses dont la valeur a doublé, nous aurions, comme eux, à peine de quoi vivre. (De jour en jour, ce vieux ménage-là me serre le cœur davantage. Il faudra que j'y voie clair, et je saurai le fin mot par Popinot, demain!)

Si j'avais suivi tes conseils, toi qui as le bonheur inquiet et qui te demandes si tu auras demain ce que tu tiens aujourd'hui, je n'aurais pas de crédit, je n'aurais pas la croix de la Légion-d'Honneur, et je ne serais pas en passe d'être un homme politique. Oui, tu as beau branler la tête, si notre affaire se réalise, je puis devenir député de Paris. Ah! je ne me nomme pas César pour rien, tout m'a réussi.

C'est inimaginable, au dehors chacun m'accorde de la capacité; mais ici, la seule personne à laquelle je veux tant plaire que je sue sang et eau pour la rendre heureuse, est précisément celle qui me prend pour une bête.

Ces phrases, quoique scindées par des repos éloquents et lancées comme des balles, ainsi que font tous ceux qui se posent dans une attitude récriminatoire, exprimaient un attachement si profond, si soutenu, que madame Birotteau fut intérieurement attendrie; mais elle se servit, comme toutes les femmes, de l'amour qu'elle inspirait pour avoir gain de cause.

— Eh bien! Birotteau, dit-elle, si tu m'aimes, laisse-moi donc être heureuse à mon goût. Ni toi, ni moi, nous n'avons reçu d'éducation; nous ne savons point parler, ni faire un *serviteur* à la manière des gens du monde, comment veut-on que nous réussissions dans les places du gouvernement? Je serai heureuse aux Trésorières, moi! J'ai toujours aimé les bêtes et les petits oiseaux, je passerai très-bien ma vie à prendre soin des poulets, à faire la fermière. Vendons notre fonds, marions Césarine, et laisse ton *Imogène*. Nous viendrons passer les hivers à Paris, chez notre gendre, nous serons heureux, rien ni dans la politique ni dans le commerce ne pourra changer notre manière d'être. Pourquoi vouloir écraser les autres? Notre fortune actuelle ne nous suffit-elle pas? Quand tu seras millionnaire, dîneras-tu deux fois? as-tu besoin d'une autre femme que moi? Vois mon oncle Pillerault? il s'est sagement contenté de son petit avoir, et sa vie s'emploie à de bonnes œuvres. A-t-il besoin de beaux meubles, lui? Je suis sûre que tu m'as commandé le mobilier: j'ai vu venir Braschon ici, ce n'était pas pour acheter de la parfumerie.

— Eh bien! oui, ma belle, tes meubles sont ordonnés, nos travaux vont être commencés demain et dirigés par un architecte que m'a recommandé monsieur de La Billardière.

— Mon Dieu, s'écria-t-elle, ayez pitié de nous!

— Mais tu n'es pas raisonnable, ma biche. Est-ce à trente-sept ans, fraîche et jolie comme tu l'es, que tu peux aller t'enterrer à Chinon? Moi, Dieu merci, je n'ai que trente-neuf ans. Le hasard m'ouvre une belle carrière, j'y entre. En m'y conduisant avec prudence, je puis faire une maison honorable dans la bourgeoisie de Paris, comme cela se pratiquait jadis, fonder les Birotteau, comme il y des Keller, des Jules Desmarets, des Roguin, des Cochin, des Guillaume, des Lebas, des Nucingen, des Saillard, des Popinot, des Matifat qui marquent ou qui ont marqué dans leurs quartiers. Allons donc ! Si cette affaire-là n'était pas sûre comme de l'or en barres...

— Sûre !

— Oui, sûre. Voilà deux mois que je la chiffre. Sans en avoir l'air, je prends des informations sur les constructions, au bureau de la ville, chez des architectes et chez des entrepreneurs. Monsieur Rohault, le jeune architecte qui va remanier notre appartement, est désespéré de ne pas avoir d'argent pour se mettre dans notre spéculation.

— Il y aura des constructions à faire, il vous y pousse pour vous gruger.

— Peut-on attraper des gens comme Pillerault, comme Charles Claparon et Roguin ? Le gain est sûre comme celui de la Pâte des Sultanes, vois-tu ?

— Mais, mon cher ami, qu'a donc besoin Roguin de spéculer, s'il a sa charge payée et sa fortune faite ? Je le vois quelquefois passer plus soucieux qu'un ministre d'État, avec un regard en dessous que je n'aime pas : il cache des soucis. Sa figure est devenue, depuis cinq ans, celle d'un vieux débauché. Qui te dit qu'il ne lèvera pas le pied quand il aura vos fonds en main ? Cela s'est vu. Le connaissons-nous bien ? Il a beau depuis quinze ans être notre ami, je ne mettrais pas la main au feu pour lui. Tiens, il est punais et ne vit pas avec sa femme, il doit avoir des maîtresses qu'il paie et qui le ruinent ; je ne trouve pas d'autre cause à sa tristesse. Quand je fais ma toilette, je regarde à travers les persiennes, je le vois rentrer à pied chez lui, le matin, revenant d'où ? personne ne le sait. Il me fait l'effet d'un homme qui a un ménage en ville, qui dépense de son côté, madame du sien. Est-ce la vie d'un notaire ? S'ils gagnent cinquante mille francs et qu'ils en mangent soixante, en vingt ans on voit la fin de sa fortune, on se trouve nus comme de petits saint Jean ; mais comme on s'est habitué à briller, on dévalise ses amis sans pitié : charité bien ordonnée commence par soi-même. Il est intime avec ce petit gueux de du Tillet, notre ancien commis, je ne vois rien de bon dans cette amitié. S'il n'a pas su juger du Tillet, il est bien aveugle ; s'il le connaît, pourquoi le choye-t-il tant? tu me diras que sa femme aime du Tillet? eh bien! je n'attends rien de bon d'un homme qui n'a pas d'honneur à l'égard de sa femme. Enfin les possesseurs actuels de ces terrains sont donc bien bêtes de donner pour cent sous ce qui vaut cent francs? Si tu rencontrais un enfant qui ne sût pas ce que vaut un louis, ne lui en dirais-tu pas la valeur? Votre affaire me fait l'effet d'un vol, à moi, soit dit sans t'offenser.

— Mon Dieu! que les femmes sont quelquefois drôles, et comme elles brouillent toutes les idées! Si Roguin n'était rien dans l'affaire, tu me dirais: Tiens, tiens, César, tu fais une affaire où Roguin n'est pas; elle ne vaut rien. A cette heure, il est là comme une garantie, et tu me dis...

— Non, c'est un monsieur Claparon.

— Mais un notaire ne peut pas être en nom dans une spéculation.

— Pourquoi fait-il alors une chose que lui interdit la loi? Que me répondras-tu, toi qui ne connais que la loi?

— Laisse-moi donc continuer. Roguin s'y met, et tu me dis que l'affaire ne vaut rien? Est-ce raisonnable? Tu me dis encore: Il fait une chose contre la loi. Mais il s'y mettra ostensiblement s'il le faut. Tu me dis maintenant: Il est riche. Ne peut-on pas m'en dire autant à moi? Ragon et Pillerault seraient-ils bien venus à me dire: Pourquoi faites-vous cette affaire, vous qui avez de l'argent comme un marchand de cochons?

— Les commerçants ne sont pas dans la position des notaires, dit madame Birotteau.

— Enfin, ma conscience est bien intacte, dit César en continuant. Les gens qui vendent, vendent par nécessité; nous ne les volons pas plus qu'on ne vole ceux à qui on achète des rentes à soixante-quinze. Aujourd'hui, nous acquérons les terrains à leur prix d'aujourd'hui; dans deux ans, ce sera différent, comme pour les rentes. Sachez, Constance-Barbe-Joséphine Pillerault, que vous ne prendrez jamais César Birotteau à faire une action qui soit contre la plus rigide probité, ni contre la loi, ni contre la conscience, ni contre la délicatesse. Un homme établi depuis dix-huit ans être soupçonné d'improbité dans son ménage!

— Allons, calme-toi, César! Une femme qui vit avec toi depuis ce temps connaît le fond de ton âme. Tu es le maître, après tout. Cette fortune, tu l'as gagnée, n'est-ce pas? elle est à toi, tu peux la dépenser. Nous serions réduites à la dernière misère, ni moi ni ta fille nous ne te ferions un seul reproche. Mais écoute : quand tu inventais ta Pâte des Sultanes et ton Eau Carminative, que risquais-tu? des cinq à six mille francs. Aujourd'hui, tu mets toute ta fortune sur un coup de cartes, tu n'es pas seul à le jouer, tu as des associés qui peuvent se montrer plus fins que toi. Donne ton bal, renouvelle ton appartement, fais dix mille francs de dépense, c'est inutile, ce n'est pas ruineux. Quant à ton affaire de la Madeleine, je m'y oppose formellement. Tu es parfumeur, sois parfumeur, et non pas revendeur de terrains. Nous avons un instinct qui ne nous trompe pas, nous autres femmes! Je t'ai prévenu, maintenant agis à ta tête. Tu as été juge au tribunal de commerce, tu connais les lois, tu as bien mené ta barque, je te suivrai, César! Mais je tremblerai jusqu'à ce que je voie notre fortune solidement assise, et Césarine bien mariée. Dieu veuille que mon rêve ne soit pas une prophétie !

Cette soumission contraria Birotteau, qui employa l'innocente ruse à laquelle il avait recours en semblable occasion.

— Écoute, Constance, je n'ai pas encore donné ma parole ; mais c'est tout comme.

— Oh! César, tout est dit, n'en parlons plus. L'honneur passe avant la fortune. Allons, couche-toi, mon cher ami, nous n'avons plus de bois. D'ailleurs, nous serons toujours mieux au lit pour causer, si cela t'amuse. Oh! le vilain rêve! Mon Dieu! se voir soi-même! Mais c'est affreux! Césarine et moi, nous allons joliment faire des neuvaines pour le succès de tes terrains.

— Sans doute l'aide de Dieu ne nuit à rien, dit gravement Birotteau. Mais l'essence de noisettes est aussi une puissance, ma femme ! J'ai fait cette découverte comme autrefois celle de la Double Pâte des Sultanes, par hasard : la première fois en ouvrant un livre, cette fois en regardant la gravure d'Héro et Léandre. Tu sais, une femme qui verse de l'huile sur la tête de son amant, est-ce gentil? Les spéculations les plus sûres sont celles qui reposent sur la vanité, sur l'amour-propre, l'envie de paraître. Ces sentiments-là ne meurent jamais.

— Hélas ! je le vois bien.

— A un certain âge, les hommes feraient les cent coups pour avoir des cheveux, quand ils n'en ont pas. Depuis quelque temps, les coiffeurs me disent qu'ils ne vendent pas seulement le *Macassar*, mais toutes les drogues bonnes à teindre les cheveux, ou qui passent pour les faire pousser. Depuis la paix, les hommes sont bien plus auprès des femmes, et elles n'aiment pas les chauves, hé! hé! mimi! La demande de cet article-là s'explique donc par la situation politique. Une composition qui vous entretiendrait les cheveux en bonne santé se vendrait comme du pain, d'autant que cette Essence sera sans doute approuvée par l'Académie des Sciences. Mon bon monsieur Vauquelin m'aidera peut-être encore. J'irai demain lui soumettre mon idée, en lui offrant la gravure que j'ai fini par trouver après deux ans de recherches en Allemagne. Il s'occupe précisément de l'analyse des cheveux. Chiffreville, son associé pour sa fabrique de produits chimiques, me l'a dit. Si ma découverte s'accorde avec les siennes, mon Essence serait achetée par les deux sexes. Mon idée est une fortune, je le répète. Mon Dieu, je n'en dors pas. Eh! par bonheur, le petit Popinot a les plus beaux cheveux du monde. Avec une demoiselle de comptoir qui aurait des cheveux longs à tomber jusqu'à terre et qui dirait, si la chose est possible sans offenser Dieu ni le prochain, que l'huile Comagène (car ce sera décidément une huile) y est pour quelque chose, les têtes des grisons se jetteraient là-dessus comme la pauvreté sur le monde. Dis donc, mignonne, et ton bal? Je ne suis pas méchant, mais je voudrais bien rencontrer ce petit drôle de du Tillet, qui *fait le gros* avec sa fortune, et qui m'évite toujours à la Bourse. Il sait que je connais un trait de lui qui n'est pas beau. Peut-être ai-je été trop bon avec lui. Est-ce drôle, ma femme, qu'on soit toujours puni de ses bonnes actions, ici-bas s'entend! Je me suis conduit comme un père envers lui, tu ne sais pas tout ce que j'ai fait pour lui.

— Tu me donnes la chair de poule rien que de m'en parler. Si tu avais su ce qu'il voulait faire de toi, tu n'aurais pas gardé le secret sur le vol des trois mille francs, car j'ai deviné la manière dont l'affaire s'est arrangée. Si tu l'avais envoyé en police correctionnelle, peut-être aurais-tu rendu service à bien du monde.

— Que prétendait-il donc faire de moi?

— Rien. Si tu étais en train de m'écouter ce soir, je te donnerais un bon conseil, Birotteau, ce serait de laisser ton du Tillet.

— Ne trouverait-on pas extraordinaire de voir exclu de chez moi un commis que j'ai cautionné pour les premiers vingt mille francs avec lesquels il a commencé les affaires? Va, faisons le bien pour le bien. D'ailleurs, du Tillet s'est peut-être amendé.

— Il faudra mettre tout cen dessus dessous ici.

— Que dis-tu donc avec ton cen dessus dessous ? Mais tout sera rangé comme un papier de musique. Tu as donc déjà oublié ce que je viens de te dire relativement à l'escalier et à ma location dans la maison voisine que j'ai arrangée avec le marchand de parapluies, Cayron ? Nous devons aller ensemble demain chez monsieur Molineux, son propriétaire, car j'ai demain des affaires autant qu'en a un ministre...

— Tu m'as tourné la cervelle avec tes projets, lui dit Constance, je m'y brouille. D'ailleurs, Birotteau, je dors.

— Bon jour, répondit le mari. Écoute donc, je te dis bonjour parce que nous sommes au matin, mimi. Ah ! la voilà partie, cette chère enfant ! Va, tu seras richissime, ou je perdrai mon nom de César.

Quelques instants après, Constance et César ronflèrent paisiblement.

Un coup d'œil rapidement jeté sur la vie antérieure de ce ménage confirmera les idées que doit suggérer l'amicale altercation des deux principaux personnages de cette scène. En peignant les mœurs des détaillants, cette esquisse expliquera d'ailleurs par quels singuliers hasards César Birotteau se trouvait adjoint et parfumeur, ancien officier de la garde nationale et chevalier de la Légion-d'Honneur. En éclairant la profondeur de son caractère et les ressorts de sa grandeur, on pourra comprendre comment les accidents commerciaux que surmontent les têtes fortes deviennent d'irréparables catastrophes pour de petits esprits. Les événements ne sont jamais absolus, leurs résultats dépendent entièrement des individus : le malheur est un marche-pied pour le génie, une piscine pour le chrétien, un trésor pour l'homme habile, pour les faibles un abîme.

Un closier des environs de Chinon, nommé Jacques Birotteau, épousa la femme de chambre d'une dame chez laquelle il faisait les vignes ; il eut trois garçons, sa femme mourut en couches du dernier, et le pauvre homme ne lui survécut pas long-temps. La maîtresse affectionnait sa femme de chambre ; elle fit élever avec ses fils l'aîné des enfants de son closier, nommé François, et le plaça dans un séminaire. Ordonné prêtre, François Birotteau se cacha pendant la révolution et mena la vie errante des prêtres non assermentés, traqués comme des bêtes fauves, et pour le moins guillotinés. Au moment où commence cette histoire, il se trouvait vicaire de la cathédrale de Tours, et n'avait quitté qu'une seule fois cette ville, pour venir voir son frère César. Le mouvement de Paris étourdit si fort le bon prêtre qu'il n'osait sortir de sa chambre ; il nommait les cabriolets *des petits fiacres*, et s'étonnait de tout. Après une semaine de séjour, il revint à Tours, en se promettant de ne jamais retourner dans la capitale.

Le deuxième fils du vigneron, Jean Birotteau, pris par la milice, gagna promptement le grade de capitaine pendant les premières guerres de la révolution. A la bataille de la Trébia, Macdonald demanda des hommes de bonne volonté pour emporter une batterie, le capitaine Jean Birotteau s'avança avec sa compagnie et fut tué. La destinée des Birotteau voulait sans doute qu'ils fussent opprimés par les hommes ou par les événements partout où ils se planteraient.

Le dernier enfant est le héros de cette scène. Lorsqu'à l'âge de quatorze ans César sut lire, écrire et compter, il quitta le pays, vint à pied à Paris chercher fortune avec un louis dans sa poche. La recommandation d'un apothicaire de Tours le fit entrer, en qualité de garçon de magasin, chez monsieur et madame Ragon, marchands parfumeurs. César possédait alors une paire de souliers ferrés, une culotte et des bas bleus, son gilet à fleurs, une veste de paysan, trois grosses chemises de bonne toile et son gourdin de route. Si ses cheveux étaient coupés comme le sont ceux des enfants de chœur, il avait les reins solides du Tourangeau ; s'il se laissait aller parfois à la paresse en vigueur dans le pays, elle était compensée par le désir de faire fortune ; s'il manquait d'esprit et d'instruction, il avait une rectitude instinctive et des sentiments délicats qu'il tenait de sa mère, créature qui, suivant l'expression tourangelle, était un *cœur d'or*. César eut la nourriture, six francs de gages par mois, et fut couché sur un grabat, au grenier, près de la cuisinière. Les commis, qui lui apprirent à faire les emballages et les commissions, à balayer le magasin et la rue, se moquèrent de lui tout en le façonnant au service, par suite des mœurs boutiquières, où la plaisanterie entre comme principal élément d'instruction. Monsieur et madame Ragon lui parlèrent comme à un chien. Personne ne prit garde à sa fatigue, quoique le soir ses pieds meurtris par le pavé lui fissent un mal horrible et que ses épaules fussent brisées. Cette rude application du *chacun pour soi*, l'évangile de toutes les capitales, lui fit trouver la vie de Paris fort dure. Le soir, il pleurait en pensant à la Touraine où le paysan travaille à son aise, où le maçon pose sa pierre en douze temps, où la paresse est sagement mêlée au labeur; mais il s'endormait sans avoir le temps de penser à s'enfuir, car il avait des courses pour la matinée et obéissait à son devoir avec l'instinct d'un chien de garde. Si par hasard il se plaignait, le premier commis souriait d'un air jovial.

— Ah! mon garçon, disait-il, tout n'est pas rose à la Reine des Roses, et les alouettes n'y tombent pas toutes rôties; faut d'abord courir après, puis les prendre, enfin, faut avoir de quoi les accommoder.

La cuisinière, grosse Picarde, prenait les meilleurs morceaux pour elle, et n'adressait la parole à César que pour se plaindre de monsieur ou de madame Ragon, qui ne lui laissaient rien à voler. Vers la fin du premier mois, cette fille, obligée de garder la maison un dimanche, entama la conversation avec César. Ursule décrassée sembla charmante au pauvre garçon de peine, qui, sans le hasard, allait échouer sur le premier écueil caché dans sa carrière. Comme tous les êtres dénués de protection, il aima la première femme qui lui jetait un regard aimable. La cuisinière prit César sous sa protection, et il s'ensuivit de secrètes amours que les commis raillèrent impitoyablement. Deux ans après, la cuisinière quitta très-heureusement César pour un jeune réfractaire de son pays caché à Paris, un Picard de vingt ans, riche de quelques arpents de terre, qui se laissa épouser par Ursule.

Pendant ces deux années, la cuisinière avait bien nourri son petit César, lui avait expliqué plusieurs mystères de la vie parisienne en la lui faisant examiner d'en bas, et lui avait inculqué par jalousie une profonde horreur pour les mauvais lieux dont les dangers ne lui paraissaient pas inconnus. En 1792, les pieds de César trahi s'étaient accoutumés au pavé, ses épaules aux caisses, et son esprit à ce qu'il nommait *les bourdes* de Paris. Aussi, quand Ursule l'abandonna, fut-il promptement consolé, car elle n'avait réalisé aucune de ses idées instinctives sur les sentiments. Lascive et bourrue, pateline et pillarde, égoïste et buveuse, elle froissait la candeur de Birotteau sans lui offrir aucune riche perspective. Parfois, le pauvre enfant se voyait avec douleur lié par les nœuds les plus forts pour les cœurs naïfs à une créature avec laquelle il ne sympathisait pas. Au moment où il devint maître de son cœur, il avait grandi et atteint l'âge de seize ans. Son esprit, développé par Ursule et par les plaisanteries des commis, lui fit étudier le commerce d'un regard où l'intelligence se cachait sous la simplesse : il observa les chalands, demanda dans les moments perdus des explications sur les marchandises dont il retint les diversités et les places; il connut un beau jour les articles, les prix et les chiffres mieux que ne les connaissaient les nouveaux venus; monsieur et madame Ragon s'habituèrent dès lors à l'employer.

Le jour où la terrible réquisition de l'an II fit maison nette chez le citoyen Ragon, César Birotteau, promu second commis, profita de la circonstance pour obtenir cinquante livres d'appointements par mois, et s'assit à la table des Ragon avec une jouissance ineffable. Le second commis de *la Reine des Roses*, déjà riche de six cents francs, eut une chambre où il put convenablement serrer dans des meubles longtemps convoités les nippes qu'il s'était amassées. Les jours de décadi, mis comme les jeunes gens de l'époque à qui la mode ordonnait d'affecter des manières brutales, ce doux et modeste paysan avait un air qui le rendait au moins leur égal, et il franchit ainsi les barrières qu'en d'autres temps la domesticité eût mises entre la bourgeoisie et lui. Vers la fin de cette année, sa probité le fit placer à la caisse. L'imposante citoyenne Ragon veillait au linge du commis, et les deux marchands se familiarisèrent avec lui.

En vendémiaire 1794, César, qui possédait cent louis d'or, les échangea contre six mille francs d'assignats, acheta des rentes à trente francs, les paya la veille du jour où l'échelle de dépréciation eut cours à la Bourse, et serra son inscription avec un indicible bonheur. Dès ce jour, il suivit le mouvement des fonds et des affaires publiques avec des anxiétés secrètes qui le faisaient palpiter au récit des revers ou des succès qui marquèrent cette période de notre histoire. Monsieur Ragon, ancien parfumeur de Sa Majesté la reine Marie-Antoinette, confia dans ces moments critiques son attachement pour les tyrans déchus à César Birotteau. Cette confidence fut une des circonstances capitales de la vie de César. Les conversations du soir, quand la boutique était close, la rue calme et la caisse faite, fanatisèrent le Tourangeau qui, en devenant royaliste, obéissait à ses sentiments innés. Le narré des vertueuses actions de Louis XVI, les anecdotes par lesquelles les deux époux exaltaient les mérites de la reine, échauffèrent l'imagination de

César. L'horrible sort de ces deux têtes couronnées, tranchées à quelques pas de la boutique, révolta son cœur sensible et lui donna de la haine pour un système de gouvernement à qui le sang innocent ne coûtait rien à répandre. L'intérêt commercial lui montrait la mort du négoce dans le maximum et dans les orages politiques, toujours ennemis des affaires. En vrai parfumeur, il haïssait d'ailleurs une révolution qui mettait tout le monde à la Titus et supprimait la poudre. La tranquillité que procure le pouvoir absolu pouvant seule donner la vie à l'argent, il se fanatisa pour la royauté. Quand monsieur Ragon le vit en bonne disposition, il le nomma son premier commis et l'initia au secret de la boutique de la Reine des Roses, dont quelques chalands étaient les plus actifs, les plus dévoués émissaires des Bourbons, et où se faisait la correspondance de l'Ouest avec Paris. Entraîné par la chaleur du jeune âge, électrisé par ses rapports avec les Georges, les La Billardière, les Montauran, les Bauvan, les Longuy, les Manda, les Bernier, les du Guénic et les Fontaine, César se jeta dans la conspiration que les royalistes et les terroristes réunis dirigèrent au 13 vendémiaire contre la Convention expirante.

César eut l'honneur de lutter contre Napoléon sur les marches de Saint-Roch, et fut blessé dès le commencement de l'affaire. Chacun sait l'issue de cette tentative. Si l'aide-de-camp de Barras sortit de son obscurité, Birotteau fut sauvé par la sienne. Quelques amis transportèrent le belliqueux premier commis à la Reine des Roses, où il resta caché dans le grenier, pensé par madame Ragon, et heureusement oublié. César Birotteau n'avait eu qu'un éclair de courage militaire. Pendant le mois que dura sa convalescence, il fit de solides réflexions sur l'alliance ridicule de la politique et de la parfumerie. S'il resta royaliste, il résolut d'être purement et simplement un parfumeur royaliste, sans jamais plus se compromettre, et s'adonna corps et âme à sa partie.

Au 18 brumaire, monsieur et madame Ragon, désespérant de la cause royale, se décidèrent à quitter la parfumerie, à vivre en bons bourgeois, sans plus se mêler de politique. Pour recouvrer le prix de leur fonds, il leur fallait rencontrer un homme qui eût plus de probité que d'ambition, plus de gros bon sens que de capacité. Ragon proposa donc l'affaire à son premier commis. Birotteau, maître à vingt ans de mille francs de rente dans les fonds publics, hésita. Son ambition consistait à vivre auprès de Chinon quand il se serait fait quinze cents francs de rente, et que le premier consul aurait consolidé la dette publique en se consolidant aux Tuileries. Pourquoi risquer son honnête et simple indépendance dans les chances commerciales ? se disait-il. Il n'avait jamais cru gagner une fortune si considérable, due à ces chances auxquelles on ne se livre que pendant la jeunesse ; il songeait alors à épouser en Touraine une femme aussi riche que lui pour pouvoir acheter et cultiver *les Trésorières*, petit bien que, depuis l'âge de raison, il avait convoité, qu'il rêvait d'augmenter, où il se ferait mille écus de rente, où il mènerait une vie heureusement obscure. Il allait refuser quand l'amour changea tout à coup ses résolutions en décuplant le chiffre de son ambition.

Depuis la trahison d'Ursule, César était resté sage, autant par crainte des dangers que l'on court à Paris en amour que par suite de ses travaux. Quand les passions sont sans aliment, elles se changent en besoin ; le mariage devient alors, pour les gens de la classe moyenne, une idée fixe ; car ils n'ont que cette manière de conquérir et de s'approprier une femme. César Birotteau en était là. Tout roulait sur le premier commis dans le magasin de la Reine des Roses : il n'avait pas un moment à donner au plaisir. Dans une semblable vie les besoins sont encore plus impérieux : aussi la rencontre d'une belle fille, à laquelle un commis libertin eût à peine songé, devait-elle produire le plus grand effet sur le sage César. Par un beau jour de juin, en entrant par le pont Marie dans l'île Saint-Louis, il vit une jeune fille debout sur la porte d'une boutique située à l'encoignure du quai d'Anjou. Constance Pillerault était la première demoiselle d'un magasin de nouveautés nommé *le Petit-Matelot*, le premier des magasins qui depuis se sont établis dans Paris avec plus ou moins d'enseignes peintes, banderoles flottantes, montres pleines de châles en balançoire, cravates arrangées comme des châteaux de cartes, et mille autres séductions commerciales, prix fixes, bandelettes, affiches, illusions et effets d'optique portés à un tel degré de perfectionnement que les devantures de boutiques sont devenues des poèmes commerciaux. Le bas prix de tous les objets dits Nouveautés qui se trouvaient au Petit-Matelot lui donna une vogue inouïe dans l'endroit de Paris le moins favorable à la vogue et au commerce. Cette première demoiselle était alors citée pour sa beauté, comme depuis le furent la Belle Limonadière du café des Mille-Colonnes et plusieurs autres pauvres créatures qui ont fait lever plus de jeunes et de vieux nez aux carreaux des modistes, des limonadiers et des magasins, qu'il n'y a de pavés dans les rues de Paris. Le premier commis de la Reine des Roses, logé entre Saint-Roch et la rue de la Sourdière, exclusivement occupé de parfumerie, ne soupçonnait pas l'existence du Petit-Matelot ; car les petits commerces de Paris sont assez étrangers les uns aux autres. César fut si vigoureusement féru par la beauté de Constance qu'il entra furieusement au Petit-Matelot pour y acheter six chemises de toile, dont il débattit long-temps le prix, en se faisant déplier des volumes de toiles, non plus ni moins qu'une Anglaise en humeur de marchander (*shoping*). La première demoiselle daigna s'occuper de César en s'apercevant, à quelques symptômes connus de toutes les femmes, qu'il venait bien plus pour la marchande que pour la marchandise. Il dicta son nom et son adresse à la demoiselle, qui fut très-indifférente à l'admiration du chaland après l'emplette. Le pauvre commis avait eu peu de chose à faire pour gagner les bonnes grâces d'Ursule, il était demeuré niais comme un mouton ; l'amour l'enniaisant encore davantage, il n'osa pas dire un mot, et fut d'ailleurs trop ébloui pour remarquer l'insouciance qui succédait au sourire de cette sirène marchande.

Pendant huit jours il alla tous les soirs faire faction devant le Petit-Matelot, quêtant un regard comme un chien quête un os à la porte d'une cuisine, insoucieux des moqueries que se permettaient les commis et les *demoiselles*, se dérangeant avec humilité pour les acheteurs ou les passants, attentifs aux petites révolutions de la boutique. Quelques jours après il entra de nouveau dans le paradis où était son ange, moins pour y acheter des mouchoirs que pour lui communiquer une idée lumineuse.

— Si vous aviez besoin de parfumeries, mademoiselle, je vous en fournirais bien tout de même, dit-il en la payant.

Constance Pillerault recevait journellement de brillantes propositions où il n'était jamais question de mariage ; et, quoique son cœur fût aussi pur que son front était blanc, ce ne fut qu'après six mois de marches et de contremarches, où César signala son infatigable amour, qu'elle daigna recevoir les soins de César, mais sans vouloir se prononcer : prudence commandée par le nombre infini de ses serviteurs, marchands de vins en gros, riches limonadiers et autres qui lui faisaient les yeux doux. L'amant s'était appuyé sur le tuteur de Constance, monsieur Claude-Joseph Pillerault, alors marchand quincaillier sur le quai de la Ferraille, qu'il avait fini par découvrir en se livrant à l'espionnage souterrain qui distingue le véritable amour. La rapidité de ce récit oblige à passer sous silence les joies de l'amour parisien fait avec innocence, à taire les prodigalités particulières aux commis : melons apportés dans la primeur, fins dîners chez Vénua suivis du spectacle, parties de campagne en fiacre le dimanche. Sans être joli garçon, César n'avait rien dans sa personne qui s'opposât à ce qu'il fût aimé. La vie de Paris et son séjour dans un magasin sombre avaient fini par éteindre la vivacité de son teint de paysan. Son abondante chevelure noire, son encolure de cheval normand, ses gros membres, son air simple et probe, tout contribuait à disposer favorablement en sa faveur. L'oncle Pillerault, chargé de veiller au bonheur de la fille de son frère, avait pris des renseignements : il sanctionna les intentions du Tourangeau. En 1800, au joli mois de mai, mademoiselle Pillerault consentit à épouser César Birotteau, qui s'évanouit de joie au moment où, sous un tilleul, à Sceaux, Constance-Barbe-Joséphine l'accepta pour époux.

— Ma petite, dit monsieur Pillerault, tu acquiers un bon mari. Il a le cœur chaud et des sentiments d'honneur : c'est franc comme l'osier et sage comme un Enfant-Jésus, enfin le roi des hommes.

Constance abdiqua franchement les brillantes destinées auxquelles, comme toutes les filles de boutique, elle avait parfois rêvé : elle voulut être une honnête femme, une bonne mère de famille, et prit la vie suivant le religieux programme de la classe moyenne. Ce rôle allait d'ailleurs bien mieux à ses idées que les dangereuses vanités qui séduisent tant de jeunes imaginations parisiennes. D'une intelligence étroite, Constance offrait le type de la petite bourgeoise dont les travaux ne vont pas sans un peu d'humeur, qui commence par refuser ce qu'elle désire et se fâche quand elle est prise au mot, dont l'inquiète activité se porte sur la cuisine et sur la caisse, sur les affaires les plus graves et sur les reprises invisibles à faire au linge, qui aime en grondant, ne conçoit que les idées les plus simples, la petite monnaie de l'esprit, raisonne surtout, a peur de tout, calcule tout et pense toujours à l'avenir. Sa beauté froide, mais candide, son air touchant, sa fraîcheur, empêchèrent Birotteau de songer à des défauts compensés d'ailleurs par cette délicate probité naturelle aux femmes, par un ordre excessif, par le fanatisme du travail et par le génie de la vente. Constance avait alors dix-huit ans et possédait onze mille francs. César, à qui l'amour inspira la plus excessive ambition, acheta le fonds de la Reine des Roses et le transporta près de la place Vendôme, dans une belle maison. Agé de vingt et un ans seulement, marié à une belle femme adorée, possesseur d'un établissement dont il avait payé le prix aux trois quarts, il dut voir et vit l'avenir en beau, surtout en mesurant le chemin fait depuis son point de départ. Roguin, notaires des Ragon, le rédacteur du contrat de mariage, donna de sages conseils au nouveau parfumeur en l'empêchant d'achever le payement du fonds avec la dot de sa femme.

— Gardez donc des fonds pour faire quelques bonnes entreprises, mon garçon, lui avait-il dit.

Birotteau regarda le notaire avec admiration, prit l'habitude de le consulter, et s'en fit un ami. Comme Ragon et Pillerault, il eut tant de foi dans le notariat, qu'il se livrait alors à Roguin sans se permettre un soupçon. Grâce à ce conseil, César, muni des onze mille francs de Constance pour commencer les affaires, n'eût pas alors échangé son *avoir* contre celui du premier Consul, quelque brillant que parût être l'*avoir* de Napoléon. D'abord, Birotteau n'eut qu'une cuisinière, il se logea dans l'entresol situé au-dessus de sa boutique, espèce de bouge assez bien décoré par un tapissier, et où les nouveaux mariés entamèrent une éternelle lune de miel. Madame César apparut comme une merveille dans son comptoir. Sa beauté célèbre eut une énorme influence sur la vente, il ne fut question que de la belle madame Birotteau parmi les élégants de l'Empire. Si César fut accusé de royalisme, le monde rendit justice à sa probité ; si quelques marchands voisins envièrent son bonheur, il passa pour en être digne. Le coup de feu qu'il avait reçu sur les marches de Saint-Roch lui donna la réputation d'un homme mêlé aux secrets de la politique et celle d'un homme courageux, quoiqu'il n'eût aucun courage militaire au cœur et nulle idée politique dans la cervelle. Sur ces données, les honnêtes gens de l'arrondissement le nommèrent capitaine de la garde nationale, mais il fut cassé par Napoléon qui, selon Birotteau, lui gardait rancune de leur rencontre en vendémiaire. César eut alors à bon marché un vernis de persécution qui le rendit intéressant aux yeux des opposants, et lui fit acquérir une certaine importance.

Voici quel fut le sort de ce ménage constamment heureux par les sentiments, agité seulement par les anxiétés commerciales.

Pendant la première année, César Birotteau mit sa femme au fait de la vente et du détail des parfumeries, métier auquel elle s'entendit admirablement bien ; elle semblait avoir été créée et mise au monde pour ganter les chalands. Cette année finie, l'inventaire épouvanta l'ambitieux parfumeur : tous frais prélevés, en vingt ans à peine aurait-il gagné le modeste capital de cent mille francs, auquel il avait chiffré son bonheur. Il résolut alors d'arriver à la fortune plus rapidement et voulut d'abord joindre la fabrication au détail. Contre l'avis de sa femme, il loua une baraque et des terrains dans le faubourg du Temple, et y fit peindre en gros caractères : FABRIQUE DE CÉSAR BIROTTEAU. Il débaucha de Grasse un ouvrier avec lequel il commença de compte à demi quelques fabrications de savon, d'essences et d'eau de Cologne. Son association avec cet ouvrier ne dura que six mois et se termina par des pertes qu'il supporta seul. Sans se décourager, Birotteau voulut obtenir un résultat à tout prix, uniquement pour ne pas être grondé par sa femme, à laquelle il avoua plus tard qu'en ce temps de désespoir la tête lui bouillait comme une marmite, et que plusieurs fois, n'était ses sentiments religieux, il se serait jeté dans la Seine. Désolé de quelques expériences infructueuses, il flânait un jour le long des boulevards en revenant dîner, car le flâneur parisien est aussi souvent un homme au désespoir qu'un oisif. Parmi quelques livres à six sous étalés dans une manne à terre, ses yeux furent saisis par ce titre jauni de poussière : *Abdeker* ou *l'Art de conserver la Beauté*. Il prit ce prétendu livre arabe, espèce de roman fait par un médecin du siècle précédent, et tomba sur une page où il s'agissait de parfums. Appuyé sur un arbre du boulevard pour feuilleter le livre, il lut une note où l'auteur expliquait la nature du derme et de l'épiderme, et démontrait que telle pâte ou tel savon produisait un effet souvent contraire à celui qu'on en attendait, si la pâte et le savon donnaient du ton à la peau qui voulait être relâchée, ou relâchaient la peau qui exigeait des toniques. Birotteau acheta ce livre où il vit une fortune. Néanmoins, peu confiant dans ses lumières, il alla chez un chimiste célèbre, Vauquelin, auquel il demanda tout naïvement les moyens de composer un double cosmétique qui produisît des effets appropriés aux diverses natures de l'épiderme humain. Les vrais savants, ces hommes si réellement grands en ce sens qu'ils n'obtiennent jamais de leur vivant le renom par lequel leurs immenses travaux inconnus devraient être payés, sont presque tous serviables et sourient aux pauvres d'esprit. Vauquelin protégea donc le parfumeur, lui permit de se dire l'inventeur d'une pâte pour blanchir les mains et dont il lui indiqua la composition. Birotteau appela ce cosmétique la Double Pâte des Sultanes. Afin de compléter l'œuvre, il appliqua le procédé de la pâte pour les mains à une eau pour le teint qu'il nomma l'Eau Carminative. Il imita dans sa partie le système du Petit-Matelot, il déploya, le premier d'entre les parfumeurs, ce luxe d'affiches, d'annonces et de moyens de publication que l'on nomme peut-être injustement charlatanisme.

Le Pâte des Sultanes et l'Eau Carminative se produisirent dans l'univers galant et commercial par des affiches coloriées, en tête desquelles étaient ces mots : *Approuvées par l'Institut!* Cette formule, employée pour la première fois, eut un effet magique. Non-seulement la France, mais le continent fut pavoisé d'affiches jaunes, rouges, bleues, par le souverain de la Reine des Roses qui tenait, fournissait et fabriquait, à des prix modérés, tout ce qui concernait sa partie. A une époque où l'on ne parlait que de l'Orient, nommer un cosmétique quelconque Pâte des Sultanes, en devinant la magie exercée par ces mots dans un pays où tout homme tient autant à être sultan que la femme à devenir sultane, était une inspiration qui pouvait venir à un homme ordinaire comme à un homme d'esprit ; mais le public jugeant toujours les résultats, Birotteau passa d'autant plus pour un homme supérieur, commercialement parlant, qu'il rédigea lui-même un prospectus dont la ridicule phraséologie fut un élément de succès : en France, on ne rit que des choses et des hommes dont on s'occupe, et personne ne s'occupe de ce qui ne réussit point. Quoique Birotteau n'eût pas joué sa bêtise, on lui donna le talent de savoir faire la bête à propos. Il s'est retrouvé, non sans peine, un exemplaire de ce prospectus dans la maison Popinot et compagnie, droguistes, rue des Lombards. Cette pièce curieuse est au nombre de celles que, dans un cercle plus élevé, les historiens intitulent *pièces justificatives*. La voici donc :

DOUBLE PATE DES SULTANES ET EAU CARMINATIVE

DE CÉSAR BIROTTEAU,

DÉCOUVERTE MERVEILLEUSE

APPROUVÉE PAR L'INSTITUT DE FRANCE.

Depuis long-temps une pâte pour les mains et une eau pour le visage, donnant un résultat supérieur à celui obtenu par l'Eau de Cologne dans l'œuvre de la toilette, étaient généralement désirées par les deux sexes en Europe. Après avoir consacré de longues veilles à l'étude du derme et de l'épiderme chez les deux sexes, qui, l'un comme l'autre, attachent avec raison le plus grand prix à la douceur, à la souplesse, au brillant, au velouté de la peau, le sieur Birotteau, parfumeur avantageusement connu dans la capitale et à l'étranger, a découvert une Pâte et une Eau à juste titre nommées, dès leur apparition, merveilleuses par les élégants et par les élégantes de Paris. En effet, cette Pâte et cette Eau possèdent d'étonnantes propriétés pour agir sur la peau, sans la rider prématurément, effet immanquable des drogues employées inconsidérément jusqu'à ce jour et inventées par d'ignorantes cupidités. Cette découverte repose sur la division des tempéraments qui se rangent en deux grandes classes indiquées par la couleur de la Pâte et de l'Eau, lesquelles sont roses pour le derme et l'épiderme des personnes de constitution lymphatique, et blanches pour ceux des personnes qui jouissent d'un tempérament sanguin.

Cette Pâte est nommée Pâte des Sultanes, *parce que cette découverte avait déjà été faite pour le sérail par un médecin arabe. Elle a été approuvée par l'Institut sur le rapport de notre illustre chimiste* VAUQUELIN, *ainsi que l'Eau établie sur les principes qui ont dicté la composition de la Pâte.*

Cette précieuse Pâte, qui exhale les plus doux parfums, fait donc disparaître les taches de rousseur les plus rebelles, blanchit les épidermes les plus récalcitrants, et dissipe les sueurs de la main dont se plaignent les femmes non moins que les hommes.

L'Eau Carminative enlève ces légers boutons qui, dans certains moments, surviennent inopinément aux femmes, et contrarient leurs projets pour le bal; elle rafraîchit et ravive les couleurs en ouvrant ou fermant les pores selon les exigences du tempérament; elle est si connue déjà pour arrêter les outrages du temps que beaucoup de dames l'ont, par reconnaissance, nommée L'AMIE DE LA BEAUTÉ.

L'Eau de Cologne est purement et simplement un parfum banal sans efficacité spéciale, tandis que la Double Pâte des Sultanes *et l'*Eau Carminative *sont deux compositions opérantes, d'une puissance motrice agissant sans danger sur les qualités internes et les secondant; leurs odeurs essentiellement balsamiques et d'un esprit divertissant réjouissent le cœur et le cerveau admirablement, charment les idées et les réveillent; elles sont aussi étonnantes par leur mérite que par leur simplicité; enfin, c'est un attrait de plus offert aux femmes, et un moyen de séduction que les hommes peuvent acquérir.*

*L'usage journalier de l'Eau dissipe les cuissons occasionnées par le feu du rasoir; elle préserve également les lèvres de la gerçure et les maintient rouges; elle efface naturellement à la longue les taches de rousseur et finit par redonner du ton aux chairs. Ces effets annoncent toujours en l'homme un équilibre parfait entre les humeurs, ce qui tend à délivrer les personnes sujettes à la migraine de cette horrible maladie. Enfin, l'*Eau Carminative, *qui peut être employée par les femmes dans toutes leurs toilettes, prévient les affections cutanées en ne gênant pas la transpiration des tissus, tout en leur communiquant un velouté persistant.*

S'adresser, franc de port, à monsieur CÉSAR BIROTTEAU, *successeur de Ragon, ancien parfumeur de la reine*

Marie-Antoinette, à la Reine des Roses, rue Saint-Honoré, à Paris, près la place Vendôme.

Le prix du pain de Pâte est de trois livres, et celui de la bouteille est de six livres.

Monsieur César Birotteau, pour éviter toutes les contrefaçons, prévient le public que la Pâte est enveloppée d'un papier portant sa signature, et que les bouteilles ont un cachet incrusté dans le verre.

Le succès fut dû, sans que César s'en doutât, à Constance qui lui conseilla d'envoyer l'Eau Carminative et la Pâte des Sultanes par caisses à tous les parfumeurs de France et de l'étranger, en leur offrant un gain de trente pour cent, s'ils voulaient prendre ces deux articles par *grosses*. La Pâte et l'Eau valait mieux, en réalité que les cosmétiques analogues et séduisaient les ignorants par la distinction établie entre les tempéraments : les cinq cents parfumeurs de France, alléchés par le gain, achetèrent annuellement chez Birotteau chacun plus de trois cents grosses de Pâte et d'Eau, consommation qui lui produisit des bénéfices restreints quant à l'article, énormes par la quantité. César put alors acheter les bicoques et les terrains du faubourg du Temple, il y bâtit de vastes fabriques et décora magnifiquement son magasin de la Reine des Roses ; son ménage éprouva les petits bonheurs de l'aisance, et sa femme ne trembla plus autant.

En 1810, madame César prévit une hausse dans les loyers, elle poussa son mari à se faire principal locataire de la maison où ils occupaient la boutique et l'entresol, et à mettre leur appartement au premier étage. Une circonstance heureuse décida Constance à fermer les yeux sur les folies que Birotteau fit pour elle dans son appartement. Le parfumeur venait d'être élu juge au tribunal de commerce. Sa probité, sa délicatesse connue et la considération dont il jouissait lui valurent cette dignité qui le classa désormais parmi les notables commerçants de Paris. Pour augmenter ses connaissances, il se leva dès cinq heures du matin, lut les répertoires de jurisprudence et les livres qui traitaient des litiges commerciaux. Son sentiment du juste, sa rectitude, son bon vouloir, qualités essentielles dans l'appréciation des difficultés soumises aux sentences consulaires, le rendirent un des juges les plus estimés. Ses défauts contribuèrent également à sa réputation. En sentant son infériorité, César subordonnait volontiers ses lumières à celles de ses collègues flattés d'être si curieusement écoutés par lui : les uns recherchèrent la silencieuse approbation d'un homme censé profond, en sa qualité d'écouteur; les autres, enchantés de sa modestie et de sa douceur, le vantèrent. Les justiciables louèrent sa bienveillance, son esprit conciliateur, et il fut souvent pris pour arbitre en des contestations où son bon sens lui suggérait une justice de cadi. Pendant le temps que durèrent ses fonctions, il sut se composer un langage farci de lieux communs, semé d'axiomes et de calculs traduits en phrases arrondies qui doucement débitées sonnaient aux oreilles des gens superficiels comme de l'éloquence. Il plut ainsi à cette majorité naturellement médiocre, à perpétuité condamnée aux travaux, aux vues du terre à terre. César perdit tant de temps au tribunal, que sa femme le contraignit à refuser désormais ce coûteux honneur.

Vers 1813, grâce à sa constante union et après avoir vulgairement cheminé dans la vie, ce ménage vit commencer une ère de prospérité que rien ne semblait devoir interrompre. Monsieur et madame Ragon, leurs prédécesseurs, leur oncle Pillerault, Roguin le notaire, les Matifat, droguistes de la rue des Lombards, fournisseurs de la Reine des Roses, Joseph Lebas, marchand drapier, successeur des Guillaume, au *Chat qui pelote*, une des lumières de la rue Saint-Denis, le juge Popinot, frère de madame Ragon, Chiffreville, de la maison Protez et Chiffreville, monsieur et madame Cochin, employés au Trésor et commanditaires des Matifat, l'abbé Loraux, confesseur et directeur des gens pieux de cette coterie, et quelques autres personnes, composaient le cercle de leurs amis. Malgré les sentiments royalistes de Birotteau, l'opinion publique était alors en sa faveur, il passait pour être très-riche, quoiqu'il ne possédât encore que cent mille francs en dehors de son commerce. La régularité de ses affaires, son exactitude, son habitude de ne rien devoir, de ne jamais escompter son papier et de prendre au contraire des valeurs sûres à ceux auxquels il pouvait être utile, son obligeance lui méritaient un crédit énorme. Il avait d'ailleurs réellement gagné beaucoup d'argent; mais ses constructions et ses fabriques en avaient beaucoup absorbé. Puis sa maison lui coûtait près de vingt mille francs par an. Enfin l'éducation de Césarine, fille unique idolâtrée par Constance autant que par lui, nécessitait de fortes dépenses. Ni le mari ni la femme ne regardaient à l'argent quand il s'agissait de faire plaisir à leur fille dont ils n'avaient pas voulu se séparer. Imaginez les jouissances du pauvre paysan parvenu, quand il entendait sa charmante Césarine répétant au piano une sonate de Steibelt ou chantant une romance; quand il la voyait écrire correctement la langue française, lire Racine père et fils, lui en expliquer les beautés, dessiner un paysage ou faire une sépia! revivre dans une fleur si belle, si pure, qui n'avait pas encore quitté la tige maternelle, un ange enfin dont les grâces naissantes, dont les premiers développements avaient été passionnément suivis, admirés! une fille unique, incapable de mépriser son père ou de se moquer de son défaut d'instruction, tant elle était vraiment *jeune fille*. En venant à Paris, César savait lire, écrire et compter, mais son instruction en était restée là, sa vie laborieuse l'avait empêché d'acquérir des idées et des connaissances étrangères au commerce de la parfumerie. Mêlé constamment à des gens à qui les sciences, les lettres étaient indifférentes, et dont l'instruction n'embrassait que des spécialités ; n'ayant pas de temps pour se livrer à des études élevées, le parfumeur devint un homme pratique. Il épousa forcément le langage, les erreurs, les opinions du bourgeois de Paris qui admire Molière, Voltaire et Rousseau sur parole, qui achète leurs œuvres sans les lire ; qui soutient que l'on doit dire *ormoire*, parce que les femmes serraient dans ces meubles leur *or* et leurs robes autrefois presque toujours en moire, et que l'on a dit par corruption *armoire*. Pottier, Talma, mademoiselle Mars, étaient dix fois millionnaires et ne vivaient pas comme les autres humains : le grand tragédien mangeait de la chair crue, mademoiselle Mars faisait parfois fricasser des perles, pour imiter une célèbre actrice égyptienne. L'Empereur avait dans ses gilets des poches en cuir pour pouvoir prendre son tabac par poignées, il montait à cheval au grand galop l'escalier de l'orangerie de Versailles. Les écrivains, les artistes mouraient à l'hôpital par suite de leurs originalités ; ils étaient tous athées, il fallait bien se garder de les recevoir chez soi. Joseph Lebas citait avec effroi l'histoire du mariage de sa belle-sœur Augustine avec le peintre Sommervieux. Les astronomes vivaient d'araignées. Ces points lumineux de leurs connaissances en langue française, en art dramatique, en politique, en littérature, en science, expliquent la portée de ces intelligences bourgeoises. Un poète, qui passe rue des Lombards, peut en y sentant quelques parfums rêver l'Asie ; il admire des danseuses dans une chauderie en respirant du vétiver ; frappé par l'éclat de la cochenille, il y retrouve les poèmes brahamiques, les religions et leurs castes ; en se heurtant contre l'ivoire brut, il monte sur le dos des éléphants, dans une cage de mousseline, et y fait l'amour comme le roi de Lahore. Mais le petit commerçant ignore d'où viennent et où croissent les produits sur lesquels il opère. Birotteau parfumeur ne savait pas un iôta d'histoire naturelle ni de chimie. En regardant Vauquelin comme un grand homme, il le considérait comme une exception, il était de la force de cet épicier retiré qui résumait ainsi une discussion sur la manière de faire venir le thé : — Le thé ne vient que de deux manières, *par caravane* ou *par le Hâvre*, dit-il d'un air finaud. Selon Birotteau, l'aloès et l'opium ne se trouvaient que rue des Lombards. L'eau de rose prétendue de Constantinople se faisait, comme l'eau de Cologne à Paris. Ces noms de lieux étaient des bourdes inventées pour plaire aux Français qui ne peuvent supporter les choses de leur pays. Un marchand français devait dire sa découverte anglaise, afin de lui donner de la vogue, comme en Angleterre un droguiste attribue la sienne à la France. Néanmoins, César ne pouvait jamais être entièrement sot ni bête : la probité, la bonté jetaient sur les actes de sa vie un reflet qui les rendait respectables, car une belle action fait accepter toutes les ignorances possibles. Son constant succès lui donna de l'assurance. A Paris, l'assurance est acceptée pour le pouvoir dont elle est le signe. L'ayant apprécié durant les trois premières années de leur mariage, sa femme fut en proie à des transes continuelles : elle représentait dans cette union la partie sagace et prévoyante, le doute, l'opposition, la crainte ; comme César y représentait l'audace, l'ambition, l'action, le bonheur inouï de la fatalité. Malgré les apparences, le marchand était trembleur, tandis que sa femme avait en réalité de la patience et du courage. Ainsi un homme pusillanime, médiocre, sans instruction, sans idées, sans connaissances, sans caractère, et qui ne devait point réussir sur la place la plus glissante du monde, arriva, par son esprit de conduite, par le sentiment du juste, par la bonté d'une âme vraiment chrétienne, par amour pour la seule femme qu'il eût possédée, à passer pour un homme remarquable, courageux et plein de résolution. Le public ne voyait que les résultats. Hors Pillerault et le juge Popinot, les personnes de sa société, ne le voyant que superficiellement, ne pouvaient le juger; d'ailleurs, les vingt ou trente amis qui se réunissaient entre eux disaient les mêmes niaiseries, répétaient les mêmes lieux communs, se regardaient tous comme des gens supérieurs dans leur partie. Les femmes faisaient assaut de bons dîners et de toilettes; chacune d'elles avait tout dit en disant un mot de mépris sur son mari; madame Birotteau seule avait le bon sens de traiter le sien avec honneur et respect en public : elle voyait en lui l'homme qui, malgré ses secrètes incapacités, avait gagné leur fortune, et dont elle partageait la considération. Seulement, elle se demandait parfois ce qu'était le monde, si tous les hommes prétendus supérieurs ressemblaient à son mari. Sa conduite ne contribuait pas peu à maintenir l'estime respectueuse accordée au marchand dans un pays où les femmes sont assez portées à déconsidérer leurs maris et à s'en plaindre.

Les premiers jours de l'année 1814, si fatale à la France impériale, furent signalés chez eux par deux événements peu marquants dans tout autre ménage, mais de nature à impressionner des âmes simples comme celles de César et de sa femme, qui, en jetant les yeux sur leur passé, n'y trouvaient que des émotions douces. Ils avaient pris pour premier commis un jeune homme de vingt-deux ans, nommé Ferdinand du Tillet. Ce garçon, qui sortait d'une maison de parfumerie où l'on avait refusé de l'intéresser dans les bénéfices, et qui passait pour un génie, se remua beaucoup pour entrer à la Reine des Roses, dont les êtres, les forces et les mœurs intérieures lui étaient connus. Birotteau l'accueillit et lui donna mille francs d'appointements, avec l'intention d'en faire son successeur. Ferdinand eut sur les destinées de cette famille une si grande influence, qu'il est nécessaire d'en dire quelques mots.

D'abord, il se nommait simplement Ferdinand, son nom de famille. Cette anonymie lui parut un immense avantage au moment où Napoléon pressa les familles pour y trouver des soldats. Il était cependant né quelque part, par le fait de quelque cruelle et voluptueuse fantaisie. Voici le peu de renseignements recueillis sur son état civil. En 1793, une pauvre fille du Tillet, petit endroit situé près des Andelys, était venue accoucher nuitamment dans le jardin du desservant de l'église du Tillet, et s'alla noyer après avoir frappé aux volets. Le bon prêtre recueillit l'enfant, lui donna le nom du saint inscrit au calendrier ce jour-là, le nourrit et l'éleva comme son enfant. Le curé mourut en 1804, sans laisser une succession assez opulente pour suffire à l'éducation qu'il avait commencée. Ferdinand, jeté dans Paris, y mena une existence de flibustier dont les hasards pouvaient le mener à l'échafaud ou à la fortune, au barreau, dans l'armée, au commerce, à la domesticité. Ferdinand, obligé de vivre en vrai Figaro, devint commis-voyageur, puis commis parfumeur à Paris, où il revint après avoir parcouru la France, étudié le monde, et pris son parti d'y réussir à tout prix. En 1813, il jugea nécessaire de constater son âge et de se donner un état civil, en requérant au tribunal des Andelys un jugement qui fît passer son acte de baptême des registres du presbytère sur ceux de la mairie, et il y obtint une rectification en demandant qu'on y insérât le nom de du Tillet, sous lequel il s'était fait connaître, autorisé par le fait de son exposition dans la commune. Sans père ni mère, sans autre tuteur que le procureur impérial, seul dans le monde, ne devant de comptes à personne, il traita la Société de Turc à More en la trouvant marâtre : il ne connut d'autre guide que son intérêt, et tous les moyens de fortune lui semblèrent bons. Ce Normand, armé de capacités dangereuses, joignait à son envie de parvenir les âpres défauts reprochés à tort ou à raison aux natifs de sa province. Des manières patelines faisaient passer son esprit chicanier, car c'était le plus rude ferrailleur judiciaire; mais s'il contestait audacieusement le droit d'autrui, il ne cédait rien sur le sien ; il prenait son adversaire par le temps, il le lassait par une inflexible volonté. Son principal mérite consistait en celui des Scapins de la vieille comédie : il possédait leur fertilité de ressources, leur adresse à côtoyer l'injuste, leur démangeaison de prendre ce qui était bon à garder. Enfin il comptait appliquer à son indigence le mot que l'abbé Terray disait au nom de l'État, quitte à devenir plus tard honnête homme. Il avait une activité passionnée, une intrépidité militaire à demander à tout le monde une bonne comme une mauvaise action, en justifiant sa demande par la théorie de l'intérêt personnel. Il méprisait trop les hommes en les croyant tous corruptibles, il était trop peu délicat sur le choix des moyens en les trouvant tous bons, il regardait trop fixement le succès et l'argent comme l'absolution du mécanisme moral pour ne pas réussir tôt ou tard. Un pareille homme, placé entre le bagne et des millions, devait être vindicatif, absolu, rapide dans ses déterminations, mais dissimulé comme un Cromwell qui voulait couper la tête à la Probité. Sa profondeur était cachée sous un esprit railleur et léger. Simple commis parfumeur, il ne mettait point de bornes à son ambition ; il avait embrassé la Société par un coup d'œil haineux en se disant : — Tu seras à moi ! il s'était juré à lui-même de ne se marier qu'à quarante ans. Il se tint parole.

Au physique, Ferdinand était un jeune homme élancé, de taille agréable et de manières mixtes qui lui permettaient de prendre au besoin le diapason de toutes les sociétés. Sa figure chafouine plaisait à la première vue ; mais plus tard, en le pratiquant, on y surprenait des expressions étranges qui se peignent à la surface des gens mal avec eux-mêmes, ou dont la conscience grogne à certaines heures. Son teint très-ardent sous la peau molle des Normands avait une couleur aigre. Le regard de ses yeux vairons doublés d'une feuille d'argent était fuyant, mais terrible quand il l'arrêtait droit sur sa victime. Sa voix semblait éteinte comme celle d'un homme qui a long-temps parlé. Ses lèvres minces ne manquaient pas de grâce ; mais son nez pointu, son front légèrement bombé trahissaient un défaut de race. Enfin ses cheveux, d'une coloration semblable à celle des cheveux teints en noir, indiquaient un métis social qui tirait son esprit d'un grand seigneur libertin, sa bassesse d'une paysanne séduite, ses connaissances d'une éducation inachevée, et ses vices de son état d'abandon.

Birotteau apprit avec le plus profond étonnement que son commis sortait très-élégamment mis, rentrait fort tard, allait au bal chez des banquiers ou chez des notaires. Ces mœurs déplurent à César : dans ses idées, les commis devaient étudier les livres de leur maison, et penser exclusivement à leur partie. Le parfumeur se choqua de niaiseries, il reprocha doucement à du Tillet de porter du linge trop fin, d'avoir des cartes sur lesquelles son nom était gravé ainsi : F. DU TILLET ; mode dans sa jurisprudence commerciale qui appartenait exclusivement aux gens du monde. Ferdinand était venu chez cet Orgon dans les intentions de Tartuffe : il fit la cour à madame César, tenta de la séduire, et jugea son patron comme elle le jugeait elle-même, mais avec une effrayante promptitude. Quoique discret, réservé, ne disant que ce qu'il voulait dire, du Tillet dévoila ses opinions sur les hommes et la vie, de manière à épouvanter une femme timorée qui partageait les religions de son mari, et regardait comme un crime de causer le plus léger tort au prochain. Malgré l'adresse dont usa madame Birotteau, du Tillet devina le mépris qu'il inspirait. Constance, à qui Ferdinand avait écrit quelques lettres d'amour, aperçut bientôt un changement dans les manières de son commis, qui prit avec elle des airs avantageux, pour faire croire à leur bonne intelligence. Sans instruire son mari de ses raisons secrètes, elle lui conseilla de renvoyer Ferdinand. Birotteau se trouva d'accord avec sa femme en ce point. Le renvoi du commis fut résolu. Trois jours avant de le congédier, par un samedi soir, Birotteau fit le compte mensuel de sa caisse, et y trouva trois mille francs de moins. Sa consternation fut affreuse, moins pour la perte que pour les soupçons qui planaient sur trois commis, une cuisinière, un garçon de magasin et des ouvriers attitrés. A qui s'en prendre? madame Birotteau ne quittait point le comptoir. Le commis chargé de la caisse était un neveu de monsieur Ragon, nommé Popinot, jeune homme de dix-neuf ans, logé chez eux, la probité même. Ses chiffres, en désaccord avec la somme en caisse, accusaient le déficit et indiquaient que la soustraction avait été faite après la balance. Les deux époux résolurent de se taire et de surveiller la maison. Le lendemain dimanche, ils recevaient leurs amis. Les familles qui composaient cette espèce de coterie se festoyaient à tour de rôle. En jouant à la bouillotte, Roguin le notaire mit sur le tapis de vieux louis que madame César avait reçus quelques jours auparavant d'une nouvelle mariée, madame d'Espard.

— Vous avez volé un tronc, dit en riant le parfumeur.

Roguin dit avoir gagné cet argent chez un banquier à du Tillet, qui confirma la réponse du notaire, sans rougir. Le parfumeur, lui, devint pourpre. La soirée finie, au moment où Ferdinand alla se coucher, Birotteau l'emmena dans le magasin, sous prétexte de parler affaire.

— Du Tillet, lui dit le brave homme, il manque trois mille francs à ma caisse, et je ne puis soupçonner personne; la circonstance des vieux louis semble être trop contre vous pour que je ne vous en parle point; aussi ne nous coucherons-nous pas sans avoir trouvé l'erreur, car après tout ce ne peut être qu'une erreur. Vous pouvez bien avoir pris quelque chose en compte sur vos appointements.

Du Tillet dit effectivement avoir pris les louis. Le parfumeur alla ouvrir son grand livre, le compte de son commis ne se trouvait pas encore débité.

— J'étais pressé, je devais faire écrire la somme par Popinot, dit Ferdinand.

— C'est juste, dit Birotteau bouleversé par la froide insouciance du Normand qui connaissait bien les braves gens chezlesquels il était venu dans l'intention d'y faire fortune.

Le parfumeur et son commis passèrent la nuit en vérifications que le digne marchand savait inutiles. En allant et venant, César glissa trois billets de banque de mille francs dans la caisse en les collant contre la bande du tiroir, puis il feignit d'être accablé de fatigue, parut dormir et ronfla. Du Tillet le réveilla triomphalement et afficha une joie excessive d'avoir éclairci l'erreur. Le lendemain, Birotteau gronda publiquement le petit Popinot, sa femme, et se mit en colère à propos de leur négligence. Quinze jours après, Ferdinand du Tillet entra chez un agent de change. La parfumerie ne lui convenait pas, dit-il, il voulait étudier la banque. En sortant de chez Birotteau, du Tillet parla de madame César de manière à faire croire que son patron l'avait renvoyé par jalousie. Quelques mois après, du Tillet vint voir son ancien patron, et réclama de lui sa caution pour vingt mille francs, afin de compléter les garanties qu'on lui demandait dans une affaire qui le mettait sur le chemin de la fortune. En remarquant la surprise que Birotteau manifesta de cette effronterie, du Tillet fronça le sourcil et lui demanda s'il n'avait pas confiance en lui. Matifat et deux négociants en affaires avec Birotteau remarquèrent l'indignation du parfumeur qui réprima sa colère en leur présence. Du Tillet était peut-être redevenu honnête homme, sa faute pouvait avoir été causée par une maîtresse au désespoir ou par une tentative au jeu, la réprobation publique d'un honnête homme allait jeter dans une voie de crimes et de malheurs un homme encore jeune et peut-être sur la voie du repentir. Cet ange prit alors la plume et fit un aval sur les billets de du Tillet en lui disant qu'il rendait de grand cœur ce léger service à un garçon qui lui avait été très-utile. Le sang lui montait au visage en faisant ce mensonge officieux. Du Tillet ne soutint pas le regard de cet homme, et lui voua sans doute en ce moment cette haine sans trêve que les anges des ténèbres ont conçue contre les anges de lumière. Du Tillet tint si bien le balancier en dansant sur la corde roide des spéculations financières, qu'il resta toujours élégant et riche en apparence avant de l'être en réalité. Dès qu'il eut un cabriolet, il ne le quitta plus ; il se maintint dans la sphère élevée des gens qui mêlent les plaisirs aux affaires, en faisant du foyer de l'Opéra la succursale de la Bourse, les Turcarets de l'époque. Grâce à madame Roguin, qu'il connut chez Birotteau, il se répandit promptement parmi les gens de finance les plus haut placés. En ce moment, Ferdinand du Tillet était arrivé à une prospérité qui n'avait rien de mensonger. Au mieux avec la maison Nucingen où Roguin l'avait fait admettre, il s'était lié promptement avec les frères Keller, avec la haute banque. Personne ne savait d'où lui venaient les immenses capitaux qu'il faisait mouvoir, mais chacun attribuait son bonheur à son intelligence et à sa probité.

La restauration fit un personnage de César, à qui naturellement le tourbillon des crises politiques ôta la mémoire de ces deux accidents domestiques. L'immutabilité de ses opinions royalistes, auxquelles il était devenu fort indifférent depuis sa blessure, mais dans lesquelles il avait persisté par décorum, le souvenir de son dévouement en vendémiaire lui valurent de hautes protections, précisément parce qu'il ne demanda rien. Il fut nommé chef de bataillon dans la garde nationale, quoiqu'il fût incapable de répéter le moindre mot de commandement. En 1815, Napoléon, toujours ennemi de Birotteau, le destitua. Durant les cent jours, Birotteau devint *la bête noire* des libéraux de son quartier; car en 1815 seulement, commencèrent les scissions politiques entre les négociants, jusqu'alors unanimes dans leurs vœux de tranquillité dont les affaires avaient besoin. A la seconde restauration, le gouvernement royal dut remanier le corps municipal. Le préfet voulut nommer Birotteau maire. Grâce à sa femme, le parfumeur accepta seulement la place d'adjoint qui le mettait moins en évidence. Cette modestie augmenta beaucoup l'estime qu'on lui portait généralement et lui valut l'amitié du maire, monsieur Flamet de La Billardière. Birotteau, qui l'avait vu venir à la Reine des Roses au temps où la boutique servait d'entrepôt aux conspirations royalistes, le désigna lui-même au préfet de la Seine, qui le consulta sur le choix à faire. Monsieur et madame Birotteau ne furent jamais oubliés dans les invitations du maire. Enfin madame César quêta souvent à Saint-Roch, en belle et bonne compagnie. La Billardière servit chaudement Birotteau quand il fut question de distribuer au corps municipal les croix accordées, en appuyant sur sa blessure reçue à Saint-Roch, sur son attachement aux Bourbons et sur la considération dont il jouissait. Le ministère qui voulait, tout en prodiguant la croix de la Légion-d'Honneur afin d'abattre l'œuvre de Napoléon, se faire des créatures et rallier aux Bourbons les différents commerces, les hommes d'art et de science, comprit donc Birotteau dans la prochaine promotion. Cette faveur, en harmonie avec l'éclat que jetait Birotteau dans son arrondissement, le plaçait dans une situation où durent s'agrandir les idées d'un homme à qui jusqu'alors tout avait réussi. La nouvelle que le maire lui avait donnée de sa promotion fut le dernier argument qui décida le parfumeur à se lancer dans l'opération qu'il venait d'exposer à sa femme afin de quitter au plus vite la parfumerie, et s'élever aux régions de la haute bourgeoisie de Paris.

César avait alors quarante ans. Les travaux auxquels il se livrait dans sa fabrique lui avaient donné quelques rides prématurées, et avaient légèrement argenté la longue chevelure touffue que la pression de son chapeau lustrait circulairement. Son front, où, par la manière dont ils étaient plantés, ses cheveux dessinaient cinq pointes, annonçait la simplicité de sa vie. Ses gros sourcils n'effrayaient point, car ses yeux bleus s'harmoniaient par leur limpide regard toujours franc à son front d'honnête homme. Son nez cassé à la naissance et gros du bout lui donnait l'air étonné des gobe-mouches de Paris. Ses lèvres étaient très-lippues, et son grand menton tombait droit. Sa figure, fortement colorée, à contours carrés, offrait, par la disposition des rides, par l'ensemble de la physionomie, le caractère ingénuement rusé du paysan. La force générale du corps, la grosseur des membres, la carrure du dos, la largeur des pieds, tout dénotait d'ailleurs le villageois transplanté dans Paris. Ses mains larges et poilues, les grasses phalanges de ses doigts ridés, ses grands ongles carrés eussent attesté son origine, s'il n'en était pas resté des vestiges dans toute sa personne. Il avait sur les lèvres le sourire de bienveillance que prennent les marchands quand vous entrez chez eux ; mais ce sourire commercial était l'image de son contentement intérieur et peignait l'état de son âme douce. Sa défiance ne dépassait jamais les affaires, sa ruse le quittait sur le seuil de la Bourse ou quand il fermait son grand livre. Le soupçon était pour lui ce qu'étaient ses factures imprimées, une nécessité de la vente elle-même. Sa figure offrait une sorte d'assurance comique, de fatuité mêlée de bonhomie qui le rendait original à voir en lui évitant une ressemblance trop complète avec la plate figure du bourgeois parisien. Sans cet air de naïve admiration et de foi en sa personne, il eût imprimé trop de respect; il se rapprochait ainsi des hommes en payant sa quote part de ridicule. Habituellement en parlant il se croisait les mains derrière le dos. Quand il croyait avoir dit quelque chose de galant ou de saillant, il se levait imperceptiblement sur la pointe des pieds, à deux reprises, et retombait sur ses talons lourdement, comme pour appuyer sur sa phrase. Au fort d'une discussion on le voyait quelquefois tourner sur lui-même brusquement, faire quelques pas comme s'il allait chercher des objections et revenir sur son adversaire par un mouvement brusque. Il n'interrompait jamais, et se trouvait souvent victime de cette exacte observation des convenances, car les autres s'arrachaient la parole, et le bonhomme quittait la place sans avoir pu dire un mot. Sa grande expérience des affaires commerciales lui avait donné des habitudes taxées de manies par quelques personnes. Si quelque billet n'était pas payé, il l'envoyait à l'huissier, et ne s'en occupait plus que pour recevoir le capital, l'intérêt et les frais, l'huissier devait poursuivre jusqu'à ce que le négociant fût en faillite; César cessait alors toute procédure, ne comparaissait à aucune assemblée de créanciers, et gardait ses titres. Ce système et son implacable mépris pour les faillis lui venaient de monsieur Ragon qui, dans le cours de sa vie commerciale, avait fini par apercevoir une si grande perte de temps dans les affaires litigieuses, qu'il regardait le maigre et incertain dividende donné par les concordats comme amplement regagné par l'emploi du temps qu'on ne perdait point à aller, venir, faire des démarches et courir après les excuses de l'improbité.

— Si le failli est honnête homme et se refait, il vous payera, disait monsieur Ragon. S'il reste sans ressource et qu'il soit purement malheureux, pourquoi le tourmenter? si c'est un fripon, vous n'aurez jamais rien. Votre sévérité connue vous fait passer pour intraitable, et comme il est impossible de transiger avec vous, tant que l'on peut payer, c'est vous qu'on paye.

César arrivait à un rendez-vous à l'heure dite, mais dix minutes après il partait avec une inflexibilité que rien ne faisait plier ; aussi son exactitude rendait-elle exacts les gens qui traitaient avec lui.

Le costume qu'il avait adopté concordait à ses mœurs et sa physionomie. Aucune puissance ne l'eût fait renoncer aux cravates de mousseline blanche dont les coins brodés par sa femme ou sa fille lui pendaient sous le cou. Son gilet de piqué blanc boutonné carrément descendait très-bas sur son abdomen assez proéminent, car il avait un léger embonpoint. Il portait un pantalon bleu, des bas de soie noire et des souliers à rubans dont les nœuds se défaisaient souvent. Sa redingote vert-olive toujours trop large, et son chapeau à grands bords lui donnaient l'air d'un quaker. Quand il s'habillait pour les soirées du dimanche, il mettait une culotte de soie, des souliers à boucles d'or, et son infaillible gilet carré dont les deux bouts s'entrouvraient alors afin de montrer le haut de son jabot plissé. Son habit de drap marron était à grands pans et à longues basques. Il conserva, jusqu'en 1819, deux chaînes de montre qui pendaient parallèlement, mais il ne mettait la seconde que quand il s'habillait.

Tel était César Birotteau, digne homme à qui les mystères qui président à la naissance des hommes avaient refusé la faculté de juger l'ensemble de la politique et de la vie, de s'élever au-dessus du niveau social sous lequel vit la classe moyenne, qui suivait en toute chose les errements de la routine : toutes ses opinions lui avaient été communiquées, et il les appliquait sans examen. Aveugle mais bon, peu spirituel mais profondément religieux, il avait un cœur pur. Dans ce cœur brillait un seul amour, la lumière et la force de sa vie ; car son désir d'élévation, le peu de connaissances qu'il avait acquises, tout venait de son affection pour sa femme et pour sa fille.

Quant à madame César, alors âgée de trente-sept ans, elle ressemblait si parfaitement à la Vénus de Milo que tous ceux qui la connaissaient virent son portrait dans cette belle statue quand le duc de Rivière l'envoya. En quelques mois, les chagrins passèrent si promptement leurs teintes jaunes sur son éblouissante blancheur, creusèrent et noircirent si cruellement le cercle bleuâtre où jouaient ses beaux yeux verts, qu'elle eut l'air d'une vieille madone ; car elle conserva toujours, au milieu de ses ruines, une douce candeur, un regard pur quoique triste, et il fut impossible de ne pas la trouver toujours belle femme, d'un maintien sage et plein de décence. Au bal prémédité par César, elle devait jouir d'ailleurs d'un dernier éclat de beauté qui fut remarqué.

Toute existence a son apogée, une époque pendant laquelle les causes agissent et sont en rapport exact avec les résultats. Ce midi de la vie, où les forces vives s'équilibrent et se produisent dans tout leur éclat, est non-seulement commun aux êtres organisés, mais encore aux cités, aux nations, aux idées, aux institutions, aux commerces, aux entreprises qui, semblables aux races nobles et aux dynasties, naissent, s'élèvent et tombent. D'où vient la rigueur avec laquelle ce thème de croissance et de décroissance s'applique à tout ce qui s'organise ici-bas ? car la mort elle-même a, dans les temps de fléau, son progrès, son ralentissement, sa recrudescence et son sommeil. Notre globe lui-même est peut-être une fusée un peu plus durable que les autres. L'Histoire, en redisant les causes de la grandeur et de la décadence de tout ce qui fut ici-bas, pourrait avertir l'homme du moment où il doit arrêter le jeu de toutes ses facultés ; mais ni les conquérants, ni les acteurs, ni les femmes, ni les auteurs n'en écoutent la voix salutaire.

César Birotteau, qui devait se considérer comme étant à l'apogée de sa fortune, prenait ce temps d'arrêt comme un nouveau point de départ. Il ne savait pas, et d'ailleurs ni les nations, ni les rois n'ont tenté d'écrire en caractères ineffaçables la cause de ces renversements dont l'histoire est grosse, dont tant de maisons souveraines ou commerciales offrent de si grands exemples. Pourquoi de nouvelles pyramides ne rappelleraient-elles pas incessamment ce principe qui doit dominer la politique des nations aussi bien que celle des particuliers : *Quand l'effet produit n'est plus en rapport direct ni en proportion égale avec sa cause, la désorganisation commence ?* Mais ces monuments existent partout, c'est les traditions et les pierres qui nous parlent du passé, qui consacrent les caprices de l'indomptable Destin, dont la main efface nos songes et nous prouve que les plus grands événements se résument dans une idée. Troie et Napoléon ne sont que des poëmes. Puisse cette histoire être le poëme des vicissitudes bourgeoises auxquelles nulle voix n'a songé, tant elles semblent dénuées de grandeur, tandis qu'elles sont au même titre immenses : il ne s'agit pas d'un seul homme ici, mais de tout un peuple de douleurs.

En s'endormant, César craignit que le lendemain sa femme ne lui fît quelques objections péremptoires, et s'ordonna de se lever de grand matin pour tout résoudre. Au petit jour, il sortit donc sans bruit, laissa sa femme au lit, s'habilla lestement et descendit au magasin, au moment où le garçon en ôtait les volets numérotés. Birotteau, se voyant seul, attendit le lever de ses commis, et se mit sur le pas de sa porte en examinant comment son garçon de peine nommé Raguet s'acquittait de ses fonctions, et Birotteau s'y connaissait! Malgré le froid, le temps était superbe.

— Popinot, va prendre ton chapeau, mets tes souliers, fais descendre monsieur Célestin, nous allons causer tous deux aux Tuileries, dit-il en voyant descendre Anselme.

Popinot, cet admirable contrepied de du Tillet, et qu'un de ces heureux hasards qui font croire à la Providence avait mis auprès de César, joue un si grand rôle dans cette histoire qu'il est nécessaire de le profiler ici. Madame Ragon était une demoiselle Popinot. Elle avait deux frères. L'un, le plus jeune de la famille, se trouvait alors juge suppléant au tribunal de première instance de la Seine. L'aîné avait entrepris le commerce des laines brutes, y avait mangé sa fortune, et mourut en laissant à la charge des Ragon et de son frère le juge qui n'avait pas d'enfants, son fils unique, déjà privé d'une mère morte en couches. Pour donner un état à son neveu, madame Ragon l'avait mis dans la parfumerie en espérant le voir succéder à Birotteau. Anselme Popinot était petit et pied-bot, infirmité que le hasard a donnée à lord Byron, à Walter Scott, à monsieur de Talleyrand, pour ne pas décourager ceux qui en sont affligés. Il avait ce teint éclatant et plein de taches de rousseur qui distingue les gens dont les cheveux sont rouges; mais son front pur, ses yeux de la couleur des agates gris-veiné, sa jolie bouche, sa blancheur et la grâce d'une jeunesse pudique, la timidité que lui inspirait son vice de conformation réveillaient à son profit des sentiments protecteurs : on aime les faibles. Popinot intéressait. Le petit Popinot, tout le monde l'appelait ainsi, tenait à une famille essentiellement religieuse, où les vertus étaient intelligentes, où la vie était modeste et pleine de belles actions. Aussi l'enfant, élevé par son oncle le juge, offrait-il en lui la réunion des qualités qui rendent la jeunesse si belle : sage et affectueux, un peu honteux, mais plein d'ardeur, doux comme un mouton, mais courageux au travail, dévoué, sobre, il était doué de toutes les vertus d'un chrétien des premiers temps de l'Église.

En entendant parler d'une promenade aux Tuileries, la proposition la plus excentrique que pût faire à cette heure son imposant patron, Popinot crut qu'il voulait lui parler d'établissement; le commis pensa soudain à Césarine, la véritable reine des Roses, l'enseigne vivante de la maison et de laquelle il s'éprit le jour même où, où deux mois avant du Tillet, il était entré chez Birotteau. En montant l'escalier, il fut donc obligé de s'arrêter, son cœur se gonflait trop, ses artères battaient trop violemment; il descendit bientôt suivi de Célestin, le premier commis de Birotteau. Anselme et son patron cheminèrent sans mot dire vers les Tuileries. Popinot avait alors vingt et un ans, Birotteau s'était marié à cet âge, Anselme ne voyait donc aucun empêchement à son mariage avec Césarine, quoique la fortune du parfumeur et la beauté de sa fille fussent d'immenses obstacles à la réussite de vœux si ambitieux; mais l'amour procède par les élans de l'espérance, et plus ils sont insensés, plus il y ajoute foi; aussi plus sa maîtresse se trouvait loin de lui, plus ses désirs étaient-ils vifs. Heureux enfant qui, par un temps où tout se nivelle, où tous les chapeaux se ressemblent, réussissait à créer des distances entre la fille d'un parfumeur et lui, rejeton d'une vieille famille parisienne! malgré ses doutes, ses inquiétudes, il était heureux : il dînait tous les jours auprès de Césarine! Puis en s'appliquant aux affaires de la maison, il y mettait un zèle, une ardeur qui dépouillait le travail de toute amertume; en faisant tout au nom de Césarine, il n'était jamais fatigué. Chez un jeune homme de vingt ans, l'amour se repaît de dévouement.

— Ce sera un négociant, il parviendra, disait de lui César à madame Ragon en vantant l'activité d'Anselme au milieu des *mises* de la fabrique, en louant son aptitude à comprendre les finesses de l'art, en rappelant l'âpreté de son travail dans les moments où les expéditions donnaient, et où, les manches retroussées, les bras nus, le boiteux emballait et clouait à lui seul plus de caisses que les autres commis.

Les prétentions connues et avouées d'Alexandre Crottat, premier clerc de Roguin, la fortune de son père, riche fermier de la Brie, formaient des obstacles bien grands au triomphe de l'orphelin; mais ces difficultés n'étaient cependant point encore les plus âpres à vaincre : Popinot ensevelissait au fond de son cœur de tristes secrets qui agrandissaient l'intervalle mis entre Césarine et lui. La fortune des Ragon, sur laquelle il aurait pu compter, était compromise; l'orphelin avait le bonheur de les aider à vivre en leur apportant ses maigres appointements. Cependant il croyait au succès! Il avait plusieurs fois saisi quelques regards jetés avec un apparent orgueil sur lui par Césarine ; au fond de ses yeux bleus, il avait osé lire une secrète pensée pleine de caressantes espérances. Il allait donc, travaillé par son espoir du moment, tremblant, silencieux, ému, comme pourraient l'être en semblable occurrence tous les jeunes gens pour qui la vie est en bourgeon.

— Popinot, lui dit le brave marchand, ta tante va-t-elle bien ?

— Oui, monsieur.

— Cependant elle me paraît soucieuse depuis quelque temps, y aurait-il quelque chose qui clocherait chez elle ? Écoute-moi, garçon, faut pas trop faire le mystérieux avec moi, je suis quasi de la famille, voilà vingt-cinq ans que je connais ton oncle Ragon. Je suis entré chez lui en gros souliers ferrés, arrivant de mon village. Quoique l'endroit s'appelle *les Trésorières*, j'avais pour toute fortune un louis d'or que m'avait donné ma marraine, feu madame la marquise d'Uxelles, une parente à monsieur le duc et madame la duchesse de Lenoncourt, qui sont de nos pratiques. Aussi ai-je prié tous les dimanches pour elle et pour toute sa famille ; j'envoie en Touraine à sa nièce, madame de Mortsauf, toutes ses parfumeries. Il me vient toujours des pratiques par eux, comme, pour exemple, monsieur de Vandenesse, qui prend pour douze cents francs par an. On ne serait pas reconnaissant par bon cœur, on devrait l'être par calcul : mais je te veux du bien sans arrière-pensée et pour toi.

— Ah ! monsieur, vous aviez, si vous me permettez de vous le dire, une fière caboche !

— Non, mon garçon, non, cela ne suffit point. Je ne dis pas que ma caboche n'en vaille pas une autre, mais j'avais de la probité, *mordicus* ! mais j'ai eu de la conduite, mais je n'ai jamais aimé que ma femme. L'amour est un fameux *véhicule*, un mot heureux qu'a employé hier monsieur de Villèle à la tribune.

— L'amour ! dit Popinot. Oh ! monsieur, est-ce que.....

— Tiens, tiens, voilà le père Roguin qui vient à pied par le haut de la place Louis XV, à huit heures. Qu'est-ce que le bonhomme fait donc là ? se dit César en oubliant Anselme Popinot et l'huile de noisette.

Les suppositions de sa femme lui revinrent à la mémoire, et, au lieu d'entrer dans le jardin des Tuileries, Birotteau s'avança vers le notaire pour le rencontrer. Anselme suivit son patron à distance, sans pouvoir s'expliquer le subit intérêt qu'il prenait à une chose en apparence si peu importante; mais très-heureux des encouragements qu'il trouvait dans le dire de César sur ses souliers ferrés, son louis d'or et l'amour.

Roguin, grand et gros homme bourgeonné, le front très-découvert, à cheveux noirs, ne manquait pas jadis de physionomie ; il avait été audacieux et jeune, car de petit-clerc il était devenu notaire ; mais, en ce moment, son visage offrait, aux yeux d'un habile observateur, les tiraillements, les fatigues de plaisirs cherchés. Lorsqu'un homme se plonge dans la fange des excès, il est difficile que sa figure ne soit pas fangeuse en quelque endroit; aussi les contours des rides, la chaleur du teint étaient-ils, chez Roguin, sans noblesse ; au lieu de cette lueur pure qui flambe sous les tissus des hommes contenus et leur imprime une fleur de santé, l'on entrevoyait chez lui l'impureté d'un sang fouetté par des efforts contre lesquels regimbe le corps. Son nez était ignoblement retroussé, comme celui des gens chez lesquels les humeurs, en prenant la route de cet organe, produisent une infirmité secrète qu'une vertueuse reine de France croyait naïvement être un malheur commun à l'espèce, n'ayant jamais approché d'autre homme que le roi d'assez près pour reconnaître son erreur. En prisant beaucoup de tabac d'Espagne, Roguin avait cru dissimuler son incommodité, il en avait augmenté les inconvénients qui furent la principale cause de ses malheurs. N'est-ce pas une flatterie sociale un peu trop prolongée que de toujours peindre les hommes sous de fausses couleurs, et de ne pas révéler quelques-uns des vrais principes de leurs vicissitudes, si souvent causées par la maladie ? Le mal physique, considéré dans ses ravages moraux, examiné dans ses influences sur le mécanisme de la vie, a peut-être été jusqu'ici trop négligé par les historiens des mœurs. Madame César avait bien deviné le secret du ménage. Dès la première nuit de ses noces, la charmante fille unique du banquier Chevrel avait conçu pour le pauvre notaire une insurmontable antipathie, et voulut aussitôt requérir le divorce. Trop heureux d'avoir une femme riche de cinq cent mille francs sans compter les espérances, Roguin avait supplié sa femme de ne pas intenter une action en divorce, en la laissant libre et se soumettant à toutes les conséquences d'un pareil pacte. Madame Roguin, devenue souveraine maîtresse, se conduisit avec son mari comme une courtisane avec un vieil amant. Roguin trouva bientôt sa femme trop chère, et, comme beaucoup de maris parisiens, il eut un second ménage en ville. D'abord contenue dans de sages bornes, cette dépense fut médiocre. Primitivement, Roguin rencontra, sans grands frais, des grisettes très-heureuses de sa protection ; mais, depuis trois ans, il était rongé par une de ces indomptables passions qui envahissent les hommes entre cinquante et soixante ans, et que justifiait l'une des plus magnifiques créatures de ce temps, connue dans les fastes de la prostitution sous le sobriquet de la belle Hollandaise, car elle allait retomber dans ce gouffre où sa mort l'illustra. Elle avait été jadis amenée de Bruges à Paris par un des clients de Roguin, qui, forcé de partir par suite des événements politiques, lui en fit présent en 1815. Le notaire avait acheté pour sa belle une petite maison aux Champs-Élysées, l'avait richement meublée et s'était laissé entraîner à satisfaire les coûteux caprices de cette femme, dont les profusions absorbèrent sa fortune. L'air sombre empreint sur la physionomie de Roguin, et qui se dissipa quand il vit son client, tenait à des événements mystérieux où se trouvaient les secrets de la fortune si rapidement faite par du Tillet. Le plan formé par du Tillet changea dès le premier dimanche où il put observer chez son patron la situation respective de monsieur et madame Roguin. Il était venu moins pour séduire madame César que pour se faire offrir la main de Césarine en dédommagement d'une passion rentrée, et il eut d'autant moins de peine à renoncer à ce mariage qu'il avait cru César riche et le trouvait pauvre. Il espionna le notaire, s'insinua dans sa confiance, se fit présenter chez la belle Hollandaise, y étudia dans quels termes elle était avec Roguin, et apprit qu'elle menaçait de remercier son amant s'il lui rognait son luxe. La belle Hollandaise était de ces femmes folles qui ne s'inquiètent jamais d'où vient l'argent ni comment il s'acquiert, et qui donneraient une fête avec les écus d'un parricide. Elle ne pensait jamais le lendemain à la veille. Pour elle, l'avenir était son après-dîner, et la fin du mois l'éternité, même quand elle avait des mémoires à payer. Charmé de rencontrer un premier levier, du Tillet commença par obtenir de la belle Hollandaise qu'elle aimât Roguin pour trente mille francs par an au lieu de cinquante mille, service que les vieillards passionnés oublient rarement. Après un souper très-aviné, Roguin s'ouvrit à du Tillet sur sa crise financière. Ses immeubles étant absorbés par l'hypothèque légale de sa femme, il avait été conduit par sa passion à prendre dans les fonds de ses clients une somme déjà supérieure à la moitié de sa charge. Quand le reste serait dévoré, l'infortuné Roguin se brûlerait la cervelle, car il croyait diminuer l'horreur de la faillite en imposant la pitié publique. Du Tillet aperçut une fortune rapide et sûre qui brilla comme un éclair dans la nuit de l'ivresse, il rassura Roguin et le paya de sa confiance en lui faisant tirer ses pistolets en l'air.

— En se hasardant ainsi, lui dit-il, un homme de votre portée ne doit pas se conduire comme un sot et marcher à tâtons, mais opérer hardiment.

Il lui conseilla de prendre dès à présent une forte somme, de la lui confier pour être jouée avec audace dans une partie quelconque, à la Bourse, ou dans quelque spéculation choisie entre les mille qui s'entreprenaient alors. En cas de gain, ils fonderaient à eux deux une maison de banque où l'on tirerait parti des dépôts, et dont les bénéfices lui serviraient à contenter sa passion. Si la chance tournait contre eux, Roguin irait vivre à l'étranger au lieu de se tuer, parce que *son* du Tillet lui serait fidèle jusqu'au dernier sou. C'était une corde à portée de main pour un homme qui se noyait, et Roguin ne s'aperçut pas que le commis parfumeur la lui passait autour du cou. Maître du secret de Roguin, du Tillet s'en servit pour établir à la fois son pouvoir sur la femme, sur la maîtresse et sur le mari. Prévenue d'un désastre qu'elle était loin de soupçonner, madame Roguin accepta les soins de du Tillet, qui sortit alors de chez le parfumeur, sûr de son avenir. Il n'eut pas de peine à convaincre la maîtresse de risquer une somme, afin de ne jamais être obligée de recourir à la prostitution s'il lui arrivait quelque malheur. La femme régla ses affaires, amassa promptement un petit capital, et le remit à un homme en qui son mari se fiait, car le notaire donna d'abord cent mille francs à son complice. Placé près de madame Roguin de manière à transformer les intérêts de cette belle femme en affection, du Tillet sut lui inspirer la plus violente passion. Ses trois commanditaires lui constituèrent naturellement une part; mais, mécontent de cette part, il eut l'audace, en les faisant jouer à la Bourse, de s'entendre avec un adversaire qui lui rendait le montant des pertes supposées, car il joua pour ses clients et pour lui-même. Aussitôt qu'il eut cinquante mille francs, il fut sûr de faire une grande fortune; il porta le coup d'œil d'aigle qui le caractérise dans les phases où se trouvait alors la France : il joua la baisse pendant la campagne de France, et la hausse au retour des

Bourbons. Deux mois après la rentrée de Louis XVIII, madame Roguin possédait deux cent mille francs, et du Tillet cent mille écus. Le notaire, aux yeux de qui ce jeune homme était un ange, avait rétabli l'équilibre dans ses affaires. La belle Hollandaise dissipait tout, elle était la proie d'un infâme cancer, nommé Maxime de Trailles, ancien page de l'empereur. Du Tillet découvrit le véritable nom de cette fille en faisant un acte avec elle. Elle se nommait Sarah Gobseck. Frappé de la coïncidence de ce nom avec celui d'un usurier dont il avait entendu parler, il alla chez ce vieil escompteur, la providence des enfants de famille, afin de reconnaître jusqu'où pourrait aller sur lui le crédit de sa parente. Le Brutus des usuriers fut implacable pour sa petite-nièce, mais du Tillet sut lui plaire en se posant comme le banquier de Sarah, et comme ayant des fonds à faire mouvoir. La nature normande et la nature usurière se convinrent l'une à l'autre. Gobseck se trouvait avoir besoin d'un homme jeune et habile pour surveiller une petite opération à l'étranger.

Un Auditeur au Conseil d'État, surpris par le retour des Bourbons, avait eu l'idée, pour se bien mettre en cour, d'aller en Allemagne racheter les titres des dettes contractées par les princes pendant leur émigration. Il offrait les bénéfices de cette affaire, pour lui purement politique, à ceux qui lui donneraient les fonds nécessaires. L'usurier ne voulait lâcher les sommes qu'au fur et à mesure de l'achat des créances, et les faire examiner par un fin représentant. Les usuriers ne se fient à personne, ils veulent des garanties; auprès d'eux, l'occasion est tout : de glace quand ils n'ont pas besoin d'un homme, ils sont patelins et disposés à la bienfaisance quand leur utilité s'y trouve. Du Tillet connaissait le rôle immense sourdement joué sur la place de Paris par les Werbrust et Gigonnet, escompteurs du commerce des rues Saint-Denis et Saint-Martin, par Palma, banquier du faubourg Poissonnière, presque toujours intéressés avec Gosbeck. Il offrit donc une caution pécuniaire en se faisant accorder un intérêt et en exigeant que ces messieurs employassent dans leur commerce d'argent les fonds qu'il leur déposerait : il se préparait ainsi des appuis. Il accompagna monsieur Clément Chardin des Lupeaulx dans un voyage en Allemagne qui dura pendant les Cent-Jours, et revint à la seconde restauration, ayant plus augmenté les éléments de sa fortune que sa fortune elle-même. Il était entré dans les secrets des plus habiles calculateurs de Paris, il avait conquis l'amitié de l'homme dont il était le surveillant, car cet habile escamoteur lui avait mis à nu les ressorts et la jurisprudence de la haute politique. Du Tillet était un de ces esprits qui entendent à demi-mot, il acheva de se former pendant ce voyage. Au retour, il retrouva madame Roguin fidèle. Quant au pauvre notaire, il attendait Ferdinand avec autant d'impatience qu'en témoignait sa femme, la belle Hollandaise l'avait de nouveau ruiné. Du Tillet questionna la belle Hollandaise, et ne retrouva pas une dépense équivalente aux sommes dissipées. Du Tillet découvrit alors le secret que Sarah Gobseck lui avait si soigneusement caché, sa folle passion pour Maxime de Trailles, dont les débuts dans sa carrière de vices et de débauche annonçaient ce qu'il fut, un de ces garnements politiques nécessaires à tout bon gouvernement, et que le jeu rendait insatiable. En faisant cette découverte, du Tillet comprit l'insensibilité de Gobseck pour sa petite-nièce. Dans ces conjectures, le banquier du Tillet, car il devint banquier, conseilla fortement à Roguin de garder une poire pour la soif, en embarquant ses clients les plus riches dans une affaire où il pourrait se réserver de fortes sommes, s'il était contraint à faillir en recommençant le jeu de la Banque. Après des *hauts* et des *bas*, profitables seulement à du Tillet et à madame Roguin, le notaire entendit enfin sonner l'heure de sa *déconfiture*. Son agonie fut alors exploitée par son meilleur ami. Du Tillet inventa la spéculation relative aux terrains situés autour de la Madeleine. Naturellement les cent mille francs déposés par Birotteau chez Roguin, en attendant un placement, furent remis à du Tillet qui, voulant perdre le parfumeur, fit comprendre à Roguin qu'il courait moins de dangers à prendre dans ses filets ses amis intimes. — Un ami, lui dit-il, conserve des ménagements jusque dans sa colère. Peu de personnes savent aujourd'hui combien peu valait à cette époque une toise de terrain autour de la Madeleine, mais ces terrains allaient nécessairement être vendus au-dessus de leur valeur momentanée à cause de l'obligation où l'on serait d'aller trouver des propriétaires qui profiteraient de l'occasion ; or du Tillet voulait être à portée de recueillir les bénéfices sans supporter les pertes d'une spéculation à long terme. En d'autres termes, son plan consistait à tuer l'affaire pour s'adjuger un cadavre qu'il savait pouvoir raviver. En semblable occurrence, les Gobseck, les Palma, les Werbrust et Gigonnet se prêtaient mutuellement la main ; mais du Tillet n'était pas assez intime avec eux pour leur demander leur aide ; d'ailleurs il voulait si bien cacher son bras tout en conduisant l'affaire, qu'il pût recueillir les profits du vol sans en avoir la honte ; il sentit donc la nécessité d'avoir à lui l'un de ces mannequins vivants nommés dans la langue commerciale *hommes de paille*. Son joueur supposé de la Bourse lui parut propre à devenir son âme damnée, et il entreprit sur les droits divins en créant un homme. D'un ancien commis-voyageur, sans moyens ni capacité, excepté celle de parler indéfiniment sur toute espèce de sujet en ne disant rien, sans sou ni maille, mais pouvant comprendre un rôle et le jouer sans compromettre la pièce ; plein de l'honneur le plus rare, c'est-à-dire capable de garder un secret et de se laisser déshonorer au profit de son commettant, du Tillet fit un banquier qui montait et dirigeait les plus grandes entreprises, le chef de la maison Claparon. La destinée de Charles Claparon était d'être un jour livré aux juifs et aux pharisiens, si les affaires lancées par du Tillet exigeaient une faillite, et Claparon le savait. Mais, pour un pauvre diable qui se promenait mélancoliquement sur les boulevards avec un avenir de quarante sous dans sa poche quand son camarade du Tillet le rencontra, les petites parts qui devaient lui être abandonnées dans chaque affaire furent un Eldorado. Ainsi son amitié, son dévouement pour du Tillet corroborés d'une reconnaissance irréfléchie, excités par les besoins d'une vie libertine et décousue, lui faisaient dire *amen* à tout. Puis, après avoir vendu son honneur, il le vit risquer avec tant de prudence, qu'il finit par s'attacher à son ancien camarade, comme un chien à son maître. Claparon était un caniche fort laid, mais toujours prêt à faire le saut de Curtius. Dans la combinaison actuelle, il devait représenter une moitié des acquéreurs des terrains comme César Birotteau représenterait l'autre. Les valeurs que Claparon recevrait de Birotteau seraient escomptées par un des usuriers de qui du Tillet pouvait emprunter le nom, pour précipiter Birotteau dans les abîmes d'une faillite, quand Roguin lui enlèverait ses fonds. Les syndics de la faillite agiraient au gré des inspirations de du Tillet qui, possesseur des écus donnés par le parfumeur et son créancier sous différents noms, ferait liciter les terrains et les achèterait pour la moitié de leur valeur en payant avec les fonds de Roguin et le dividende de la faillite. Le notaire trempait dans ce plan en croyant avoir une bonne part des précieuses dépouilles du parfumeur et de ses cointéressés ; mais l'homme à la discrétion duquel il se livrait devait se faire et se fit la part du lion. Roguin, ne pouvant poursuivre du Tillet devant aucun tribunal, fut heureux de l'os à ronger qui lui fut jeté, de mois en mois, au fond de la Suisse où il trouva des beautés au rabais. Les circonstances, et non une méditation d'auteur tragique inventant une intrigue, avaient engendré cet horrible plan. La haine sans désir de vengeance est un grain tombé sur du granit; la vengeance vouée à César, par du Tillet, était donc un des mouvements les plus naturels, ou il faut nier la querelle des anges maudits et des anges de lumière. Du Tillet ne pouvait sans de grands inconvénients assassiner le seul homme dans Paris qui le savait coupable d'un vol domestique, mais il pouvait le jeter dans la boue et l'annihiler au point de rendre son témoignage impossible. Pendant long-temps sa vengeance avait germé dans son cœur sans fleurir, car les gens les plus haineux font à Paris très-peu de plans, la vie y est trop rapide, trop remuée; il y a trop d'accidents imprévus ; mais aussi ces perpétuelles oscillations, en ne permettant pas la préméditation, servent une pensée tapie au fond du cœur qui guette leurs chances fluviatiles. Quand Roguin avait fait sa confidence à du Tillet, le commis y entrevit vaguement la possibilité de détruire César, et il ne s'était pas trompé. Sur le point de quitter son idole, le notaire buvait le reste de son philtre dans la coupe cassée, il allait tous les jours aux Champs-Élysées et revenait chez lui de grand matin. Ainsi la défiante madame César avait raison. Dès qu'un homme se résout à jouer le rôle que du Tillet avait donné à Roguin, il acquiert les talents du plus grand comédien, il a la vue d'un lynx et la pénétration d'un voyant, il sait magnétiser sa dupe; aussi le notaire avait-il aperçu Birotteau long-temps avant que Birotteau ne le vît, et quand le parfumeur le regarda, il lui tendait déjà la main de loin.

— Je viens d'aller recevoir le testament d'un grand personnage qui n'a pas huit jours à vivre, dit-il de l'air le plus naturel du monde; mais l'on m'a traité comme un médecin de village, on m'a envoyé chercher en voiture, et je reviens à pied.

Ces paroles dissipèrent un léger nuage de défiance qui avait obscurci le front du parfumeur, et que Roguin entrevit; aussi le notaire se garda-t-il bien de parler de l'affaire des terrains le premier, car il voulait porter le dernier coup à sa victime.

— Après les testaments, les contrats de mariage, dit Birotteau, voilà la vie. Et à propos de cela, quand épousons-nous la Madeleine? Hé! hé! papa Roguin, ajouta-t-il en lui tapant sur le ventre.

Entre hommes la prétention des plus chastes bourgeois est de paraître égrillards.

— Mais si ce n'est pas aujourd'hui, répondit le notaire d'un air diplomatique, ce ne sera jamais. Nous craignons que l'affaire ne s'ébruite, je suis déjà vivement pressé par deux de mes plus riches clients qui veulent se mettre dans cette spéculation. Aussi est-ce à prendre ou à laisser. Passé midi, je dresserai les actes et vous n'aurez la faculté d'y être que jusqu'à une heure. Adieu. Je vais précisément lire les minutes que Xandrot a dû me dégrossir pendant cette nuit.

— Eh! bien, c'est fait, vous avez ma parole, dit Birotteau en courant après le notaire et lui frappant dans la main. Prenez les cent mille francs qui devaient servir à la dot de ma fille.

— Bien, dit Roguin en s'éloignant.

Pendant l'instant que Birotteau mit à revenir auprès du petit Popinot, il éprouva dans ses entrailles une chaleur violente, son diaphragme se contracta, ses oreilles tintèrent.

— Qu'avez-vous, monsieur? lui demanda le commis en voyant à son maître le visage pâle.

— Ah! mon garçon, je viens de conclure par un seul mot une grande affaire, personne n'est maître de ses émotions en pareil cas. D'ailleurs tu n'y es pas étranger. Aussi, t'ai-je amené ici pour y causer plus à l'aise, personne ne nous écoutera. Ta tante est gênée, à quoi donc a-t-elle perdu son argent? dis-le-moi.

— Monsieur, mon oncle et ma tante avaient leurs fonds chez monsieur de Nucingen, ils ont été forcés de prendre en remboursement des actions dans les mines de Worstchin qui ne donnent pas encore de dividende, et il est difficile à leur âge de vivre d'espérance.

— Mais avec quoi vivent-ils?

— Ils m'ont fait le plaisir d'accepter mes appointements.

— Bien, bien, Anselme, dit le parfumeur en laissant voir une larme qui roula dans ses yeux, tu es digne de l'attachement que je te porte. Aussi vas-tu recevoir une haute récompense de ton application à mes affaires.

En disant ces paroles, le négociant grandissait autant à ses propres yeux qu'à ceux de Popinot; il y mit cette bourgeoise et naïve emphase, expression de sa supériorité postiche.

— Quoi ! vous auriez deviné ma passion pour...

— Pour qui ? dit le parfumeur.

— Pour mademoiselle Césarine.

— Ah ! garçon, tu es bien hardi, s'écria Birotteau. Mais garde bien ton secret, je te promets de l'oublier, et tu sortiras de chez moi demain. Je ne t'en veux pas; à ta place, diable ! diable ! j'en aurais fait tout autant. Elle est si belle !

— Ah, monsieur ! dit le commis qui sentait sa chemise mouillée tant il se tressuait.

— Mon garçon, cette affaire n'est pas l'affaire d'un jour : Césarine est sa maîtresse, et sa mère a ses idées. Ainsi rentre en toi-même, essuie tes yeux, tiens ton cœur en bride, et n'en parlons jamais. Je ne rougirais pas de t'avoir pour gendre : neveu de monsieur Popinot, juge au tribunal de première instance; neveu des Ragon, tu as le droit de faire ton chemin tout comme un autre : mais il y a des *mais*, des *car*, des *si !* Quel diable de chien me lâches-tu là dans une conversation d'affaire ! Tiens, assieds-toi sur cette chaise, et que l'amoureux fasse place au commis. Popinot, es-tu homme de cœur ? dit-il en regardant son commis. Te sens-tu le courage de lutter avec plus fort que toi, de te battre corps à corps ?...

— Oui, monsieur.

— De soutenir un combat long, dangereux...

— De quoi s'agit-il ?

— De couler l'huile de Macassar ! dit Birotteau, se dressant en pied comme un héros de Plutarque. Ne nous abusons pas, l'ennemi est fort, bien campé, redoutable. L'huile de Macassar a été rondement menée. La conception est habile. Les fioles carrées ont l'originalité de la forme. Pour mon projet, j'ai pensé à faire les nôtres triangulaires; mais je préférerais, après de mûres réflexions, de petites bouteilles de verre mince clissées en roseau; elles auraient un air mystérieux, et le consommateur aime tout ce qui l'intrigue.

— C'est coûteux, dit Popinot. Il faudrait tout établir au meilleur marché possible, afin de faire de fortes remises aux détaillants.

— Bien, mon garçon, voilà les vrais principes. Songes-y bien, l'huile de Macassar se défendra! elle est spécieuse, elle a un nom séduisant. On la présente comme une importation étrangère, et nous aurons le malheur d'être de notre pays. Voyons, Popinot, te sens-tu de force à tuer Macassar? D'abord tu l'emporteras dans les expéditions d'outre-mer : il paraît que Macassar est réellement aux Indes, il est plus naturel alors d'envoyer le produit français aux Indiens que de leur renvoyer ce qu'ils sont censés nous fournir. A toi les pacotilleurs! Mais il faut lutter à l'étranger, lutter dans les départements! Or l'huile de Macassar a été bien affichée, il ne faut pas se déguiser sa puissance, elle est poussée, le public la connaît.

— Je la coulerai, s'écria Popinot l'œil en feu.

— Avec quoi? lui dit Birotteau. Voilà bien l'ardeur des jeunes gens. Écoute-moi donc jusqu'au bout.

Anselme se mit comme un soldat au port d'armes devant un maréchal de France.

— J'ai inventé, Popinot, une huile pour exciter la pousse des cheveux, raviver le cuir chevelu, maintenir la couleur des chevelures mâles et femelles. Cette essence n'aura pas moins de succès que ma pâte et mon eau ; mais je ne veux pas exploiter ce secret par moi-même, je pense à me retirer du commerce. C'est toi, mon enfant, qui lanceras mon huile *Comagène* (du mot *coma*, mot latin qui signifie cheveux, comme me l'a dit monsieur Alibert, médecin du roi. Ce mot se trouve dans la tragédie de Bérénice, où Racine a mis un roi de Comagène, amant de cette belle reine si célèbre par sa chevelure, lequel amant, sans doute par flatterie, a donné ce nom à son royaume! Comme ces grands génies ont de l'esprit! ils descendent aux plus petits détails).

Le petit Popinot garda son sérieux en écoutant cette parenthèse saugrenue, évidemment dite pour lui qui avait de l'instruction.

— Anselme, j'ai jeté les yeux sur toi pour fonder une maison de commerce de haute droguerie, rue des Lombards, dit Birotteau. Je serai ton associé secret, je te baillerai les premiers fonds. Après l'huile Comagène, nous essaierons de l'essence de vanille, de l'esprit de menthe. Enfin, nous aborderons la droguerie en la révolutionnant, en vendant ses produits concentrés au lieu de les vendre en nature. Ambitieux jeune homme, es-tu content?

Anselme ne pouvait répondre, tant il était oppressé, mais ses yeux pleins de larmes répondaient pour lui. Cette offre lui semblait dictée par une indulgente paternité qui lui disait : Mérite Césarine en devenant riche et considéré.

— Monsieur, répondit-il enfin en prenant l'émotion de Birotteau pour de l'étonnement, moi aussi je réussirai !

— Voilà comme j'étais, s'écria le parfumeur, je n'ai pas dit un autre mot. Si tu n'as pas ma fille, tu auras toujours une fortune. Eh ! bien, garçon, qu'est-ce qui te prend ?

— Laissez-moi espérer qu'en acquérant l'une j'obtiendrai l'autre.

— Je ne puis t'empêcher d'espérer, mon ami, dit Birotteau touché par le ton d'Anselme.

— Eh ! bien, monsieur, puis-je dès aujourd'hui prendre mes mesures pour trouver une boutique afin de commencer au plus tôt ?

— Oui, mon enfant. Demain nous irons nous enfermer tous deux à la fabrique. Avant d'aller dans le quartier de la rue des Lombards, tu passeras chez Livingston, pour savoir si ma presse hydraulique pourra fonctionner demain. Ce soir, nous irons, à l'heure du dîner, chez l'illustre et bon monsieur Vauquelin pour le consulter. Ce savant s'est occupé tout récemment de la composition des cheveux, il a recherché quelle était leur substance colorante, d'où elle provenait, qu'elle était la contexture des cheveux. Tout est là, Popinot. Tu sauras mon secret, et il ne s'agira plus que de l'exploiter avec intelligence. Avant d'aller chez Livingston, passe chez Pieri Bénard. Mon enfant, le désintéressement de monsieur Vauquelin est une des grandes douleurs de ma vie : il est impossible de lui rien faire accepter. Heureusement j'ai su par Chiffreville qu'il voulait une Vierge de Dresde, gravée par un certain Muller, et, après deux ans de correspondance en Allemagne, Bénard a fini par la trouver sur papier de chine, avant la lettre : elle coûte quinze cents francs, mon garçon. Aujourd'hui, notre bienfaiteur la verra dans son antichambre en nous reconduisant, car elle doit être encadrée, tu t'en assureras. Nous nous rappellerons ainsi à son souvenir, ma femme et moi, car quant à la reconnaissance, voilà seize ans que nous prions Dieu, tous les jours, pour lui. Moi, je ne l'oublierai jamais ; mais, Popinot, enfoncés dans la science, les savants oublient tout, femmes, amis, obligés. Nous autres, notre peu d'intelligence nous permet au moins d'avoir le cœur chaud. Ça console de ne pas être un grand homme. Ces messieurs de l'Institut, c'est tout cerveau, tu verras, vous ne les rencontrez jamais dans une église. Monsieur Vauquelin est toujours dans son cabinet ou dans son laboratoire, j'aime à croire qu'il pense à Dieu en analysant ses ouvrages. Voilà qui est entendu : je te ferai les fonds, je te laisserai la possession de mon secret, nous serons de moitié, sans qu'il soit besoin d'acte. Vienne le succès! nous arrangerons nos flûtes. Cours, mon garçon, moi je vais à mes affaires. Écoute donc, Popinot, je donnerai dans vingt jours un grand bal, fais-toi faire un habit, viens-y comme un commerçant déjà calé...

Ce dernier trait de bonté émut tellement Popinot, qu'il saisit la grosse main de César et la baisa. Le bonhomme avait flatté l'amoureux par cette confidence, et les gens épris sont capables de tout.

— Pauvre garçon, dit Birotteau en le voyant courir à travers les Tuileries, si Césarine l'aimait! mais il est boiteux, il a les cheveux de la couleur d'un bassin, et les jeunes filles sont si singulières, je ne crois guère que Césarine... Et puis sa mère veut la voir la femme d'un notaire. Alexandre Crottat la fera riche : la richesse rend tout supportable, tandis qu'il n'y a pas de bonheur qui ne succombe à la misère. Enfin, j'ai résolu de laisser ma fille maîtresse d'elle-même jusqu'à concurrence d'une folie.

Le voisin de Birotteau était un petit marchand de parapluies, d'ombrelles et de cannes, nommé Cayron, Languedocien, qui faisait de mauvaises affaires, et que Birotteau avait obligé déjà plusieurs fois. Cayron ne demandait pas mieux que de se restreindre à sa boutique et de céder au riche parfumeur les deux pièces du premier étage, en diminuant d'autant son bail.

— Eh! bien, voisin, lui dit familièrement Birotteau en entrant chez le marchand de parapluies, ma femme consent à l'augmentation de notre local! Si vous voulez, nous irons chez monsieur Molineux à onze heures.

— Mon cher monsieur Birotteau, reprit le marchand de parapluies, je ne vous ai jamais rien demandé pour cette cession, mais vous savez qu'un bon commerçant doit faire argent de tout.

— Diable! diable! répondit le parfumeur, je n'ai pas des mille et des cents. J'ignore si mon architecte, que j'attends, trouvera la chose praticable. Avant de conclure, m'a-t-il dit, sachons si vos planchers sont de niveau. Puis il faut que monsieur Molineux consente à laisser percer le mur, et le mur est-il mitoyen? Enfin j'ai à faire retourner chez moi l'escalier, pour changer le palier afin d'établir le plain-pied. Voilà bien des frais, je ne veux pas me ruiner.

— Oh! monsieur, dit le Méridional, quand vous serez ruiné, le soleil sera venu coucher avec la terre, et ils auront fait des petits.

Birotteau se caressa le menton en se soulevant sur la pointe des pieds et retombant sur ses talons.

— D'ailleurs, reprit Cayron, je ne vous demande pas autre chose que de me prendre ces valeurs-là...

Et il lui présenta un petit bordereau de cinq mille francs composé de seize billets.

— Ah! dit le parfumeur en feuilletant les effets, de *petites broches*, deux mois, trois mois...

— Prenez-les moi à six pour cent seulement, dit le marchand d'un air humble.

— Est-ce que je fais l'usure? dit le parfumeur d'un air de reproche.

— Mon Dieu, monsieur, je suis allé chez votre ancien commis du Tillet; il n'en voulait à aucun prix, sans doute pour savoir ce que je consentirais à perdre.

— Je ne connais pas ces signatures-là, dit le parfumeur.

— Mais nous avons de si drôles de noms dans les cannes et les parapluies, c'est des colporteurs!

— Eh! bien, je ne dis pas que je prenne tout, mais je m'arrangerai toujours des plus courts.

— Pour mille francs qui se trouvent à quatre mois, ne me laissez pas courir après les sangsues qui nous tirent le plus clair de nos bénéfices, faites-moi tout, monsieur. J'ai si peu recours à l'escompte, je n'ai nul crédit, voilà ce qui nous tue nous autres petits détaillants.

— Allons, j'accepte vos broches, Célestin fera le compte. A onze heures, soyez prêt. Voici mon architecte, monsieur Grindot, ajouta le parfumeur en voyant venir le jeune homme avec lequel il avait pris la veille rendez-vous chez monsieur de La Billardière. Contre la coutume des gens de talent, vous êtes exact, monsieur, lui dit César en déployant ses grâces commerciales les plus distinguées. Si l'exactitude, suivant un mot du Roi, homme d'esprit autant que grand politique, est la politesse des rois, elle est aussi la fortune des négociants. Le temps, le temps est de l'or, surtout pour vous artistes. L'architecture est la réunion de tous les arts, je me suis laissé dire cela. Ne passons point par la boutique, ajouta-t-il en montrant la fausse porte cochère de sa maison.

Quatre ans auparavant, monsieur Grindot avait remporté *le grand prix* d'architecture, il revenait de Rome après un séjour de trois ans aux frais de l'État. En Italie le jeune artiste songeait à l'art, à Paris il songeait à la fortune. Le gouvernement peut seul donner les millions nécessaires à un architecte pour édifier sa gloire; en revenant de Rome, il est si naturel de se croire Fontaine ou Percier que tout architecte ambitieux incline au ministérialisme : le pensionnaire libéral, devenu royaliste, tâchait donc de se faire protéger par les gens influents. Quand un *grand prix* se conduit ainsi, ses camarades l'appellent un intrigant. Le jeune architecte avait deux partis à prendre; servir le parfumeur ou le mettre à contribution. Mais Birotteau l'adjoint, Birotteau le futur possesseur par moitié des terrains de la Madeleine, autour de laquelle tôt ou tard il se bâtirait un beau quartier, était un homme à ménager. Grindot immola donc le gain présent aux bénéfices à venir. Il écouta patiemment les plans, les redites, les idées d'un de ces bourgeois, cible constante des traits, des plaisanteries de l'artiste, éternel objet de ses mépris, et suivit le parfumeur en hochant la tête pour saluer ses idées. Quand le parfumeur eut bien tout expliqué, le jeune architecte essaya de lui résumer à lui-même son plan.

— Vous avez à vous trois croisées de face sur la rue, plus la croisée perdue sur l'escalier et prise par le palier. Vous ajoutez à ces quatre croisées les deux qui sont de niveau dans la maison voisine en retournant l'escalier pour aller de plain-pied dans tout l'appartement, du côté de la rue.

— Vous m'avez parfaitement compris, dit le parfumeur étonné.

— Pour réaliser votre plan, il faut éclairer par en haut le nouvel escalier, et ménager une loge de portier sous le socle.

— Un socle...

— Oui, c'est la partie sur laquelle reposera...

— Je comprends, monsieur.

— Quant à votre appartement, laissez-moi carte blanche pour le distribuer et le décorer. Je veux le rendre digne...

— Digne ! Vous avez dit le mot, monsieur.

— Quel temps me donnez-vous pour opérer ce changement de décor?

— Vingt jours.

— Quelle somme voulez-vous jeter à la tête des ouvriers ? dit Grindot.

— Mais à quelle somme pourront monter ces réparations ?

— Un architecte chiffre une construction neuve à un centime près, répondit le jeune homme ; mais comme je ne sais pas ce que c'est que d'enfiler un bourgeois...... pardon ! monsieur, le mot m'est échappé ; je dois vous prévenir qu'il est impossible de chiffrer des réparations et des rhabillages. A peine en huit jours arriverais-je à faire un devis approximatif. Accordez-moi votre confiance : vous aurez un charmant escalier éclairé par le haut, orné d'un joli vestibule sur la rue, et sous le socle...

— Toujours ce socle....

— Ne vous en inquiétez pas, je trouverai la place d'une petite loge de portier. Vos appartements seront étudiés, restaurés avec amour. Oui, monsieur, je vois l'art et non la fortune ! Avant tout, ne dois-je pas faire parler de moi pour arriver ? Selon moi, le meilleur moyen est de ne pas tripoter avec les fournisseurs, de réaliser de beaux effets à bon marché.

— Avec de pareilles idées, jeune homme, dit Birotteau d'un ton protecteur, vous réussirez.

— Ainsi, reprit Grindot, traitez directement avec vos maçons, peintres, serruriers, charpentiers, menuisiers. Moi je me charge de régler leurs mémoires. Accordez-moi seulement deux mille francs d'honoraires, ce sera de l'argent bien placé. Laissez-moi maître des lieux demain à midi et indiquez-moi vos ouvriers.

— A quoi peut se monter la dépense à vue de nez ? dit Birotteau.

— Dix à douze mille francs, dit Grindot. Mais je ne compte pas le mobilier, car vous le renouvelez sans doute. Vous me donnerez l'adresse de votre tapissier, je dois m'entendre avec lui pour assortir les couleurs, afin d'arriver à un ensemble de bon goût.

— Monsieur Braschon, rue Saint-Antoine, a mes ordres, dit le parfumeur en prenant un air ducal !

L'architecte écrivit l'adresse sur un de ces petits souvenirs qui viennent toujours d'une jolie femme.

— Allons, dit Birotteau, je me fie à vous, monsieur. Seulement, attendez que j'aie arrangé la cession du bail des deux chambres voisines et obtenu la permission d'ouvrir le mur.

— Prévenez-moi par un billet ce soir, dit l'architecte. Je dois passer la nuit à faire mes plans, et nous préférons encore travailler pour les bourgeois à travailler pour le roi de Prusse, c'est-à-dire pour nous. Je vais toujours prendre les mesures, les hauteurs, la dimension des tableaux, la portée des fenêtres...

— Nous arriverons au jour dit, reprit Birotteau, sans quoi, rien.

— Il le faudra bien, dit l'architecte. Les ouvriers passeront les nuits, on emploiera des procédés pour sécher les peintures ; mais ne vous laissez pas enfoncer par les entrepreneurs, demandez-leur toujours le prix d'avance, et constatez vos conventions !

— Paris est le seul endroit du monde où l'on puisse frapper de pareils coups de baguette, dit Birotteau en se laissant aller à un geste asiatique digne des *Mille et une Nuits*. Vous me ferez l'honneur de venir à mon bal, monsieur. Les hommes à talent n'ont pas tous le dédain dont on accable le commerce, et vous y verrez sans doute un savant du premier ordre, monsieur Vauquelin de l'Institut ! puis monsieur de La Billardière, monsieur le comte de Fontaine, monsieur Lebas, juge, et le président du Tribunal de Commerce ; des magistrats : monsieur le comte de Granville de la Cour royale et monsieur Popinot du Tribunal de première instance, monsieur Camusot du Tribunal de Commerce, et monsieur Cardot son beau-père... enfin peut-être monsieur le duc de Lenoncourt, premier gentilhomme de la chambre du roi. Je réunis quelques amis autant... pour célébrer la délivrance du territoire... que pour fêter ma... promotion dans l'ordre de la Légion-d'Honneur...

Grindot fit un geste singulier.

— Peut-être... me suis-je rendu digne de cette... insigne... et... royale... faveur en siégeant au tribunal consulaire et en combattant pour les Bourbons sur les marches de Saint-Roch au 13 vendémiaire, où je fus blessé par Napoléon. Ces titres...

Constance, vêtue en matin, sortit de la chambre à coucher de Césarine où elle s'était habillée ; son premier coup d'œil arrêta net la verve de son mari, qui cherchait à formuler une phrase normale pour apprendre avec modestie ses grandeurs au prochain.

— Tiens, mimi, voici monsieur *de* Grindot, jeune homme distingué d'autre part, et possesseur d'un grand talent. Monsieur est l'architecte que nous a recommandé monsieur de La Billardière, pour diriger nos *petits* travaux ici.

Le parfumeur se cacha de sa femme pour faire un signe à l'architecte en mettant un doigt sur ses lèvres au mot petit, et l'artiste comprit.

— Constance, monsieur va prendre les mesures, les hauteurs ; laisse-le faire, ma bonne, dit Birotteau qui s'esquiva dans la rue.

— Cela sera-t-il bien cher? dit Constance à l'architecte.

— Non, madame, six mille francs, à vue de nez...

— A vue de nez! s'écria madame Birotteau. Monsieur, je vous en prie, ne commencez rien sans un devis et des marchés signés. Je connais les façons de messieurs les entrepreneurs : six mille veut dire vingt mille. Nous ne sommes pas en position de faire des folies. Je vous en prie, monsieur, quoique mon mari soit bien le maître chez lui, laissez-lui le temps de réfléchir.

— Madame, monsieur l'adjoint m'a dit de lui livrer les lieux dans vingt jours, et si nous tardons, vous seriez exposés à entamer la dépense sans obtenir le résultat.

— Il y a dépenses et dépenses, dit la belle parfumeuse.

— Eh! madame, croyez-vous qu'il soit bien glorieux pour un architecte qui veut élever des monuments de décorer un appartement? Je ne descends à ce détail que pour obliger monsieur de La Billardière, et si je vous effraie...

Il fit un mouvement de retraite.

— Bien, bien, monsieur, dit Constance en rentrant dans sa chambre, où elle se jeta la tête sur l'épaule de Césarine. Ah! ma fille! ton père se ruine! Il a pris un architecte qui a des moustaches, une royale, et qui parle de construire des monuments! Il va jeter la maison par les fenêtres pour nous bâtir un Louvre. César n'est jamais en retard pour une folie; il m'a parlé de son projet cette nuit, il l'exécute ce matin.

— Bah! maman, laisse faire à papa, le bon Dieu l'a toujours protégé, dit Césarine en embrassant sa mère et se mettant au piano pour montrer à l'architecte que la fille d'un parfumeur n'était pas étrangère aux beaux-arts.

Quand l'architecte entra dans la chambre à coucher, il fut surpris de la beauté de Césarine, et resta presque interdit. Sortie de sa chambrette en déshabillé du matin, Césarine, fraîche et rose comme une jeune fille est rose et fraîche à dix-huit ans, blonde et mince, les yeux bleus, offrait au regard de l'artiste cette élasticité, si rare à Paris, qui fait rebondir les chairs les plus délicates, et nuance d'une couleur adorée par les peintres le bleu des veines dont le réseau palpite dans les clairs du teint. Quoique vivant dans la lymphatique atmosphère d'une boutique parisienne où l'air se renouvelle difficilement, où le soleil pénètre peu, ses mœurs lui donnaient les bénéfices de la vie en plein air d'une Transtévérine de Rome. D'abondants cheveux, plantés comme ceux de son père et relevés de manière à laisser voir un cou bien attaché, ruisselaient en boucles soignées, comme les soignent toutes les demoiselles de magasin à qui le désir d'être remarquées a inspiré les minuties les plus anglaises en fait de toilette. La beauté de Césarine n'était ni la beauté d'une lady, ni celle des duchesses françaises, mais la ronde et rousse beauté des Flamandes de Rubens. Elle avait le nez retroussé de son père, mais rendu spirituel par la finesse du modelé, semblable à celui des nez essentiellement français, si bien *réussis* chez Largillière. Sa peau, comme une étoffe pleine et forte, annonçait la vitalité d'une vierge. Elle avait le beau front de sa mère, mais éclairci par la sérénité d'une fille sans soucis. Ses yeux bleus, noyés dans un riche fluide, exprimaient la grâce tendre d'une blonde heureuse. Si le bonheur ôtait à sa tête cette poésie que les peintres veulent absolument donner à leurs compositions en les faisant un peu trop pensives, la vague mélancolie physique dont sont atteintes les jeunes filles qui n'ont jamais quitté l'aile maternelle lui imprimait alors une sorte d'idéal. Malgré la finesse de ses formes, elle était fortement constituée : ses pieds accusaient l'origine paysanne de son père, car elle péchait par un défaut de race et peut-être aussi par la rougeur de ses mains, signature d'une vie purement bourgeoise. Elle devait arriver tôt ou tard à l'embonpoint. En voyant venir quelques jeunes femmes élégantes, elle avait fini par attraper le sentiment de la toilette, quelques airs de tête, une manière de parler, de se mouvoir, qui jouaient la femme comme il faut et tournaient la cervelle à tous les jeunes gens, aux commis, auxquels elle paraissait très-distinguée. Popinot s'était juré de ne jamais avoir d'autre femme que Césarine. Cette blonde fluide qu'un regard semblait traverser, prête à fondre en pleurs pour un mot de reproche, pouvait seule lui rendre le sentiment de la supériorité masculine. Cette charmante fille inspirait l'amour sans laisser le temps d'examiner si elle avait assez d'esprit pour le rendre durable ; mais à quoi bon ce qu'on nomme à Paris l'*esprit*, dans une classe où l'élément principal du bonheur est le bon sens et la vertu? Au moral, Césarine était sa mère un peu perfectionnée par les superfluités de l'éducation : elle aimait la musique, dessinait au crayon noir la *Vierge à la Chaise,* lisait les œuvres de mesdames Cottin et Riccoboni, Bernardin de Saint-Pierre, Fénelon, Racine. Elle ne paraissait jamais auprès de sa mère dans le comptoir que quelques moments avant de se mettre à table, ou pour la remplacer en de rares occasions. Son père et sa mère, comme tous ces parvenus empressés de cultiver l'ingratitude de leurs enfants en les mettant au-dessus d'eux, se plaisaient à déifier Césarine, qui, heureusement, avait les vertus de la bourgeoisie et n'abusait pas de leur faiblesse.

Madame Birotteau suivait l'architecte d'un air inquiet et solliciteur, en regardant avec terreur et montrant à sa fille les mouvements bizarres du mètre, la canne des architectes et des entrepreneurs, avec laquelle Grindot prenait ses mesures. Elle trouvait à ces coups de baguette un air conjurateur de fort mauvais augure, elle aurait voulu les murs moins hauts, les pièces moins grandes, et n'osait questionner le jeune homme sur les effets de cette sorcellerie.

— Soyez tranquille, madame, dit l'artiste en souriant, je n'emporterai rien.

Césarine ne put s'empêcher de rire.

— Monsieur, dit Constance d'une voix suppliante en ne remarquant même pas le quiproquo de l'architecte, allez à l'économie, et, plus tard, nous pourrons vous récompenser...

Avant d'aller chez monsieur Molineux, le propriétaire de la maison voisine, César voulut prendre chez Roguin l'acte sous signature privée qu'Alexandre Crottat avait dû lui préparer pour cette cession de bail. En sortant, Birotteau vit du Tillet à la fenêtre du cabinet de Roguin. Quoique la liaison de son ancien commis avec la femme du notaire rendît assez naturelle la rencontre de du Tillet à l'heure où se faisaient les traités relatifs aux terrains, Birotteau s'en inquiéta, malgré son extrême confiance. L'air animé de du Tillet annonçait une discussion.

— Serait-il dans l'affaire? se demanda-t-il par suite de sa prudence commerciale. Le soupçon passa comme un éclair dans son âme. Il se retourna, vit madame Roguin, et la présence du banquier ne lui parut plus alors si suspecte. — Cependant, si Constance avait raison? se dit-il. Suis-je bête d'écouter des idées de femme ! J'en parlerai d'ailleurs à mon oncle ce matin. De la cour Batave, où demeure ce monsieur Molineux, à la rue des Bourdonnais il n'y a qu'un saut.

Un défiant observateur, un commerçant qui dans sa carrière aurait rencontré quelques fripons, eût été sauvé ; mais les antécédents de Birotteau, l'incapacité de son esprit peu propre à remonter la chaîne des inductions par lesquelles un homme supérieur arrive aux causes, tout le perdit. Il trouva le marchand de parapluies en grande tenue, et s'en allait avec lui chez le propriétaire, quand Virginie, sa cuisinière, le saisit par le bras.

— Monsieur, madame ne veut pas que vous alliez plus loin...

— Allons, s'écria Birotteau, encore des idées de femme !

— .... Sans prendre votre tasse de café qui vous attend.

— Ah! c'est vrai. Mon cousin, dit Birotteau à Cayron, j'ai tant de choses en tête que je n'écoute pas mon estomac. Faites-moi le plaisir d'aller en avant, nous nous retrouverons à la porte de monsieur Molineux, à moins que vous ne montiez pour lui expliquer l'affaire, nous perdrons ainsi moins de temps.

Monsieur Molineux était un petit rentier grotesque, qui n'existe qu'à Paris, comme un certain lichen ne croît qu'en Islande. Cette comparaison est d'autant plus juste que cet homme appartenait à une nature mixte, à un Règne Animo-végétal qu'un nouveau Mercier pourrait composer des cryptogames qui poussent, fleurissent ou meurent sur, dans ou sous les murs plâtreux de différentes maisons étranges et malsaines où ces êtres viennent de préférence. Au premier aspect, cette plante humaine, ombellifère, vu la casquette bleue tubulée qui la couronnait, à tige entourée d'un pantalon verdâtre, à racines bulbeuses enveloppées de chaussons en lisière, offrait une physionomie blanchâtre et plate qui certes ne trahissait rien de vénéneux. Dans ce produit bizarre vous eussiez reconnu l'actionnaire par excellence, croyant à toutes les nouvelles que la Presse périodique baptise de son encre, et qui a tout dit en disant : Lisez le journal ! Le bourgeois essentiellement ami de l'ordre, et toujours en révolte morale avec le pouvoir auquel néanmoins il obéit toujours, créature faible en masse et féroce en détail, insensible comme un huissier quand il s'agit de son droit, et donnant du mouron frais aux oiseaux ou des arêtes de poisson à son chat, interrompant une quittance de loyer pour seriner un canari, défiant comme un geôlier, mais apportant son argent pour une mauvaise affaire, et tâchant alors de se rattraper par une crasse avarice. La malfaisance de cette fleur hybride ne se révélait en effet que par l'usage; pour être éprouvée, sa nauséabonde amertume voulait la coction d'un commerce quelconque où ses intérêts se trouvaient mêlés à ceux des hommes. Comme tous les Parisiens, Molineux éprouvait un besoin de domination, il souhaitait cette part de souveraineté plus ou moins considérable exercée par chacun et même par un portier, sur plus ou moins de victimes, femme, enfant, locataire, commis, cheval, chien ou singe, auxquels on rend par ricochet les mortifications reçues dans la sphère supérieure où l'on aspire. Ce petit vieillard ennuyeux n'avait ni femme, ni enfant, ni neveu, ni nièce; il rudoyait trop sa femme de ménage pour en faire un souffre-douleur, car elle évitait tout contact en accomplissant rigoureusement son service. Ses appétits de tyrannie étaient donc trompés; pour les satisfaire, il avait patiemment étudié les lois sur le contrat de louage et sur le mur mitoyen; il avait approfondi la jurisprudence qui régit les maisons à Paris dans les infiniment petits des tenants, aboutissants, servitudes, impôts, charges, balayages, tentures à la Fête-Dieu, tuyaux de descente, éclairage, saillies sur la voie publique, et voisinage d'établissements insalubres. Ses moyens et son activité, tout son esprit passait à maintenir son état de propriétaire au grand complet de guerre; il en avait fait un amusement, et son amusement tournait en monomanie. Il aimait à protéger les citoyens contre les envahissements de l'illégalité; mais les sujets de plainte étaient rares, sa passion avait donc fini par embrasser ses locataires. Un locataire devenait son ennemi, son inférieur, son sujet, son feudataire; il croyait avoir droit à ses respects, et regardait comme un homme grossier celui qui passait sans rien dire auprès de lui dans les escaliers. Il écrivait lui-même ses quittances, et les envoyait à midi le jour de l'échéance. Le contribuable en retard recevait un commandement à heure fixe. Puis la saisie, les frais, toute la cavalerie judiciaire allait aussitôt, avec la rapidité de ce que l'exécuteur des hautes œuvres appelle *la mécanique*. Molineux n'accordait ni terme, ni délai, son cœur avait un calus à l'endroit du loyer.

— Je vous prêterai de l'argent si vous en avez besoin, disait-il à un homme solvable, mais payez-moi mon loyer, tout retard entraîne une perte d'intérêts dont la loi ne nous indemnise pas.

Après un long examen des fantaisies capriolantes des locataires qui n'offraient rien de normal, qui se succédaient en renversant les institutions de leurs devanciers, ni plus ni moins que des dynasties, il s'était octroyé une charte, mais il l'observait religieusement. Ainsi, le bonhomme ne réparait rien, aucune cheminée ne fumait, ses escaliers étaient propres, ses plafonds blancs, ses corniches irréprochables, les parquets inflexibles sur leurs lambourdes, les peintures satisfaisantes; la serrurerie n'avait jamais que trois ans, aucune vitre ne manquait, les fêlures n'existaient pas, il ne voyait de cassures au carrelage que quand on quittait les lieux, et il se faisait assister pour les recevoir d'un serrurier, d'un peintre-vitrier, gens, disait-il, fort accommodants. Le preneur était d'ailleurs libre d'améliorer; mais si l'imprudent restaurait son appartement, le petit Molineux pensait nuit et jour à la manière de le déloger pour réoccuper l'appartement fraîchement décoré; il le guettait, l'attendait et entamait la série de ses mauvais procédés. Toutes les finesses de la législation parisienne sur les baux, il les connaissait. Processif, écrivailleur, il minutait des lettres douces et polies à ses locataires; mais au fond de son style comme sous sa mine fade et prévenante se cachait l'âme de Shylock. Il lui fallait toujours six mois d'avance, imputables sur le dernier terme du bail, et le cortége des épineuses conditions qu'il avait inventées. Il vérifiait si les lieux étaient garnis de meubles suffisants pour répondre du loyer. Avait-il un nouveau locataire, il le soumettait à la police de ses renseignements, car il ne voulait pas certains états, le plus léger marteau l'effrayait. Puis, quand il fallait passer bail, il gardait l'acte et l'épelait pendant huit jours en craignant ce qu'il nommait les *et cœtera* de notaire. Sorti de ses idées de propriétaire, Jean-Baptiste Molineux paraissait bon, serviable; il jouait au boston sans se plaindre d'avoir été soutenu mal à propos; il riait de ce qui fait rire les bourgeois, parlait de ce dont ils parlent, des actes arbitraires des boulangers qui avaient la scélératesse de vendre à faux poids, de la connivence de la police, des héroïques dix-sept députés de la Gauche. Il lisait le BON SENS du curé Meslier et allait à la messe, faute de pouvoir choisir entre le déisme et le christianisme; mais il ne rendait point le pain bénit et plaidait alors pour se soustraire aux prétentions envahissantes du clergé. L'infatigable pétitionnaire écrivait à cet égard des lettres aux journaux que les journaux n'inséraient pas et laissaient sans réponse. Enfin il ressemblait à un estimable bourgeois qui met solennellement au feu sa bûche de Noël, tire les rois, invente des poissons d'avril, fait tous les boulevards quand le temps est beau, va voir patiner, et se rend à deux heures sur la terrasse de la place Louis XV les jours de feu d'artifice, avec du pain dans sa poche, pour être *aux premières loges*.

La Cour Batave, où demeurait ce petit vieillard, est le produit d'une de ces spéculations bizarres qu'on ne peut plus s'expliquer dès qu'elles sont exécutées. Cette construction claustrale, à arcades et galeries intérieures, bâtie en pierres de taille, ornée d'une fontaine au fond, une fontaine altérée qui ouvre sa gueule de lion moins pour donner de l'eau que pour en demander à tous les passants, fut sans doute inventée pour doter le quartier Saint-Denis d'une sorte de Palais-Royal. Ce monument, malsain, enterré sur ses quatres lignes par de hautes maisons, n'a de vie et de mouvement que pendant le jour, il est le centre des passages obscurs qui s'y donnent rendez-vous et joignent le quartier des halles au quartier Saint-Martin par la fameuse rue Quincampoix, sentiers humides, où les gens pressés gagnent des rhumatismes ; mais la nuit aucun lieu de Paris n'est plus désert, vous diriez les catacombes du commerce. Il y a là plusieurs cloaques industriels, très-peu de Bataves et beaucoup d'épiciers. Naturellement les appartements de ce palais marchand n'ont d'autre vue que celle de la cour commune où donnent toutes les fenêtres, en sorte que les loyers sont d'un prix minime. Monsieur Molineux demeurait dans un des angles, au sixième étage, par raison de santé : l'air n'était pur qu'à soixante-dix pieds au-dessus du sol. Là, ce bon propriétaire jouissait de l'aspect enchanteur des moulins de Montmartre en se promenant dans les chenaux où il cultivait des fleurs, nonobstant les ordonnances de police relatives aux jardins suspendus de la moderne Babylone. Son appartement était composé de quatre pièces, non compris ses précieuses *anglaises* situées à l'étage supérieur : il en avait la clef, elles lui appartenaient, il les avait établies, il était en règle à cet égard. En entrant, une indécente nudité révélait aussitôt l'avarice de cet homme : dans l'antichambre, six chaises de paille, un poêle en faïence, et sur les murs tendus de papier vert-bouteille, quatre gravures achetées à des ventes ; dans la salle à manger, deux buffets, deux cages pleines d'oiseaux, une table couverte d'une toile cirée, un baromètre, une porte-fenêtre donnant sur ses jardins suspendus et des chaises d'acajou foncées de crin ; le salon avait de petits rideaux en vieille étoffe de soie verte, un meuble en velours d'Utrecht vert à bois peint en blanc. Quant à la chambre de ce vieux célibataire, elle offrait des meubles du temps de Louis XV, défigurés par un trop long usage et sur lesquels une femme vêtue de blanc aurait eu peur de se salir. Sa cheminée était ornée d'une pendule à deux colonnes entre lesquelles tenait un cadran qui servait de piédestal à une Pallas brandissant sa lance : un mythe. Le carreau était encombré de plats pleins de restes destinés aux chats, et sur lesquels on craignait de mettre le pied. Au-dessus d'une commode en bois de rose un portrait au pastel (Molineux dans sa jeunesse). Puis des livres, des tables où se voyaient d'ignobles cartons verts ; sur une console, feu ses serins empaillés ; enfin un lit d'une froideur qui en eût remontré à une carmélite.

César Birotteau fut enchanté de l'exquise politesse de Molineux, qu'il trouva en robe de chambre de molleton gris, surveillant son lait posé sur un petit réchaud en tôle dans le coin de sa cheminée et son eau de marc qui bouillait dans un petit pot de terre brune et qu'il versait à petites doses sur sa cafetière. Pour ne pas déranger son propriétaire, le marchand de parapluies avait été ouvrir la porte à Birotteau. Molineux avait en vénération les maires et les adjoints de la ville de Paris, qu'il appelait *ses officiers municipaux*. A l'aspect du magistrat, il se leva, resta debout, la casquette à la main, tant que le grand Birotteau ne fut pas assis.

— Non, monsieur, oui, monsieur, ah! monsieur, si j'avais su avoir l'honneur de posséder au sein de mes modestes pénates un membre du corps municipal de Paris, croyez alors que je me serais fait un devoir de me rendre chez vous, quoique votre propriétaire ou — sur le point — de le — devenir. Birotteau fit un geste pour le prier de remettre sa casquette. — Je n'en ferai rien, je ne me couvrirai pas que vous ne soyez assis et couvert si vous êtes enrhumé ; ma chambre est un peu froide, la modicité de mes revenus ne me permet pas... A vos souhaits, monsieur l'adjoint.

Birotteau avait éternué en cherchant ses actes. Il les présenta, non sans dire, pour éviter tout retard, que monsieur Roguin notaire les avait rédigés à ses frais.

— Je ne conteste pas les lumières de monsieur Roguin, vieux nom bien connu dans le notariat parisien ; mais j'ai mes petites habitudes, je fais mes affaires moi-même, manie assez excusable, et mon notaire est...

— Mais notre affaire est si simple, dit le parfumeur habitué ux promptes décisions des commerçants.

— Si simple! s'écria Molineux. Rien n'est simple en matière de location. Ah! vous n'êtes pas propriétaire, monsieur, et vous n'en êtes que plus heureux. Si vous saviez jusqu'où les locataires poussent l'ingratitude, et à combien de précautions nous sommes obligés. Tenez, monsieur, j'ai un locataire...

Molineux raconta pendant un quart d'heure comment monsieur Gendrin, dessinateur, avait trompé la surveillance de son portier, rue Saint-Honoré. Monsieur Gendrin avait fait des infamies dignes d'un Marat, des dessins obscènes que la police tolérait, attendu la connivence de la police! Ce Gendrin, artiste profondément immoral, rentrait avec des femmes de mauvaise vie et rendait l'escalier impraticable! plaisanterie bien digne d'un homme qui dessinait des caricatures contre le gouvernement. Et pourquoi ces méfaits?... parce qu'on lui demandait son loyer le quinze! Gendrin et Molineux allaient plaider, car, tout en ne payant pas, l'artiste prétendait rester dans son appartement vide. Molineux recevait des lettres anonymes où Gendrin sans doute le menaçait d'un assassinat, le soir, dans les détours qui mènent à la Cour Batave.

— Au point, monsieur, dit-il en continuant, que monsieur le préfet de police, à qui j'ai confié mon embarras... (j'ai profité de la circonstance pour lui toucher quelques mots sur les modifications à introduire dans les lois qui régissent la matière) m'a autorisé à porter des pistolets pour ma sûreté personnelle.

Le petit vieillard se leva pour aller chercher ses pistolets.

— Les voilà, monsieur! s'écria-t-il.

— Mais, monsieur, vous n'avez rien à craindre de semblable de ma part, dit Birotteau regardant Cayron auquel il sourit en lui jetant un regard où se peignait un sentimen de pitié pour un pareil homme.

Ce regard, Molineux le surprit, il fut blessé de rencontrer une semblable expression chez un officier municipal, qui devait protéger ses administrés. A tout autre, il l'aurait pardonnée, mais il ne la pardonna pas à Birotteau.

— Monsieur, reprit-il d'un air sec, un juge consulaire des plus estimés, un adjoint, un honorable commerçant ne descendrait pas à ces petitesses, car ce sont des petitesses! Mais, dans l'espèce, il y a un percement à faire consentir par votre propriétaire, monsieur le comte de Grandville, des conventions à stipuler pour le rétablissement du mur à fin de bail ; enfin, les loyers sont considérablement bas, ils se relèveront, la place Vendôme gagnera, elle gagne ! la rue de Castiglione va se bâtir ! Je me lie... je me lie...

— Finissons, dit Birotteau stupéfait, que voulez-vous ? je connais assez les affaires pour deviner que vos raisons se tairont devant la raison supérieure, l'argent ! Eh ! bien, que vous faut-il ?

— Rien que de juste, monsieur l'adjoint. Combien avez-vous de temps à faire de votre bail ?

— Sept ans, répondit Birotteau.

— Dans sept ans, que ne vaudra pas mon premier ? reprit Molineux. Que ne louerait-on pas deux chambres garnies dans ce quartier-là ? plus de deux cents francs par mois, peut-être ! Je me lie, je me lie par un bail. Nous porterons donc le loyer à quinze cents francs. A ce prix, je consens à faire distraction de ces deux chambres du loyer de monsieur Cayron que voilà, dit-il en jetant un regard louche au marchand, je vous les donne à bail pour sept années consécutives. Le percement sera à votre charge, sous la condition de me rapporter l'approbation et désistement de tous droits de monsieur le comte de Grandville. Vous aurez la responsabilité des événements de ce petit percement, vous ne serez point tenu de rétablir le mur pour ce qui me concerne, et vous me donnerez comme indemnité cinq cents francs dès à présent : on ne sait ni qui vit ni qui meurt, je ne veux courir après personne pour refaire le mur.

— Ces conditions me semblent à peu près justes, dit Birotteau.

— Puis, dit Molineux, vous me compterez sept cent cinquante francs, *hic et nunc*, imputables sur les six derniers mois de la jouissance, le bail en portera quittance. Oh ! j'accepterai de petits effets, causés *valeur en loyers* pour ne pas perdre ma garantie, à telle date qu'il vous plaira. Je suis rond et court en affaires. Nous stipulerons que vous fermerez la porte sur mon escalier où vous n'aurez aucun droit d'entrée.... à vos frais.... en maçonnerie. Rassurez-vous, je ne demanderai point d'indemnité pour le rétablissement à la fin du bail ; je la regarde comme comprise dans les cinq cents francs. Monsieur, vous me trouverez toujours juste.

— Nous autres commerçants ne sommes pas si pointilleux, dit le parfumeur, il n'y aurait point d'affaire possible avec de telles formalités.

— Oh! dans le commerce, c'est bien différent, et surtout dans la parfumerie, où tout va comme un gant, dit le petit vieillard avec un sourire aigre. Mais, monsieur, en matière de location, à Paris, rien n'est indifférent. Tenez, j'ai eu un locataire, rue Montorgueil....

— Monsieur, dit Birotteau, je serais désespéré de retarder votre déjeuner : voilà les actes, rectifiez-les, tout ce que vous me demandez est entendu ; signons demain, échangeons aujourd'hui nos paroles, car demain mon architecte doit être maître des lieux.

— Monsieur, reprit Molineux en regardant le marchand de parapluies, il y a le terme échu, monsieur Cayron ne veut pas le payer, nous le joindrons aux petits effets pour que le bail aille de janvier en janvier. Ce sera plus régulier.

— Soit, dit Birotteau.

— Le sou pour livre au portier....

— Mais, dit Birotteau, vous me privez de l'escalier, de l'entrée, il n'est pas juste...

— Oh! vous êtes locataire, dit d'une voix péremptoire le petit Molineux à cheval sur le principe, vous devez les impositions des portes et fenêtres et votre part dans les charges. Quand tout est bien entendu, monsieur, il n'y a plus aucune difficulté. Vous vous agrandissez beaucoup, monsieur, les affaires vont bien ?

— Oui, dit Birotteau. Mais le motif est autre. Je réunis quelques amis autant pour célébrer la délivrance du territoire que pour fêter ma promotion dans l'ordre de la Légion-d'Honneur...

— Ah! ah! dit Molineux, une récompense bien méritée !

— Oui, dit Birotteau. Peut-être me suis-je rendu digne de cette insigne et royale faveur en siégeant au tribunal consulaire et en combattant pour les Bourbons sur les marches de Saint-Roch, au 13 vendémiaire, où je fus blessé par Napoléon ; ces titres....

— Valent ceux de nos braves soldats de l'ancienne armée. Le ruban est rouge, parce qu'il est trempé dans le sang répandu.

A ces mots, pris du *Constitutionnel*, Birotteau ne put s'empêcher d'inviter le petit Molineux, qui se confondit en remercîments et se sentit prêt à lui pardonner son dédain. Le vieillard reconduisit son nouveau locataire jusqu'au palier en l'accablant de politesses.

Quand Birotteau fut au milieu de la Cour Batave avec Cayron, il regarda son voisin d'un air goguenard.

— Je ne croyais pas qu'il pût exister des gens si infirmes! dit-il en retenant sur ses lèvres le mot *bête*.

— Ah! monsieur, dit Cayron, tout le monde n'a pas vos talents. Birotteau pouvait se croire un homme supérieur en présence de monsieur Molineux; la réponse du marchand de parapluies le fit sourire agréablement, et il le salua d'une façon royale.

— Je suis à la Halle, se dit Birotteau, faisons l'affaire des noisettes.

Après une heure de recherches, Birotteau, renvoyé des dames de la Halle à la rue des Lombards, où se consommaient les noisettes pour les dragées, apprit par ses amis les Matifat que *le fruit sec* n'était tenu en gros que par une certaine madame Angélique Madou, demeurant rue Perrin-Gasselin, seule maison où se trouvassent la véritable aveline de Provence et la vraie noisette blanche des Alpes. La rue Perrin-Gasselin est un des sentiers du labyrinthe carrément enfermé par le quai, la rue Saint-Denis, la rue de la Ferronnerie et la rue de la Monnaie, et qui est comme les entrailles de la ville. Il y grouille un nombre infini de marchandises hétérogènes et mêlées, puantes et coquettes, le hareng et la mousseline, la soie et les miels, les beurres et les tulles, surtout de petits commerces dont Paris ne se doute pas plus que la plupart des hommes ne se doutent de ce qui se cuit dans leur *pancréas*, et qui avaient alors pour sangsue un certain Bidault dit Gigonnet, escompteur, demeurant rue Grenétat. Là, d'anciennes écuries sont habitées par des tonnes d'huile, les remises contiennent des myriades de bas de coton; là se tient *le gros* des denrées vendues en détail aux halles. Madame Madou, ancienne revendeuse de marée, jetée il y a dix ans dans *le fruit sec* par une liaison avec l'ancien propriétaire de son fonds, et qui avait long-temps alimenté les commérages de la Halle, était une beauté virile et provoquante, alors disparue dans un excessif embonpoint. Elle habitait le rez-de-chaussée d'une maison jaune en ruines, mais maintenue à chaque étage par des croix en fer. Le défunt avait réussi à se défaire de ses concurrents et à convertir son commerce en monopole; malgré quelques légers défauts d'éducation, son héritière pouvait donc le continuer de routine, allant et venant dans ses magasins qui occupaient des remises, des écuries et d'anciens ateliers où elle combattait les insectes avec succès. Elle n'avait ni comptoir, ni caisse, ni livres; elles ne savait ni lire, ni écrire, et répondait par des coups de poing à une lettre, en la regardant comme une insulte. Au demeurant bonne femme, haute en couleur, ayant sur la tête un foulard par-dessus son bonnet, se conciliant par son verbe d'ophicléide l'estime des charretiers qui lui apportaient ses marchandises et avec lesquels ses *castilles* finissaient par une bouteille *de petit blanc*. Elle ne pouvait avoir aucune difficulté avec les cultivateurs qui lui expédiaient ses fruits, ils correspondaient avec de l'argent comptant, seule manière de s'entendre entre eux, et la mère Madou les allait voir pendant la belle saison. Birotteau aperçut cette sauvage marchande au milieu de sacs de noisettes, de marrons et de noix.

— Bonjour, ma chère dame, dit Birotteau d'un air léger.

— *Ta chère*, dit-elle. Hé! mon fils, tu me connais donc pour avoir eu des rapports agréables? Est-ce que nous avons gardé des rois ensemble?

— Je suis parfumeur et de plus adjoint au maire du deuxième arrondissement de Paris; ainsi, comme magistrat et consommateur, j'ai droit à ce que vous preniez un autre ton avec moi.

— Je me marie quand je veux, dit la virago, je ne consomme rien à la mairie et ne fatigue pas les adjoints. Quant à ma pratique, a m'adore, et je *leux* parle à mon idée. S'ils ne sont pas contents, ils vont se faire enfiler *alieurs*.

— Voilà les effets du monopole! se dit Birotteau.

— Popole! c'est mon filleul : il aura fait des sottises; venez-vous pour lui, mon respectable magistrat? dit-elle en adoucissant sa voix.

— Non, j'ai eu l'honneur de vous dire que je venais en qualité de consommateur.

— Eh bien! comment te nommes-tu, mon gars? Je t'ai pas *core* vu venir.

— Avec ce ton-là, vous devez vendre vos noisettes à bon marché? dit Birotteau qui se nomma et donna ses qualités.

— Ah! vous êtes le fameux Birotteau qu'a une belle femme; Et combien en voulez-vous de ces sucrées de noisettes, mon cher amour?

— Six mille pesant.

— C'est tout ce que j'en ai, dit la marchande en parlant comme une flûte enrouée. Mon cher monsieur, vous n'êtes pas dans les fainéants pour marier les filles et les parfumer! Que Dieu vous bénisse, vous avez de l'occupation. Excusez du peu! Vous allez être une fière pratique, et vous serez inscrit dans le cœur de la femme que j'aime le mieux au monde, la chère madame Madou.

— Combien vos noisettes?

— Pour vous, mon bourgeois, vingt-cinq francs le cent, si vous prenez le tout.

— Vingt-cinq francs, dit Birotteau, quinze cents francs! Et il m'en faudra peut-être des cent milliers par an.

— Mais voyez donc la belle marchandise, cueillie sans souliers! dit-elle en plongeant son bras rouge dans un sac d'avelines. Et pas creuse! mon cher monsieur. Pensez donc que les épiciers vendent leurs mendiants vingt-quatre sous la livre, et que sur quatre livres ils mettent plus d'une livre de noisettes *eu* dedans. Faut-il que je perde sur ma marchandise pour vous plaire? Vous êtes gentil, mais vous ne me plaisez pas *core* assez pour ça! S'il vous en faut tant, on pourra faire marché à vingt francs, car faut pas renvoyer un adjoint, ça porterait malheur aux mariés! Tâtez-donc la belle marchandise, et lourde! Il ne faut pas les cinquante à la livre! c'est plein, le ver n'y est pas!

— Allons, envoyez-moi six milliers pour deux mille francs et à quatre-vingt-dix jours, rue du Faubourg-du-Temple, à ma fabrique, demain de grand matin.

— On sera pressé comme une mariée. Eh! bien, adieu, monsieur le maire, sans rancune. Mais si ça vous était égal, dit-elle en suivant Birotteau dans la cour, j'aime mieux vos effets à quarante jours, car je vous fais trop bon marché, je ne peux pas core perdre l'escompte! Avec ça qu'il a le cœur tendre, le père Gigonnet, il nous suce l'âme comme une araignée sirote une mouche.

— Eh! bien, oui, à cinquante jours. Mais nous pèserons par cent livres, afin de ne pas avoir de creuses. Sans cela, rien de fait.

— Ah! le chien, il s'y connaît, dit madame Madou. On ne peut pas lui refaire le poil. C'est ces gueux de la rue des Lombards qui lui ont dit ça! ces gros loups-là s'entendent tous pour dévorer les pauvres *igneaux*.

L'agneau avait cinq pieds de haut et trois pieds de tour, elle ressemblait à une borne habillée en cotonnade à raies et sans ceinture.

Le parfumeur, perdu dans ses combinaisons, méditait en allant le long de la rue Saint-Honoré sur son duel avec l'huile de Macassar, il raisonnait ses étiquettes, la forme de ses bouteilles, calculait la contexture du bouchon, la couleur des affiches. Et l'on di qu'il n'y a pas de poésie dans le commerce ! Newton ne fit pas plus de calculs pour son célèbre binome que Birotteau n'en faisait pour l'*Essence Comagène*, car l'Huile redevint Essence, il allait d'une expression à l'autre sans en connaître la valeur. Toutes les combinaisons se pressaient dans sa tête, et il prenait cette activité dans le vide pour la substantielle action du talent. Dans sa préoccupation, il dépassa la rue des Bourdonnais et fut obligé de revenir sur ses pas en se rappelant son oncle.

Claude-Joseph Pillerault, autrefois marchand quincaillier à l'enseigne de la Cloche-d'Or, était une de ces physionomies belles en ce qu'elles sont : costume et mœurs, intelligence et cœur, langage et pensée, tout s'harmoniait en lui. Seul et unique parent de madame Birotteau, Pillerault avait concentré toutes ses affections sur elle et sur Césarine, après avoir perdu, dans le cours de sa carrière commerciale, sa femme et son fils, puis un enfant adoptif, le fils de sa cuisinière. Ces pertes cruelles l'avaient jeté dans un stoïcisme chrétien, belle doctrine qui animait sa vie et colorait ses derniers jours d'une teinte à la fois chaude et froide comme celle qui dore les couchers du soleil en hiver. Sa tête maigre et creusée, d'un ton sévère, où l'ocre et le bistre étaient harmonieusement fondus, offrait une frappante analogie avec celle que les peintres donnent au Temps ; mais en le vulgarisant, les habitudes de la vie commerciale avaient amoindri chez lui le caractère monumental et rébarbatif exagéré par les peintres, les statuaires et les fondeurs de pendules. De taille moyenne, Pillerault était plutôt trapu que gras, la nature l'avait taillé pour le travail et la longévité, sa carrure accusait une forte charpente, car il était d'un tempérament sec, sans émotion d'épiderme ; mais non pas insensible. Pillerault, peu démonstratif, ainsi que l'indiquaient son attitude calme et sa figure arrêtée, avait une sensibilité tout intérieure, sans phrase ni emphase. Son œil, à prunelle verte mélangée de points noirs, était remarquable par une inaltérable lucidité. Son front, ridé par des lignes droites et jauni par le temps, était petit, serré, dur, couvert par des cheveux d'un gris argenté, tenus courts et comme feutrés. Sa bouche fine annonçait la prudence et non l'avarice. La vivacité de l'œil révélait une vie contenue. Enfin la probité, le sentiment du devoir, une modestie vraie lui faisaient comme une auréole en donnant à sa figure le relief d'une belle santé. Pendant soixante ans, il avait mené la vie dure et sobre d'un travailleur acharné. Son histoire ressemblait à celle de César, moins les circonstances heureuses. Il avait été commis jusqu'à trente-deux ans, ses fonds étaient engagés dans son commerce au moment où César employait ses économies en rentes; enfin, il avait subi le maximum, ses pioches et ses fers avaient été mis en réquisition. Son caractère sage et réservé, sa prévoyance et sa réflexion mathématique avaient agi sur sa *manière de travailler*. La plupart de ses affaires s'étaient conclues sur parole, et il avait rarement eu des difficultés. Observateur comme tous les gens méditatifs, il étudiait les gens en les laissant causer; il refusait alors souvent des marchés avantageux pris par ses voisins, qui plus tard s'en repentaient en se disant que Pillerault flairait les fripons. Il préférait des gains minimes et sûrs à ces coups audacieux qui mettaient en question de grosses sommes. Il tenait les plaques de cheminée, les grils, les chenets grossiers, les chaudrons en fonte et en fer, les houes et les fournitures du paysan. Cette partie assez ingrate exigeait un travail mécanique excessif. Le gain n'était pas en raison du labeur, il y avait peu de bénéfice sur ces matières lourdes, difficiles à remuer, à emmagasiner. Aussi avait-il cloué bien des caisses, fait bien des emballages, déballé, reçu bien des voitures. Aucune fortune n'était ni plus noblement gagnée, ni plus légitime, ni plus honorable que la sienne. Il n'avait jamais surfait, ni jamais couru après les affaires. Dans les derniers jours, on le voyait fumant sa pipe devant sa porte, regardant les passants et voyant travailler ses commis. En 1814, époque à laquelle il se retira, sa fortune consistait d'abord en soixante-dix mille francs qu'il plaça sur le grand livre, et dont il eut cinq mille et quelques cents francs de rente; puis en quarante mille francs payables en cinq ans sans intérêt, le prix de son fonds, vendu à l'un de ses commis. Pendant trente-trois ans, en faisant annuellement pour cent mille francs d'affaires, il avait gagné sept pour cent de cette somme, et sa vie en absorbait cinq. Tel fut son bilan. Ses voisins, peu envieux de cette médiocrité, louaient sa sagesse sans la comprendre. Au coin de la rue de la Monnaie et de la rue Saint-Honoré se trouve le café David, où quelques vieux négociants allaient comme Pillerault prendre leur café le soir. Là, parfois l'adoption du fils de sa cuisinière avait été le sujet de quelques plaisanteries, de celles qu'on adresse à un homme respecté, car il inspirait une estime respectueuse, sans l'avoir cherchée, la sienne lui suffisait. Aussi, quand il perdit ce pauvre jeune homme, y eut-il plus de deux cents personnes au convoi, qui allèrent jusqu'au cimetière. En ce temps, il fut héroïque. Sa douleur contenue comme celle de tous les hommes forts sans faste, augmenta la sympathie du quartier pour ce *brave homme,* mot prononcé pour Pillerault avec un accent qui en étendait le sens et l'ennoblissait.

La sobriété de Claude Pillerault, devenue habitude, ne put se plier aux plaisirs d'une vie oisive, quand, au sortir du commerce, il rentra dans ce repos qui affaisse tant le bourgeois parisien ; il continua son genre d'existence et anima sa vieillesse par ses convictions politiques qui, disons-le, étaient celles de l'extrême gauche. Pillerault appartenait à cette partie ouvrière agrégée par la révolution à la bourgeoisie. La seule tache de son caractère était l'importance qu'il attachait à sa conquête : il tenait à ses droits, à la liberté, aux fruits de la révolution ; il croyait son aisance et sa consistance politique compromises par les jésuites dont les libéraux annonçaient le secret pouvoir, menacées par les idées que le *Constitutionnel* prêtait à Monsieur. Il était d'ailleurs conséquent avec sa vie, avec ses idées ; il n'y avait rien d'étroit dans sa politique, il n'injuriait point ses adversaires, il avait peur des courtisans, il croyait aux vertus républicaines : il imaginait Manuel pur de tout excès, le général Foy grand homme, Casimir Périer sans ambition, Lafayette un prophète politique, Courier bon homme. Il avait enfin de nobles chimères. Ce beau vieillard vivait de la vie de famille, il allait chez les Ragon et chez sa nièce, chez le juge Popinot, chez Joseph Lebas et chez les Matifat. Personnellement quinze cents francs faisaient raison de tous ses besoins. Quant au reste de ses revenus, il l'employait à de bonnes œuvres, en présents à sa petite-nièce : il donnait à dîner quatre fois par an à ses amis chez Roland, rue du Hasard, et les menait au spectacle. Il jouait le rôle de ces vieux garçons sur qui les femmes mariées tirent des lettres de change à vue pour leurs fantaisies : une partie de campagne, l'Opéra, les Montagnes-Beaujon. Pillerault était alors heureux du plaisir qu'il donnait, il jouissait dans le cœur des autres. Après avoir vendu son fonds, il n'avait pas voulu quitter le quartier où étaient ses habitudes, et il avait pris rue des Bourdonnais un petit appartement de trois pièces au quatrième dans une vieille maison.

De même que les mœurs de Molineux se peignaient dans son

étrange mobilier, de même la vie pure et simple de Pillerault était révélée par les dispositions intérieures de son appartement composé d'une antichambre, d'un salon et d'une chambre. Aux dimensions près, c'était la cellule du chartreux. L'antichambre, au carreau rouge et frotté, n'avait qu'une fenêtre ornée de rideaux en percale à bordures rouges, des chaises d'acajou garnies de basane rouge et de clous dorés ; les murs étaient tendus d'un papier vert-olive et décorés du Serment des Américains, du portrait de Bonaparte en premier consul, et de la Bataille d'Austerlitz. Le salon, sans doute arrangé par le tapissier, avait un meuble jaune à rosaces, un tapis, la garniture de cheminée en bronze sans dorures, un devant de cheminée peint, une console avec un vase à fleurs sous verre, une table ronde à tapis sur laquelle était un porte-liqueurs. Le neuf de cette pièce annonçait assez un sacrifice fait aux usages du monde par le vieux quincaillier qui recevait rarement. Dans sa chambre, simple comme celle d'un religieux ou d'un vieux soldat, les deux hommes qui apprécient le mieux la vie, un crucifix à bénitier placé dans son alcôve frappait les regards. Cette profession de foi chez un républicain stoïque émouvait profondément. Une vieille femme venait faire son ménage, mais son respect pour les femmes était si grand qu'il ne lui laissait pas cirer ses souliers, nettoyés par abonnement avec un décrotteur. Son costume était simple et invariable. Il portait habituellement une redingote et un pantalon de drap bleu, un gilet de rouennerie, une cravate blanche, et des souliers très-couverts ; les jours fériés, il mettait un habit à boutons de métal. Ses habitudes pour son lever, son déjeuner, ses sorties, son dîner, ses soirées et son retour au logis étaient marquées au coin de la plus stricte exactitude, car la régularité des mœurs fait la longue vie et la santé. Il n'était jamais question de politique entre César, les Ragon, l'abbé Loraux et lui, car les gens de cette société se connaissaient trop pour en venir à des attaques sur le terrain du prosélytisme. Comme son neveu et comme les Ragon, il avait une grande confiance en Roguin. Pour lui, le notaire de Paris était toujours un être vénérable, une image vivante de la probité. Dans l'affaire des terrains, Pillerault s'était livré à un contre-examen qui motivait la hardiesse avec laquelle César avait combattu les pressentiments de sa femme.

Le parfumeur monta les soixante-dix-huit marches qui menaient à la petite porte brune de l'appartement de son oncle, en pensant que ce vieillard devait être bien vert pour toujours les monter sans se plaindre. Il trouva la redingote et le pantalon étendus sur le porte-manteau placé à l'extérieur ; madame Vaillant les brossait et frottait pendant que ce vrai philosophe enveloppé dans une redingote en molleton gris déjeunait au coin de son feu, en lisant les débats parlementaires dans le *Constitutionnel* ou *Journal du Commerce*.

— Mon oncle, dit César, l'affaire est conclue, on va dresser les actes. Si vous aviez cependant quelques craintes ou des regrets, il est encore temps de rompre.

— Pourquoi romprai-je? l'affaire est bonne, mais longue à réaliser, comme toutes les affaires sûres. Mes cinquante mille francs sont à la Banque, j'ai touché hier les derniers cinq mille francs de mon fonds. Quant aux Ragon ils y mettent toute leur fortune.

— Eh ! bien, comment vivent-ils ?

— Enfin, sois tranquille, ils vivent.

— Mon oncle, je vous entends, dit Birotteau vivement ému et serrant les mains du vieillard austère.

— Comment se fera l'affaire? dit brusquement Pillerault.

— J'y serai pour trois huitièmes, vous et les Ragon pour un huitième ; je vous créditerai sur mes livres jusqu'à ce qu'on ait décidé la question des actes notariés.

— Bon ! Mon garçon, tu es donc bien riche, pour jeter là trois cent mille francs ? Il me semble que tu hasardes beaucoup en dehors de ton commerce, n'en souffrira-t-il pas ? Enfin cela te regarde. Si tu éprouvais un échec, voilà les rentes à quatre-vingts, je pourrais vendre deux mille francs de mes consolidés. Prends-y garde, mon garçon : si tu avais recours à moi, ce serait la fortune de ta fille à laquelle tu toucherais là.

— Mon oncle, comme vous dites simplement les plus belles choses ! vous me remuez le cœur.

— Le général Foy me le remuait bien autrement tout-à-l'heure ! Enfin, va, conclus : les terrains ne s'envoleront pas, ils seront à nous pour moitié ; quand il faudrait attendre six ans, nous aurons toujours quelques intérêts, il y a des chantiers qui donnent des loyers, on ne peut donc rien perdre. Il n'y a qu'une chance, encore est-elle impossible, Roguin n'emportera pas nos fonds...

— Ma femme me le disait pourtant cette nuit, elle craint.

— Roguin emporter nos fonds, dit Pillerault en riant, et pourquoi?

— Il a, dit-elle, trop de sentiment dans le nez, et, comme tous les hommes qui ne peuvent pas avoir de femmes, il est enragé pour...

Après avoir laissé échapper un sourire d'incrédulité, Pillerault alla déchirer d'un livret un petit papier, écrivit la somme, et signa.

— Tiens, voilà sur la Banque un bon de cent mille francs pour Ragon et pour moi. Ces pauvres gens ont pourtant vendu à ton mauvais drôle de du Tillet leurs quinze actions dans les mines de Wortschin pour compléter la somme. De braves gens dans la peine, cela serre le cœur. Et des gens si dignes, si nobles, la fleur de la vieille bourgeoisie enfin ! Leur frère Popinot le juge n'en sait rien, ils se cachent de lui pour ne pas l'empêcher de se livrer à sa bienfaisance. Des gens qui ont travaillé, comme moi, pendant trente ans.

— Dieu veuille donc que l'Huile Comagène réussisse, s'écria Birotteau, j'en serai doublement heureux. Adieu, mon oncle, vous viendrez dîner dimanche avec les Ragon, Roguin et monsieur Claparon, car nous signerons tous après-demain, c'est demain vendredi, je ne veux faire d'af...

— Tu donnes donc dans ces superstitions-là?

— Mon oncle, je ne croirai jamais que le jour où le fils de Dieu fut mis à mort par les hommes est un jour heureux. On interrompt bien toutes les affaires pour le 21 janvier.

— A dimanche, dit brusquement Pillerault.

— Sans ses opinions politiques, se dit Birotteau en redescendant l'escalier, je ne sais pas s'il aurait son pareil ici-bas, mon oncle. Qu'est-ce que lui fait la politique? il serait si bien en n'y songeant pas du tout. Son entêtement prouve qu'il n'y a pas d'homme parfait.

— Déjà trois heures, dit César en entrant chez lui.

— Monsieur, vous prenez ces valeurs-là? lui demanda Célestin en montrant les broches du marchand de parapluies.

— Oui, à six, sans commission. — Ma femme, apprête tout pour ma toilette, je vais chez monsieur Vauquelin, tu sais pourquoi. Une cravate blanche surtout.

Birotteau donna quelques ordres à ses commis, il ne vit pas Popinot, devina que son futur associé s'habillait, et remonta promptement dans sa chambre où il trouva la Vierge de Dresde magnifiquement encadrée, selon ses ordres.

— Eh! bien, c'est gentil, dit-il à sa fille.

— Mais, papa, dis donc que c'est beau, sans quoi l'on se moquerait de toi.

— Voyez-vous cette fille qui gronde son père. Eh! bien, pour mon goût j'aime autant Héro et Léandre. La Vierge est un sujet religieux qui peut aller dans une chapelle; mais Héro et Léandre, ah! je l'achèterai, car le flacon d'huile m'a donné des idées...

— Mais, papa, je ne te comprends pas.

— Virginie, un fiacre, cria César d'une voix retentissante quand il eut fait sa barbe et que le timide Popinot parut en traînant le pied à cause de Césarine.

L'amoureux ne s'était pas encore aperçu que son infirmité n'existait plus pour sa maîtresse. Délicieuse preuve d'amour que les gens à qui le hasard inflige un vice corporel quelconque peuvent seuls recueillir.

— Monsieur, dit-il, la presse pourra manœuvrer demain.

— Eh! bien, qu'as-tu, Popinot? demanda César en voyant rougir Anselme.

— Monsieur, c'est le bonheur d'avoir trouvé une boutique, arrière-boutique, cuisine et des chambres au-dessus et des magasins pour douze cents francs par an, rue des Cinq-Diamants.

— Il faut obtenir un bail de dix-huit ans, dit Birotteau. Mais allons chez monsieur Vauquelin, nous causerons en route.

César et Popinot montèrent en fiacre aux yeux des commis étonnés de ces exorbitantes toilettes et d'une voiture anormale, ignorants qu'ils étaient des grandes choses méditées par le maître de la Reine des Roses.

— Nous allons donc savoir la vérité sur les noisettes, se dit le parfumeur.

— Des noisettes? dit Popinot.

— Tu as mon secret, Popinot, dit le parfumeur, j'ai lâché le mot *noisette*, tout est là. L'huile de noisette est la seule qui ait de l'action sur les cheveux, aucune maison de parfumerie n'y a pensé. En voyant la gravure d'Héro et de Léandre, je me suis dit : Si les anciens usaient tant d'huile pour leurs cheveux, ils avaient une raison quelconque, car les anciens sont les anciens! malgré les prétentions modernes, je suis de l'avis de Boileau sur les anciens. Je suis parti de là pour arriver à l'huile de noisette, grâce au petit Bianchon, l'élève en médecine, ton parent; il m'a dit qu'à l'école ses camarades employaient l'huile de noisette pour activer la croissance de leurs moustaches et favoris. Il ne nous manque plus que la sanction de l'illustre monsieur Vauquelin. Éclairés par lui, nous ne tromperons pas le public. Tout à l'heure j'étais à la Halle, chez une marchande de noisettes, pour avoir la matière première, dans un instant, je serai chez l'un des plus grands savants de France pour en tirer la quintessence. Les proverbes ne sont pas sots, les extrêmes se touchent. Vois, mon garçon! le commerce est l'intermédiaire des productions végétales et de la science. Angélique Madou récolte, monsieur Vauquelin extrait, et nous vendons une essence. Les noisettes valent cinq sous la livre, monsieur Vauquelin va centupler leur valeur, et nous rendrons service peut-être à l'humanité, car si la vanité cause de grands tourments à l'homme, un bon cosmétique est alors un bienfait.

La religieuse admiration avec laquelle Popinot écoutait le père de sa Césarine stimula l'éloquence de Birotteau, qui se permit les phrases les plus sauvages qu'un bourgeois puisse inventer.

— Sois respectueux, Anselme, dit-il en entrant dans la rue où demeurait Vauquelin, nous allons pénétrer dans le sanctuaire de la science. Mets la Vierge en évidence, sans affectation, dans la salle à manger, sur une chaise. Pourvu que je ne m'entortille pas dans ce que je veux dire, s'écria naïvement Birotteau. Popinot, cet homme me fait une impression chimique, sa voix me chauffe les entrailles et me cause même une légère colique. Il est mon bienfaiteur, et dans quelques instants, Anselme, il sera le tien.

Ces paroles donnèrent froid à Popinot, qui posa ses pieds comme s'il eût marché sur des œufs, et regarda d'un air inquiet les murailles. Monsieur Vauquelin était dans son cabinet, on lui annonça Birotteau. L'académicien savait le parfumeur adjoint au maire et très en faveur, il le reçut.

— Vous ne m'oubliez donc pas dans vos grandeurs, dit le savant, mais de chimiste à parfumeur, il n'y a que la main.

— Hélas! monsieur, de votre génie à la simplicité d'un bon homme comme moi, il y a l'immensité. Je vous dois ce que vous appelez mes grandeurs, et ne l'oublierai ni dans ce monde, ni dans l'autre.

— Oh! dans l'autre, dit-on, nous serons tous égaux, les rois et les savetiers.

— C'est-à-dire les rois et les savetiers qui se seront saintement conduits, dit Birotteau.

— C'est votre fils, dit Vauquelin en regardant le petit Popinot hébété de ne rien voir d'extraordinaire dans le cabinet où il croyait trouver des monstruosités, de gigantesques machines, des métaux volants, des substances animées.

— Non, monsieur, mais un jeune homme que j'aime et qui vient implorer une bonté égale à votre talent; n'est-elle pas infinie, dit-il d'un air fin. Nous venons vous consulter une seconde fois, à seize ans de distance, sur une matière importante, et sur laquelle je suis ignorant comme un parfumeur.

— Voyons, qu'est-ce?

— Je sais que les cheveux occupent vos veilles, et que vous vous livrez à leur analyse! pendant que vous y pensiez pour la gloire, j'y pensais pour le commerce.

— Cher monsieur Birotteau, que voulez-vous de moi? l'analyse des cheveux? Il prit un petit papier. Je vais lire à l'Académie des sciences un mémoire sur ce sujet. Les cheveux sont formés d'une quantité assez grande de mucus, d'une petite quantité d'huile blanche, de beaucoup d'huile noir-verdâtre, de fer, de quelques atomes d'oxyde de manganèse, de phosphate de chaux, d'une très-petite quantité de carbonate de chaux, de silice et de beaucoup de soufre. Les différentes proportions de ces matières font les différentes couleurs des cheveux. Ainsi les rouges ont beaucoup plus d'huile noir-verdâtre que les autres.

César et Popinot ouvraient des yeux d'une grandeur risible.

— Neuf choses, s'écria Birotteau. Comment! il se trouve dans un cheveu des métaux et des huiles? il faut que ce soit vous, un homme que je vénère, qui me le dise pour que le croie. Est-ce extraordinaire? Dieu est grand, monsieur Vauquelin.

— Le cheveu est produit par un organe folliculaire, reprit le grand chimiste, une espèce de poche ouverte à ses deux extrémités; par l'une elle tient à des nerfs et à des vaisseaux, par l'autre sort le cheveu. Selon quelques-uns de nos savants confrères, et parmi eux monsieur de Blainville, le cheveu serait une partie morte expulsée de cette poche ou crypte que remplit une matière pulpeuse.

— C'est comme qui dirait de la sueur en bâton, s'écria Popinot à qui le parfumeur donna un petit coup de pied dans le talon.

Vauquelin sourit à l'idée de Popinot.

— Il a des moyens, n'est-ce pas? dit alors César en regardant Popinot. Mais, monsieur, si les cheveux sont mort-nés, il est impossible de les faire vivre, nous sommes perdus! le prospectus est absurde; vous ne savez pas comme le public est drôle, on ne peut pas venir lui dire...

— Qu'il a un fumier sur la tête, dit Popinot voulant encore faire rire Vauquelin.

— Des catacombes aériennes, lui répondit le chimiste en continuant la plaisanterie.

— Et mes noisettes qui sont achetées, s'écria Birotteau sensible à la perte commerciale. Mais pourquoi vend-on des...?

— Rassurez-vous, dit Vauquelin en souriant, je vois qu'il s'agit de quelque secret pour empêcher les cheveux de tomber ou de blanchir. Écoutez, voilà mon opinion sur la matière après tous mes travaux.

Popinot dressa les oreilles comme un lièvre effrayé.

— La décoloration de cette substance morte ou vive est, selon moi, produite par l'interruption de la sécrétion des matières colorantes, ce qui expliquerait comment dans les climats froids le poil des animaux à belles fourrures pâlit et blanchit pendant l'hiver.

— Hem? Popinot.

— Il est évident, reprit Vauquelin, que l'altération des chevelures est due à des changements subits dans la température ambiante...

— Ambiante, Popinot! retiens, retiens, cria César.

— Oui, dit Vauquelin, au froid et au chaud alternatifs, ou à des phénomènes intérieurs qui produisent le même effet. Ainsi probablement les migraines et les affections céphalalgiques absorbent, dissipent ou déplacent les fluides générateurs. L'intérieur regarde les médecins. Quant à l'extérieur, arrivent vos cosmétiques.

— Eh! bien, monsieur, dit Birotteau, vous me rendez la vie. J'ai songé à vendre de l'huile de noisette, en pensant que les anciens faisaient usage d'huile pour leurs cheveux, et les anciens sont les anciens, je suis de l'avis de Boileau. Pourquoi les athlètes oignaient-ils...

— L'huile d'olive vaut l'huile de noisette, dit Vauquelin qui n'écoutait pas Birotteau. Toute huile est bonne pour préserver le bulbe des impressions nuisibles aux substances qu'il contient en travail, nous dirions en dissolution, s'il s'agissait de chimie. Peut-être avez-vous raison? l'huile de noisette possède, m'a dit Dupuytren, un stimulant. Je chercherai à connaître les différences qui existent entre les huiles de faîne, de colza, d'olive, de noix, etc.

— Je ne me suis donc pas trompé, dit Birotteau triomphalement, je me suis rencontré avec un grand homme. Macassar est enfoncé! Macassar, monsieur, est un cosmétique donné, c'est-à-dire vendu et vendu cher, pour faire pousser les cheveux.

— Cher monsieur Birotteau, dit Vauquelin, il n'est pas venu deux onces d'huile de Macassar en Europe. L'huile de Macassar n'a pas la moindre action sur les cheveux, mais les Malaises l'achètent au poids de l'or à cause de son influence conservatrice sur les cheveux, sans savoir que l'huile de baleine est tout aussi bonne. Aucune puissance ni chimique ni divine...

— Oh! divine... ne dites pas cela, monsieur Vauquelin.

— Mais, cher monsieur, la première loi que Dieu suive est d'être conséquent avec lui-même : sans unité, pas de puissance...

— Ah, vu comme ça...

— Aucune puissance ne peut donc faire pousser de cheveux à des chauves, de même que vous ne teindrez jamais sans danger les cheveux rouges ou blancs; mais en vantant l'emploi de l'huile, vous ne commettrez aucune erreur, aucun mensonge, et je pense que ceux qui s'en serviront pourront conserver leurs cheveux.

— Croyez-vous que l'Académie royale des sciences voudrait approuver....

— Oh! il n'y a pas là la moindre découverte, dit Vauquelin. D'ailleurs, les charlatans ont tant abusé du nom de l'Académie que vous n'en seriez pas plus avancé. Ma conscience se refuse à regarder l'huile de noisette comme un prodige.

— Quelle serait la meilleure manière de l'extraire? par la décoction ou par la pression? dit Birotteau.

— Par la pression entre deux plaques chaudes, l'huile sera plus abondante; mais obtenue par la pression entre deux plaques froides, elle sera de meilleure qualité. Il faut l'appliquer, dit Vauquelin avec bonté, sur la peau même et non s'en frotter les cheveux, autrement l'effet serait manqué.

— Retiens bien ceci, Popinot, dit Birotteau dans un enthousiasme qui lui enflammait le visage. Vous voyez, monsieur, un jeune homme qui comptera ce jour parmi les plus beaux de sa vie. Il vous connaissait, vous vénérait, sans vous avoir vu. Ah! il est souvent question de vous chez moi, le nom qui est toujours dans les cœurs arrive souvent sur les lèvres. Nous prions, ma femme, ma fille et moi, pour vous, tous les jours, comme on le doit pour son bienfaiteur.

— C'est trop pour si peu, dit Vauquelin gêné par la verbeuse reconnaissance du parfumeur.

— Ta, ta, ta! fit Birotteau, vous ne pouvez pas nous empêcher de vous aimer, vous qui n'acceptez rien de moi. Vous êtes comme le soleil, vous jetez la lumière, et ceux que vous éclairez ne peuvent rien vous rendre.

Le savant sourit et se leva, le parfumeur et Popinot se levèrent aussi.

— Regarde, Anselme, regarde bien ce cabinet. Vous permettez, monsieur? vos moments sont si précieux, il ne reviendra peut-être plus ici.

— Eh! bien, êtes-vous content des affaires! dit Vauquelin à Birotteau, car enfin nous sommes deux gens de commerce...

— Assez bien, monsieur, dit Birotteau se retirant vers la salle à manger où le suivit Vauquelin. Mais pour lancer cette huile sous le nom d'Essence Comagène, il faut de grands fonds...

— Essence et Comagène sont deux mots qui hurlent. Appelez votre cosmétique Huile de Birotteau. Si vous ne voulez pas mettre votre nom en évidence, prenez-en un autre. Mais voilà la Vierge de Dresde. Ah! monsieur Birotteau, vous voulez que nous nous quittions brouillés.

— Monsieur Vauquelin, dit le parfumeur en prenant les mains du chimiste, cette rareté n'a de prix que par la persistance que j'ai mise à la chercher, il a fallu faire fouiller toute l'Allemagne pour la trouver sur papier de Chine et avant la lettre, je savais que vous la désiriez, vos occupations ne vous permettaient pas de vous la procurer, je me suis fait votre commis-voyageur; agréez donc, non une méchante gravure, mais des soins, une sollicitude, des pas et démarches qui prouvent un dévouement absolu. J'aurais voulu que vous souhaitassiez quelques substances qu'il fallût aller chercher au fond des précipices, et venir vous dire : Les voilà! Ne me refusez pas. Nous avons tant de chances pour être oubliés, laissez-moi me mettre moi, ma femme, ma fille et le gendre que j'aurai, tous sous vos yeux. Vous vous direz en voyant la Vierge : Il y a de bonnes gens qui pensent à moi.

— J'accepte, dit Vauquelin.

Popinot et Birotteau s'essuyèrent les yeux, tant ils furent émus de l'accent de bonté que mit l'académicien à ce mot.

— Voulez-vous combler votre bonté? dit le parfumeur.

— Qu'est-ce? fit Vauquelin.

— Je réunis quelques amis... Il se souleva sur les talons, en prenant néanmoins un air humble... Autant pour célébrer la délivrance du territoire, que pour fêter ma nomination dans l'ordre de la Légion-d'Honneur...

— Ah! dit Vauquelin étonné.

— Peut-être me suis-je rendu digne de cette insigne et royale faveur en siégeant au tribunal consulaire et en combattant pour les Bourbons sur les marches de Saint-Roch au treize vendémiaire, où je fus blessé par Napoléon. Ma femme donne un bal dimanche dans vingt jours, venez-y, monsieur? Faites-nous l'honneur de dîner avec nous ce jour-là. Pour moi, ce sera recevoir deux fois la croix. Je vous écrirai bien à l'avance.

— Eh! bien, oui, dit Vauquelin.

— Mon cœur se gonfle de plaisir, s'écria le parfumeur dans la rue. Il viendra chez moi. J'ai peur d'avoir oublié ce qu'il a dit sur les cheveux, tu t'en souviens, Popinot?

— Oui, monsieur, et dans vingt ans je m'en souviendrais encore.

— Ce grand homme! quel regard et quelle pénétration! dit Birotteau. Ah! il n'en a fait ni une ni deux, du premier coup, il a deviné nos pensées, et nous a donné les moyens d'abattre l'huile de Macassar. Ah! rien ne peut faire pousser les cheveux, Macassar, tu mens! Popinot, nous tenons une fortune. Ainsi, demain, à sept heures, soyons à la fabrique, les noisettes viendront et nous ferons de l'huile, car il a beau dire que toute huile est bonne, nous serions perdus si le public le savait. S'il n'entrait pas dans notre huile un peu de noisette et de parfum, sous quel prétexte pourrions-nous la vendre trois ou quatre francs les quatre onces!

— Vous allez être décoré, monsieur, dit Popinot. Quelle gloire pour...

— Pour le commerce, n'est-ce pas, mon enfant?

L'air triomphant de César Birotteau, sûr d'une fortune, fut remarqué par ses commis qui se firent des signes entre eux, car la course en fiacre, la tenue du caissier et du patron les avaient jetés dans les romans les plus bizarres. Le contentement mutuel de César et d'Anselme trahi par des regards diplomatiquement échangés, le coup d'œil plein d'espérance que Popinot jeta par deux fois à Césarine annonçaient quelque événement grave et confirmaient les conjectures des commis. Dans cette vie occupée et quasi claustrale, les plus petits accidents prenaient l'intérêt que donne un prisonnier à ceux de sa prison. L'attitude de madame César, qui répondait aux regards olympiens de son mari par des airs de doute, accusait une nouvelle entreprise, car en temps ordinaire madame César aurait été contente, elle que les succès du détail rendaient joyeuse. Par extraordinaire, la recette de la journée se montait à six mille francs : on était venu payer quelques mémoires arriérés.

La salle à manger et la cuisine éclairée par une petite cour, et séparée de la salle à manger par un couloir où débouchait l'escalier pratiqué dans un coin de l'arrière-boutique, se trouvaient à l'entresol, où jadis était l'appartement de César et de Constance; aussi la salle à manger où s'était écoulée la lune de miel avait-elle l'air d'un petit salon. Durant le dîner, Raguet, le garçon de confiance, gardait le magasin; mais au dessert les commis redescendaient au magasin, et laissaient César, sa femme et sa fille achever leur dîner au coin du feu. Cette habitude venait des Ragon, chez qui les anciens us et coutumes du commerce, toujours en vigueur, maintenaient entre eux et les commis l'énorme distance qui jadis existait entre les *maîtres* et les *apprentis*. Césarine ou Constance apprêtait alors au parfumeur sa tasse de café qu'il prenait assis dans une bergère au coin du feu. Pendant cette heure César mettait sa femme au fait des petits événements de la journée, il racontait ce qu'il avait vu dans Paris, ce qui se passait au faubourg du Temple, les difficultés de sa fabrication.

— Ma femme, dit-il quand les commis furent descendus, voilà certes une des plus importantes journées de notre vie! Les noisettes achetées, la presse hydraulique prête à manœuvrer demain, l'affaire des terrains conclue. Tiens, serre donc ce bon sur la Banque, dit-il en lui remettant le mandat de Pillerault. La restauration de l'appartement décidée, notre appartement augmenté. Mon Dieu! j'ai vu, Cour Batave, un homme bien singulier! Et il raconta monsieur Molineux.

— Je vois, lui répondit sa femme en l'interrompant au milieu d'une tirade, que tu t'es endetté de deux cent mille francs?

— C'est vrai, ma femme, dit le parfumeur avec une fausse humilité. Comment paierons-nous cela, bon Dieu? car il faut compter pour rien les terrains de la Madeleine destinés à devenir un jour le plus beau quartier de Paris.

— Un jour, César.

— Hélas! dit-il en continuant sa plaisanterie, mes trois huitièmes ne me vaudront un million que dans six ans. Et comment payer deux cent mille francs? reprit César en faisant un geste d'effroi. Eh! bien, nous les paierons cependant avec cela, dit-il en tirant de sa poche une noisette prise chez madame Madou, et précieusement gardée.

Il montra la noisette entre ses deux doigts à Césarine et à Constance. Sa femme ne dit rien, mais Césarine intriguée dit en servant le café à son père : — Ah! ça, papa, tu ris?

Le parfumeur, aussi bien que ses commis, avait surpris pendant le dîner les regards jetés par Popinot à Césarine, il voulut éclaircir ses soupçons.

— Eh! bien, fifille, cette noisette est cause d'une révolution au logis. Il y aura, dès ce soir, quelqu'un de moins sous notre toit.

Césarine regarda son père en ayant l'air de dire : *Que m'importe!*

— Popinot s'en va.

Quoique César fût un pauvre observateur et qu'il eût préparé sa dernière phrase autant pour tendre un piége à sa fille que pour arriver à sa création de la maison A. POPINOT et COMPAGNIE, sa tendresse paternelle lui fit deviner les sentiments confus qui sortirent du cœur de sa fille, fleurirent en roses rouges sur ses joues, sur son front, et colorèrent ses yeux qu'elle baissa. César crut alors à quelques paroles échangées entre Césarine et Popinot. Il n'en était rien : ces deux enfants s'entendaient, comme tous les amants timides, sans s'être dit un mot.

Quelques moralistes pensent que l'amour est la passion la plus involontaire, la plus désintéressée, la moins calculatrice de toutes, excepté toutefois l'amour maternel. Cette opinion comporte une erreur grossière. Si la plupart des hommes ignorent les raisons qui font aimer, toute sympathie physique ou morale n'en est pas moins basée sur des calculs faits par l'esprit, le sentiment ou la brutalité. L'amour est une passion essentiellement égoïste. Qui dit égoïsme, dit profond calcul. Ainsi, pour tout esprit frappé seulement des résultats, il peut sembler, au premier abord, invraisemblable ou singulier de voir une belle fille comme Césarine éprise d'un pauvre enfant boiteux et à cheveux rouges. Néanmoins, ce phénomène est en harmonie avec l'arithmétique des sentiments bourgeois. L'expliquer sera rendre compte des mariages toujours observés avec une constante surprise et qui se font entre de grandes, de belles femmes et de petits hommes, entre de petites, de laides créatures et de beaux garçons. Tout homme atteint d'un défaut de conformation quelconque, les pieds-bots, la claudication, les diverses gibbosités, l'excessive laideur, les taches de vin répandues sur la joue, les feuilles de vigne, l'infirmité de Roguin et autres monstruosités indépendantes de la volonté des fondateurs, n'a que deux partis à prendre : ou se rendre redoutable ou devenir d'une exquise bonté ; il ne lui est pas permis de flotter entre les moyens termes habituels à la plupart des hommes. Dans le premier cas, il y a talent, génie ou force : un homme n'inspire la terreur que par la puissance du mal, le respect que par le génie, la peur que par beaucoup d'esprit. Dans le second cas, il se fait adorer, il se prête admirablement aux tyrannies féminines, et sait mieux aimer que n'aiment les gens d'une irréprochable corporence.

Elevé par des gens vertueux, par les Ragon, modèles de la plus honorable bourgeoisie, et par son oncle le juge Popinot, Anselme avait été conduit, et par sa candeur et par ses sentiments religieux, à racheter son léger vice corporel par la perfection de son caractère. Frappés de cette tendance qui rend la jeunesse si attrayante, Constance et César avaient souvent fait l'éloge d'Anselme devant Césarine ; mesquins d'ailleurs, ils étaient grands par l'âme et comprenaient bien les choses du cœur. Ces éloges trouvèrent de l'écho chez une jeune fille qui, malgré son innocence, lut dans les yeux si purs d'Anselme un sentiment violent, toujours flatteur, quels que soient l'âge, le rang et la tournure de l'amant. Le petit Popinot devait avoir beaucoup plus de raison qu'un bel homme d'aimer une femme. Si la femme était belle, il en serait fou jusqu'à son dernier jour, son amour lui donnerait de l'ambition, il se tuerait pour rendre sa femme heureuse, il la laisserait maîtresse au logis, il irait au-devant de la domination. Ainsi pensait Césarine involontairement et pas aussi cruement, elle entrevoyait à vol d'oiseau les moissons de l'amour et raisonnait par comparaison : le bonheur de sa mère était devant ses yeux, elle ne souhaitait pas d'autre vie, son instinct lui montrait dans Anselme un autre César perfectionné par l'éducation, comme elle l'était par la sienne : elle rêvait Popinot maire d'un arrondissement, et se plaisait à se peindre quêtant un jour à sa paroisse comme sa mère à Saint-Roch. Elle avait fini par ne plus s'apercevoir de la différence qui distinguait la jambe gauche de la jambe droite chez Popinot, elle eût été capable de dire : Mais boîte-t-il ? Elle aimait cette prunelle si limpide, et s'était plu à voir l'effet que produisait son regard sur ces yeux qui brillaient aussitôt d'un feu pudique et se baissaient mélancoliquement. Le premier clerc de Roguin, doué de cette précoce expérience due à l'habitude des affaires, Alexandre Crottat, avait un air moitié cynique, moitié bonnasse qui révoltait Césarine, déjà révoltée par les lieux communs de sa conversation. Le silence de Popinot trahissait un esprit doux, elle aimait le sourire à demi mélancolique que lui inspiraient d'insignifiantes vulgarités ; les niaiseries qui le faisaient sourire excitaient toujours quelque répulsion chez elle, ils souriaient ou se contristaient ensemble. Cette supériorité n'empêchait pas Anselme de se précipiter à l'ouvrage, et son infatigable ardeur plaisait à Césarine, car elle devinait que si les autres commis disaient : « Césarine épousera le premier clerc de monsieur Roguin, » Anselme pauvre, boiteux et à cheveux roux, ne désespérait pas d'obtenir sa main. Une grande espérance prouve un grand amour.

— Où va-t-il? demanda Césarine à son père en essayant de prendre un air indifférent.

— Il s'établit rue des Cinq-Diamants ! et ma foi ! à la grâce de Dieu, dit Birotteau dont l'exclamation ne fut comprise ni par sa femme, ni par sa fille.

Quand Birotteau rencontrait une difficulté morale, il faisait comme les insectes devant un obstacle, il se jetait à gauche ou à droite ; il changea donc de conversation en se promettant de causer de Césarine avec sa femme.

— J'ai raconté tes craintes et tes idées sur Roguin à ton oncle, il s'est mis à rire, dit-il à Constance.

— Tu ne dois jamais révéler ce que nous nous disons entre nous, s'écria Constance. Ce pauvre Roguin est peut-être le plus honnête homme du monde, il a cinquante-huit ans et ne pense plus sans doute...

Elle s'arrêta court en voyant Césarine attentive, et la montra par un coup d'œil à César.

— J'ai donc bien fait de conclure, dit Birotteau.

— Mais tu es le maître, répondit-elle.

César prit sa femme par les mains et la baisa au front. Cette réponse était toujours chez elle un consentement tacite aux progrès de son mari.

— Allons, s'écria le parfumeur en descendant à son magasin et parlant à ses commis, la boutique se fermera à dix heures. Messieurs, un coup de main ! Il s'agit de transporter pendant la nuit tous les meubles du premier au second ! Il faut mettre, comme on dit, les petits pots dans les grands, afin de laisser demain à mon architecte les coudées franches.

— Popinot est sorti sans permission, dit César en ne le voyant pas. Eh ! mais, il ne couche pas ici, je l'oubliais. Il est allé, pensa-t-il, ou rédiger les idées de monsieur Vauquelin, ou louer sa boutique.

— Nous connaissons la cause de ce déménagement, dit Célestin en parlant au nom des deux autres commis et de Raguet, groupés derrière lui. Nous sera-t-il permis de féliciter monsieur sur un honneur qui rejaillit sur toute la boutique... Popinot nous a dit que monsieur...

— Hé ! bien, mes enfants, que voulez-vous ! on m'a décoré. Aussi non-seulement à cause de la délivrance du territoire, mais encore pour fêter ma promotion dans la Légion-d'Honneur, réunissons-nous nos amis. Je me suis peut-être rendu digne de cette insigne et royale faveur en siégeant au tribunal consulaire et en combattant pour la cause royale que j'ai défendue... à votre âge, sur les marches de Saint-Roch, au treize vendémiaire ; et, ma foi, Napoléon, dit l'empereur, m'a blessé ! J'ai été blessé à la cuisse encore, et madame Ragon m'a pansé. Ayez du courage, vous serez récompensés ! Voilà, mes enfants, comme un malheur n'est jamais perdu.

— On ne se battra plus dans les rues, dit Célestin.

— Il faut l'espérer, dit César, qui partit de là pour faire une mercuriale à ses commis, et il la termina par une invitation.

La perspective d'un bal anima les trois commis, Raguet et Virginie d'une ardeur qui leur donna la dextérité des équilibristes. Tous allaient et venaient chargés par les escaliers sans rien casser ni rien renverser. A deux heures du matin, le déménagement était opéré. César et sa femme couchèrent au second étage. La chambre de Popinot devint celle de Célestin et du second commis. Le troisième étage fut un garde-meuble provisoire.

Possédé de cette magnétique ardeur que produit l'affluence du fluide nerveux et qui fait du diaphragme un brasier chez les gens ambitieux ou amoureux agités par des grands desseins, Popinot si doux et si tranquille avait piaffé comme un cheval de race avant la course, dans la boutique, au sortir de table.

— Qu'as-tu donc ? lui dit Célestin.

— Quelle journée ! mon cher, je m'établis, lui dit-il à l'oreille, et monsieur César est décoré.

— Vous êtes bien heureux, le patron vous aide, s'écria Célestin.

Popinot ne répondit pas, il disparut poussé comme par un vent furieux, le vent du succès !

— Oh ! heureux, dit à son voisin qui vérifiait des étiquettes un commis occupé à mettre des gants par douzaines, le patron s'est aperçu des yeux que Popinot fait à mademoiselle Césarine, et comme il est très-fin, le patron, il se débarrasse d'Anselme ; il serait difficile de le refuser, rapport à ses parents. Célestin prend cette rouerie pour de la générosité.

Anselme Popinot descendait la rue Saint-Honoré et courait rue des Deux-Écus, pour s'emparer d'un jeune homme que sa *seconde vue* commerciale lui désignait comme le principal instrument de sa fortune. Le juge Popinot avait rendu service au plus habile commis-voyageur de Paris, à celui que sa triomphante loquèle et son activité firent plus tard surnommer l'*illustre*. Voué spécialement à la Chapellerie et à l'*Article Paris*, ce roi des voyageurs se nommait encore purement et simplement Gaudissart. A vingt-deux ans, il se signalait déjà par la puissance de son magnétisme commercial. Alors fluet, l'œil joyeux, le visage expressif, une mémoire infatigable, le coup d'œil habile à saisir les goûts de chacun, il méritait d'être ce qu'il fut depuis, le roi des commis-voyageurs, le *Français* par excellence. Quelques jours auparavant, Popinot avait rencontré Gaudissart qui s'était dit sur le point de partir; l'espoir de le trouver encore à Paris venait donc de lancer l'amoureux sur la rue des Deux-Écus, où il apprit que le voyageur avait retenu sa place aux Messageries. Pour faire ses adieux à sa chère capitale, Gaudissart était allé voir une pièce nouvelle au Vaudeville : Popinot résolut de l'attendre. Confier le placement de l'huile de noisette à ce précieux metteur en œuvre des inventions marchandes, déjà choyé par les plus riches maisons, n'était-ce pas tirer une lettre de change sur la fortune. Popinot possédait Gaudissart. Le commis-voyageur, si savant dans l'art d'entortiller les gens les plus rebelles, les petits marchands de province, s'était laissé entortiller dans la première conspiration tramée contre les Bourbons après les Cent-Jours. Gaudissart, à qui le grand air était indispensable, se vit en prison sous le poids d'une accusation capitale. Le juge Popinot, chargé de l'instruction, avait mis Gaudissart hors de cause en reconnaissant que son imprudente sottise l'avait seule compromis dans cette affaire. Avec un juge désireux de plaire au pouvoir ou d'un royalisme exalté, le malheureux commis allait à l'échafaud. Gaudissart, qui croyait devoir la vie au juge d'instruction, nourrissait un profond désespoir de ne pouvoir porter à son sauveur qu'une stérile reconnaissance. Ne devant pas remercier un juge d'avoir rendu la justice, il était allé chez les Ragon se déclarer homme-lige des Popinot.

En attendant, Popinot alla naturellement revoir sa boutique de la rue des Cinq-Diamants, demander l'adresse du propriétaire, afin de traiter du bail. En errant dans le dédale obscur de la grande Halle, en pensant aux moyens d'organiser un rapide succès, Popinot saisit, rue Aubry-le-Boucher, une occasion unique et de bon augure avec laquelle il comptait régaler César le lendemain. En faction à la porte de l'hôtel du Commerce, au bout de la rue des Deux-Écus, vers minuit, Popinot entendit, dans le lointain de la rue de Grenelle, un vaudeville final chanté par Gaudissart, avec accompagnement de canne significativement traînée sur les pavés.

— Monsieur, dit Anselme en débouchant de la porte et se montrant soudain, deux mots?

— Onze, si vous voulez, dit le commis-voyageur en levant sa canne plombée sur l'agresseur.

— Je suis Popinot, dit le pauvre Anselme.

— Suffit, dit Gaudissart en le reconnaissant. Que vous faut-il? de l'argent? absent par congé, mais on en trouvera. Mon bras pour un duel? tout à vous, des pieds à l'occiput. Et il chanta :

Voilà, voilà
Le vrai soldat français!

— Venez causer avec moi dix minutes, non pas dans votre chambre, on pourrait nous écouter, mais sur le quai de l'Horloge, à cette heure il n'y a personne, dit Popinot, il s'agit de quelque chose de plus important.

— Ça chauffe donc, marchons!

En dix minutes, Gaudissart, maître des secrets de Popinot, en avait reconnu l'importance.

Paraissez, parfumeurs, coiffeurs et débitants!

s'écria Gaudissart en singeant Lafon dans le rôle du Cid. Je vais empaumer tous les boutiquiers de France et de Navarre. Oh! une idée! J'allais partir, je reste, et vais prendre les commissions de la parfumerie parisienne.

— Et pourquoi?

— Pour étrangler vos rivaux, innocent! En ayant leurs commissions, je puis faire boire de l'huile à leurs perfides cosmétiques, en ne parlant et ne m'occupant que de la vôtre. Un fameux tour de voyageur! Ah! ah! nous sommes les diplomates du commerce. Fameux! Quant à votre prospectus, je m'en charge. J'ai pour ami d'enfance Andoche Finot, le fils du chapelier de la rue du Coq, le vieux qui m'a lancé dans le voyage pour la Chapellerie. Andoche, qui a beaucoup d'esprit, il a pris celui de toutes les têtes que coiffait son père, il est dans la littérature, il fait les petits théâtres au *Courrier des Spectacles.* Son père, vieux chien plein de raisons pour ne pas aimer l'esprit, ne croit pas à l'esprit : impossible de lui prouver que l'esprit se vend, qu'on fait fortune dans l'esprit. En fait d'esprit, il ne connaît que le trois-six. Le vieux Finot prend le petit Finot par famine. Andoche, homme capable, mon ami d'ailleurs, et je ne fraye avec les sots que commercialement, Finot fait des devises pour le Fidèle Berger qui paie, tandis que les journaux où il se donne un mal de galérien le nourrissent de couleuvres. Sont-ils jaloux dans cette partie-là! C'est comme dans l'*article Paris.* Finot avait une superbe comédie en un acte pour mademoiselle Mars, la plus fameuse des fameuses, ah! en voilà une que j'aime! Eh! bien, pour se voir jouer, il a été forcé de la porter à la Gaîté. Andoche connaît le Prospectus, il entre dans les idées du marchand, il n'est pas fier, il limousinera notre prospectus *gratis.* Mon Dieu, avec un bol de punch et des gâteaux on les régalera, car, Popinot, pas de farces : je voyagerai sans commission ni frais, vos concurrents paieront, je les dindonnerai. Entendons-nous bien. Pour moi, ce succès est une affaire d'honneur. Ma récompense est d'être garçon de noces à votre mariage! J'irai en Italie, en Allemagne, en Angleterre! J'emporte avec moi des affiches en toutes les langues, les fais apposer partout, dans les villages, à la porte des églises, à tous les bons endroits que je connais dans les villes de province! Elle brillera, elle s'allumera, cette huile, elle sera sur toutes les têtes. Ah! votre mariage ne sera pas un mariage en détrempe, mais un mariage à la barigoule! Vous aurez votre Césarine ou je ne m'appellerai pas l'ILLUSTRE! nom que m'a donné le père Finot, pour avoir fait réussir ses chapeaux gris. En vendant votre huile, je reste dans ma partie, la tête humaine; l'huile et le chapeau sont connus pour conserver la chevelure publique.

Popinot revint chez sa tante, où il devait aller coucher, dans une telle fièvre, causée par sa prévision du succès, que les rues lui semblaient être des ruisseaux d'huile. Il dormit peu, rêva que ses cheveux poussaient follement, et vit deux anges qui lui déroulaient, comme dans les mélodrames, une rubrique où était écrit : *Huile Césarienne*. Il se réveilla, se souvenant de ce rêve, et résolut de nommer ainsi l'huile de noisette, en considérant cette fantaisie du sommeil comme un ordre céleste.

César et Popinot furent dans leur atelier au faubourg du Temple, bien avant l'arrivée des noisettes; en attendant les porteurs de madame Madou, Popinot raconta triomphalement son traité d'alliance avec Gaudissart.

— Nous avons l'illustre Gaudissart, nous sommes millionnaires, s'écria le parfumeur en tendant la main à son caissier de l'air que dut prendre Louis XIV en accueillant le maréchal de Villars au retour de Denain.

— Nous avons bien autre chose encore, dit l'heureux commis en sortant de sa poche une bouteille à forme écrasée en façon de citrouille et à côtes; j'ai trouvé dix mille flacons semblables à ce modèle, tout fabriqués, tout prêts, à quatre sous et six mois de terme.

— Anselme, dit Birotteau contemplant la forme mirifique du flacon, hier (il prit un ton grave), dans les Tuileries, oui, pas plus tard qu'hier, tu disais : Je réussirai. Moi, je dis aujourd'hui : Tu réussiras! Quatre sous! six mois de terme! une forme originale! Macassar branle dans le manche, quelle botte portée à l'huile de

Macassar! Ai-je bien fait de m'emparer des seules noisettes qui soient à Paris! où donc as-tu trouvé ces flacons?

— J'attendais l'heure de parler à Gaudissart et je flânais...

— Comme moi jadis, s'écria Birotteau.

— En descendant la rue Aubry-le-Boucher j'aperçois chez un verrier en gr un marchand de verres bombés et de cages, qui a des magasins immenses, j'aperçois ce flacon... Ah! il m'a crevé les yeux comme une lumière subite, une voix m'a crié : Voilà ton affaire!

— Né commerçant! Il aura ma fille, dit César en grommelant.

— J'entre, et je vois des milliers de ces flacons dans des caisses.

— Tu t'en informes?

— Vous ne me croyez pas si *gniolle*, s'écria douloureusement Anselme.

— Né commerçant, répéta Birotteau.

— Je demande des cages à mettre des petits Jésus de cire. Tout en marchandant les cages, je blâme la forme de ces flacons. Conduit à une confession générale, mon marchand avoue de fil en aiguille que Faille et Bouchot, qui ont manqué dernièrement, allaient entreprendre un cosmétique et voulaient des flacons de forme étrange; il se méfiait d'eux, il exige moitié comptant; Faille et Bouchot dans l'espoir de réussir lâchent l'argent, la faillite éclate pendant la fabrication; les syndics, sommés de payer, venaient de transiger avec lui en laissant les flacons et l'argent touché, comme indemnité d'une fabrication prétendue ridicule et sans placement possible. Les flacons coûtent huit sous, il serait heureux de les donner à quatre, Dieu sait combien de temps il aurait en magasin une forme qui n'est pas de vente. — Voulez-vous vous engager à en fournir par dix mille à quatre sous? je puis vous débarrasser de vos flacons, je suis commis chez monsieur Birotteau. Et je l'entame, et je le mène, et je domine mon homme, et je le chauffe, et il est à nous.

— Quatre sous, dit Birotteau. Sais-tu que nous pouvons mettre l'huile à trois francs et gagner trente sous en en laissant vingt à nos détaillants?

— L'huile Césarienne, cria Popinot.

— L'huile Césarienne?... ah! monsieur l'amoureux, vous voulez flatter le père et la fille. Eh! bien soit, va pour l'huile Césarienne! les Césars avaient le monde, ils devaient avoir de fameux cheveux.

— César était chauve, dit Popinot.

— Parce qu'il ne s'est pas servi de notre huile, on le dira! A trois francs l'huile Césarienne, l'huile de Macassar coûte le double. Gaudissart est là, nous aurons cent mille francs dans l'année, car nous imposons toutes les têtes qui se respectent de douze flacons par an, dix-huit francs! Soit dix-huit mille têtes? cent quatre-vingt mille francs. Nous sommes millionnaires.

Les noisettes livrées, Raguet, les ouvriers, Popinot, César en épluchèrent une quantité suffisante, et il y eut avant quatre heures quelques livres d'huile. Popinot alla présenter le produit à Vauquelin, qui fit présent à Popinot d'une formule pour mêler l'essence de noisette à des corps oléagineux moins chers et la parfumer. Popinot se mit aussitôt en instance pour obtenir un brevet d'invention et de perfectionnement. Le dévoué Gaudissart prêta l'argent pour le droit fiscal à Popinot qui avait l'ambition de payer sa moitié dans les frais d'établissement.

La prospérité porte avec elle une ivresse à laquelle les hommes inférieurs ne résistent jamais. Cette exaltation eut un résultat facile à prévoir. Grindot vint, il présenta le croquis colorié d'une délicieuse vue intérieure du futur appartement orné de ses meubles. Birotteau séduit consentit à tout. Aussitôt les maçons donnèrent les coups de pic qui firent gémir la maison et Constance. Son peintre en bâtiments, monsieur Lourdois, un fort riche entrepreneur qui s'engageait à ne rien négliger, parlait de dorures pour le salon. En entendant ce mot, Constance intervint.

— Monsieur Lourdois, dit-elle, vous avez trente mille livres de rente, vous habitez une maison à vous, vous pouvez y faire ce que vous voulez; mais nous autres...

— Madame, le commerce doit briller et ne pas se laisser écraser par l'aristocratie. Voilà d'ailleurs monsieur Birotteau dans le gouvernement, il est en évidence...

— Oui, mais il est encore en boutique, dit Constance devant ses commis et les cinq personnes qui l'écoutaient; ni moi, ni lui, ni ses amis, ni ses ennemis ne l'oublieront.

Birotteau se souleva sur la pointe des pieds en retombant sur ses talons à plusieurs reprises, les mains croisées derrière lui.

— Ma femme a raison, dit-il. Nous serons modestes dans la

prospérité. D'ailleurs, tant qu'un homme est dans le commerce, il doit être sage en ses dépenses, réservé dans son luxe, la loi lui en fait une obligation, il ne doit pas se livrer *à des dépenses excessives*. Si l'agrandissement de mon local et sa décoration dépassaient les bornes, il serait imprudent à moi de les excéder, vous-même vous me blâmeriez, Lourdois. Le quartier a les yeux sur moi, les gens qui réussissent ont des jaloux, des envieux ! Ah ! vous saurez cela bientôt, jeune homme, dit-il à Grindot; s'ils nous calomnient, ne leur donnez pas au moins lieu de médire.

— Ni la calomnie, ni la médisance ne peuvent vous atteindre, dit Lourdois, vous êtes dans une position hors ligne et vous avez une si grande habitude du commerce que vous savez raisonner vos entreprises, vous êtes *un malin*.

— C'est vrai, j'ai quelque expérience des affaires; vous savez pourquoi notre agrandissement? Si je mets un fort dédit relativement à l'exactitude, c'est que...

— Non.

— Hé ! bien, ma femme et moi nous réunissons quelques amis autant pour célébrer la délivrance du territoire que pour fêter ma promotion dans l'ordre de la Légion-d'Honneur.

— Comment, comment ! dit Lourdois, ils vous ont donné la croix?

— Oui; peut-être me suis-je rendu digne de cette insigne et royale faveur en siégeant au tribunal consulaire, et en combattant pour la cause royale au treize vendémiaire, à Saint-Roch, où je fus blessé par Napoléon. Venez avec votre femme et votre demoiselle...

— Enchanté de l'honneur que vous daignez me faire, dit le libéral Lourdois. Mais vous êtes un farceur, papa Birotteau; vous voulez être sûr que je ne vous manquerai pas de parole, et voilà pourquoi vous m'invitez. Eh ! bien, je prendrai mes plus habiles ouvriers, nous ferons un feu d'enfer pour sécher les peintures; nous avons des procédés dessiccatifs, car il ne faut pas danser dans un brouillard exhalé par le plâtre. On vernira pour ôter toute odeur.

Trois jours après, le commerce du quartier était en émoi par l'annonce du bal que préparait Birotteau. Chacun pouvait d'ailleurs voir les étais extérieurs nécessités par le changement rapide de l'escalier, les tuyaux carrés en bois par où tombaient les décombres dans des tombereaux qui stationnaient. Les ouvriers pressés qui travaillaient aux flambeaux, car il y eut des ouvriers de jour et des ouvriers de nuit, faisaient arrêter les oisifs, les curieux dans la rue, et les commérages s'appuyaient sur ces préparatifs pour annoncer d'énormes somptuosités.

Le dimanche indiqué pour la conclusion de l'affaire, monsieur et madame Ragon, l'oncle Pillerault, vinrent sur les quatre heures, après vêpres. Vu les démolitions, disait César, il ne put inviter ce jour-là que Charles Claparon, Crottat et Roguin. Le notaire apporta le *Journal des Débats*, où monsieur de La Billardière avait fait insérer l'article suivant :

« *Nous apprenons que la délivrance du territoire sera*
» *fêtée avec enthousiasme dans toute la France, mais à*
» *Paris les membres du corps municipal ont senti que le*
» *moment était venu de rendre à la capitale cette splen-*
» *deur qui, par un sentiment de convenance, avait cessé*
» *pendant l'occupation étrangère. Chacun des maires et*
» *des adjoints se propose de donner un bal : l'hiver pro-*
» *met donc d'être très-brillant ; ce mouvement national*
» *sera suivi. Parmi toutes les fêtes qui se préparent, il est*
» *beaucoup question du bal de monsieur Birotteau, nommé*
» *chevalier de la Légion-d'Honneur, et si connu par son*
» *dévouement à la cause royale. Monsieur Birotteau,*
» *blessé à l'affaire de Saint-Roch, au treize vendémiaire,*
» *et l'un des juges consulaires les plus estimés, a double-*
» *ment mérité cette faveur.* »

— Comme on écrit bien aujourd'hui, s'écria César. L'on parle de nous dans le journal, dit-il à Pillerault.

— Eh ! bien, après, lui répondit son oncle à qui le *Journal des Débats* était particulièrement antipathique.

— Cet article nous fera peut-être vendre de la Pâte des Sultanes et de l'Eau Carminative, dit tout bas madame César à madame Ragon sans partager l'ivresse de son mari.

Madame Ragon, grande femme sèche et ridée, au nez pincé, aux lèvres minces, avait un faux air d'une marquise de l'ancienne cour. Le tour de ses yeux était attendri sur une assez grande circonférence, comme ceux des vieilles femmes qui ont éprouvé des chagrins. Sa contenance sévère et digne, quoique affable, imprimait le respect. Elle avait d'ailleurs en elle ce je ne sais quoi d'étrange qui saisit sans exciter le rire, et que sa mise, ses façons expliquaient : elle portait des mitaines, elle marchait en tout temps avec une ombrelle à canne, semblable à celle dont se servait la reine Marie-Antoinette à Trianon ; sa robe, dont la couleur favorite était ce brun-pâle nommé feuille morte, s'étalait aux hanches par des plis inimitables, et dont les douairières d'autrefois ont emporté le secret. Elle conservait la mantille noire garnie de dentelles noires à grandes mailles carrées ; ses bonnets, de forme antique, avaient des agréments qui rappelaient les déchiquetures des vieux cadres sculptés à jour. Elle prenait du tabac avec cette exquise propreté et en faisant ces gestes dont peuvent se souvenir les jeunes gens qui ont eu le bonheur de voir leurs grand'tantes et leurs grand'mères remettre solennellement des boîtes d'or auprès d'elles sur une table, en secouant les grains de tabac égarés sur leur fichu.

Le sieur Ragon était un petit homme de cinq pieds au plus, à figure de casse-noisette, où l'on ne voyait que des yeux, deux pommettes aiguës, un nez et un menton ; sans dents, mangeant la moitié de ses mots, d'une conversation pluviale, galant, prétentieux et souriant toujours du sourire qu'il prenait pour recevoir les belles dames que différents hasards amenaient jadis à la porte de sa boutique. La poudre dessinait sur son crâne une neigeuse demi-lune bien ratissée, flanquée de deux ailerons, que séparait une petite queue serrée par un ruban. Il portait l'habit bleu-barbeau, le gilet blanc, la culotte et les bas de soie, des souliers à boucles d'or, des gants de soie noire. Le trait le plus saillant de son caractère était d'aller par les rues tenant son chapeau à la main. Il avait l'air d'un messager de la chambre des pairs, d'un huissier du cabinet du roi, d'un de ces gens qui sont placés auprès d'un pouvoir quelconque de manière à recevoir son reflet tout en restant fort peu de chose.

— Eh ! bien, Birotteau, dit-il d'un air magistral, te repens-tu, mon garçon, de nous avoir écoutés dans ce temps-là ? Avons-nous jamais douté de la reconnaissance de nos bien-aimés souverains ?

— Vous devez être bien heureuse, ma chère petite, dit madame Ragon à madame Birotteau.

— Mais oui, répondit la belle parfumeuse toujours sous le charme de cette ombrelle à canne, de ces bonnets à papillon, des

Le sieur Ragon était un petit homme de cinq pieds au plus, à figure de casse-noisette..... et souriant toujours.

(CÉSAR BIROTTEAU.)

manches justes et du grand fichu *à la Julie* que portait madame Ragon.

— Césarine est charmante. Venez ici, la belle enfant, dit madame Ragon de sa voix de tête et d'un air protecteur.

— Ferons-nous les affaires avant le dîner? dit l'oncle Pillerault.

— Nous attendons monsieur Claparon, dit Roguin, je l'ai laissé s'habillant.

— Monsieur Roguin, dit César, vous l'avez bien prévenu que nous dînions dans un *méchant* petit entresol...

— Il le trouvait superbe il y a seize ans, dit Constance en murmurant.

— Au milieu des décombres et parmi les ouvriers.

— Bah! vous allez voir un bon enfant qui n'est pas difficile, dit Roguin.

— J'ai mis Raguet en faction dans la boutique, on ne passe plus par notre porte; vous avez vu tout démoli, dit César au notaire.

— Pourquoi n'avez-vous pas amené votre neveu? dit Pillerault à madame Ragon.

— Le verrons-nous? demanda Césarine.

— Non, mon cœur, dit madame Ragon. Anselme travaille, le cher enfant, à se tuer. Cette rue sans air et sans soleil, cette puante rue des Cinq-Diamants m'effraie; le ruisseau est toujours bleu, vert ou noir. J'ai peur qu'il y périsse. Mais quand les jeunes gens ont quelque chose en tête! dit-elle à Césarine en faisant un geste qui expliquait le mot *tête* par le mot *cœur*.

— Il a donc passé son bail, demanda César.

— D'hier et par-devant notaire, reprit Ragon. Il a obtenu dix-huit ans, mais on exige six mois d'avance.

— Eh! bien, monsieur Ragon, êtes-vous content de moi? fit le parfumeur. Je lui ai donné là le secret d'une découverte..... enfin!

— Nous vous savons par cœur, César, dit le petit Ragon en prenant les mains de César et les lui pressant avec une religieuse amitié.

Roguin n'était pas sans inquiétude sur l'entrée en scène de Claparon, dont les mœurs et le ton pouvaient effrayer de vertueux bourgeois : il jugea donc nécessaire de préparer les esprits.

— Vous allez voir, dit-il à Ragon, à Pillerault et aux dames, un original qui cache ses moyens sous un mauvais ton effrayant; car, d'une position très-inférieure, il s'est fait jour par ses idées. Il prendra sans doute les belles manières à force de voir les banquiers. Vous le rencontrerez peut-être sur le boulevard ou dans un café, godaillant, débraillé, jouant au billard : il a l'air du plus grand flandrin... Eh! bien, non ; il étudie, et pense alors à remuer l'industrie par de nouvelles conceptions.

— Je comprends cela, dit Birotteau ; j'ai trouvé mes meilleures idées en flânant, n'est-ce pas, ma biche?

— Claparon, reprit Roguin, regagne alors pendant la nuit le temps employé à chercher, à combiner des affaires pendant le jour. Tous ces gens à grand talent ont une vie bizarre, inexplicable. Eh! bien, à travers ce décousu, j'en suis témoin, il arrive à son but : il a fini par faire céder tous nos propriétaires, ils ne voulaient pas, ils se doutaient de quelque chose, il les a mystifiés, il les a lassés, il est allé les voir tous les jours, et nous sommes, pour le coup, les maîtres du terrain.

Un singulier *broum! broum!* particulier aux buveurs de petits verres d'eau-de-vie et de liqueurs fortes annonça le personnage le plus bizarre de cette histoire, et l'arbitre visible des destinées futures de César. Le parfumeur se précipita dans le petit escalier obscur, autant pour dire à Raguet de fermer la boutique que pour faire à Claparon ses excuses de le recevoir dans la salle à manger.

— Comment donc! mais on est très-bien là pour *chiquer les lég...* pour chiffrer, veux-je dire, les affaires.

Malgré les habiles préparations de Roguin, monsieur et madame Ragon, ces bourgeois de bon ton, l'observateur Pillerault, Césarine et sa mère furent d'abord assez désagréablement affectés par ce prétendu banquier de la haute volée.

A l'âge de vingt-huit ans environ, cet ancien commis-voyageur ne possédait pas un cheveu sur la tête, et portait une perruque frisée en tire-bouchons. Cette coiffure exige une fraîcheur de vierge, une transparence lactée, les plus charmantes grâces féminines; elle faisait donc ressortir ignoblement un visage bourgeonné, brun rouge, échauffé comme celui d'un conducteur de diligence, et dont les rides prématurées exprimaient par les grimaces de leurs plis profonds et plaqués une vie libertine dont les malheurs étaient encore attestés par le mauvais état des dents et les points noirs semés dans une peau rugueuse. Claparon avait l'air d'un comédien de province qui sait tous les rôles, fait la parade, sur la joue duquel le rouge ne tient plus, éreinté par ses fatigues, les lèvres pâteuses, la langue toujours alerte, même pendant l'ivresse, le regard sans pudeur, enfin compromettant par ses gestes. Cette figure, allumée par la joyeuse flamberie du punch, démentait la gravité des affaires. Aussi fallut-il à Claparon de longues études mimiques avant de parvenir à se composer un maintien en harmonie avec son importance postiche. Du Tillet avait assisté à la toilette de Claparon, comme un directeur de spectacle inquiet du début de son principal acteur, car il tremblait que les habitudes grossières de cette vie insoucieuse ne vinssent à éclater à la surface du banquier. — Parle le moins possible, lui avait-il dit. Jamais un banquier ne bavarde : il agit, pense, médite, écoute et pèse. Ainsi, pour avoir bien l'air d'un banquier, ne dis rien, ou dis des choses insignifiantes. Éteins ton œil égrillard et rends-le grave, au risque de le rendre bête. En politique, sois pour le gouvernement, et jette-toi dans les généralités, comme : *Le budget est lourd. Il n'y a pas de transactions possibles entre les partis. Les libéraux sont dangereux. Les Bourbons doivent éviter tout conflit. Le libéralisme est le manteau d'intérêts coalisés. Les Bourbons nous ménagent une ère de prospérité, soutenons-les, si nous ne les aimons pas. La France a fait assez d'expériences politiques,* etc. Ne te vautre pas sur toutes les tables, songe que tu as à conserver la dignité d'un millionnaire. Ne renifle pas ton tabac comme fait un invalide ; joue avec ta tabatière, regarde souvent à tes pieds ou au plafond avant de répondre, enfin donne-toi l'air profond. Surtout défais-toi de ta malheureuse habitude de toucher à tout. Dans le monde, un banquier doit paraître las de toucher. Ah çà ! tu passes les nuits, les chiffres te rendent brute, il faut rassembler tant d'éléments pour lancer une affaire ! tant d'études ! Surtout dis beaucoup de mal des affaires. Les affaires sont lourdes, pesantes, difficiles, épineuses. Ne sors pas de là et ne spécifie rien. Ne va pas à table chanter tes farces de Béranger, et ne bois pas trop. Si tu te grises, tu perds ton avenir. Roguin te surveillera ; tu vas te trouver avec des gens moraux, des bourgeois vertueux, ne les effraie pas en lâchant quelques-uns de tes principes d'estaminet.

Cette mercuriale avait produit sur l'esprit de Charles Claparon un effet pareil à celui que produisaient sur sa personne ses habits neufs. Ce joyeux sans-souci, l'ami de tout le monde, habitué à des vêtements débraillés, commodes, et dans lesquels son corps n'était pas plus gêné que son esprit dans son langage, maintenu dans des habits neufs que le tailleur avait fait attendre et qu'il essayait, roide comme un piquet, inquiet de ses mouvements comme de ses phrases, retirant sa main imprudemment avancée sur un flacon ou sur une boîte, de même qu'il s'arrêtait au milieu d'une phrase, se signala donc par un désaccord risible à l'observation de Pillerault. Sa figure rouge, sa perruque à tire-bouchons égrillards démentaient sa tenue, comme ses pensées combattaient ses dires. Mais les bons bourgeois finirent par prendre ces continuelles dissonances pour de la préoccupation.

— Il a tant d'affaires, disait Roguin.

— Les affaires lui donnent peu d'éducation, dit madame Ragon à Césarine.

Monsieur Roguin entendit le mot et se mit un doigt sur les lèvres.

— Il est riche, habile et d'une excessive probité, dit-il en se baissant vers madame Ragon.

— On peut lui passer quelque chose en faveur de ces qualités-là, dit Pillerault à Ragon.

— Lisons les actes avant le dîner, dit Roguin, nous sommes seuls.

Madame Ragon, Césarine et Constance laissèrent les contractants, Pillerault, Ragon, César, Roguin et Claparon, écouter la lecture que fit Alexandre Crottat. César signa, au profit d'un client de Roguin, une obligation de quarante mille francs, hypothéqués sur les terrains et les fabriques situés dans le faubourg du Temple ; il remit à Roguin le bon de Pillerault sur la Banque, donna sans reçu les vingt mille francs d'effets de son portefeuille et les cent quarante mille francs de billets à l'ordre de Claparon.

— Je n'ai point de reçu à vous donner, dit Claparon, vous agissez de votre côté chez monsieur Roguin comme nous du nôtre. Nos vendeurs recevront chez lui leur prix en argent, je ne m'engage pas à autre chose qu'à vous faire trouver le complément de votre part avec vos cent quarante mille francs d'effets.

— C'est juste, dit Pillerault.

— Eh! bien, messieurs, rappelons les dames, car il fait froid sans elles, dit Claparon en regardant Roguin comme pour savoir si la plaisanterie n'était pas trop forte.

— Mesdames! Oh! mademoiselle est sans doute votre demoiselle, dit Claparon en se tenant droit et regardant Birotteau, eh! Bien, vous n'êtes pas maladroit. Aucune des roses que vous avez distillées ne peut lui être comparée, et peut-être est-ce parce que vous avez distillé des roses que...

— Ma foi, dit Roguin en interrompant, j'avoue ma faim.

— Eh! bien, dînons, dit Birotteau.

— Nous allons dîner par-devant notaire, dit Claparon en se rengorgeant.

— Vous faites beaucoup d'affaires, dit Pillerault en se mettant à table auprès de Claparon avec intention.

— Excessivement, par grosses, répondit le banquier; mais elles sont lourdes, épineuses, il y a les canaux. Oh! les canaux! Vous ne vous figurez pas combien les canaux nous occupent! et cela se comprend. Le gouvernement veut des canaux. Le canal est un besoin qui se fait généralement sentir dans les départements et qui concerne tous les commerces, vous savez! Les fleuves, a dit Pascal, sont des chemins qui marchent. Il faut donc des marchés. Les marchés dépendent de la terrasse, car il y a d'effroyables terrassements, le terrassement regarde la classe pauvre, de là les emprunts qui en définitive sont rendus aux pauvres! Voltaire a dit : *Canaux, canards, canaille!* Mais le gouvernement a ses ingénieurs qui l'éclairent; il est difficile de le mettre dedans, à moins de s'entendre avec eux, car la Chambre!... Oh! monsieur, la Chambre nous donne un mal! elle ne veut pas comprendre la question politique cachée sous la question financière. Il y a mauvaise foi de part et d'autre. Croirez-vous une chose? Les Keller, eh! bien, François Keller est un orateur, il attaque le gouvernement à propos de fonds, à propos de canaux. Rentré chez lui, mon gaillard nous trouve avec nos propositions, elles sont favorables, il faut s'arranger avec ce gouvernement *dito*, tout à l'heure insolemment attaqué. L'intérêt de l'orateur et celui du banquier se choquent, nous sommes entre deux feux! Vous comprenez maintenant comment les affaires deviennent épineuses, il faut satisfaire tant de monde : les commis, les chambres, les antichambres, les ministres...

— Les ministres? dit Pillerault qui voulait absolument pénétrer ce coassocié.

— Oui, monsieur, les ministres.

— Eh! bien, les journaux ont donc raison, dit Pillerault.

— Voilà mon oncle dans la politique, dit Birotteau, monsieur Claparon lui fait bouillir du lait.

— Encore de satanés farceurs, dit Claparon, que ces journaux. Monsieur, les journaux nous embrouillent tout : ils nous servent bien quelquefois, mais ils me font passer de cruelles nuits; j'aimerais mieux les passer autrement; enfin j'ai les yeux perdus à force de lire et de calculer.

— Revenons aux ministres, dit Pillerault espérant des révélations.

— Les ministres ont des exigences purement gouvernementales. Mais qu'est-ce que je mange là, de l'ambroisie? dit Claparon en s'interrompant. Voilà de ces sauces qu'on ne mange que dans les maisons bourgeoises, jamais les gargotiers...

A ce mot, les fleurs du bonnet de madame Ragon sautèrent comme des béliers. Claparon comprit que le mot était ignoble, et voulut se rattraper.

— Dans la haute Banque, dit-il, on appelle *gargotiers* les chefs de cabarets élégants, Véry, les Frères Provençaux. Eh! bien, ni ces infâmes gargotiers ni nos savants cuisiniers ne nous donnent de sauces moelleuses; les uns font de l'eau claire acidulée par le citron, les autres font de la chimie.

Le dîner se passa tout entier en attaques de Pillerault qui cherchait à sonder cet homme et qui ne rencontrait que le vide, il le regarda comme un homme dangereux.

— Tout va bien, dit Roguin à l'oreille de Charles Claparon.

— Ah! je me déshabillerai sans doute ce soir, répondit Claparon qui étouffait.

— Monsieur, lui dit Birotteau, si nous sommes obligés de faire de la salle à manger le salon, c'est que nous réunissons dans dix-huit jours quelques amis autant pour célébrer la délivrance du territoire...

— Bien, monsieur; moi, je suis aussi l'homme du gouvernement. J'appartiens, par mes opinions, au *statu quo* du grand homme qui dirige les destinées de la maison d'Autriche, un fameux gaillard! Conserver pour acquérir, et surtout acquérir pour conserver... Voilà le fond de mes opinions, qui ont l'honneur d'être celles du prince de Metternich.

— Que pour fêter ma promotion dans l'ordre de la Légion-d'Honneur, reprit César.

— Mais, oui, je sais. Qui donc m'a parlé de cela? les Keller ou Nucingen?

Roguin, surpris de tant d'aplomb, fit un geste admiratif.

— Eh! non, c'est à la Chambre.

— A la Chambre, par monsieur de La Billardière, demanda César.

— Précisément.

— Il est charmant, dit César à son oncle.

— Il lâche des phrases, des phrases, dit Pillerault, des phrases où l'on se noie.

— Peut-être me suis-je rendu digne de cette faveur..., reprit Birotteau.

— Par vos travaux en parfumerie, les Bourbons savent récompenser tous les mérites. Ah! tenons-nous-en à ces généreux princes légitimes, à qui nous allons devoir des prospérités inouïes... Car, croyez-le bien, la Restauration sent qu'elle doit jouter avec l'Empire; elle fera des conquêtes en pleine paix, vous verrez des conquêtes !...

— Monsieur nous fera sans doute l'honneur d'assister à notre bal ! dit madame César.

— Pour passer une soirée avec vous, madame, je manquerais à gagner des millions.

— Il est décidément bien bavard, dit César à son oncle.

Tandis que la gloire de la parfumerie, à son déclin, allait jeter ses derniers feux, un astre se levait faiblement à l'horizon commercial. Le petit Popinot posait à cette heure même les fondements de sa fortune, rue des Cinq-Diamants. La rue des Cinq-Diamants, petite rue étroite où les voitures chargées passent à grand'peine, donne rue des Lombards d'un bout, et de l'autre rue Aubry-Boucher, en face la rue Quincampoix, rue illustre du vieux Paris, où l'histoire de France en a tant illustré. Malgré ce désavantage, la réunion des marchands de drogueries la rend précieuse, et, sous ce rapport, Popinot n'avait pas mal choisi; mais sa maison, la seconde du côté de la rue des Lombards, était si sombre que, par certaines journées, il y fallait de la lumière en plein jour. Il avait pris possession, la veille au soir, des lieux les plus noirs et les plus dégoûtants. Son prédécesseur, marchand de mélasse et de sucre brut, avait laissé les stigmates de son commerce sur les murs, dans la cour et dans les magasins. Figurez-vous une grande et spacieuse boutique à grosses portes ferrées, peintes en vert-dragon, à longues bandes de fer apparentes, ornées de clous dont les têtes ressemblaient à des champignons, garnie de grilles treillissées en fil de fer renflées par en bas comme celles des anciens boulangers, enfin dallée en grandes pierres blanches, la plupart cassées, les murs jaunes et nus comme ceux d'un corps-de-garde. Après venaient une arrière-boutique et une cuisine, éclairées sur la cour; enfin, un second magasin en retour qui jadis devait avoir été une écurie. On montait, par un escalier intérieur pratiqué dans l'arrière-boutique, à deux chambres éclairées sur la rue, où Popinot comptait mettre sa caisse, son cabinet et ses livres. Au-dessus des magasins étaient trois chambres étroites adossées au mur mitoyen, ayant vue sur la cour, et où il se proposait de demeurer. Trois chambres délabrées, qui n'avaient d'autre aspect que celui de la cour irrégulière, sombre, entourée de murailles, où l'humidité, par le temps le plus sec, leur donnait l'air d'être fraîchement badigeonnées; une cour, entre les pavés de laquelle il se trouvait une crasse noire et puante laissée par le séjour des mélasses et des sucres bruts. Une seule de ces chambres avait une cheminée, toutes étaient sans papier et carrelées en carreaux. Depuis le matin, Gaudissart et Popinot, aidés par un ouvrier colleur que le commis-voyageur avait déniché, tendaient eux-mêmes un papier à quinze sous dans cette horrible chambre, peinte à la colle par l'ouvrier. Un lit de collégien à couchette de bois rouge, une mauvaise table de nuit, une commode antique, une table, deux fauteuils et six chaises, donnés par le juge Popinot à son neveu, composaient l'ameublement. Gaudissart avait mis sur la cheminée un trumeau garni d'une méchante glace achetée d'occasion. Vers huit heures du soir, assis devant la cheminée où brillait une falourde allumée, les deux amis allaient entamer le reste de leur déjeuner.

— Arrière le gigot froid! ceci ne convient pas à une pendaison de crémaillère, cria Gaudissart.

— Mais, dit Popinot en faisant sonner dans son gousset les vingt francs qu'il gardait pour payer le prospectus, je...

— Je... dit Gaudissart en mettant une pièce de quarante francs sur son œil.

Un coup de marteau retentit alors dans la cour naturellement solitaire et sonore du dimanche, jour où les industriels se dissipent et abandonnent leurs laboratoires.

— Voilà le fidèle de la rue de la Poterie. Moi, reprit l'illustre Gaudissart, *j'ai!* et non pas *je!*

Er effet, un garçon suivi de deux marmitons apporta dans trois mannes un dîner orné de six bouteilles de vin choisies avec discernement.

— Mais comment ferons-nous pour manger tant de choses? dit Popinot.

— Et l'homme de lettres, s'écria Gaudissart. Finot connaît les *pompes* et les vanités, il va venir, enfant naïf! muni d'un prospectus ébouriffant. Le mot est joli, hein? Les prospectus ont toujours soif : il faut arroser les graines si l'on veut des fleurs. Allez, esclaves, dit-il aux marmitons en se drapant, voilà de l'or.

Il leur donna dix sous par un geste digne de Napoléon, son idole.

— Merci, monsieur Gaudissart, répondirent les marmitons plus heureux de la plaisanterie que de l'argent.

— Toi, mon fils, dit-il au garçon qui restait pour servir, il est une portière, elle gît dans les profondeurs d'un antre où parfois elle cuisine, comme jadis Nausicaa faisait la lessive, par pur délassement. Rends-toi près d'elle, implore sa candeur, intéresse-la, jeune homme, à la chaleur de ces plats. Dis-lui qu'elle sera bénie, et surtout respectée, très-respectée par Félix Gaudissart, fils de Jean-François Gaudissart, petit-fils des Gaudissart, vils prolétaires fort anciens, ses aïeux. Marche et fais que tout soit bon, sinon je te flanque un Ut majeur dans ton Saint-Luc!

Un autre coup de marteau retentit.

— Voilà le spirituel Andoche, dit Gaudissart.

Un gros garçon assez joufflu, de taille moyenne et qui, des pieds à la tête, ressemblait au fils d'un chapelier, à traits ronds où la finesse était ensevelie sous un air gourmé, se montra soudain. Sa figure, attristée comme celle d'un homme ennuyé de misère, prit une expression d'hilarité quand il vit la table mise et les bouteilles. Au cri de Gaudissart, son pâle œil bleu pétilla, sa grosse tête creusée par sa figure kalmouque alla de droite à gauche, et il salua Popinot d'une manière étrange, sans servilité ni respect, comme un homme qui ne se sent pas à sa place et ne fait aucune concession. Il commençait alors à reconnaître en lui-même qu'il ne possédait aucun talent littéraire; il pensait à rester dans la littérature en exploiteur, à y monter sur l'épaule des gens spirituels, à y faire des affaires au lieu d'y faire des œuvres mal payées. En ce moment, il avait épuisé l'humilité des démarches et l'humiliation des tentatives; il allait, comme les gens de haute portée financière, se retourner et devenir impertinent par parti pris. Mais il lui fallait une première mise de fonds, Gaudissart la lui avait montrée à toucher dans la mise en scène de l'huile Popinot.

— Vous traiterez pour son compte avec les journaux, mais ne le rouez pas, autrement nous aurions un duel à mort; donnez-lui-en pour son argent!

Popinot regarda l'*auteur* d'un air inquiet ; les gens vraiment commerciaux considèrent un auteur avec un sentiment où il entre de la terreur, de la compassion et de la curiosité. Quoique Popinot eût été bien élevé, les habitudes de ses parents, leurs idées, les soins bêtifiants d'une boutique et d'une caisse avaient modifié son intelligence en la pliant aux us et coutumes de sa profession, phénomène que l'on peut observer en remarquant les métamorphoses subies à dix ans de distance par cent camarades sortis à peu près semblables du collège ou de la pension. Andoche accepta ce saisissement comme une profonde admiration.

— Eh, bien ! avant le dîner, coulons à fond le prospectus, nous pourrons boire sans arrière-pensée, dit Gaudissart. Après le dîner, on lit mal, la langue aussi digère.

— Monsieur, dit Popinot, un prospectus est souvent toute une fortune.

— Et souvent, dit Andoche, la fortune n'est qu'un prospectus.

— Ah! très-joli, dit Gaudissart. Ce farceur d'Andoche a de l'esprit comme les quarante.

— Comme cent, dit Popinot stupéfait de cette idée.

L'impatient Gaudissart prit le manuscrit et lut à haute-voix et avec emphase : HUILE CÉPHALIQUE !

— J'aimerais mieux *Huile C⸺rienne*, dit Popinot.

— Mon ami, dit Gaudissart⸺ ⸺e connais pas les gens de province : il y a une opération ⸺gicale qui porte ce nom-là, et ils sont si bêtes qu'ils croirai⸺ ⸺n huile propre à faciliter les accouchements ; et de là pou⸺ ⸺amener aux cheveux, il y aurait trop de tirage.

— Sans vouloir ⸺dre mon mot, dit l'auteur, je vous ferai observer que *H⸺ ⸺éphalique* veut dire huile pour la tête, et résume vos id⸺

— Voyor ⸺. Popinot impatient.

Voici l⸺ ⸺pectus tel que le commerce le reçoit par milliers encore ⸺rd'hui. (*Autre pièce justificative.*)

MÉDAILLE D'OR A L'EXPOSITION DE 1819.

HUILE
CÉPHALIQUE.

BREVETS D'INVENTION ET DE PERFECTIONNEMENT.

*Nul cosmétique ne peut faire croître les cheveux, de même que nulle préparation chimique ne les teint sans danger pour le siège de l'intelligence. La science a déclaré récemment que les cheveux étaient une substance morte, et que nul agent ne peut les empêcher de tomber ni de blanchir. Pour prévenir la Xérasie et la Calvitie, il suffit de préserver le bulbe d'où ils sortent de toute influence extérieure atmosphérique, et de maintenir à la tête la chaleur qui lui est propre. L'*HUILE CÉPHALIQUE, *basée sur ces principes établis par l'Académie des sciences, produit cet important résultat, auquel se tenaient les anciens, les Romains, les Grecs et les nations du Nord auxquelles la chevelure était précieuse. Des recherches savantes ont démontré que les nobles, qui se distinguaient autrefois à la longueur de leurs cheveux, n'employaient pas d'autre moyen ; seulement leur procédé, habilement retrouvé par A. Popinot, inventeur de* L'HUILE CÉPHALIQUE, *avait été perdu.*

Conserver au lieu de chercher à provoquer une stimu-

tation impossible ou nuisible sur le derme qui contient les bulbes, telle est donc la destination de L'HUILE CÉPHALI-QUE. *En effet, cette huile, qui s'oppose à l'exfoliation des pellicules, qui exhale une odeur suave, et qui, par les substances dont elle est composée, dans lesquelles entre comme principal élément l'essence de noisette, empêche toute action de l'air extérieur sur les têtes, prévient ainsi les rhumes, le coryza, et toutes les affections douloureuses de l'encéphale en lui laissant sa température intérieure. De cette manière, les bulbes qui contiennent les liqueurs génératrices des cheveux ne sont jamais saisies ni par le froid, ni par le chaud. La chevelure, ce produit magnifique, à laquelle hommes et femmes attachent tant de prix, conserve alors, jusque dans l'âge avancé de la personne qui se sert de* L'HUILE CÉPHALIQUE, *ce brillant, cette finesse, ce lustre qui rendent si charmantes les têtes des enfants.*

LA MANIÈRE DE S'EN SERVIR *est jointe à chaque flacon et lui sert d'enveloppe.*

MANIÈRE DE SE SERVIR DE L'HUILE CÉPHALIQUE.

Il est tout à fait inutile d'oindre les cheveux; ce n'est pas seulement un préjugé ridicule, mais encore une habitude gênante, en ce sens que le cosmétique laisse partout sa trace. Il suffit tous les matins de tremper une petite éponge fine dans l'huile, de se faire écarter les cheveux avec le peigne, d'imbiber les cheveux à leur racine de raie en raie, de manière à ce que la peau reçoive une légère couche, après avoir préalablement nettoyé la tête avec la brosse et le peigne.

Cette huile se vend par flacon, portant la signature de l'inventeur pour empêcher toute contrefaçon, et du prix de TROIS FRANCS, *chez* A. POPINOT, *rue des Cinq-Diaments, quartier des Lombards, à Paris.*

ON EST PRIÉ D'ÉCRIRE FRANCO.

Nota. La maison A. Popinot tient également les huiles de la droguerie, comme néroli, huile d'aspic, huile d'amande douce, huile de cacao, huile de café, de ricin et autres.

— Mon cher ami, dit l'illustre Gaudissart à Finot, c'est parfaitement écrit. Saquerlotte, comme nous abordons la haute science! nous ne tortillons pas, nous allons droit au fait. Ah! je vous fais mes sincères compliments, voilà de la littérature utile.

— Le beau prospectus, dit Popinot enthousiasmé.

— Un prospectus dont le premier mot tue Macassar, dit Gaudissart en se levant d'un air magistral pour prononcer les paroles suivantes qu'il scanda par des gestes parlementaires : On—ne—fait pas—pousser les cheveux! On—ne les—teint pas—sans danger! Ah! ah! là est le succès. La science moderne est d'accord avec les habitudes des anciens. On peut s'entendre avec les vieux et avec les jeunes. Vous avez à faire à un vieillard : « Ah! ah! monsieur, les anciens, les Grecs, les Romains avaient raison et ne sont pas aussi bêtes qu'on veut le faire croire! » Vous traitez avec un jeune homme : « Mon cher garçon, encore une découverte due aux progrès des lumières, nous progressons. Que ne doit-on pas attendre de la vapeur, des télégraphes et autres! Cette huile est le résultat d'un rapport de monsieur Vauquelin! » Si nous imprimions un passage du mémoire de monsieur Vauquelin à l'Académie des sciences, confirmant nos assertions, hein! Fameux! Allons, Finot, à table! Chiquons les légumes! Sablons le champagne au succès de notre jeune ami!

— J'ai pensé, dit l'auteur modestement, que l'époque du prospectus léger et badin était passée; nous entrons dans la période de la science, il faut un air doctoral, un ton d'autorité pour s'imposer au public.

— Nous chaufferons cette huile-là, les pieds me démangent et la langue aussi. J'ai les commissions de tous ceux qui font dans les cheveux, aucun ne donne plus de trente pour cent; il faut lâcher quarante pour cent de remise, je réponds de cent mille bouteilles en six mois. J'attaquerai les pharmaciens, les épiciers, les coiffeurs! et en leur donnant quarante pour cent, tous enfarineront leur public.

Les trois jeunes gens mangeaient comme des lions, buvaient comme des Suisses, et se grisaient du futur succès de l'*Huile céphalique*.

— Cette huile porte à la tête, dit Finot en souriant.

Gaudissart épuisa les différentes séries de calembours sur les mots huile, cheveux, tête, etc. Au milieu des rires homériques des trois amis, au dessert, malgré les toasts et les souhaits de bonheur réciproques, un coup de marteau retentit et fut entendu.

— C'est mon oncle ! Il est capable de venir me voir, s'écria Popinot.

— Un oncle? dit Finot, et nous n'avons pas de verre !

— L'oncle de mon ami Popinot est un juge d'instruction, dit Gaudissart à Finot; il ne s'agit pas de le mystifier, il m'a sauvé la vie. Ah ! quand on s'est trouvé dans la passe où j'étais, en face de l'échafaud, où : « Kouik, et adieu les cheveux ! » fit-il en imitant le fatal couteau par un geste, on se souvient du vertueux magistrat auquel on doit d'avoir conservé la rigole par où passe le vin de Champagne ! On s'en souvient ivre-mort. Vous ne savez pas, Finot, si vous n'aurez pas besoin de monsieur Popinot. Saquerlotte, il faut des saluts, et des six à la livre encore.

Le vertueux juge d'instruction demandait en effet son neveu à la portière : en reconnaissant la voix, Anselme descendit un chandelier à la main pour éclairer.

— Je vous salue, messieurs, dit le magistrat.

L'illustre Gaudissart s'inclina profondément; Finot examina le juge d'un œil ivre, et le trouva passablement ganache.

— Il n'y a pas de luxe, dit gravement le juge en regardant la chambre ; mais, mon enfant, pour être quelque chose de grand il faut savoir commencer par n'être rien.

— Quel homme profond, dit Gaudissart à Finot.

— Une pensée d'article, dit le journaliste.

— Ah ! vous voilà, monsieur, dit le juge en reconnaissant le commis-voyageur. Et que faites-vous ici ?

— Monsieur, je veux contribuer de tous mes petits moyens à la fortune de votre cher neveu. Nous venons de méditer sur le prospectus de son huile, et vous voyez en monsieur l'auteur de ce prospectus qui nous paraît un des plus beaux morceaux de cette littérature de perruques. Le juge regarda Finot. — Monsieur, dit Gaudissart, est monsieur Andoche Finot, un des jeunes hommes les plus distingués de la littérature, qui fait dans les journaux du gouvernement la haute politique et les petits théâtres, un ministre en chemin d'être auteur.

Finot tirait Gaudissart par le pan de sa redingote.

— Bien, mes enfants, dit le juge à qui ces paroles expliquèrent l'aspect de la table où se voyaient les restes d'un régal bien excusable. — Mon ami, dit le juge à Popinot, habille-toi, nous irons ce soir chez monsieur Birotteau. Je lui dois une visite. Vous signerez votre acte de société, que j'ai soigneusement examiné. Comme vous aurez la fabrique de votre huile dans les terrains du faubourg du Temple, je pense qu'il doit te faire bail de l'atelier, il peut avoir des représentants, les choses bien en règle évitent des discussions. Ces murs me paraissent humides, Anselme, élève des nattes de paille à l'endroit de ton lit.

— Permettez, monsieur le juge d'instruction, dit Gaudissart avec la patelinerie d'un courtisan, nous avons collé nous-mêmes les papiers aujourd'hui, et... ils... ne sont pas... secs.

— De l'économie! bien, dit le juge.

— Écoutez, dit Gaudissart à l'oreille de Finot, mon ami Popinot est un jeune homme vertueux, il va chez son oncle, allons achever la soirée chez ma tante.

Le journaliste montra la doublure de la poche de son gilet. Popinot vit le geste, il glissa vingt francs à l'auteur de son prospectus. Le juge avait un fiacre au bout de la rue, il emmena son neveu chez Birotteau. Pillerault, monsieur et madame Ragon, Roguin faisaient un boston, et Césarine brodait un fichu, quand le juge Popinot et Anselme se montrèrent. Roguin, le vis-à-vis de madame Ragon, auprès de laquelle se tenait Césarine, remarqua le plaisir de la jeune fille quand elle vit entrer Anselme ; et par un signe il la montra rouge comme une grenade à son premier clerc.

— Ce sera donc la journée aux actes? dit le parfumeur quand après les salutations le juge lui eut dit le motif de sa visite.

César, Anselme et le juge allèrent au second, dans la chambre provisoire du parfumeur, discuter le bail et l'acte de société dressé par le magistrat. Le bail fut consenti pour dix-huit années afin de le faire concorder à celui de la rue des Cinq-Diamants, circonstance minime en apparence, mais qui plus tard servit les intérêts de Birotteau. Quand César et le juge revinrent à l'entresol, le magistrat, étonné du bouleversement général et de la présence des ouvriers un dimanche chez un homme aussi religieux que le parfumeur, en demanda la cause, et le parfumeur l'attendait là.

— Quoique vous ne soyez pas mondain, monsieur, vous ne trouverez pas mauvais que nous célébrions la délivrance du territoire. Ce n'est pas tout ; si je réunis quelques amis, c'est aussi pour fêter ma promotion dans l'ordre de la Légion-d'Honneur.

— Ah! fit le juge qui n'était pas décoré.

— Peut-être me suis-je rendu digne de cette insigne et royale faveur en siégeant au tribunal.. Oh! consulaire. Et en combattant pour les Bourbons sur les marches...

— Oui, dit le juge.

— De Saint-Roch, au treize vendémiaire, où je fus blessé par Napoléon.

— Volontiers, dit le juge. Si ma femme n'est pas souffrante, je l'amènerai.

— Xandrot, dit Roguin sur le pas de la porte à son clerc, ne pense en aucune manière à épouser Césarine, et dans six semaines tu verras que je t'ai donné un bon conseil.

— Pourquoi? dit Crottat.

— Birotteau, mon cher, va dépenser cent mille francs pour son bal, il engage sa fortune dans cette affaire des terrains malgré mes conseils. Dans six semaines ces gens-là n'auront pas de pain. Épouse mademoiselle Lourdois, la fille du peintre en bâtiments, elle a trois cent mille francs de dot, je t'ai ménagé ce pis-aller! Si tu me comptes seulement cent mille francs en achetant ma charge, tu peux l'avoir demain.

Les magnificences du bal que préparait le parfumeur, annoncées par les journaux à l'Europe, étaient bien autrement annoncées dans le commerce par les rumeurs auxquelles donnaient lieu les travaux de jour et de nuit. Ici l'on disait que César avait loué trois maisons, là il faisait dorer ses salons, plus loin le repas devait offrir des plats inventés pour la circonstance; par-là, les négociants, disait-on, n'y seraient pas invités, la fête était donnée pour les gens du gouvernement; par ici, le parfumeur était sévèrement blâmé de son ambition, et l'on se moquait de ses prétentions politiques, on niait sa blessure! Le bal engendrait plus d'une intrigue dans le deuxième arrondissement; les amis étaient tranquilles, mais les exigences des simples connaissances étaient énormes. Toute faveur amène des courtisans. Il y eut bon nombre de gens à qui leur invitation coûta plus d'une démarche. Les Birotteau furent effrayés par le nombre des amis qu'ils ne se connaissaient point. Cet empressement effrayait madame Birotteau, son air devenait chaque jour de plus en plus sombre à l'approche de cette solennité. D'abord, elle avouait à César qu'elle ne saurait jamais quelle contenance tenir, elle s'épouvantait des innombrables détails d'une pareille fête : où trouver l'argenterie, la verrerie, les rafraîchissements, la vaisselle, le service ? Et qui donc surveillerait tout ? Elle priait Birotteau de se mettre à la porte des appartements et de ne laisser entrer que les invités, elle avait entendu raconter d'étranges choses sur les gens qui venaient à des bals bourgeois en se réclamant d'amis qu'ils ne pouvaient nommer. Quand, dix jours auparavant, Braschon, Grindot, Lourdois et Chaffaroux, l'entrepreneur en bâtiment, eurent affirmé que l'appartement serait prêt pour le fameux dimanche du dix-sept décembre, il y eut une conférence risible le soir, après dîner, dans le modeste petit salon de l'entresol, entre César, sa femme et sa fille, pour composer la liste des invités et faire les invitations, que le matin un imprimeur avait envoyées imprimées en belle anglaise, sur papier rose, et suivant la formule du code de la civilité puérile et honnête.

— Ah! çà, n'oublions personne, dit Birotteau.

— Si nous oublions quelqu'un, dit Constance, il ne s'oubliera pas. Madame Derville, qui ne nous avait jamais fait de visite, est débarquée hier au soir en quatre bateaux.

— Elle était bien jolie, dit Césarine, elle m'a plu.

— Cependant avant son mariage elle était encore moins que moi, dit Constance, elle travaillait en linge, rue Montmartre, elle a fait des chemises à ton père.

— Eh! bien, commençons la liste, dit Birotteau, par les gens les plus huppés. Écris, Césarine : Monsieur le duc et madame la duchesse de Lenoncourt...

— Mon Dieu! César, dit Constance, n'envoie donc pas une seule invitation aux personnes que tu ne connais qu'en qualité de fournisseur. Iras-tu inviter la princesse de Blamont-Chauvry, encore plus parente à feu ta marraine, la marquise d'Uxelles, que le duc de Lenoncourt ? Inviterais-tu les deux messieurs de Vandenesse, monsieur de Marsay, monsieur de Ronquerolles, monsieur d'Aiglemont, enfin tes pratiques ? Tu es fou, les grandeurs te tournent la tête.

— Oui, mais monsieur le comte de Fontaine et sa famille. Heim ! celui-là venait sous son nom de GRAND-JACQUES, avec LE GARS, qui était monsieur le marquis de Montauran, et monsieur de La Billardière, qui s'appelait LE NANTAIS, à la Reine des Roses, avant la grande affaire du treize vendémiaire. C'était alors des poignées de main ! mon cher Birotteau, du courage ! faites-vous tuer comme nous pour la bonne cause! Nous sommes d'anciens camarades de conspirations.

— Mets-le, dit Constance; car, si monsieur de La Billardière et son fils viennent, il faut qu'ils trouvent à qui parler.

— Écris, Césarine, dit Birotteau.

Primo, monsieur le préfet de la Seine : il viendra ou ne viendra pas, mais il commande le corps municipal : *à tout seigneur tout honneur!*

Monsieur de La Billardière et son fils, maire. Mets le chiffre des invités au bout.

Mon collègue monsieur Granet, l'adjoint, et sa femme. Elle est bien laide, mais c'est égal, on ne peut pas s'en dispenser!

Monsieur Curel de l'Abranchet, le colonel de la garde nationale, sa femme et ses deux filles. Voilà ce que je nomme les autorités. Viennent les gros bonnets!

Monsieur le comte et madame la comtesse de Fontaine, et leur fille mademoiselle Émilie de Fontaine.

— Une impertinente qui me fait sortir de ma boutique pour lui parler à la portière de sa voiture, quel que soit le temps, dit madame César. Si elle vient, ce sera pour se moquer de nous.

— Alors elle viendra peut-être, dit César, qui voulait absolument du monde. Continue.

— Monsieur le comte et madame la comtesse de Granville, mon propriétaire, la plus fameuse caboche de la Cour royale, dit Derville.

— Ha! çà, monsieur de La Billardière me fait recevoir chevalier demain par monsieur le comte de Lacépède lui-même. Il est convenable que je coule une invitation pour bal et dîner au Grand-Chancelier.

Monsieur Vauquelin. Mets bal et dîner, Césarine. Et, pour ne pas les oublier, tous les Chiffreville et les Protez.

Monsieur et madame Popinot, juge au Tribunal de la Seine.

Monsieur et madame Thirion, huissier du cabinet du roi, les amis des Ragon.

— César, n'oublie pas le petit Horace Bianchon, le neveu de monsieur Popinot et cousin d'Anselme.

— Ah bouiche! Césarine a bien mis un quatre au bout des Popinot.

Monsieur et madame Rabourdin, le chef de bureau de monsieur de La Billardière.

Monsieur Cochin, du même ministère, sa femme et leur fils, les commanditaires des Matifat, et monsieur, madame et mademoiselle Matifat, puisque nous y sommes.

— Les Matifat, dit Césarine, ont fait des démarches pour monsieur et madame Colleville, monsieur et madame Thuilier; leurs amis, et les Saillard.

— Nous verrons, dit César.

Notre agent de change, monsieur et madame Jules Desmarets.

— Ce sera la plus belle du bal, celle-là! dit Césarine; elle me plaît, oh! mais, plus que toute autre.

— Derville et sa femme.

— Mets donc monsieur et madame Coquelin, les successeurs de mon oncle Pillerault, dit Constance. Ils comptent si bien en être que cette pauvre petite femme fait faire par ma couturière une superbe robe de bal : pardessous de satin blanc, robe de tulle brodée en fleurs de chicorée. Encore un peu, elle aurait pris une robe lamée comme pour aller à la cour. Si nous manquions à cela, nous aurions en eux des ennemis acharnés.

— Mets, Césarine; nous devons honorer le commerce, nous en sommes.

Monsieur et madame Roguin.

— Maman, madame Roguin mettra sa rivière, tous ses diamants et sa robe de malines.

— Monsieur et madame Lebas, dit César.

Puis monsieur le président du tribunal de commerce, sa femme et ses deux filles. Je les oubliais dans les autorités.

Monsieur et madame Lourdois et leur fille.

Monsieur Claparon, banquier, monsieur du Tillet, monsieur Grindot, monsieur Molineux, Pillerault et son propriétaire, monsieur et madame Camusot, les riches marchands de soie, avec leurs deux fils, celui de l'École Polytechnique et l'avocat, qui va être nommé juge. Monsieur Cardot et ses enfants. Tiens! et les Guillaume, rue du Colombier, le beau-père de Lebas, deux vieilles gens qui feront tapisserie; Alexandre Crottat, Célestin...

— Papa, n'oubliez pas monsieur Andoche Finot et monsieur Gaudissart, deux jeunes gens qui sont très-utiles à monsieur Anselme.

— Gaudissart? il a été *pris de justice*. Mais c'est égal; il part dans quelques jours et va voyager pour notre huile, mets! Quant au sieur Andoche Finot, que nous est-il?

— Monsieur Anselme dit qu'il deviendra un personnage, il a de l'esprit comme Voltaire.

— Un auteur? tous athées.

— Mettez-le, papa; il n'y a pas déjà tant de danseurs. D'ailleurs le beau prospectus de votre huile est de lui.

— Il croit à notre huile, dit César, mets-le, chère enfant.

— Je mets aussi mes protégés, dit Césarine.

— Mets monsieur Mitral, mon huissier; monsieur Haudry, notre médecin, pour la forme, il ne viendra pas.

— Il viendra faire sa partie, dit Césarine.

— Ha! çà, j'espère, César, que tu inviteras au dîner monsieur l'abbé Loraux?

— Je lui ai déjà écrit, dit César.

— Oh! n'oublions pas la belle-sœur de Lebas, madame Augustine de Sommervieux, dit Césarine. Pauvre petite femme, elle est bien souffrante, elle se meurt de chagrin, nous a dit Lebas.

— Voilà ce que c'est que d'épouser des artistes, s'écria le parfumeur. Regarde donc ta mère qui s'endort, dit-il tout bas à sa fille. Là, là, bien le bonsoir, madame César.

— Hé! bien, dit César à Césarine, et la robe de ta mère?

— Oui, papa, tout sera prêt. Maman croit n'avoir qu'une robe de crêpe de Chine, comme la mienne; la couturière est sûre de ne pas avoir besoin de l'essayer.

— Combien de personnes? dit César à haute voix en voyant sa femme rouvrir ses paupières.

— Cent neuf avec les commis, dit Césarine.

— Où mettrons-nous tout ce monde-là? dit madame Birotteau. Mais enfin, après ce dimanche-là, reprit-elle naïvement, il y aura un lundi.

Rien ne peut se faire simplement chez les gens qui montent d'un étage social à l'autre. Ni madame Birotteau, ni César, ni personne ne pouvait s'introduire sous aucun prétexte au premier étage. César avait promis à Raguet, son garçon de magasin, un habillement neuf pour le jour du bal, s'il faisait bonne garde et s'il exécutait bien sa consigne. Birotteau, comme l'empereur Napoléon à Compiègne lors de la restauration du château pour son mariage avec Marie-Louise d'Autriche, voulait ne rien voir partiellement, il voulait jouir *de la surprise*. Ces deux anciens adversaires se rencontrèrent encore une fois, à leur insu, non sur un champ de bataille, mais sur le terrain de la vanité bourgeoise. Monsieur Grindot devait donc prendre César par la main et lui montrer l'appartement, comme un cicerone montre une galerie à un curieux. Chacun dans la maison avait d'ailleurs inventé *sa surprise*. Césarine, la chère enfant, avait employé tout son petit trésor, cent louis, à acheter des livres à son père. Monsieur Grindot lui avait un matin confié qu'il y aurait deux corps de bibliothèque dans la chambre de son père, laquelle formait cabinet, une surprise d'architecte. Césarine avait jeté toutes ses économies de jeune fille dans le comptoir d'un libraire, pour offrir à son père : Bossuet, Racine, Voltaire, Jean-Jacques Rousseau, Montesquieu, Molière, Buffon, Fénelon, Delille, Bernardin de Saint-Pierre, La Fontaine, Corneille, Pascal, La Harpe, enfin cette bibliothèque vulgaire qui se trouve partout et que son père ne lirait jamais. Il devait y avoir un terrible mémoire de reliure. L'inexact et célèbre artiste Thouvenin avait promis de livrer les volumes le seize à midi. Césarine avait confié son embarras à son oncle Pillerault, et l'oncle s'était chargé du mémoire. La surprise de César à sa femme était une robe de velours cerise garnie de dentelles, dont il venait de parler à sa fille, sa complice. La surprise de madame Birotteau pour le nouveau chevalier consistait en une paire de boucles d'or et un solitaire en épingle. Enfin il y avait pour toute la famille la surprise de l'appartement, laquelle devait être suivie dans la quinzaine de la grande surprise des mémoires à payer.

César pesa mûrement quelles invitations devaient être faites en personne et quelles portées par Raguet, le soir. Il prit un fiacre, y mit sa femme enlaidie d'un chapeau à plumes et du dernier châle donné, le cachemire qu'elle avait désiré pendant quinze ans. Les parfumeurs en grande tenue s'acquittèrent de vingt-deux visites dans une matinée.

César avait fait grâce à sa femme des difficultés que présentait au logis la confection bourgeoise des différents comestibles exigés par la splendeur de la fête. Un traité diplomatique avait eu lieu entre l'illustre Chevet et Birotteau. Chevet fournissait une superbe argenterie, qui rapporte autant qu'une terre par sa location; il fournissait le dîner, les vins, les gens de service commandés par un maître-d'hôtel d'aspect convenable, tous responsables de leurs faits et gestes. Chevet demandait la cuisine et la salle à manger de l'entresol pour y établir son quartier-général, il devait ne pas désemparer pour servir un dîner de vingt personnes à six heures, et à une heure du matin un magnifique ambigu. Birotteau s'était entendu avec le café de Foy pour les glaces frappées en fruit, servies sur de jolies tasses, cuillers en vermeil, plateaux d'argent. Tanrade, autre illustration, fournissait les rafraîchissements.

— Sois tranquille, dit César à sa femme en la voyant un peu trop inquiète l'avant-veille, Chevet, Tanrade et le café de Foy occuperont l'entresol, Virginie gardera le second, la boutique sera bien fermée. Nous n'aurons plus qu'à nous carrer au premier.

Le seize à deux heures, monsieur de La Billardière vint prendre César pour le mener à la Chancellerie de la Légion-d'Honneur, où il devait être reçu chevalier par monsieur le comte de Lacépède avec une dizaine d'autres chevaliers. Le maire trouva le parfumeur les larmes aux yeux : sa femme venait de lui faire la surprise des boucles d'or et du solitaire.

— Il est bien doux d'être aimé ainsi, dit-il en montant en fiacre, en présence de ses commis attroupés, de Césarine et de Constance qui regardaient César en culotte de soie noire, en bas de soie, et le nouvel habit bleu barbeau sur lequel allait briller le ruban qui, selon Molineux, était trempé dans le sang.

Quand César rentra pour dîner, il était pâle de joie, il regardait sa croix dans toutes les glaces, car dans sa première ivresse il ne se contenta pas du ruban, il fut glorieux sans fausse modestie.

— Ma femme, dit-il, monsieur le grand-chancelier est un homme charmant; il a, sur un mot de La Billardière, accepté mon invitation. Il vient avec monsieur Vauquelin. Monsieur de Lacépède est un grand homme, oui, autant que monsieur Vauquelin; il a fait quarante volumes! Mais aussi est-ce un auteur pair de France. N'oublions pas de lui dire : Votre seigneurie, ou Monsieur le comte.

— Mais mange donc, lui dit sa femme. Il est pire qu'un enfant, ton père, dit Constance à Césarine.

— Comme cela fait bien à ta boutonnière, dit Césarine. On te portera les armes, nous sortirons ensemble.

— On me portera les armes partout où il y aura des factionnaires.

En ce moment, Grindot descendit avec Braschon. Après dîner, monsieur, madame et mademoiselle pouvaient jouir du coup d'œil des appartements, le premier garçon de Braschon achevait d'y clouer quelques patères, et trois hommes allumaient les bougies.

— Il faut cent vingt bougies, dit Braschon.

— Un mémoire de deux cents francs chez Trudon, dit madame César dont les plaintes furent arrêtées par un regard du chevalier Birotteau.

— Votre fête sera magnifique, dit Braschon.

César ne comprit pas ce que voulait dire le riche tapissier de la rue Saint-Antoine. Braschon fit onze tentatives inutiles pour être invité, lui, sa femme, sa fille, sa belle-mère et sa tante. Braschon devint l'ennemi de Birotteau. Sur le pas de la porte, il l'appela monsieur le chevalier.

Birotteau se dit en lui-même : — Déjà les flatteurs ! L'abbé Loraux m'a bien engagé à ne pas donner dans leurs piéges et à rester modeste. Je me souviendrai de mon origine.

La répétition générale commença. César, sa femme et Césarine sortirent de la boutique et entrèrent chez eux par la rue. La porte de la maison avait été refaite dans un grand style, à deux vantaux, divisés en panneaux égaux et carrés, au milieu desquels se trouvait un ornement architectural de fonte coulée et peinte. Cette porte, devenue si commune à Paris, était alors dans toute sa nouveauté. Au fond du vestibule, se voyait l'escalier divisé en deux rampes droites entre lesquelles se trouvait ce socle dont s'inquiétait Birotteau, et qui formait une espèce de boîte où l'on pouvait loger une vieille femme. Ce vestibule dallé en marbre blanc et noir, peint en marbre, était éclairé par une lampe antique à quatre becs. L'architecte avait uni la richesse à la simplicité. Un étroit tapis rouge relevait la blancheur des marches de l'escalier en liais poli à la pierre ponce. Un premier palier donnait une entrée à l'entresol. La porte des appartements était dans le genre de celle sur la rue, mais en menuiserie.

— Quelle grâce ? dit Césarine. Et cependant il n'y a rien qui saisisse l'œil.

— Précisément, mademoiselle, la grâce vient des proportions exactes entre les stylobates, les plinthes, les corniches et les ornements ; puis je n'ai rien doré, les couleurs sont sobres et n'offrent point de tons éclatants.

— C'est une science, dit Césarine.

Tous entrèrent alors dans une antichambre de bon goût, parquetée, spacieuse, simplement décorée. Puis venait un salon à trois croisées sur la rue, blanc et rouge, à corniches élégamment profilées, à peintures fines, où rien ne papillotait. Sur une cheminée en marbre blanc à colonnes était une garniture choisie avec goût, elle n'offrait rien de ridicule, et concordait aux autres détails. Là régnait enfin cette suave harmonie que les artistes seuls savent établir en poursuivant un système de décoration jusque dans les plus petits accessoires, et que les bourgeois ignorent, mais qui les surprend. Un lustre à vingt-quatre bougies faisait resplendir les draperies de soie rouge, le parquet avait un air agaçant qui provoqua Césarine à danser. Un boudoir vert et blanc donnait passage dans le cabinet de César.

— J'ai mis là un lit, dit Grindot en dépliant les portes d'une alcôve habillement cachée entre les deux bibliothèques. Vous ou madame vous pouvez être malade, et alors chacun a sa chambre.

— Mais cette bibliothèque garnie de livres reliés. Oh! ma femme! ma femme! dit César.

— Non, ceci est la surprise de Césarine.

— Pardonnez à l'émotion d'un père, dit-il à l'architecte en embrassant sa fille.

— Mais faites, faites donc, monsieur, dit Grindot. Vous êtes chez vous.

Dans ce cabinet dominaient les couleurs brunes, relevées par des agréments verts, car les plus habiles transitions de l'harmonie liaient toutes les pièces de l'appartement l'une à l'autre. Ainsi la couleur qui faisait le fond d'une pièce servait à l'agrément de l'autre, *et vice versa*. La gravure d'Héro et Léandre brillait sur un panneau dans le cabinet de César.

— Toi, tu paieras tout cela, dit gaiement Birotteau.

— Cette belle estampe vous est donnée par monsieur Anselme, dit Césarine.

Anselme aussi s'était permis une surprise.

— Pauvre enfant, il a fait comme moi pour monsieur Vauquelin.

La chambre de madame Birotteau venait ensuite. L'architecte y avait déployé des magnificences de nature à plaire aux braves gens qu'il voulait empaumer, car il avait tenu parole en étudiant cette *restauration*. La chambre était tendue en soie bleue, avec des ornements blancs. le meuble était en casimir blanc avec des agréments bleus. Sur la cheminée en marbre blanc, la pendule représentait la Vénus accroupie sur un beau bloc de marbre ; un joli tapis en moquette, et d'un dessin turc, unissait cette pièce à la chambre de Césarine, tendue en perse et fort coquette : un piano, une jolie armoire à glace, un petit lit chaste à rideaux simples, et tous les petits meubles qu'aiment les jeunes personnes. La salle à manger était derrière la chambre de Birotteau et celle de sa femme, on y entrait par l'escalier, elle avait été traitée dans le genre dit Louis XIV, avec la pendule de Boulle, les buffets de cuivre et d'écaille, les murs tendus en étoffe à clous dorés. La joie de ces trois personnes ne saurait se décrire, surtout quand, en revenant dans sa chambre, madame Birotteau trouva sur son lit sa robe de velours cerise garnie en dentelles que lui offrait son mari, et que Virginie y avait apportée en revenant sur la pointe des pieds.

— Monsieur, cet appartement vous fera beacoup d'honneur, dit Constance à Grindot. Nous aurons cent et quelques personnes demain soir, et vous recueillerez les éloges de tout le monde.

— Je vous recommanderai, dit César. Vous verrez *la tête* du commerce, et vous serez connu dans une seule soirée plus que si vous aviez bâti cent maisons.

Constance émue ne pensait plus à la dépense ni à critiquer son mari. Voici pourquoi. Le matin, en apportant Héro et Léandre, Anselme Popinot, à qui Constance accordait une haute intelligence et de grands moyens, lui avait affirmé le succès de l'Huile Céphalique auquel il travaillait avec un acharnement sans exemple. L'amoureux avait promis que, malgré la rondeur du chiffre auquel s'élèveraient les folies de Birotteau, dans six mois ces dépenses seraient couvertes par sa part dans les bénéfices donnés par l'huile. Après avoir tremblé pendant dix-neuf ans, il était si doux de se livrer un seul jour à la joie, que Constance promit à sa fille de n'empoisonner le bonheur de son mari par aucune réflexion, et de s'y laisser aller tout entière. Quand, vers onze heures, monsieur Grindot les quitta, elle se jeta donc au cou de son mari et versa quelques pleurs de contentement en disant : — César ! ah ! tu me rends bien folle et bien heureuse.

— Pourvu que cela dure, n'est-ce pas ? dit en souriant César.

— Cela durera, je n'ai plus de crainte, dit madame Birotteau.

— A la bonne heure, dit le parfumeur, tu m'apprécies enfin.

Les gens assez grands pour reconnaître leurs faiblesses avoueront qu'une pauvre orpheline qui, dix-huit ans auparavant, était première demoiselle au Petit-Matelot, île Saint-Louis, qu'un pauvre paysan venu de Touraine à Paris avec un bâton à la main, à pied, en souliers ferrés, devaient être flattés, heureux, de donner une pareille fête pour de si louables motifs.

— Mon Dieu, je perdrais bien cent francs, dit César, pour qu'il nous vînt une visite.

— Voilà monsieur l'abbé Loraux, dit Virginie.

L'abbé Loraux se montra. Ce prêtre était alors vicaire de Saint-Sulpice. Jamais la puissance de l'âme ne se révéla mieux qu'en ce saint prêtre, dont le commerce laissa de profondes empreintes dans la mémoire de tous ceux qui le connurent. Son visage rechigné, laid jusqu'à repousser la confiance, avait été rendu sublime par l'exercice des vertus catholiques : il y brillait par avance une splendeur céleste. Une candeur infusée dans le sang reliait ses traits disgracieux, et le feu de la charité purifiait les lignes incorrectes par un phénomène contraire à celui qui, chez Claparon, avait tout animalisé, dégradé. Dans ses rides se jouaient les grâces des trois belles vertus humaines, l'Espérance, la Foi, la Charité. Sa parole était douce, lente et pénétrante. Son costume était celui des prêtres de Paris, il se permettait la redingote d'un brun marron. Aucune ambition ne s'était glissée en ce cœur pur, que les anges durent apporter à Dieu dans sa primitive innocence. Il fallut la douce violence de la fille de Louis XVI pour faire accepter une cure de Paris, encore une des plus modestes, à l'abbé Loraux. Il regarda d'un œil inquiet toutes ces munificences, sourit à ces trois commerçants enchantés et hocha sa tête blanchie.

— Mes enfants, leur dit-il, mon rôle n'est pas d'assister à des fêtes, mais de consoler les affligés. Je viens remercier monsieur César, vous féliciter. Je ne veux venir ici que pour une seule fête, pour le mariage de cette belle enfant.

Après un quart d'heure, l'abbé se retira, sans que le parfumeur ni sa femme osassent lui montrer les appartements. Cette apparition grave jeta quelques gouttes froides dans la joie bouillante de César. Chacun se coucha dans son luxe, en prenant possession des bons jolis petits meubles qu'il avait souhaités. Césarine déshabilla sa mère devant une toilette à glace en marbre blanc. César s'était donné quelques superfluités dont il voulut user aussitôt. Tous s'endormirent en se représentant par avance les joies du lendemain. Après être allées à la messe et avoir lu leurs vêpres, Césarine et sa mère

Jamais toillette n'alla mieux à Madame César.

(CÉSAR BIROTTEAU.)

s'habillèrent sur les quatre heures, après avoir livré l'entresol au bras séculier des gens de Chevet. Jamais toilette n'alla mieux à madame César que cette robe de velours cerise, garnie en dentelles, à manches courtes ornées de jockeis : ses beaux bras, encore frais et jeunes, sa poitrine étincelante de blancheur, son col, ses épaules d'un si joli dessin, étaient rehaussés par cette riche étoffe et par cette magnifique couleur. Le naïf contentement que toute femme éprouve à se voir dans toute sa puissance donna je ne sais quelle suavité au profil grec de la parfumeuse, dont la beauté parut dans toute sa finesse de camée. Césarine, habillée en crêpe blanc, avait une couronne de roses blanches sur la tête, une rose à son côté ; une écharpe lui couvrait chastement les épaules et le corsage ; elle rendit Popinot fou.

— Ces gens-là nous écrasent, dit madame Roguin à son mari en parcourant l'appartement.

La notaresse était furieuse de ne pas être aussi belle que madame César, car toute femme sait toujours en elle-même à quoi s'en tenir sur la supériorité ou l'infériorité d'une rivale.

— Bah ! ça ne durera pas long-temps, et bientôt tu éclabousseras la pauvre femme en la rencontrant à pied dans les rues, et ruinée ! dit Roguin bas à sa femme.

Vauquelin fut d'une grâce parfaite ; il vint avec monsieur de Lacépède, son collègue de l'Institut, qui l'était allé prendre en voiture. En voyant la resplendissante parfumeuse, les deux savants tombèrent dans le compliment scientifique.

— Vous avez, madame, un secret que la science ignore, pour rester ainsi jeune et belle, dit le chimiste.

— Vous êtes ici un peu chez vous, monsieur l'académicien, dit Birotteau. Oui, monsieur le comte, reprit-il en se tournant vers le grand-chancelier de la Légion-d'Honneur, je dois ma fortune à monsieur Vauquelin. J'ai l'honneur de présenter à Votre Seigneurie monsieur le président du tribunal de commerce. C'est monsieur le comte de Lacépède, pair de France, un des grands hommes de la France ; il a écrit quarante volumes, dit-il à Joseph Lebas qui accompagnait le président du tribunal.

Les convives furent exacts. Le dîner fut ce que sont les dîners de commerçants, extrêmement gai, plein de bonhomie, historié par de grosses plaisanteries qui font toujours rire. L'excellence des mets, la bonté des vins furent bien appréciées. Quand la société rentra dans les salons pour prendre le café, il était neuf heures et demie. Quelques fiacres avaient amené d'impatientes danseuses. Une heure après, le salon fut plein, et le bal prit un air de raout. Monsieur de Lacépède et monsieur Vauquelin s'en allèrent, au grand désespoir de Birotteau, qui les suivit jusque sur l'escalier en les suppliant de rester, mais en vain. Il réussit à maintenir monsieur Popinot le juge et monsieur de La Billardière. A l'exception de trois femmes qui représentaient l'Aristocratie, la Finance et l'Administration : mademoiselle de Fontaine, madame Jules, madame Rabourdin, et dont l'éclatante beauté, la mise et les manières tranchaient au milieu de cette réunion, les autres femmes offraient à l'œil des toilettes lourdes, solides, ce je ne sais quoi de cossu qui donne aux masses bourgeoises un aspect commun, que la légèreté, la grâce de ces trois femmes faisaient cruellement ressortir. La bourgeoisie de la rue Saint-Denis s'étalait majestueusement en se montrant dans toute la plénitude de ses droits de spirituelle sottise. C'était bien cette bourgeoisie qui habille ses enfants en lancier ou en garde national, qui achète Victoires et Conquêtes, le Soldat laboureur, admire le Convoi du pauvre, se réjouit le jour de garde, va le dimanche dans une maison de campagne à soi, s'inquiète d'avoir l'air distingué, rêve aux honneurs municipaux ; cette bourgeoisie jalouse de tout, et néanmoins bonne, serviable, dévouée, sensible, compatissante, souscrivant pour les enfants du général Foy, pour les Grecs dont elle ignore les pirateries, pour le Champ-d'Asile au moment où il n'existe plus, dupe de ses vertus et bafouée pour ses défauts par une société qui ne la vaut pas, car elle a du cœur précisément parce qu'elle ignore les convenances ; cette vertueuse bourgeoisie qui élève des filles candides rompues au travail, pleines de qualités que le contact des classes supérieures diminue aussitôt qu'elle les y lance, ces filles sans esprit parmi lesquelles le bonhomme Chrysale aurait pris sa femme ; enfin une bourgeoisie admirablement représentée par les Matifat, les droguistes de la rue des Lombards, dont la maison fournissait la Reine des Roses depuis soixante ans. Madame Matifat, qui avait voulu se donner un air digne, dansait coiffée d'un turban et vêtue d'une lourde robe ponceau lamée d'or, toilette en harmonie avec un air fier, un nez romain et les splendeurs d'un teint cramoisi. Monsieur Matifat, si superbe à une revue de garde nationale, où l'on apercevait à cinquante pas son ventre rondelet sur lequel brillaient sa chaîne et son paquet de breloques, était dominé par cette Catherine II de comptoir. Gros et court, harnaché de besicles, maintenant le col de sa chemise à la hauteur du cervelet, il se faisait remarquer par sa voix de basse-taille et par la richesse de son vocabulaire. Jamais il ne disait Corneille, mais le sublime Corneille ! Racine était le doux Racine. Voltaire ! oh ! Voltaire, le second dans tous les genres, plus d'esprit que de génie, mais néanmoins homme de génie ! Rousseau, esprit ombrageux, homme doué d'orgueil et qui a fini par se pendre. Il contait lourdement les anecdotes vulgaires sur Piron, qui passe pour un homme prodigieux dans la bourgeoisie. Matifat, passionné pour les acteurs, avait une légère tendance à l'obscénité. Parfois madame Matifat, en le voyant prêt à conter, lui disait : « Mon gros, fais attention à ce que tu vas nous dire. » Elle le nommait familièrement son gros. Cette volumineuse reine des drogues fit perdre à mademoiselle de Fontaine sa contenance aristocratique, l'orgueilleuse fille ne put s'empêcher de sourire en lui entendant dire à Matifat : — Ne te jette pas sur les glaces, mon gros ! c'est mauvais genre.

Il est plus difficile d'expliquer la différence qui distingue le grand monde de la bourgeoisie qu'il ne l'est à la bourgeoisie de l'effacer. Ces femmes, gênées dans leurs toilettes, se savaient endimanchées et laissaient voir naïvement une joie qui prouvait que le bal était une rareté dans leur vie occupée; tandis que les trois femmes qui exprimaient chacune une sphère du monde étaient alors comme elles devaient être le lendemain, elles n'avaient pas l'air de s'être habillées exprès, elles ne se contemplaient pas dans les merveilles inaccoutumées de leurs parures, ne s'inquiétaient pas de leur effet, tout avait été accompli quand devant leur glace elles avaient mis la dernière main à l'œuvre de leur toilette de bal; leurs figures ne révélaient rien d'excessif, elles dansaient avec la grâce et le laisser-aller que des génies inconnus ont donnés à quelques statues antiques. Les autres, au contraire, marquées au sceau du travail, gardaient leurs poses vulgaires et s'amusaient trop; leurs regards étaient inconsidérément curieux, leurs voix ne conservaient point ce léger murmure qui donne aux conversations du bal un piquant inimitable; elles n'avaient pas surtout le sérieux impertinent qui contient l'épigramme en germe, ni cette tranquille attitude à laquelle se reconnaissent les gens habitués à conserver un grand empire sur eux-mêmes. Aussi madame Rabourdin, madame Jules et mademoiselle de Fontaine, qui s'étaient promis une joie infinie de ce bal de parfumeur, se dessinaient-elles sur toute la bourgeoisie par leurs grâces molles, par le goût exquis de leurs toilettes et par leur jeu, comme trois premiers sujets de l'Opéra se détachent sur la lourde cavalerie des comparses. Elles étaient observées d'un œil hébété, jaloux. Madame Roguin, Constance et Césarine formaient comme un lien qui rattachait les figures commerciales à ces trois types du grand monde. Comme dans tous les bals, il vint un moment d'animation où les torrents de lumière, la joie, la musique et l'entrain de la danse causèrent une ivresse qui fit disparaître ces nuances dans le *crescendo* du *tutti*. Le bal allait devenir bruyant, mademoiselle de Fontaine voulut se retirer ; mais quand elle chercha le bras du vénérable Vendéen, Birotteau, sa femme et sa fille accoururent pour empêcher la désertion de toute l'aristocratie de leur assemblée.

— Il y a dans cet appartement un parfum de bon goût qui vraiment m'étonne, dit l'impertinente fille au parfumeur, et je vous en fais mon compliment.

Birotteau était si bien enivré par les félicitations publiques qu'il ne comprit pas ; mais sa femme rougit et ne sut que répondre.

— Voilà une fête nationale qui vous honore, lui disait le royaliste monsieur Camusot, le marchand de soieries de la rue des Bourdonnais.

— J'ai vu rarement un si beau bal, disait monsieur de La Billardière, à qui un mensonge officieux ne coûtait rien.

Birotteau prenait tous les compliments au sérieux.

— Quel ravissant coup d'œil ! et le bon orchestre ! Nous donnerez-vous souvent des bals ? lui disait madame Lebas.

— Quel charmant appartement ! c'est de votre goût ? lui disait madame Desmarets.

Birotteau osa mentir en lui laissant croire qu'il en était l'ordonnateur. Césarine, qui devait être invitée pour toutes les contredanses, connut combien il y avait de délicatesse chez Anselme.

— Si je n'écoutais que mon désir, lui dit-il à l'oreille en sortant de table, je vous prierais de me faire la faveur d'une contredanse ; mais mon bonheur coûterait trop cher à notre mutuel amour-propre.

Césarine, qui trouvait que les hommes marchaient sans grâce quand ils étaient droits sur leurs jambes, voulut ouvrir le bal avec

Popinot. Popinot, enhardi par sa tante, qui lui avait dit d'oser, osa parler de son amour à cette charmante fille pendant la contredanse, mais en se servant de détours que prennent les amants timides.

— Ma fortune dépend de vous, mademoiselle.

— Et comment?

— Il n'y a qu'un espoir qui puisse me la faire faire.

— Espérez.

— Savez-vous bien tout ce que vous venez de dire en un seul mot? reprit Popinot.

— Espérez la fortune, dit Césarine avec un sourire malicieux.

— Gaudissart! Gaudissart! dit après la contredanse Anselme à son ami en lui pressant le bras avec une force herculéenne, réussis, ou je me brûle la cervelle. Réussir, c'est épouser Césarine, elle me l'a dit, et vois comme elle est belle!

— Oui, elle est joliment ficelée, dit Gaudissart, et riche. Nous allons la frire dans l'huile.

La bonne intelligence de mademoiselle Lourdois et d'Alexandre Crottat, successeur désigné de Roguin, fut remarquée par madame Birotteau, qui ne renonça pas sans de vives peines à faire de sa fille la femme d'un notaire de Paris. L'oncle Pillerault, qui avait échangé un salut avec le petit Molineux, alla s'établir dans un fauteuil auprès de la bibliothèque : il regarda les joueurs, écouta les conversations, et vint de temps en temps voir à la porte des corbeilles de fleurs agitées que formaient les têtes des danseuses au moulinet. Sa contenance était celle d'un vrai philosophe. Les hommes étaient affreux, à l'exception de du Tillet, qui avait déjà les manières du monde; du jeune La Billardière, petit fashionable en herbe; de monsieur Jules Desmarets et des personnages officiels. Mais parmi toutes les figures plus ou moins comiques auxquelles cette assemblée devait son caractère, il s'en trouvait une particulièrement effacée comme une pièce de cent sous républicaine, mais que le vêtement rendait curieuse. On a deviné le tyranneau de la Cour Batave, paré de linge fin jauni dans l'armoire, exhibant aux regards un jabot à dentelle de succession attaché par un camée bleuâtre en épingle, portant une culotte courte en soie noire qui trahissait les fuseaux sur lesquels il avait la hardiesse de se reposer. César lui montra triomphalement les quatre pièces créées par l'architecte au premier de sa maison.

— Hé, hé ! c'est affaire à vous, monsieur, lui dit Molineux. Mon premier ainsi garni vaudra plus de mille écus.

Birotteau répondit par une plaisanterie, mais il fut atteint comme d'un coup d'épingle par l'accent avec lequel le petit vieillard avait prononcé cette phrase.

— Je rentrerai bientôt dans mon premier, cet homme se ruine ! tel était le sens du mot *vaudra* que lança Molineux comme un coup de griffe.

La figure pâlotte, l'œil assassin du propriétaire frappèrent du Tillet, dont l'attention avait été d'abord excitée par une chaîne de montre qui soutenait une livre de diverses breloques sonnantes, et par un habit vert mélangé de blanc, à collet bizarrement retroussé, qui donnaient au vieillard l'air d'un serpent à sonnettes. Le banquier vint donc interroger ce petit usurier pour savoir par quel hasard il se gaudissait.

— Là, monsieur, dit Molineux en mettant un pied dans le boudoir, je suis dans la propriété de monsieur le comte de Grandville ; mais ici, dit-il en montrant l'autre, je suis dans la mienne ; car je suis le propriétaire de cette maison.

Molineux se prêtait si complaisamment à qui l'écoutait que, charmé de l'air attentif de du Tillet, il se dessina, raconta ses habitudes, les insolences du sieur Gendrin, et ses arrangements avec le parfumeur, sans lesquels le bal n'aurait pas eu lieu.

— Ah ! monsieur César vous a réglé ses loyers, dit du Tillet, rien n'est plus contraire à ses habitudes.

— Oh ! je l'ai demandé, je suis si bon pour mes locataires !

— Si le père Birotteau fait faillite, se dit du Tillet, ce petit drôle sera certes un excellent syndic. Sa pointillerie est précieuse ; il doit, comme Domitien, s'amuser à tuer les mouches quand il est seul chez lui.

Du Tillet alla se mettre au jeu, où Claparon était déjà par son ordre : il avait pensé que, sous le garde-vue d'un flambeau de bouillotte, son semblant de banquier échapperait à tout examen. Leur contenance en face l'un de l'autre fut si bien celle de deux étrangers, que l'homme le plus soupçonneux n'aurait pu rien découvrir qui décelât leur intelligence. Gaudissart, qui savait la fortune de Claparon, n'osa point l'aborder en recevant du riche commis-voyageur le regard solennellement froid d'un parvenu qui ne veut pas être salué par un camarade. Ce bal, comme une fusée brillante, s'éteignit à cinq heures du matin. Vers cette heure, des cent et quelques fiacres qui remplissaient la rue Saint-Honoré, il en restait environ quarante. A cette heure, on dansait la boulangère et les cotillons, qui plus tard furent détrônés par le galop anglais. Du Tillet, Roguin, le comte de Grandville, Jules Desmarets jouaient à la bouillotte. Du Tillet gagnait trois mille francs. Les lueurs du jour arrivèrent, firent pâlir les bougies, et les joueurs assistèrent à la dernière contredanse. Dans ces maisons bourgeoises, cette joie suprême ne s'accomplit pas sans quelques énormités. Les personnages imposants sont partis; l'ivresse du mouvement, la chaleur communicative de l'air, les esprits cachés dans les boissons les plus innocentes ont amolli les callosités des vieilles femmes qui, par complaisance, entrent dans les quadrilles et se prêtent à la folie d'un moment ; les hommes sont échauffés, les cheveux défrisés s'allongent sur les visages, et leur donnent de grotesques expressions qui provoquent le rire ; les jeunes femmes deviennent légères, quelques fleurs sont tombées de leurs coiffures. Le Momus bourgeois apparaît suivi de ses farces ! Les rires éclatent, chacun se livre à la plaisanterie en pensant que le lendemain le travail reprendra ses droits. Matifat dansait avec un chapeau de femme sur la tête : Célestin se livrait à des charges. Quelques dames frappaient dans leurs mains avec exagération quand l'ordonnait la figure de cette interminable contredanse.

— Comme ils s'amusent ! disait l'heureux Birotteau.

— Pourvu qu'ils ne cassent rien, dit Constance à son oncle.

— Vous avez donné le plus magnifique bal que j'aie vu, et j'en ai vu beaucoup, dit du Tillet à son ancien patron en le saluant.

Dans l'œuvre des huit symphonies de Beethoven, il est une fantaisie, grande comme un poème, qui domine le final de la symphonie en ut mineur. Quand, après les lentes préparations du sublime magicien si bien compris par Habeneck, un geste du chef d'orchestre enthousiaste lève la riche toile de cette décoration, en appelant de son archet l'éblouissant motif vers lequel toutes les puissances musicales ont convergé, les poètes dont le cœur palpite alors comprendront que le bal de Birotteau produisait dans sa vie l'effet que produit sur leurs âmes ce fécond motif, auquel la symphonie en ut doit peut-être sa suprématie sur ses brillantes sœurs. Une fée radieuse s'élance en levant sa baguette. On entend le bruissement des rideaux de soie pourpre que des anges relèvent. Des portes d'or sculptées comme celles du baptistère florentin tournent sur leurs gonds de diamant. L'œil s'abîme en des vues splendides, il embrasse une enfilade de palais merveilleux d'où glissent des êtres d'une nature supérieure. L'encens des prospérités fume, l'autel du bonheur flambe, un air parfumé circule! Des êtres au sourire divin, vêtus de tuniques blanches bordées de bleu, passent légèrement sous vos yeux en vous montrant des figures surhumaines de beauté, des formes d'une délicatesse infinie. Les amours voltigent en répandant les flammes de leurs torches! Vous vous sentez aimé, vous êtes heureux d'un bonheur que vous aspirez sans le comprendre en vous baignant dans les flots de cette harmonie qui ruisselle et verse à chacun l'ambroisie qu'il s'est choisie. Vous êtes atteint au cœur dans vos secrètes espérances qui se réalisent pour un moment. Après vous avoir promené dans les cieux, l'enchanteur, par la profonde et mystérieuse transition des basses, vous replonge dans le marais des réalités froides, pour vous en sortir quand il vous a donné soif de ses divines mélodies, et que votre âme crie : Encore! L'histoire psychique du point le plus brillant de ce beau finale est celle des émotions prodiguées par cette fête à Constance et à César. Collinet avait composé de son galoubet le finale de leur symphonie commerciale. Fatigués, mais heureux, les trois Birotteau s'endormirent au matin dans les bruissements de cette fête, qui, en constructions, réparations, ameublements, consommations, toilettes et bibliothèque remboursée à Césarine, allait, sans que César s'en doutât, à soixante mille francs. Voilà ce que coûtait le fatal ruban rouge mis par le roi à la boutonnière d'un parfumeur. S'il arrivait un malheur à César Birotteau, cette dépense folle suffisait pour le rendre justiciable de la police correctionnelle. Un négociant est dans le cas de la banqueroute simple s'il fait des dépenses jugées excessives. Il est peut-être plus horrible d'aller à la sixième chambre pour de niaises bagatelles ou des maladresses, qu'en cour d'Assises pour une immense fraude. Aux yeux de certaines gens, il vaut mieux être criminel que sot.

II.

CÉSAR AUX PRISES AVEC LE MALHEUR.

Huit jours après cette fête, dernière flammèche du feu de paille d'une prospérité de dix-huit années près de s'éteindre, César regardait les passants, à travers les glaces de sa boutique, en songeant à l'étendue de ses affaires qu'il trouvait lourdes ! Jusqu'alors tout avait été simple dans sa vie ; il fabriquait et vendait, ou achetait pour revendre. Aujourd'hui l'affaire des terrains, son intérêt dans la maison A. POPINOT ET COMPAGNIE, le remboursement de cent soixante mille francs jetés sur la place, et qui allaient nécessiter ou des trafics d'effets qui déplairaient à sa femme, ou des succès inouïs chez Popinot, effrayaient ce pauvre homme par la multiplicité des idées, il se sentait dans la main plus de pelotons de fil qu'il n'en pouvait tenir. Comment Anselme gouvernerait-il sa barque ? Birotteau traitait Popinot comme un professeur de rhétorique traite un élève, il se défiait de ses moyens, et regrettait de n'être pas derrière lui. Le coup de pied qu'il lui avait allongé pour le faire taire chez Vauquelin explique les craintes que le jeune négociant inspirait au parfumeur. Birotteau se gardait bien de se laisser deviner par sa femme, par sa fille ou par son commis ; mais il était alors comme un simple canotier de la Seine à qui, par hasard, un ministre aurait donné le commandement d'une frégate. Ces pensées formaient comme un brouillard dans son intelligence peu propre à la méditation, et il restait debout, cherchant à y voir clair. En ce moment apparut dans la rue une figure pour laquelle il éprouvait une violente antipathie, et qui était celle de son deuxième propriétaire, le petit Molineux. Tout le monde a fait de ces rêves pleins d'événements qui représentent une vie entière, et où revient souvent un être fantastique chargé de mauvaises commissions, le traître de la pièce. Molineux semblait à Birotteau chargé par le hasard d'un rôle analogue dans sa vie : cette figure avait grimacé diaboliquement au milieu de la fête, en en regardant les somptuosités d'un œil haineux. En le revoyant, César se souvint d'autant plus des impressions que lui avait causées ce petit *pingre*, un mot de son vocabulaire, que Molineux lui fit éprouver une nouvelle répulsion en se montrant soudain au milieu de sa rêverie.

— Monsieur, dit le petit homme de sa voix atrocement anodine, nous avons bâclé si lestement les choses que vous avez oublié d'approuver l'écriture sur notre petit sous-seing.

Birotteau prit le bail pour réparer l'oubli. L'architecte entra, salua le parfumeur et tourna d'un air diplomatique autour de lui.

— Monsieur, lui dit-il enfin à l'oreille, vous savez combien les commencements d'un métier sont difficiles ; vous êtes content de moi, vous m'obligeriez beaucoup en me comptant mes honoraires.

Birotteau, qui s'était dégarni en donnant son portefeuille et son argent comptant, dit à Célestin de faire un effet de deux mille francs à trois mois d'échéance, et de préparer une quittance.

— J'ai été bien heureux que vous prissiez à votre compte le terme du voisin, dit Molineux d'un air sournoisement goguenard. Mon portier est venu me prévenir ce matin que le juge-de-paix apposait les scellés par suite de la disparition du sieur Cairon.

— Pourvu que je ne sois pas pincé de cinq mille francs, pensa Birotteau.

— Il passait pour très-bien faire ses affaires, dit Lourdois qui venait d'entrer pour remettre son mémoire au parfumeur.

— Un commerçant n'est à l'abri des revers que quand il est retiré, dit le petit Molineux en pliant son acte avec une minutieuse régularité.

L'architecte examina ce petit vieux avec le plaisir que tout artiste éprouve en voyant une caricature qui confirme ses opinions sur les bourgeois.

— Quand on a la tête sous un parapluie, on pense généralement qu'elle est à couvert s'il pleut, dit l'architecte.

Molineux étudia beaucoup plus les moustaches et la royale que la figure de l'architecte en le regardant, et il le méprisa tout autant que monsieur Grindot le méprisait. Puis il resta pour lui donner un coup de griffe en sortant. A force de vivre avec ses chats, Molineux avait dans sa manière comme dans ses yeux quelque chose de la race féline.

En ce moment Ragon et Pillerault entrèrent.

— Nous avons parlé de notre affaire au juge, dit Ragon à l'oreille de César : il prétend que, dans une spéculation de ce genre, il nous faudrait une quittance des vendeurs et réaliser les actes, afin d'être tous réellement propriétaires indivis...

— Ah ! vous faites l'affaire de la Madeleine, dit Lourdois, on en parle, il y aura des maisons à construire !

Le peintre qui venait se faire promptement régler trouva son intérêt à ne pas presser le parfumeur.

— Je vous ai remis mon mémoire à cause de la fin de l'année, dit-il à l'oreille de César, je n'ai besoin de rien.

— Eh ! bien, qu'as-tu, César ? dit Pillerault en remarquant la surprise de son neveu qui, stupéfait par la vue du mémoire, ne répondait ni à Ragon ni à Lourdois.

— Ah! une vétille, j'ai pris cinq mille francs d'effets au marchand de parapluies mon voisin, qui fait faillite. S'il m'avait donné des valeurs mauvaises, je serais gobé comme un niais.

— Il y a pourtant long-temps que je vous l'ai dit, s'écria Ragon : celui qui se noie s'accrocherait à la jambe de son père pour se sauver, et il le noie avec lui. J'en ai tant observé, de faillites ! on n'est pas précisément fripon au commencement du désastre, mais on le devient par nécessité.

— C'est vrai, dit Pillerault.

— Ah! si j'arrive jamais à la Chambre des Députés, ou si j'ai quelque influence dans le gouvernement... dit Birotteau se dressant sur ses pointes et retombant sur ses talons.

— Que feriez-vous ? dit Lourdois, car vous êtes un sage.

Molineux, que toute discussion sur le Droit intéressait, resta dans la boutique ; et comme l'attention des autres rend attentif, Pillerault et Ragon, qui connaissaient les opinions de César, l'écoutèrent néanmoins aussi gravement que les trois étrangers.

— Je voudrais, dit le parfumeur, un tribunal de juges inamovibles avec un ministère public jugeant au criminel. Après une instruction, pendant laquelle un juge remplirait immédiatement les fonctions actuelles des agents, syndics et juge-commissaire, le négociant serait déclaré *failli réhabilitable* ou *banqueroutier*. Failli réhabilitable, il serait tenu de tout payer; il serait alors le gardien de ses biens, de ceux de sa femme ; car ses droits, ses héritages, tout appartiendrait à ses créanciers; il gèrerait pour leur compte et sous une surveillance; enfin, il continuerait les affaires en signant toutefois : *un tel, failli,* jusqu'au parfait remboursement. Banqueroutier, il serait condamné, comme autrefois, au pilori dans la salle de la Bourse, exposé pendant deux heures, coiffé du bonnet vert. Ses biens, ceux de sa femme et ses droits seraient acquis aux créanciers, et il serait banni du royaume.

— Le commerce serait un peu plus sûr, dit Lourdois, et l'on regarderait à deux fois avant de faire des opérations.

— La loi actuelle n'est point suivie, dit César exaspéré; sur cent négociants, il y en a plus de cinquante qui sont de soixante-quinze pour cent au-dessous de leurs affaires, ou qui vendent leurs marchandises à vingt-cinq pour cent au-dessous du prix d'inventaire, et qui ruinent ainsi le commerce.

— Monsieur est dans le vrai, dit Molineux, la loi actuelle laisse trop de latitude. Il faut ou l'abandon total ou l'infamie.

— Eh! diantre, dit César, un négociant, au train dont vont les choses, va devenir un voleur patenté. Avec sa signature, il peut puiser dans la caisse de tout le monde.

— Vous n'êtes pas tendre, monsieur Birotteau, dit Lourdois.

— Il a raison, dit le vieux Ragon.

— Tous les faillis sont suspects, dit César exaspéré par cette petite perte qui lui sonnait aux oreilles comme le premier cri de l'*halali* à celles d'un cerf.

En ce moment le maître-d'hôtel apporta la facture de Chevet. Puis un patronnet de Félix, un garçon du café de Foy, la clarinette de Collinet arrivèrent avec les mémoires de leurs maisons.

— Le quart d'heure de Rabelais, dit Ragon en souriant.

— Ma foi, vous avez donné une belle fête, dit Lourdois.

— Je suis occupé, dit César à tous les garçons qui laissèrent les factures.

— Monsieur Grindot, dit Lourdois en voyant l'architecte pliant un effet que signa Birotteau, vous vérifierez et réglerez mon mémoire, il n'y a qu'à toiser, tous les prix sont convenus par vous au nom de monsieur Birotteau.

Pillerault regarda Lourdois et Grindot.

— Des prix convenus d'architecte à entrepreneur, dit l'oncle à l'oreille du neveu, tu es volé.

Grindot sortit, Molineux le suivit et l'aborda d'un air mystérieux.

— Monsieur, lui dit-il, vous m'avez écouté, mais vous ne m'avez pas entendu, je vous souhaite un parapluie.

La peur saisit Grindot. Plus un bénéfice est illégal, plus l'homme y tient; le cœur humain est ainsi fait. L'artiste avait en effet étudié l'appartement avec amour, il y avait mis toute sa science et son temps, il s'y était donné du mal pour dix mille francs et se trouvait la dupe de son amour-propre, les entrepreneurs eurent peu de peine à le séduire. L'argument irrésistible et la menace bien comprise de le desservir en le calomniant furent moins puissants encore que l'observation faite par Lourdois sur l'affaire des terrains de la Madeleine: Birotteau ne comptait pas y bâtir une seule maison, il spéculait seulement sur le prix des terrains. Les architectes et les entrepreneurs sont entre eux comme un auteur avec les acteurs, ils dépendent les uns des autres. Grindot, chargé par Birotteau de stipuler les prix, fut pour les gens du métier contre les bourgeois. Aussi trois gros entrepreneurs, Lourdois, Chaffaroux et Thorein le charpentier, le proclamèrent-ils *un de ces bons enfants avec lesquels il y a du plaisir à travailler*. Grindot devina que les mémoires sur lesquels il avait une part seraient payés, comme ses honoraires, en effets, et le petit vieillard venait de lui donner des doutes sur leur paiement. Grindot allait être impitoyable, à la manière des artistes, les gens les plus cruels à l'encontre des bourgeois.

Vers la fin de décembre, César eut pour soixante mille francs de mémoires. Félix, le café de Foy, Tanrade et les petits créanciers qu'on doit payer comptant, avaient envoyé trois fois chez le parfumeur. Dans le commerce, ces niaiseries nuisent plus qu'un malheur, elles l'annoncent. Les pertes connues sont définies, la panique ne connaît pas de bornes. Birotteau vit sa caisse dégarnie. La peur saisit alors le parfumeur, à qui jamais pareille chose n'était arrivée durant sa vie commerciale. Comme tous les gens qui n'ont jamais eu à lutter pendant long-temps contre la misère et qui sont faibles, cette circonstance vulgaire dans la vie de la plupart des petits marchands de Paris porta le trouble dans la cervelle de César. Le parfumeur donna l'ordre à Célestin d'envoyer les factures chez ses pratiques; mais avant de le mettre à exécution, le premier commis se fit répéter cet ordre inouï. Les clients, noble terme alors appliqué par les détaillants à leurs pratiques et dont César se servait malgré sa femme, qui avait fini par lui dire : Nomme-les comme tu voudras, pourvu qu'ils paient! ses clients donc étaient des personnes riches avec lesquelles il n'y avait jamais de pertes à essuyer, qui payaient à leur fantaisie, et chez lesquelles César avait souvent cinquante ou soixante mille francs. Le second commis prit le livre des factures et se mit à copier les plus fortes. César redoutait sa femme. Pour ne pas lui laisser voir l'abattement que lui causait le *simoon* du malheur, il voulut sortir.

— Bonjour, monsieur, dit Grindot en entrant avec cet air dégagé que prennent les artistes pour parler des intérêts auxquels ils se prétendent absolument étrangers. Je ne puis trouver aucune espèce de monnaie avec votre papier, je suis obligé de vous prier de me l'échanger contre des écus, je suis l'homme le plus malheureux de cette démarche, mais je ne sais pas parler aux usuriers, je ne voudrais pas colporter votre signature, je sais assez de commerce pour comprendre que ce serait l'avilir; il est donc dans votre intérêt de...

— Monsieur, dit Birotteau stupéfait, plus bas, s'il vous plaît, vous me surprenez étrangement.

— Lourdois entra.

— Lourdois, dit Birotteau souriant, comprenez-vous?...

Birotteau s'arrêta. Le pauvre homme allait prier Lourdois de prendre l'effet de Grindot en se moquant de l'architecte avec la bonne foi du négociant sûr de lui-même : il aperçut un nuage sur le front de Lourdois, il frémit de son imprudence. Cette innocente raillerie était la mort d'un crédit soupçonné. En pareil cas, un riche négociant reprend son billet, et il ne l'offre pas. Birotteau se sentait la tête agitée comme s'il eût regardé le fond d'un abîme taillé à pic.

— Mon cher monsieur Birotteau, dit Lourdois en l'emmenant au fond du magasin, mon mémoire est toisé, réglé, vérifié, je vous prie de me tenir l'argent prêt demain. Je marie ma fille au petit Crottat, il lui faut de l'argent, les notaires ne négocient point, d'ailleurs on n'a jamais vu ma signature.

— Envoyez après-demain, dit fièrement Birotteau qui compta sur les paiements de ses mémoires. Et vous aussi, monsieur, dit-il à l'architecte.

— Et pourquoi pas tout de suite? dit l'architecte.

— J'ai la paie de mes ouvriers au faubourg, dit César qui n'avait jamais menti.

Il prit son chapeau pour sortir avec eux. Mais le maçon, Thorein et Chaffaroux l'arrêtèrent au moment où il fermait la porte.

— Monsieur, lui dit Chaffaroux, nous avons bien besoin d'argent.

— Et! je n'ai pas les mines du Pérou, dit César impatienté qui s'en alla vivement à cent pas d'eux. — Il y a quelque chose là-dessous. Maudit bal! tout le monde vous croit des millions. Néanmoins l'air de Lourdois n'était pas naturel, pensa-t-il, il y a quelque anguille sous roche.

Il marchait dans la rue Saint-Honoré sans direction, en se sentant comme dissous, et se heurta contre Alexandre au coin d'une rue, comme un bélier ou comme un mathématicien absorbé par la solution d'un problème en aurait heurté un autre.

— Ah! monsieur, dit le futur notaire, une question : Roguin a-t-il donné vos quatre cent mille francs à monsieur Claparon?

— L'affaire s'est faite devant vous, monsieur Claparon ne m'en a fait aucun reçu... mes valeurs étaient à... négocier... Roguin a pu lui remettre... mes deux cent quarante mille francs d'écus... nous devons... il a été dit qu'on réaliserait définitivement les actes de vente... Monsieur Popinot le juge prétend... La quittance... Mais... Pourquoi cette question ?

— Pourquoi puis-je vous faire une semblable question ? Pour savoir si vos deux cent quarante mille francs sont chez Claparon ou chez Roguin. Roguin était lié depuis si long-temps avec vous, il aurait pu par délicatesse les avoir remis à Claparon, et vous l'échapperiez belle! mais suis-je bête! il les emporte avec l'argent de monsieur Claparon, qui heureusement n'avait encore envoyé que cent mille francs. Roguin est en fuite, il a reçu de moi cent mille francs sur sa charge, dont je n'ai pas la quittance, je les lui ai donnés comme je vous confierais ma bourse. Vos vendeurs n'ont pas reçu un liard, ils sortent de chez moi. L'argent de votre emprunt sur vos terrains n'existait ni pour vous ni pour votre prêteur, Roguin l'avait dévoré comme vos cent mille francs... qu'il... n'avait plus depuis long-temps... Ainsi vos cent derniers mille francs sont pris, je me souviens d'être allé les toucher à la Banque. Les pupilles de César se dilatèrent si demesurément qu'il ne vit plus qu'une flamme rouge. — Vos cent mille francs sur la Banque, mes cent mille francs sur sa charge, cent mille francs à monsieur Claparon, voilà trois cent mille francs de sifflés, sans les vols qui vont se découvrir. On désespère de madame Roguin, monsieur du Tillet a passé la nuit près d'elle. Il l'a échappé belle, lui! Roguin l'a tourmenté pendant un mois pour le fourrer dans cette affaire des terrains, et heureusement il avait tous ses fonds dans une spéculation avec la maison Nucingen. Roguin a écrit à sa femme une lettre épouvantable! je viens de la lire. Il tripotait les fonds de ses clients depuis cinq ans, et pourquoi? pour une maîtresse, la belle Hollandaise; il l'a quittée quinze jours avant de faire son coup. Cette gaspilleuse était sans un liard, on a vendu ses meubles, elle avait signé des lettres de change. Afin d'échapper aux poursuites, elle s'était réfugiée dans une maison du Palais-Royal où elle a été assassinée hier au soir par un capitaine. Elle a été bientôt punie par Dieu, elle qui certes a dévoré la fortune de Roguin. Il y a des femmes pour qui rien n'est sacré, dévorer une charge de notaire ! Madame Roguin n'aura de fortune qu'en usant de son hypothèque légale, tous les biens du gueux sont grevés au delà de leur valeur. La charge est vendue quatre cent mille francs ! Moi qui croyais faire une bonne affaire, et qui commence par payer l'étude cent mille francs de plus, je n'ai pas de quittance, il y a des faits de charge qui vont absorber charge et cautionnement, les créanciers croiront que je suis son compère si je parle de mes cent mille francs, et quand on débute, il faut prendre garde à sa réputation. Vous aurez à peine trente pour cent. A mon âge, boire un pareil bouillon ! Un homme de cinquante-neuf ans payer une femme !... le vieux drôle ! Il y a vingt jours qu'il m'a dit de ne pas épouser Césarine, vous deviez être bientôt sans pain, le monstre !

Alexandre aurait pu parler pendant long-temps, Birotteau était debout, pétrifié. Autant de phrases, autant de coups de massue. Il n'entendait plus qu'un bruit de cloches mortuaires, de même qu'il avait commencé par ne plus voir que le feu de son incendie. Alexandre Crottat, qui croyait le digne parfumeur fort et capable, fut épouvanté par sa pâleur et par son immobilité. Le successeur de Roguin ne savait pas que le notaire emportait plus que la fortune de César. L'idée du suicide immédiat passa par la tête de cet homme si profondément religieux. Le suicide est dans ce cas un moyen de fuir mille morts, il semble logique de n'en accepter qu'une. Alexandre Crottat donna le bras à César et voulut le faire marcher, ce fut impossible : ses jambes se dérobaient sous lui comme s'il eût été ivre.

— Qu'avez-vous donc ? dit Crottat. Mon brave monsieur César, un peu de courage ! ce n'est pas la mort d'un homme ! D'ailleurs, vous retrouverez quarante mille francs, votre prêteur n'avait pas cette somme, elle ne vous a pas été délivrée, il y a lieu à plaider la rescision du contrat.

— Mon bal, ma croix, deux cent mille francs d'effets sur la place, rien en caisse. Les Ragon, Pillerault... Et ma femme qui voyait clair !

Une pluie de paroles confuses qui réveillaient des masses d'idées accablantes et des souffrances inouïes tomba comme une grêle en hachant toutes les fleurs du parterre de la Reine des Roses.

— Je voudrais qu'on me coupât la tête, dit enfin Birotteau, elle me gêne par sa masse, elle ne me sert à rien...

— Pauvre père Birotteau, dit Alexandre, mais vous êtes donc en péril?

— Péril!

— Eh! bien, du courage, luttez.

— Luttez! répéta le parfumeur.

— Du Tillet a été votre commis, il a une fière tête, il vous aidera.

— Du Tillet?

— Allons, venez?

— Mon Dieu! je ne voudrais pas rentrer chez moi comme je suis, dit Birotteau. Vous qui êtes mon ami, s'il y a des amis, vous qui m'avez inspiré de l'intérêt et qui dîniez chez moi, au nom de ma femme, promenez-moi en fiacre, Xandrot, accompagnez-moi. Le notaire désigné mit avec beaucoup de peine dans un fiacre la machine inerte qui avait nom César. — Xandrot, dit-il d'une voix troublée par les larmes, car en ce moment les larmes tombèrent de ses yeux et desserrèrent un peu le bandeau de fer qui lui cerclait le crâne, passons chez moi, parlez pour moi à Célestin. Mon ami, dites-lui qu'il y va de ma vie et de celle de ma femme. Que sous aucun prétexte personne ne jase de la disparition de Roguin. Faites descendre Césarine et priez-la d'empêcher qu'on ne parle de cette affaire à sa mère: elle doit se défier de nos meilleurs amis, Pillerault, les Ragon, tout le monde.

Le changement de la voix de Birotteau frappa vivement Crottat qui comprit l'importance de cette recommandation. La rue Saint-Honoré menait chez le magistrat; il remplit les intentions du parfumeur, que Célestin et Césarine virent avec effroi sans voix, pâle et comme hébété au fond du fiacre.

— Gardez-moi le secret de cette affaire, dit le parfumeur.

— Ah! se dit Xandrot, il revient! je le croyais perdu.

La conférence d'Alexandre Crottat et du magistrat dura longtemps: on envoya chercher le président de la chambre des notaires; on transporta partout César comme un paquet, il ne bougeait pas et ne disait mot. Vers sept heures du soir, Alexandre Crottat ramena le parfumeur chez lui. L'idée de comparaître devant Constance rendit du ton à César. Le jeune notaire eut la charité de le précéder pour prévenir madame Birotteau que son mari venait d'avoir une espèce de coup de sang.

— Il a les idées troubles, dit-il en faisant un geste employé pour peindre l'embrouillement du cerveau, il faudrait peut-être le saigner ou lui mettre les sangsues.

— Cela devait arriver, dit Constance à mille lieues d'un désastre, il n'a pas pris sa médecine de précaution à l'entrée de l'hiver, et il se donne, depuis deux mois, un mal de galérien, comme s'il n'avait pas son pain gagné.

César fut supplié par sa femme et par sa fille de se mettre au lit, et l'on envoya chercher le vieux docteur Haudry, médecin de Birotteau. Le vieux Haudry était un médecin de l'école de Molière, grand praticien et ami des anciennes formules de l'apothicairerie, droguant ses malades ni plus ni moins qu'un médicastre, tout consultant qu'il était. Il vint, étudia le *facies* de César, ordonna l'application immédiate de sinapismes à la plante des pieds : il voyait les symptômes d'une congestion cérébrale.

— Qui a pu lui causer cela? dit Constance.

— Le temps humide, répondit le docteur à qui Césarine vint dire un mot.

Il y a souvent obligation pour les médecins de lâcher sciemment des niaiseries afin de sauver l'honneur ou la vie des gens bien portants qui sont autour du malade. Le vieux docteur avait vu tant de choses, qu'il comprit à demi-mot. Césarine le suivit sur l'escalier en lui demandant une règle de conduite.

— Du calme et du silence, puis nous risquerons des fortifiants quand la tête sera dégagée.

Madame César passa deux jours au chevet du lit de son mari, qui lui parut souvent avoir le délire. Mis dans la belle chambre bleue de sa femme, il disait des choses incompréhensibles pour Constance, à l'aspect des draperies, des meubles et de ses coûteuses magnificences.

— Il est fou, disait-elle à Césarine en un moment où César s'était dressé sur son séant et citait d'une voix solennelle les articles du Code de commerce par bribes.

— Si les dépenses sont jugées excessives, ôtez les draperies!

Après trois terribles jours, pendant lesquels la raison de César fut en danger, la nature forte du paysan tourangeau triompha; sa tête fut dégagée; monsieur Haudry lui fit prendre des cordiaux, une nourriture énergique, et, après une tasse de café donnée à temps, le négociant fut sur ses pieds. Constance fatiguée prit la place de son mari.

— Pauvre femme, dit César quand il la vit endormie.

— Allons, papa, du courage! Vous êtes un homme si supérieur que vous triompherez. Ce ne sera rien. Monsieur Anselme vous aidera.

Césarine dit d'une voix douce ces vagues paroles que la tendresse adoucit encore, et qui rendent le courage aux plus abattus, comme les chants d'une mère endorment les douleurs d'un enfant tourmenté par la dentition.

— Oui, mon enfant, je vais lutter; mais pas un mot à qui que ce soit au monde, ni à Popinot qui nous aime, ni à ton oncle Pillerault. Je vais d'abord écrire à mon frère : il est, je crois, chanoine, vicaire d'une cathédrale; il ne dépense rien, il doit avoir de l'argent. A mille écus d'économie par an, depuis vingt ans, il doit avoir cent mille francs. En province, les prêtres ont du crédit.

Césarine, empressée d'apporter à son père une petite table et tout ce qu'il fallait pour écrire, lui donna le reste des invitations imprimées sur papier rose pour le bal.

— Brûle tout ça! cria le négociant. Le diable seul a pu m'inspirer de donner ce bal. Si je succombe, j'aurai l'air d'un fripon. Allons, pas de phrases.

LETTRE DE CÉSAR A FRANÇOIS BIROTTEAU.

Mon cher frère,

Je me trouve dans une crise commerciale si difficile, que je te supplie de m'envoyer tout l'argent dont tu pourras disposer, fallût-il même en emprunter.

Tout à toi, CÉSAR.

Ta nièce Césarine, qui me voit écrire cette lettre pendant que ma pauvre femme dort, se recommande à toi et t'envoie ses tendresses.

Ce *post-scriptum* fut ajouté à la prière de Césarine qui porta la lettre à Raguet.

— Mon père, dit-elle en remontant, voici monsieur Lebas qui veut vous parler.

— Monsieur Lebas, s'écria César effrayé comme si son désastre le rendait criminel, un juge!

— Mon cher monsieur Birotteau, je prends trop d'intérêt à vous, dit le gros marchand drapier en entrant, nous nous connaissons depuis trop long-temps, nous avons été élus tous deux juges la première fois ensemble, pour ne pas vous dire que Gigonnet, un usurier, a des effets de vous passés à son ordre, *sans garantie*, par la maison Claparon. Ces deux mots sont non-seulement un affront, mais encore la mort de votre crédit.

— Monsieur Claparon désire vous parler, dit Célestin en se montrant, dois-je le faire monter ?

— Nous allons savoir la cause de cette insulte, dit Lebas.

— Monsieur, dit le parfumeur à Claparon en le voyant entrer, voici monsieur Lebas, juge au tribunal de commerce et mon ami....

— Ah! monsieur est monsieur Lebas, dit Claparon en interrompant, je suis enchanté de la circonstance, monsieur Lebas du tribunal, il y a tant de Lebas, sans compter *les hauts et les bas...*

— Il a vu, reprit Birotteau en interrompant le bavard, les effets que je vous ai remis, et qui, disiez-vous, ne circuleraient pas. Il les a vus avec ces mots : *sans garantie*.

— Eh! bien, dit Claparon, ils ne circuleront pas en effet, ils sont entre les mains d'un homme avec qui je fais beaucoup d'affaires, le père Bidault. Voilà pourquoi j'ai mis sans garantie. S'ils avaient dû circuler, vous les auriez faits à son ordre directement. Monsieur le juge va comprendre ma situation. Que représentent ces effets? un prix d'immeuble, payé par qui ? par Birotteau. Pourquoi voulez-vous que je garantisse Birotteau par ma signature? Nous devons payer, chacun de notre côté, notre part dans cedit prix. Or, n'est-ce pas assez d'être solidaire vis-à-vis de nos vendeurs? Chez moi, la règle commerciale est inflexible : je ne donne pas plus inutilement ma garantie que je ne donne quittance d'une somme à recevoir. Je suppose tout. Qui signe paie. Je ne veux pas être exposé à payer trois fois.

— Trois fois ! dit César.

— Oui, monsieur, reprit Claparon. Déjà j'ai garanti Birotteau à nos vendeurs, pourquoi le garantirai-je encore au banquier ? Les circonstances où nous sommes sont dures, Roguin m'emporte cent mille francs. Ainsi, déjà ma moitié de terrains me coûte cinq cent mille au lieu de quatre cent mille francs. Roguin emporte deux cent quarante mille francs à Birotteau. Que feriez-vous à ma place, monsieur Lebas? mettez-vous dans ma peau. Je n'ai pas l'honneur d'être connu de vous, plus que je ne connais monsieur Birotteau. Suivez bien. Nous faisons une affaire ensemble par moitié. Vous apportez tout l'argent de votre part, moi je règle la mienne en mes valeurs; je vous les offre, vous vous chargez, par une excessive complaisance, de les convertir en argent. Vous apprenez que Claparon, banquier, riche, considéré, j'accepte toutes les vertus du monde, que le vertueux Claparon se trouve dans une faillite pour six millions à rembourser; irez-vous, en ce moment-là même, mettre votre signature pour garantir la mienne? Vous seriez fou! Eh! bien, monsieur Lebas, Birotteau est dans le cas où je suppose Claparon. Ne voyez-vous pas que je puis alors payer aux acquéreurs comme solidaire, être tenu de rembourser encore la part de Birotteau jusqu'à concurrence de ses effets, si je les garantissais, et sans avoir...

— A qui? demanda le parfumeur en interrompant.

— Et sans avoir sa moitié de terrains, dit Claparon sans tenir compte de l'interruption, car je n'aurais aucun privilége; il faudrait donc encore l'acheter! Donc je puis payer trois fois.

— Rembourser à qui, demandait toujours Birotteau.

— Mais au tiers-porteur, si j'endossais et qu'il vous arrivât un malheur.

— Je ne manquerai pas, monsieur, dit Birotteau.

— Bien, dit Claparon. Vous avez été juge, vous êtes habile commerçant, vous savez que l'on doit tout prévoir, ne vous étonnez donc pas que je fasse mon métier.

— Monsieur Claparon a raison, dit Joseph Lebas.

— J'ai raison, reprit Claparon, raison commercialement. Mais cette affaire est territoriale. Or, que dois-je recevoir, moi?... de l'argent, car il faudra donner de l'argent à nos vendeurs. Laissons de côté les deux cent quarante mille francs que monsieur Birotteau trouvera, j'en suis sûr, dit Claparon en regardant Lebas. Je venais vous demander la bagatelle de vingt-cinq mille francs, dit-il en regardant Birotteau.

— Vingt-cinq mille francs, s'écria César en se sentant de la glace au lieu de sang dans les veines. Mais, monsieur, à quel titre?

— Hé! mon cher monsieur, nous sommes obligés de réaliser les ventes par-devant notaire. Or, relativement au prix, nous pouvons nous entendre entre nous; mais avec le fisc, votre serviteur!

Le fisc ne s'amuse pas à dire des paroles oiseuses, il fait crédit de la main à la poche, et nous avons à lui cracher quarante-quatre mille francs de droits cette semaine. J'étais loin de m'attendre à des reproches en venant ici, car, pensant que ces vingt-cinq mille francs pouvaient vous gêner, j'avais à vous annoncer que, par le plus grand des hasards, je vous ai sauvé...

— Quoi? dit Birotteau en faisant entendre ce cri de détresse auquel aucun homme ne se trompe.

— Une misère! les vingt-cinq mille francs d'*effets sur divers* que Roguin m'avait remis à négocier, je vous en ai crédité sur l'enregistrement et les frais dont je vous enverrai le compte; il y a la petite négociation à déduire, vous me redevrez six ou sept mille francs.

— Tout cela me semble parfaitement juste, dit Lebas. A la place de monsieur, qui me paraît très-bien entendre les affaires, j'agirais de même envers un inconnu.

— Monsieur Birotteau ne mourra pas de cela, dit Claparon, il faut plus d'un coup pour tuer un vieux loup; j'ai vu des loups avec des balles dans la tête courir comme..., et, pardieu, comme des loups.

— Qui peut prévoir une scélératesse semblable à celle de Roguin? dit Lebas autant effrayé du silence de César que d'une si énorme spéculation étrangère à la parfumerie.

— Il s'en est peu fallu que je ne donnasse quittance de quatre cent mille francs à monsieur, dit Claparon, et j'étais *fumé*. J'avais remis cent mille francs à Roguin la veille. Notre confiance mutuelle m'a sauvé. Que les fonds fussent à l'étude, ou fussent chez moi jusqu'au jour des contrats définitifs, la chose nous semblait à tous indifférente.

— Il aurait mieux valu que chacun gardât son argent à la Banque jusqu'au moment de payer, dit Lebas.

— Roguin était la Banque pour moi, dit César. Mais il est dans l'affaire, reprit-il en regardant Claparon.

— Oui, pour un quart, sur parole, répondit Claparon. Après la sottise de lui laisser emporter mon argent, il y en a une plus pommée, ce serait de lui en donner. S'il m'envoie mes cent mille francs, et deux cent mille autres pour sa part, alors nous verrons! Mais il se gardera bien de me les envoyer pour une affaire qui demande cinq ans de pot-bouille avant de donner un premier potage. S'il n'emporte, comme on le dit, que trois cent mille francs, il lui faut bien quinze mille livres de rente pour vivre convenablement à l'étranger.

— Le bandit!

— Eh! mon Dieu, une passion a conduit là Roguin, dit Claparon. Quel est le vieillard qui peut répondre de ne pas se laisser dominer, emporter par sa dernière fantaisie? Personne de nous, qui sommes sages, ne sait comment il finira. Un dernier amour, eh! c'est le plus violent. Et si *nous* sommes *gobés*, n'est-ce pas notre faute? Comment ne nous sommes-nous pas défiés d'un notaire qui se mettait dans une spéculation? Tout notaire, tout agent de change, tout courtier faisant une affaire, est suspect. La faillite est pour eux une banqueroute frauduleuse, ils iraient en cour d'assises, ils préfèrent alors aller dans une cour étrangère. Je ne ferai plus pareille école. Eh! bien, nous sommes assez faibles pour ne pas faire condamner par contumace des gens chez qui nous sommes allés dîner, qui nous ont donné de beaux bals, des gens du monde, enfin! Personne ne se plaint, on a tort.

— Grand tort, dit Birotteau : la loi sur les faillites et sur les déconfitures est à refaire.

— Si vous aviez besoin de moi, dit Lebas à Birotteau, je suis tout à vous.

— Monsieur n'a besoin de personne, dit l'infatigable bavard chez qui du Tillet avait lâché les écluses après y avoir mis l'eau, car Claparon répétait une leçon qui lui avait été très-habilement soufflée par du Tillet. Son affaire est claire : la faillite de Roguin donnera cinquante pour cent de dividende, à ce que le petit Crottat m'a dit. Outre ce dividende, monsieur Birotteau retrouve quarante mille francs que son prêteur n'avait pas ; puis il peut emprunter sur ses propriétés. Or, nous n'avons à payer deux cent mille francs à nos vendeurs que dans quatre mois. D'ici là, monsieur Birotteau paiera ses effets, car monsieur ne devait pas compter sur ce que Roguin a emporté pour les acquitter. Mais quand même monsieur Birotteau serait un peu serré... eh! bien, avec quelques circulations, il arrivera.

Le parfumeur avait repris courage en entendant Claparon analyser son affaire, et la résumer en lui traçant pour ainsi dire son plan de conduite. Aussi, sa contenance devint-elle ferme et décidée, et conçut-il une grande idée des moyens de cet ancien voya-

geur. Du Tillet avait jugé à propos de se faire croire victime de
Roguin par Claparon. Il avait remis cent mille francs à Claparon
pour les donner à Roguin, qui les lui avait rendus. Claparon inquiet jouait son rôle au naturel, il disait à quiconque voulait l'entendre que Roguin lui coûtait cent mille francs. Du Tillet n'avait
pas jugé Claparon assez fort, il lui croyait encore trop de principes
d'honneur et de délicatesse pour lui confier ses plans dans toute
leur étendue, il le savait incapable de le deviner.

— Si notre premier ami n'est pas notre première dupe, nous
n'en trouverions pas une seconde, dit-il à Claparon le jour où recevant des reproches de son proxénète commercial il le brisa comme
un instrument usé.

Monsieur Lebas et Claparon s'en allèrent ensemble.

— Je puis m'en tirer, se dit Birotteau. Mon passif en effets à
payer s'élève à deux cent trente-cinq mille francs, à savoir soixante-
quinze mille francs pour ma maison, et cent soixante-quinze mille
francs pour les terrains. Or, pour suffire à ces paiements, j'ai le
dividende Roguin qui sera peut-être de cent mille francs, je puis
faire annuler l'emprunt sur mes terrains, en tout cent quarante. Il
s'agit de gagner cent mille francs avec l'Huile Céphalique, et d'atteindre, avec quelques billets de service, ou par un crédit chez
un banquier, le moment où j'aurai réparé la perte, et où les terrains arriveront à leur plus-value.

Une fois que dans le malheur un homme peut se faire un roman
d'espérance par une suite de raisonnements plus ou moins justes avec
lesquels il bourre son oreiller pour y reposer sa tête, il est souvent
sauvé. Beaucoup de gens ont pris la confiance que donne l'illusion pour
de l'énergie, et peut-être l'espoir est-il la moitié du courage. Aussi
la religion catholique en a-t-elle fait une vertu. L'espérance n'a-t-
elle pas soutenu beaucoup de faibles, en leur donnant le temps
d'attendre les hasards de la vie? Résolu d'aller chez l'oncle de sa
femme exposer sa situation avant de chercher des secours ailleurs,
Birotteau ne descendit pas la rue Saint-Honoré jusqu'à la rue des
Bourdonnais sans éprouver des angoisses ignorées et qui l'agitèrent
si violemment qu'il crut sa santé dérangée. Il avait le feu dans les
entrailles. En effet, les gens qui sentent par le diaphragme souf-
frent là, de même que les gens qui perçoivent par la tête ressentent des douleurs cérébrales. Dans les grandes crises, le physique
est atteint là où le tempérament a mis pour l'individu le siége de la

vie : les faibles ont la colique, Napoléon s'endort. Avant de monter à l'assaut d'une confiance en passant par dessus toutes les barrières de la fierté, les gens d'honneur doivent avoir senti plus d'une fois au cœur l'éperon de la nécessité, cette dure cavalière ! Aussi Birotteau s'était-il laissé éperonner pendant deux jours avant de venir chez son oncle, il ne se décida même que par des raisons de famille : en tout état de cause, il devait expliquer sa situation au sévère quincaillier. Néanmoins, en arrivant à la porte, il ressentit cette intime défaillance que tout enfant a éprouvée en entrant chez un dentiste ; mais ce défaut de cœur embrassait la vie dans son entier, au lieu d'embrasser une douleur passagère. Birotteau monta lentement. Il trouva le vieillard lisant le *Constitutionnel* au coin de son feu, devant la petite table ronde où était son frugal déjeuner : un petit pain, du beurre, du fromage de Brie et une tasse de café.

— Voilà le vrai sage, dit Birotteau en enviant la vie de son oncle.

— Eh ! bien, lui dit Pillerault en ôtant ses besicles, j'ai su hier au café David l'affaire de Roguin, l'assassinat de la belle Hollandaise sa maîtresse ! J'espère que, prévenu par nous qui voulions être propriétaires réels, tu es allé prendre quittance de Claparon.

— Hélas ! mon oncle, tout est là, vous avez mis le doigt sur la plaie. Non.

— Ah ! bouffre, tu es ruiné, dit Pillerault en laissant tomber son journal que Birotteau ramassa quoique ce fût le *Constitutionnel*.

Pillerault fut si violemment frappé par ses réflexions que sa figure de médaille et de style sévère se bronza comme le métal sous un coup de balancier : il demeura fixe, regarda sans la voir la muraille d'en face au travers de ses vitres, en écoutant le long discours de Birotteau. Évidemment il entendait et jugeait, il pesait le pour et le contre avec l'inflexibilité d'un Minos qui avait passé le Styx du commerce en quittant le quai des Morfondus pour son petit troisième étage.

— Eh ! bien, mon oncle ? dit Birotteau qui attendait une réponse après avoir conclu par une prière de vendre pour soixante mille francs de rentes.

— Eh ! bien, mon pauvre neveu, je ne le puis pas, tu es trop fortement compromis. Les Ragon et moi nous allons perdre chacun nos cinquante mille francs. Ces braves gens ont vendu par mon conseil leurs actions dans les mines de Vortschin : je me crois obligé, en cas de perte, non de leur rendre le capital, mais de les secourir, de secourir ma nièce et Césarine. Il vous faudra peut-être du pain à tous, vous le trouverez chez moi...

— Du pain, mon oncle?

— Eh! bien, oui, du pain. Vois donc les choses comme elles sont : *tu ne t'en tireras pas.* De cinq mille six cents francs de rentes, je pourrai distraire quatre mille francs pour les partager entre vous et les Ragon. Ton malheur arrivé, je connais Constance, elle travaillera comme une perdue, elle se refusera tout, et toi aussi, César!

— Tout n'est pas désespéré, mon oncle.

— Je ne vois pas comme toi.

— Je vous prouverai le contraire.

— Rien ne me fera plus de plaisir.

Birotteau quitta Pillerault sans rien répondre. Il était venu chercher des consolations et du courage, il recevait un second coup moins fort à la vérité que le premier; mais au lieu de porter sur la tête, il frappait au cœur : le cœur était toute la vie de ce pauvre homme. Il revint après avoir descendu quelques marches.

— Monsieur, dit-il d'une voix froide, Constance ne sait rien, gardez-moi le secret au moins. Et priez les Ragon de ne pas m'ôter chez moi la tranquillité dont j'ai besoin pour lutter contre le malheur.

Pillerault fit un signe de consentement.

— Du courage, César, ajouta-t-il, je te vois fâché contre moi, mais plus tard tu me rendras justice en pensant à ta femme et à ta fille.

Découragé par l'opinion de son oncle auquel il reconnaissait une lucidité particulière, César tomba de toute la hauteur de son espoir dans les marais fangeux de l'incertitude. Quand, dans ces horribles crises commerciales, un homme n'a pas une âme trempée comme celle de Pillerault, il devient le jouet des événements : il suit les idées d'autrui, les siennes, comme un voyageur court après des feux follets. Il se laisse emporter par le tourbillon au lieu de se coucher sans le regarder quand il passe, ou de s'élever pour en suivre la direction en y échappant. Au milieu de sa douleur, Birotteau se souvint du procès relatif à son emprunt. Il alla rue Vivienne, chez Derville, son avoué, pour commencer au plus tôt la procédure, dans le cas où l'avoué verrait quelque chance de faire annuler le contrat. Le parfumeur trouva Derville enveloppé dans sa robe de chambre en molleton blanc, au coin de son feu, calme et posé, comme tous les avoués rompus aux plus terribles confidences. Birotteau remarqua pour la première fois cette froideur nécessaire, qui glace l'homme passionné, blessé, pris par la fièvre de l'intérêt en danger, et douloureusement atteint dans sa vie, dans son honneur, dans sa femme et ses enfants, comme l'était Birotteau racontant son malheur.

— S'il est prouvé, lui dit Derville après l'avoir écouté, que le prêteur ne possédait plus chez Roguin la somme que Roguin vous faisait lui prêter, comme il n'y a pas eu délivrance d'espèces, il y a lieu à rescision : le prêteur aura son recours sur le cautionnement, comme vous pour vos cent mille francs. Je réponds alors du procès autant qu'on peut en répondre, il n'y a pas de procès gagné d'avance.

L'avis d'un si fort jurisconsulte rendit un peu de courage au parfumeur, qui pria Derville d'obtenir jugement dans la quinzaine. L'avoué répondit que peut-être il aurait avant trois mois un jugement qui annulerait le contrat.

— Dans trois mois ! dit le parfumeur qui croyait avoir trouvé des ressources.

— Mais, tout en obtenant une prompte mise au rôle, nous ne pouvons pas mettre votre adversaire à votre pas : il usera des délais de la procédure, les avocats ne sont pas toujours là ; qui sait si votre partie adverse ne se laissera pas condamner par défaut ? On ne marche pas comme on veut, mon cher maître ! dit Derville en souriant.

— Mais au tribunal de commerce? dit Birotteau.

— Oh ! dit l'avoué, les juges consulaires et les juges de première instance sont deux sortes de juges. Vous autres, vous sabrez les affaires ! Au palais nous avons des formes. La forme est protectrice du droit. Aimeriez-vous un jugement à brûle-pourpoint qui vous ferait perdre vos quarante mille francs? Eh ! bien, votre adversaire, qui va voir cette somme compromise, se défendra. Les délais sont les chevaux de frise judiciaires.

— Vous avez raison, dit Birotteau qui salua Derville et sortit la mort dans le cœur.

— Ils ont tous raison. De l'argent ! de l'argent ! criait le parfumeur par les rues en se parlant à lui-même, comme font tous les gens affairés de ce turbulent et bouillonnant Paris, qu'un poète moderne nomme une cuve. En le voyant entrer, celui de ses commis qui allait partout présentant les mémoires lui dit que, vu l'approche du jour de l'an, chacun rendait l'acquit de la facture et la gardait.

— Il n'y a donc d'argent nulle part, dit le parfumeur à haute voix dans la boutique.

Il se mordit les lèvres, ses commis avaient tous levé la tête vers lui.

— Cinq jours se passèrent ainsi, cinq jours pendant lesquels Braschon, Lourdois, Thorein, Grindot, Chaffaroux, tous les créanciers non réglés passèrent par les phases caméléonesques que subit le créancier avant d'arriver de l'état paisible où le met la confiance aux couleurs sanguinolentes de la Bellone commerciale. A Paris, la période astringente de la défiance est aussi rapide à venir que le mouvement expansif de la confiance est lent à se décider : une fois tombé dans le système restrictif des craintes et des précautions commerciales, le créancier arrive à des lâchetés sinistres qui le mettent au-dessous du débiteur. D'une politesse doucereuse, les créanciers passèrent au rouge de l'impatience, aux pétillements sombres des importunités, aux éclats du désappointement, au froid bleu d'un parti pris, et à la noire insolence de l'assignation préparée. Braschon, ce riche tapissier du faubourg Saint-Antoine qui n'avait pas été invité au bal, sonna la charge en créancier blessé dans son amour-propre : il voulait être payé dans les vingt-quatre heures ; il exigeait des garanties, non des dépôts de meubles, mais une hypothèque inscrite après les quarante mille francs sur les terrains du faubourg. Malgré la violence de leurs réclamations, ils laissèrent encore quelques intervalles de repos pendant lesquels Birotteau respirait. Au lieu de vaincre ces premiers tiraillements d'une position difficile par une résolution forte, César usa son intelligence à empêcher que sa femme, la seule personne qui pût le conseiller, ne les connût. Il faisait sentinelle sur le seuil de sa porte, autour de sa boutique. Il avait mis Célestin dans le secret de sa gêne momentanée, et Célestin examinait son patron d'un regard aussi curieux qu'étonné : à ses yeux, César s'amoindrissait, comme s'amoindrissent dans les désastres les hommes habitués au succès et dont toute la force consiste dans l'acquis que donne la routine aux moyennes intelligences. Sans avoir l'énergique capacité nécessaire pour se défendre sur tant de points menacés à la fois, César eut cependant le courage d'envisager sa position. Pour la fin du mois de décembre et le quinze janvier, il lui fallait, tant pour sa maison que pour ses échéances, ses loyers et ses obligations au comptant, une somme de soixante mille francs, dont trente mille pour le trente décembre; toutes ses ressources en donnaient à peine vingt mille; il lui manquait donc dix mille francs. Pour lui, rien ne parut désespéré, car il ne voyait déjà plus que le moment présent, comme les aventuriers qui vivent au jour le jour. Avant que le bruit de sa gêne ne devînt public, il résolut donc de tenter ce qui lui paraissait un grand coup, en s'adressant au fameux François Keller, banquier, orateur et philanthrope, célèbre par sa bienfaisance et par son désir d'être utile au commerce parisien, en vue d'être toujours à la Chambre un des députés de Paris. Le banquier était libéral, Birotteau était royaliste; mais le parfumeur le jugea d'après son cœur, et trouva dans la différence des opinions un motif de plus pour obtenir un compte. Au cas où des valeurs seraient nécessaires, il ne doutait pas du dévouement de Popinot, auquel il comptait demander une trentaine de mille francs d'effets, qui aideraient à atteindre le gain de son procès, offert en garantie aux créanciers les plus altérés. Le parfumeur expansif, qui disait sur l'oreiller à sa chère Constance les moindres émotions de son existence, qui y puisait du courage, qui y cherchait les lumières de la contradiction, ne pouvait s'entretenir de sa situation ni avec son premier commis, ni avec son oncle, ni avec sa femme. Ses idées lui pesaient doublement. Mais il aimait mieux souffrir que de jeter ce brasier dans l'âme de sa femme. Ce généreux martyr voulait lui raconter le danger quand i serait passé. Peut-être reculait-il devant cette horrible confidence La peur que lui inspirait sa femme lui donnait du courage. Il allait tous les matins entendre une messe basse à Saint-Roch, et il prenait Dieu pour confident.

— Si, en rentrant de Saint-Roch chez moi, je ne trouve pas de soldat, ma demande réussira. Ce sera la réponse de Dieu, se disait-il après avoir prié Dieu de le secourir.

Et il était heureux de ne pas rencontrer de soldat. Cependant il avait le cœur trop oppressé, il lui fallut un autre cœur où il pût gémir. Césarine, à laquelle il s'était déjà confié lors de la fatale nouvelle, eut tout son secret. Il y eut entre eux des regards jeté à la dérobée, des regards pleins de désespoir et d'espoir étouffés, des invocations lancées avec une mutuelle ardeur, des demandes et des réponses sympathiques, des lueurs d'âme à âme. Birotteau se faisait gai, jovial pour sa femme. Constance faisait-elle une question, bah! tout allait bien, Popinot, auquel César ne pensait pas, réussissait! l'huile s'enlevait! les effets Claparon seraient payés, il n'y avait rien à craindre. Cette fausse joie était effrayante. Quand sa femme était endormie dans ce lit somptueux, Birotteau se dressait sur son séant, il tombait dans la contemplation de son malheur. Césarine arrivait parfois alors en chemise, un châle sur ses blanches épaules, pieds nus.

— Papa, je t'entends, tu pleures, disait-elle en pleurant elle-même.

Birotteau fut dans un tel état de torpeur après avoir écrit la lettre par laquelle il demandait un rendez-vous au grand François Keller que sa fille l'emmena dans Paris. Il aperçut seulement alors dans les rues d'énormes affiches rouges, et ses regards furent frappés par ces mots : HUILE CÉPHALIQUE.

Pendant les catastrophes occidentales de la Reine des Roses, la maison A. Popinot se levait radieuse dans les flammes orientales du succès. Conseillé par Gaudissart et par Finot, Anselme avait lancé son huile avec audace. Deux mille affiches avaient été mises depuis trois jours aux endroits les plus apparents de Paris. Personne ne pouvait éviter de se trouver face à face avec l'Huile Céphalique et de lire une phrase concise, inventée par Finot, sur l'impossibilité de faire pousser les cheveux et sur le danger de les teindre, accompagnée de la citation du Mémoire lu à l'Académie des sciences par Vauquelin; un vrai certificat de vie pour les cheveux morts promis à ceux qui useraient de l'Huile Céphalique. Tous les coiffeurs de Paris, les perruquiers, les parfumeurs avaient décoré leurs portes de cadres dorés, contenant un bel imprimé sur papier vélin, en tête duquel brillait la gravure d'Héro et de Léandre réduite, avec cette assertion en épigraphe : *Les anciens peuples de l'antiquité conservaient leurs chevelures par l'emploi de l'Huile Céphalique.*

— Il a inventé les cadres permanents, l'annonce éternelle! se dit Birotteau qui demeura stupéfait en regardant la devanture de la Cloche-d'Argent.

— Tu n'as donc pas vu chez toi, lui dit sa fille, un cadre que monsieur Anselme est venu lui-même apporter, en déposant à Célestin trois cents bouteilles d'huile ?

— Non, dit-il.

— Célestin en a déjà vendu cinquante à des passants, et soixante à des pratiques !

— Ah ! dit César.

Le parfumeur, étourdi par les mille cloches que la misère tinte aux oreilles de ses victimes, vivait dans un mouvement vertigineux ; la veille, Popinot l'avait attendu pendant une heure, et s'en était allé après avoir causé avec Constance et Césarine, qui lui dirent que César était absorbé par sa grande affaire.

— Ah ! oui, l'affaire des terrains.

Heureusement Popinot, qui depuis un mois n'était pas sorti de la rue des Cinq-Diamants, passait les nuits et travaillait les dimanches à la fabrique, n'avait vu ni les Ragon, ni Pillerault, ni son oncle le juge. Il ne dormait que deux heures, le pauvre enfant ! il n'avait que deux commis, et au train dont allaient les choses il lui en faudrait bientôt quatre. En commerce, l'occasion est tout. Qui n'enfourche pas le succès en se tenant aux crins manque sa fortune. Popinot se disait qu'il serait bien reçu quand, après six mois, il dirait à sa tante et à son oncle : « Je suis sauvé, ma fortune est faite ! » bien reçu de Birotteau quand il lui apporterait trente ou quarante mille francs pour sa part, après six mois. Il ignorait donc la fuite de Roguin, les désastres et la gêne de César, il ne put dire aucune parole indiscrète à madame Birotteau. Popinot promit à Finot cinq cents francs par grand journal, et il y en avait dix ! trois cents francs par journal secondaire, et il y en avait dix autres ! s'il y était parlé, trois fois par mois, de l'Huile Céphalique. Finot vit trois mille francs pour lui dans ces huit mille francs, son premier enjeu à jeter sur le grand et immense tapis vert de la Spéculation ! Il s'était donc élancé comme un lion sur ses amis, sur ses connaissances ; il habitait alors les bureaux de rédaction, il se glissait au chevet du lit de tous les rédacteurs, le matin ; et le soir il arpentait les foyers de tous les théâtres. — Pense à mon huile, cher ami, je n'y suis pour rien, affaire de camaraderie, tu sais ! Gaudissart, un bon vivant. Telle était la première et la dernière phrase de tous ses discours. Il assaillit le bas de toutes colonnes finales aux journaux où il fit des articles en en laissant l'argent aux rédacteurs. Rusé comme un figurant qui veut passer acteur, alerte comme un saute-ruisseau qui gagne soixante francs par mois, il écrivit des lettres captieuses, il flatta tous les amours-propres, il rendit d'immondes services aux rédacteurs en chef, afin d'obtenir ses articles. Argent, dîners, platitudes, tout servit son activité passionnée. Il corrompit avec des billets de spectacle les ouvriers qui, vers minuit, achèvent les colonnes des journaux en prenant quelques articles dans les petits faits, toujours prêts, les *en cas* du journal. Finot se trouvait alors dans l'imprimerie, occupé comme s'il avait un article à revoir. Ami de tout le monde, il fit triompher l'Huile Céphalique de la pâte de Regnauld, de la Mixture Brésilienne, de toutes les inventions qui, les premières, eurent le génie de comprendre l'influence du journalisme et l'effet de piston produit sur le public par un article réitéré. Dans ce temps d'innocence, beaucoup de journalistes étaient comme les bœufs, ils ignoraient leurs forces, ils s'occupaient d'actrices, de Florine, de Tullie; de danseuses, des Mariette, etc. Ils régentaient tout, et ne ramassaient rien. Les prétentions d'Andoche ne concernaient ni une actrice à faire applaudir, ni une pièce à faire jouer, ni ses vaudevilles à faire recevoir, ni des articles à faire payer; au contraire, il offrait de l'argent en temps utile, un déjeuner à propos; il n'y eut donc pas un journal qui ne parlât de l'Huile Céphalique, de sa concordance avec les analyses de Vauquelin, qui ne se moquât de ceux qui croient que l'on peut faire pousser les cheveux, qui ne proclamât le danger de les teindre. Ces articles réjouissaient l'âme de Gaudissart, qui s'armait de journaux pour détruire les préjugés, et faisait sur la province ce que depuis les spéculateurs ont nommé, d'après lui, *la charge à fond de train*. Dans ce temps-là, les journaux de Paris dominaient les départements *encore sans organes*, les malheureux! Les journaux y étaient donc sérieusement étudiés, depuis le titre jusqu'au nom de l'imprimeur, ligne où pouvaient se cacher les ironies de l'opinion persécutée. Gaudissart, appuyé sur la presse, eut d'éclatants succès dès les premières villes où donna sa langue. Tous les boutiquiers de province voulaient des cadres et des imprimés à gravure d'Héro et Léandre. Finot dirigea contre l'huile de Macassar cette charmante plaisanterie qui faisait tant rire aux Funambules, quand Pierrot prend un vieux balai de crin dont on ne voit que les trous, y met de l'huile de Macassar, et rend ainsi le balai forestièrement touffu. Cette scène ironique excitait un rire universel. Plus tard, Finot racontait gaiement que, sans ces mille écus, il serait mort de misère et de douleur. Pour lui, mille écus étaient une fortune. Dans cette campagne, il devina, lui, le premier, le pouvoir de l'Annonce, dont il fit un si grand et si savant usage. Trois mois après, il fut rédacteur en chef d'un petit journal, qu'il finit par acheter et qui fut la base de sa fortune. De même que la charge à fond de train faite par l'illustre Gaudissart, le Murat des voyageurs, sur les départements et les frontières, fit triompher commercialement la maison A. Popinot, de même elle triompha dans l'opinion, grâce au famélique assaut livré aux journaux et qui produisit cette vive publicité également obtenue par la Mixture Brésilienne et la Pâte de Regnauld. A son début, cette prise d'assaut de l'opinion publique engendra trois succès, trois fortunes, et valut l'invasion des mille ambitions descendues depuis en bataillons épais dans l'arène des journaux où elles créèrent les annonces payées, immense révolution ! En ce moment, la maison *A. Popinot et compagnie* se pavanait sur les murs et dans toutes les devantures.

Incapable de mesurer la portée d'une pareille publicité, Birotteau se contenta de dire à Césarine : « Ce petit Popinot marche sur mes traces ! » sans comprendre la différence des temps, sans apprécier la puissance des nouveaux moyens d'exécution dont la rapidité, l'étendue, embrassaient beaucoup plus promptement qu'autrefois le monde commercial. Birotteau n'avait pas mis le pied à sa fabrique depuis son bal : il ignorait le mouvement et l'activité que Popinot y déployait. Anselme avait pris tous les ouvriers de Birotteau, il y couchait ; il voyait Césarine assise sur toutes les caisses, couchée dans toutes les expéditions, imprimée sur toutes les factures ; il se disait : Elle sera ma femme ! quand, la chemise retroussée jusqu'aux coudes, habit bas, il enfonçait rageusement les clous d'une caisse, à défaut de ses commis en course.

Le lendemain, après avoir étudié pendant toute la nuit tout ce qu'il devait dire et ne pas dire à l'un des grands hommes de la haute banque, César arriva rue du Houssaye, et n'aborda pas, sans d'horribles palpitations, l'hôtel du banquier libéral qui appartenait à cette opinion accusée, à si juste titre, de vouloir le renversement des Bourbons. Le parfumeur, comme tous les gens du petit commerce parisien, ignorait les mœurs et les hommes de la haute banque. A Paris, entre la haute banque et le commerce, il est des maisons secondaires, intermédiaire utile à la Banque, elle y trouve une garantie de plus. Constance et Birotteau, qui ne s'étaient jamais avancés au delà de leurs moyens, dont la caisse n'avait jamais été à sec et qui gardaient leurs effets en portefeuille, n'avaient jamais eu recours à ces maisons de second ordre ; ils étaient, à plus forte raison, inconnus dans les hautes régions de la Banque. Peut-être est-ce une faute de ne pas se fonder un crédit même inutile : les avis sont partagés sur ce point. Quoi qu'il en soit, Birotteau regrettait beaucoup de ne pas avoir émis sa signature. Mais, connu comme adjoint et comme homme politique, il crut n'avoir qu'à se nommer et entrer ; il ignorait l'affluence quasi-royale qui distinguait l'audience de ce banquier. Introduit dans le salon qui précédait le cabinet de l'homme célèbre à tant de titres, Birotteau s'y vit au milieu d'une société nombreuse composée de députés, écrivains, journalistes, agents de change, hauts commerçants, gens d'affaires, ingénieurs, surtout de familiers qui traversaient les groupes et frappaient d'une façon particulière à la porte du cabinet où ils entraient par privilége. — Que suis-je au milieu de cette machine ? se dit Birotteau, tout étourdi par le mouvement de cette forge intellectuelle où se manutentionnait le pain quotidien de l'opposition, où se répétaient les rôles de la grande tragi-comédie jouée par la Gauche. Il entendait discuter à sa droite la question de l'emprunt pour l'achèvement des principales lignes de canaux proposé par la direction des ponts-et-chaussées, et il s'agissait de millions ! A sa gauche, des journalistes à la curée de l'amour-propre du banquier s'entretenaient de la séance d'hier et de l'improvisation du patron. Durant deux heures d'attente, Birotteau aperçut trois fois le banquier politique, reconduisant à trois pas au delà de son cabinet des hommes considérables. François Keller alla jusqu'à l'antichambre pour le dernier, le général Foy. — Je suis perdu ! se dit Birotteau dont le cœur se serra.

Quand le banquier revenait à son cabinet, la troupe des courtisans, des amis, des intéressés l'assaillait comme des chiens qui poursuivent une jolie chienne. Quelques hardis roquets se glissaient malgré lui dans le sanctuaire. Les conférences duraient cinq minutes, dix minutes, un quart d'heure. Les uns s'en allaient contrits, les autres affichaient un air satisfait ou prenaient des airs importants. Le temps s'écoulait, Birotteau regardait avec anxiété la pendule. Personne ne faisait la moindre attention à cette douleur cachée qui gémissait sur un fauteuil doré au coin de la cheminée, à la porte de ce cabinet où résidait la panacée universelle, le crédit! César pensait douloureusement qu'il avait été un moment chez lui roi, comme cet homme était roi tous les matins, et il mesurait la profondeur de l'abîme où il était tombé. Amère pensée! Combien de larmes rentrées durant cette heure passée là! Combien de fois Birotteau supplia Dieu de lui rendre cet homme favorable, car il lui trouvait, sous une grosse enveloppe de bonhomie populaire, une insolence, une tyrannie colérique, une brutale envie de dominer qui épouvantait son âme douce. Enfin, quand il n'y eut plus que dix ou douze personnes, Birotteau se résolut, quand la porte extérieure du cabinet grognerait, de se dresser, de se mettre au niveau du grand orateur en lui disant : Je suis Birotteau! Le grenadier qui s'élança le premier dans la redoute de la Moskowa ne déploya pas plus de courage que le parfumeur n'en rassembla pour se livrer à cette manœuvre.

— Après tout, je suis son adjoint, se dit-il en se levant pour décliner son nom.

La physionomie de François Keller devint accorte, il voulut évidemment être aimable, il regarda le ruban rouge du parfumeur, se recula, ouvrit la porte de son cabinet, lui montra le chemin, et resta pendant quelque temps à causer avec deux personnes qui s'élancèrent de l'escalier avec la violence d'une trombe.

— Decazes veut vous parler, dit l'une des deux.

— Il s'agit de tuer le pavillon Marsan! le roi voit clair, il vient à nous? s'écria l'autre.

— Nous irons ensemble à la chambre, dit le banquier en rentrant dans l'attitude de la grenouille qui veut imiter le bœuf.

— Comment peut-il penser aux affaires de banque? se demanda Birotteau tout bouleversé.

Le soleil de la supériorité scintillait, éblouissait le parfumeur comme la lumière aveugle les insectes qui veulent un jour doux ou les demi-ténèbres d'une belle nuit. Sur une immense table il apercevait le budget, les mille imprimés de la chambre, les volumes du *Moniteur* ouverts, consultés et marqués pour jeter à la tête d'un ministre ses précédentes paroles oubliées et lui faire chanter la palinodie aux applaudissements d'une foule niaise, incapable de comprendre que les événements modifient tout. Sur une autre table, des cartons entassés, les mémoires, les projets, les mille renseignements confiés à un homme dans la caisse duquel toutes les industries naissantes essayaient de puiser. Le luxe royal de ce cabinet plein de tableaux, de statues, d'œuvres d'art ; l'encombrement de la cheminée, l'entassement des intérêts nationaux ou étrangers amoncelés comme des ballots, tout frappait Birotteau, l'amoindrissait, augmentait sa terreur et lui glaçait le sang. Sur le bureau de François Keller gisaient des liasses d'effets, de lettres de change, de circulaires commerciales. Keller s'assit et se mit à signer rapidement les lettres qui n'exigeaient aucun examen.

— Monsieur, à quoi dois-je l'honneur de votre visite ? lui dit-il.

A ces mots, prononcés pour lui seul par cette voix qui parlait à l'Europe, pendant que cette main avide allait sur le papier, le pauvre parfumeur eut comme un fer chaud dans le ventre. Il prit un air agréable que le banquier voyait prendre depuis dix ans à ceux qui avaient à l'entortiller d'une affaire importante pour eux seuls, et qui déjà lui donnait barre sur eux. François Keller jeta donc à César un regard qui lui traversa la tête, un regard napoléonien. L'imitation du regard de Napoléon était un léger ridicule que se permettaient alors quelques parvenus qui n'ont même pas été le billon de leur empereur. Ce regard tomba sur Birotteau, homme de la droite, séide du pouvoir, élément d'élection monarchique, comme un plomb de douanier qui marque une marchandise.

— Monsieur, je ne veux pas abuser de vos moments, je serai court. Je viens pour une affaire purement commerciale, vous demander si je puis obtenir un crédit chez vous. Ancien juge au tribunal de commerce et connu à la banque, vous comprenez que, si j'avais un portefeuille plein, je n'aurais qu'à m'adresser là où vous êtes régent. J'ai eu l'honneur de siéger au tribunal avec monsieur le baron Thibon, chef du comité d'escompte, et il ne me refuserait certes pas. Mais je n'ai jamais usé de mon crédit ni de ma signature ; ma signature est vierge, et vous savez combien alors une négociation présente de difficultés...

Keller agita la tête, et Birotteau prit ce mouvement pour un mouvement d'impatience.

— Monsieur, voici le fait, reprit-il. Je me suis engagé dans une affaire territoriale, en dehors de mon commerce...

François Keller, qui signait toujours et lisait, sans avoir l'air d'écouter César, tourna la tête et lui fit un signe d'adhésion qui l'encouragea. Birotteau crut son affaire en bon chemin, et respira.

— Allez, je vous entends, lui dit Keller avec bonhomie.

— Je suis acquéreur pour moitié des terrains situés autour de la Madeleine.

— Oui, j'ai entendu parler chez Nucingen de cette immense affaire engagée par la maison Claparon.

— Eh! bien, reprit le parfumeur, un crédit de cent mille francs, garanti par ma moitié dans cette affaire, ou par mes propriétés commerciales, suffirait à me conduire au moment où je réaliserai des bénéfices que doit donner prochainement une conception de pure parfumerie. S'il était nécessaire, je vous couvrirais par des effets d'une nouvelle maison, la maison Popinot, une jeune maison qui...

Keller parut se soucier fort peu de la maison Popinot, et Birotteau comprit qu'il s'engageait dans une mauvaise voie ; il s'arrêta, puis, effrayé du silence, il reprit : — Quant aux intérêts, nous...

— Oui, oui, dit le banquier, la chose peut s'arranger, ne doutez pas de mon désir de vous être agréable. Occupé comme je le suis, j'ai les finances européennes sur les bras, et la chambre prend tous mes moments, vous ne serez pas étonné d'apprendre que je laisse étudier une foule d'affaires à mes bureaux. Allez voir, en bas, mon frère Adolphe, expliquez-lui la nature de vos garanties ; s'il approuve l'opération, vous reviendrez avec lui demain ou après-demain à l'heure où j'examine à fond les affaires, à cinq heures du matin. Nous serons heureux et fiers d'avoir obtenu votre confiance, vous êtes un de ces royalistes conséquents dont on peut être l'ennemi politique, mais dont l'estime est flatteuse...

— Monsieur, dit le parfumeur exalté par cette phrase de tribune, je suis aussi digne de l'honneur que vous me faites que de l'insigne et royale faveur... Je l'ai méritée en siégeant au tribunal consulaire et en combattant...

— Oui, reprit le banquier, la réputation dont vous jouissez est un passe-port, monsieur Birotteau. Vous ne devez proposer que des affaires faisables, vous pouvez compter sur notre concours.

Une femme, la femme de Keller, une demoiselle de Gondreville, ouvrit une porte que Birotteau n'avait pas vue.

— Mon ami, j'espère te voir avant la chambre, dit-elle.

— Il est deux heures, s'écria le banquier, la bataille est entamée. Excusez-moi, monsieur, il s'agit de culbuter un ministère... Voyez mon frère. — Il reconduisit le parfumeur jusqu'à la porte du salon et dit à l'un de ses gens : — Menez monsieur chez monsieur Adolphe.

A travers le labyrinthe d'escaliers où le guidait un homme en livrée vers un cabinet moins somptueux que celui du chef de la maison, mais plus utile, le parfumeur, à cheval sur un *si*, la plus douce monture de l'espérance, se caressait le menton en trouvant de très-bon augure les flatteries de l'homme célèbre. Il regrettait qu'un ennemi des Bourbons fût si gracieux, si capable, si grand orateur. Plein de ces illusions, il entra dans un cabinet nu, froid, meublé de deux secrétaires à cylindre, de mesquins fauteuils, orné de rideaux très-négligés et d'un maigre tapis. Ce cabinet était à l'autre ce qu'est une cuisine à la salle à manger, la fabrique à la boutique. Là s'éventraient les affaires de banque et de commerce, s'analysaient les entreprises et s'arrachaient les prélèvements de la banque sur tous les bénéfices des industries jugées profitables. Là se combinaient ces coups audacieux par lesquels les Keller se signalèrent dans le haut commerce, et par lesquels ils se créaient pendant quelques jours un monopole rapidement exploité. Là s'étudiaient les défauts de la législation, et se stipulaient sans honte ce que la Bourse nomme *les parts à goinfre*, commissions exigées pour les moindres services, comme d'appuyer une entreprise de leur nom et de la créditer. Là s'ourdissaient ces tromperies fleuretées de légalité qui consistent à commanditer sans engagement des entreprises douteuses, afin d'en attendre le succès et de les tuer pour s'en emparer en redemandant les capitaux dans un moment critique : horrible manœuvre dont tant d'actionnaires ont été victimes. Les deux frères s'étaient distribué leurs roles. En haut, François, homme brillant et politique, se conduisait en roi, distribuait les grâces et les promesses, se rendait agréable à tous. Avec lui tout était facile; il engageait noblement les affaires, il grisait les nouveaux débarqués et les spéculateurs de fraîche date avec le vin de sa faveur et sa capiteuse parole, en leur développant leurs propres idées. En bas, Adolphe excusait son frère sur ses préoccupations politiques, et il passait habilement le râteau sur le tapis ; il était le frère compromis, l'homme difficile. Il fallait donc avoir deux paroles pour conclure avec cette maison perfide. Souvent le gracieux oui du cabinet somptueux devenait un non sec dans le cabinet d'Adolphe. Cette suspensive manœuvre permettait la réflexion, et servait souvent à amuser d'inhabiles concurrents. Le frère du banquier causait alors avec le fameux Palma, le conseiller intime de la maison Keller, qui se retira à l'apparition du parfumeur. Quand Birotteau se fut expliqué, Adolphe, le plus fin des deux frères, un vrai loup-cervier, à l'œil aigu, aux lèvres minces, au teint aigre, jeta sur Birotteau, par-dessus ses lunettes et en baissant la tête, un regard qu'il faut appeler le regard du banquier, et, qui tient de celui des vautours et des avoués : il est avide et indifférent, clair et obscur, éclatant et sombre.

— Veuillez m'envoyer les actes sur lesquels repose l'affaire de la Madeleine, dit-il, là gît la garantie du compte, il faut les examiner avant de vous l'ouvrir et de discuter les intérêts. Si l'affaire est bonne, nous pourrons, pour ne pas vous grever, nous contenter d'une part dans les bénéfices au lieu d'un escompte.

— Allons, se dit Birotteau en revenant chez lui, je vois ce dont il s'agit. Comme le castor poursuivi, je dois me débarrasser d'une partie de ma peau. Il vaut mieux se laisser tondre que de mourir.

Il remonta ce jour-là chez lui, très-riant, et sa gaieté fut de bon aloi.

— Je suis sauvé, dit-il à Césarine, j'aurai un crédit chez les Keller.

Le vingt-neuf décembre seulement, Birotteau put se trouver dans le cabinet d'Adolphe Keller. La première fois que le parfumeur revint, Adolphe était allé visiter une terre à six lieues de Paris, que le grand orateur voulait acheter. La seconde fois, les deux Keller étaient en affaire pour la matinée : il s'agissait de soumissionner un emprunt proposé aux Chambres, ils priaient monsieur Birotteau de revenir le vendredi suivant. Ces délais tuaient le parfumeur. Mais enfin ce vendredi se leva. Birotteau se trouva dans le cabinet, assis au coin de la cheminée, au jour de la fenêtre, et Adolphe Keller à l'autre coin.

— C'est bien, monsieur, lui dit le banquier en lui montrant les actes, mais qu'avez-vous payé sur les prix des terrains?

— Cent quarante mille francs.

— Argent?

— Effets.

— Sont-ils payés?

— Ils sont à échoir.

— Mais si vous avez surpayé les terrains, eu égard à leur valeur actuelle, où serait notre garantie? elle ne reposerait que sur la bonne opinion que vous inspirez et sur la considération dont vous jouissez. Les affaires ne reposent pas sur des sentiments. Si vous aviez payé deux cent mille francs, en supposant qu'il y ait cent mille francs de donnés en trop pour s'emparer des terrains, nous aurions bien alors une garantie de cent mille francs pour répondre de cent mille francs escomptés. Le résultat pour nous serait d'être propriétaires de votre part en payant à votre place, il faut alors savoir si l'affaire est bonne. Attendre cinq ans pour doubler ses fonds, il vaut mieux les faire valoir en banque. Il y a tant d'événements! Vous voulez faire une circulation pour payer des billets à échoir, manœuvre dangereuse! on recule pour mieux sauter. L'affaire ne nous va pas.

Cette phrase frappa Birotteau comme si le bourreau lui avait mis sur l'épaule son fer à marquer, il perdit la tête.

— Voyons, dit Adolphe, mon frère vous porte un vif intérêt, il m'a parlé de vous. Examinons vos affaires, dit-il en jetant au parfumeur un regard de courtisane pressée de payer son terme.

Birotteau devint Molineux, dont il s'était moqué si supérieurement. Amusé par le banquier, qui se complut à dévider la bobine des pensées de ce pauvre homme, et qui s'entendait à interroger un négociant comme le juge Popinot à faire causer un criminel, César raconta ses entreprises : il mit en scène la Double Pâte des Sultanes, l'Eau Carminative, l'affaire Roguin, son procès à propos de son emprunt hypothécaire dont il n'avait rien reçu. En voyant l'air souriant et réfléchi de Keller, à ses hochements de tête, Birotteau se disait : « Il m'écoute! je l'intéresse! j'aurai mon crédit! » Adolphe Keller riait de Birotteau comme le parfumeur avait ri de Molineux. Entraîné par la loquacité particulière aux gens qui se laissent griser par le malheur, César montra le vrai Birotteau : il donna sa mesure en proposant comme garantie l'Huile Céphalique et la maison Popinot, son dernier enjeu. Le bonhomme, promené par un faux espoir, se laissa sonder, examiner par Adolphe Keller, qui reconnut dans le parfumeur une ganache royaliste près de faire faillite. Enchanté de voir faillir un adjoint au maire de leur arrondissement, un homme décoré de la veille, un homme du pouvoir, Adolphe dit alors nettement à Birotteau qu'il ne pouvait ni lui ouvrir un compte ni rien dire en sa faveur à son frère François, le grand orateur. Si François se laissait aller à d'imbéciles générosités en secourant les gens d'une opinion contraire à la sienne et ses ennemis politiques, lui, Adolphe, s'opposerait de tout son pouvoir à ce qu'il fît un métier de dupe, et l'empêcherait de tendre la main à un vieil adversaire de Napoléon, un blessé de Saint-Roch. Birotteau exaspéré voulut dire quelque chose de l'avidité de la haute banque, de sa dureté, de sa fausse philanthropie ; mais il fut pris d'une si violente douleur qu'il put à peine balbutier quelques phrases sur l'institution de la Banque de France où les Keller puisaient.

— Mais, dit Adolphe Keller, la Banque ne fera jamais un escompte qu'un simple banquier refuse.

— La Banque, dit Birotteau, m'a toujours paru manquer à sa destination quand elle s'applaudit, en présentant le compte de ses bénéfices, de n'avoir perdu que cent ou deux cent mille francs avec le commerce parisien, elle en est la tutrice.

Adolphe se prit à sourire en se levant par un geste d'homme ennuyé.

— Si la Banque se mêlait de commanditer les gens embarrassés sur la place la plus friponne et la plus glissante du monde financier, elle déposerait son bilan au bout d'un an. Elle a déjà beaucoup de peine à se défendre contre les circulations et les fausses valeurs, que serait-ce s'il fallait étudier les affaires de ceux qui voudraient se faire aider par elle !

— Où trouver dix mille francs qui me manquent pour demain, samedi TRENTE ? se disait Birotteau en traversant la cour.

Suivant la coutume, on paie le *trente* quand le trente et un est un jour férié.

En atteignant la porte cochère, les yeux baignés de larmes, il vit à peine un beau cheval anglais en sueur qui arrêta net à la porte un des plus jolis cabriolets qui roulassent en ce moment sur le pavé de Paris. Il aurait bien voulu être écrasé par ce cabriolet, il serait mort par accident, et le désordre de ses affaires eût été mis sur le compte de cet événement. Il ne reconnut pas du Tillet qui, svelte et dans une élégante mise du matin, jeta les guides à son domestique et une couverture sur le dos en sueur de son cheval pur sang.

— Et par quel hasard ici ? dit du Tillet à son ancien patron.

Du Tillet le savait bien, les Keller avaient demandé des renseignements à Claparon qui, s'en référant à du Tillet, avait démoli la vieille réputation du parfumeur. Quoique subitement rentrées, les larmes du pauvre négociant parlaient énergiquement.

— Seriez-vous venu demander quelques services à ces arabes, dit du Tillet, ces égorgeurs du commerce, qui ont fait des tours infâmes, hausser les indigos après les avoir accaparés, baisser le riz pour forcer les détenteurs à vendre le leur à bas prix afin de tout avoir et tenir le marché, qui n'ont ni foi, ni loi, ni âme ! Vous ne savez donc pas ce dont ils sont capables ? Le Havre, Bordeaux et Marseille vous en diront de belles sur leur compte. La politique leur sert à couvrir bien des choses, allez ! Aussi les exploité-je sans scrupule ! Promenons-nous, mon cher Birotteau ! Joseph ! promenez mon cheval, il a trop chaud. Diable ! c'est un capital que mille écus. Et il se dirigea vers le boulevard. — Voyons, mon cher patron, car vous avez été mon patron, avez-vous besoin d'argent ? Ils vous ont demandé des garanties, les misérables. Moi je vous connais, je vous offre de l'argent sur vos simples effets. J'ai fait honorablement ma fortune avec des peines inouïes ; je suis allé la chercher en Allemagne, la fortune ! Je puis vous le dire aujourd'hui : j'ai acheté les créances sur le roi à soixante pour cent de remise, alors votre caution m'a été bien utile, et j'ai de la reconnaissance, moi ! Si vous avez besoin de dix mille francs, ils sont à vous.

— Quoi, du Tillet, s'écria César, est-ce vrai ? ne vous jouez-vous pas de moi ? Oui, je suis un peu gêné, mais ce n'est rien.

— Je le sais, l'affaire de Roguin, répondit du Tillet. Hé ! j'y suis de dix mille francs qu'il m'a empruntés pour s'en aller ; mais madame Roguin me les rendra sur ses reprises. Je lui ai conseillé de ne pas faire la sottise de donner sa fortune pour payer des dettes faites pour une fille. Ce serait bon si elle acquittait tout, mais comment favoriser certains créanciers au détriment des autres ? Vous n'êtes pas un Roguin, je vous connais, dit du Tillet, vous vous brûleriez la cervelle plutôt que de me faire perdre un sou. Venez, nous voilà rue du Mont-Blanc, montez chez moi.

Le parvenu prit plaisir à faire passer son ancien patron par ses appartements au lieu de le mener dans ses bureaux, et il le conduisit lentement afin de lui laisser voir une belle et somptueuse salle à manger, garnie de tableaux achetés en Allemagne, deux salons d'une élégance et d'un luxe que Birotteau n'avait encore admirés que chez le duc de Lenoncourt. Ses yeux furent éblouis par des dorures, des œuvres d'arts, des bagatelles folles, des vases précieux, par mille détails qui faisaient bien pâlir le luxe de l'appartement de Birotteau ; et sachant le prix de sa folie, il se disait : — Il a donc des millions !

Il entra dans une chambre à coucher auprès de laquelle celle de madame Birotteau lui parut être ce que le troisième étage d'une comparse est à l'hôtel d'un premier sujet de l'Opéra. Le plafond était en satin violet rehaussé par des plis de satin blanc. Une descente de lit en hermine se dessinait sur les couleurs violacées d'un tapis du Levant. Les meubles, les accessoires offraient des formes nouvelles et d'une recherche extravagante. Le parfumeur s'arrêta devant une ravissante pendule de l'Amour et Psyché qui venait d'être faite pour un banquier célèbre et dont du Tillet avait obtenu le seul exemplaire qui existât avec celui de son confrère. Enfin ils arrivèrent à un cabinet de petit-maître élégant, coquet, sentant plus l'amour que la finance. Madame Roguin avait sans doute offert, pour reconnaître les soins donnés à sa fortune, un coupoir en or sculpté, des serre-papiers en malachite garnis de ciselures, tous les coûteux colifichets d'un luxe effréné. Le tapis était un tapis belge d'une étonnante richesse. Du Tillet fit asseoir au coin de sa cheminée le pauvre parfumeur ébloui, surpris, confondu.

— Voulez-vous déjeuner avec moi ?

Il sonna. Vint un valet de chambre mieux mis que Birotteau.

— Dites à monsieur Legras de monter, puis allez dire à Joseph de rentrer ici, vous le trouverez à la porte de la maison Keller, vous entrerez dire chez Adolphe Keller qu'au lieu d'aller le voir je l'attendrai jusqu'à l'heure de la Bourse. Faites-moi servir et tôt !

Ces phrases stupéfièrent le parfumeur.

— Il fait venir ce redoutable Adolphe Keller, il le siffle comme un chien ! lui, du Tillet ?

Un tigre, gros comme le poing, vint déplier une table que Birotteau n'avait pas vue tant elle était mince, et y apporta un pâté de foie gras, une bouteille de vin de Bordeaux, toutes les choses recherchées qui n'apparaissaient chez Birotteau que deux fois par trimestre, aux grands jours. Du Tillet jouissait. Sa haine contre le seul homme qui eût le droit de le mépriser s'épanouissait si chaudement que Birotteau lui fit éprouver la sensation profonde que causerait le spectacle d'un mouton se défendant contre un tigre. Il lui passa par le cœur une idée généreuse ; il se demanda si sa vengeance n'était pas accomplie, et flottait entre les conseils de la clémence réveillée et ceux de la haine assoupie.

— Je puis anéantir commercialement cet homme, pensait-il ; j'ai droit de vie et de mort sur lui, sur sa femme qui m'a roué, sur sa fille dont la main m'a paru dans un temps toute une fortune. J'ai son argent, contentons-nous de le laisser nager au bout de la corde que je tiendrai.

Les honnêtes gens manquent de tact, ils n'ont aucune mesure dans le bien, parce que pour eux tout est sans détour ni arrière-pensée : Birotteau consomma son malheur, il irrita le tigre, le perça au cœur sans le savoir, il le rendit implacable par un mot, par un éloge, par une expression vertueuse, par la bonhomie même de la probité. Quand le caissier vint, du Tillet lui montra César.

— Monsieur Legras, apportez-moi dix mille francs et un billet de cette somme fait à mon ordre et à quatre-vingt-dix jours par monsieur qui est monsieur Birotteau, vous savez son adresse ?

Du Tillet servit du pâté, versa un verre de vin de Bordeaux au parfumeur qui, se voyant sauvé, se livrait à des rires convulsifs ; il caressait sa chaîne de montre, ne mettait une bouchée dans sa bouche que quand son ancien commis lui disait : — Vous ne mangez pas ? Il dévoilait ainsi la profondeur de l'abîme où la main de du Tillet l'avait plongé, d'où elle le retirait, où elle pouvait le replonger. Lorsque le caissier revint, qu'après avoir signé l'effet, César sentit les dix billets de banque dans sa poche, il ne se contint plus. Un instant auparavant, son quartier, la banque allaient savoir qu'il ne payait pas, et il lui fallait avouer sa ruine à sa femme ; maintenant, tout était réparé ! Le bonheur de la délivrance égalait en intensité les tortures de la défaite, ses yeux s'humectèrent malgré lui.

— Qu'avez-vous donc, mon cher patron ? dit du Tillet. Ne feriez-vous pas pour moi demain ce que je fais aujourd'hui pour vous ? N'est-ce ce pas simple comme bonjour ?

— Du Tillet, dit avec emphase et gravité le bonhomme en se levant et prenant la main de son ancien commis, je te rends toute mon estime.

— Comment l'avais-je perdue ? dit du Tillet si vigoureusement atteint au sein de sa prospérité qu'il rougit.

— Perdue... pas précisément, dit le parfumeur foudroyé par sa bêtise, on m'avait dit des choses sur votre liaison avec madame Roguin. Diable ! prendre la femme d'un autre...

— Tu bats la breloque, mon vieux, pensa du Tillet en se servant d'un mot de son premier métier. En se disant cette phrase, il revenait à son projet d'abattre cette vertu, de la fouler aux pieds, de rendre méprisable sur la place de Paris l'homme vertueux et honorable par lequel il avait été pris la main dans le sac. Toutes les haines, politiques ou privées, de femme à femme, d'homme à homme, n'ont pas d'autre fait qu'une semblable surprise. On ne se hait pas pour des intérêts compromis, pour une blessure, ni même pour un soufflet; tout est réparable! Mais avoir été saisi en flagrant délit de lâcheté, le duel qui s'ensuit entre le criminel et le témoin du crime ne se termine que par la mort de l'un ou de l'autre.

— Oh! madame Roguin, dit railleusement du Tillet; mais n'est-ce pas au contraire une plume dans le bonnet d'un jeune homme? Je vous comprends, mon cher patron : on vous aura dit qu'elle m'avait prêté de l'argent. Eh! bien, au contraire, je lui rétablis sa fortune étrangement compromise dans les affaires de son mari. L'origine de ma fortune est pure, je viens de vous la dire. Je n'avais rien, vous le savez! Les jeunes gens se trouvent parfois dans d'affreuses nécessités. On peut se laisser aller au sein de la misère. Mais si l'on a fait, comme la République, des emprunts forcés, eh! bien, on les rend, on est alors plus probe que la France.

— C'est cela, dit Birotteau. Mon enfant... Dieu... N'est-ce pas Voltaire, qui a dit :

Il fit du repentir la vertu des mortels.

— Pourvu, reprit du Tillet encore assassiné par cette citation, pourvu qu'on n'emporte pas la fortune de son voisin, lâchement, bassement, comme, par exemple, si vous veniez à faire faillite avant trois mois et que mes dix mille francs fussent flambés...

— Moi faire faillite, dit Birotteau qui avait bu trois verres de vin et que le plaisir grisait. On connaît mes opinions sur la faillite! La faillite est la mort d'un commerçant, je mourrais!

— A votre santé, dit du Tillet.

— A ta postérité, répartit le parfumeur. Pourquoi ne vous fournissez-vous pas chez moi?

— Ma foi, dit du Tillet, je l'avoue, j'ai peur de madame César, elle me fait toujours une impression! et si vous n'étiez pas mon patron, ma foi! je...

— Ah ! tu n'es pas le premier qui la trouve belle, et beaucoup l'ont désirée, mais elle m'aime ! Eh ! bien, du Tillet, reprit Birotteau, mon ami, ne faites pas les choses à demi.

— Comment?

Birotteau expliqua l'affaire des terrains à du Tillet qui ouvrit de grands yeux et complimenta le parfumeur sur sa pénétration, sur sa prévision, en vantant l'affaire.

— Eh ! bien, je suis bien aise de ton approbation, vous passez pour une des fortes têtes de la Banque, du Tillet ! Cher enfant, vous pouvez m'y procurer un crédit afin d'attendre les produits de l'Huile Céphalique.

— Je puis vous adresser à la maison Nucingen, répondit du Tillet en se promettant de faire danser toutes les figures de la contredanse des faillis à sa victime.

Ferdinand se mit à son bureau pour écrire la lettre suivante :

A MONSIEUR LE BARON DE NUCINGEN.

A Paris.

« *Mon cher baron,*

« *Le porteur de cette lettre est monsieur César Birotteau, adjoint au maire du deuxième arrondissement et l'un des industriels les plus renommés de la parfumerie parisienne; il désire entrer en relation avec vous. Faites de confiance tout ce qu'il veut vous demander; en l'obligeant, vous obligez*

» *Votre ami,*

» F. DU TILLET. »

Du Tillet ne mit pas de point sur l'i de son nom. Pour ceux avec lesquels il faisait des affaires, cette erreur volontaire était un signe de convention. Les recommandations les plus vives, les chaudes et favorables instances de sa lettre ne signifiaient rien alors. Cette lettre, où les points d'exclamation suppliaient, où du Tillet se mettait à genoux, était arrachée par des considérations puissantes ; il n'avait pas pu la refuser; elle devait être regardée comme non avenue. En voyant l'i sans point, son ami donnait alors de l'eau bénité de cour au solliciteur. Beaucoup de gens du monde et des plus considérables sont joués ainsi comme des enfants par les gens d'affaires, par les banquiers, par les avocats, qui tous ont une double signature, l'une morte, l'autre vivante. Les plus fins y sont pris. Pour reconnaître cette ruse, il faut avoir éprouvé le double effet d'une lettre chaude et d'une lettre froide.

— Vous me sauvez, du Tillet ! dit César en lisant cette lettre.

— Mon Dieu ! dit du Tillet, allez demander de l'argent, Nucingen en lisant mon billet vous en donnera tant que vous en voudrez. Malheureusement mes fonds sont engagés pour quelques jours; sans cela, je ne vous enverrais pas chez le prince de la haute banque, car les Keller ne sont que des pygmées auprès du baron de Nucingen : il eût été Law, s'il n'était pas Nucingen. Avec ma lettre vous serez en mesure le quinze janvier, et nous verrons après. Nucingen et moi nous sommes les meilleurs amis du monde, il ne voudrait pas me désobliger pour un million.

— C'est comme un aval, se dit en lui-même Birotteau qui s'en alla pénétré de reconnaissance pour du Tillet. Eh ! bien, se disait-il, un bienfait n'est jamais perdu ! Et il philosophait à perte de vue. Une pensée aigrissait son bonheur. Il avait bien pendant quelques jours empêché sa femme de mettre le nez dans les livres, il avait rejeté la caisse sur le dos de Célestin en l'aidant, il avait pu vouloir que sa femme et sa fille eussent la jouissance du bel appartement qu'il leur avait arrangé, meublé; mais, ces premiers petits bonheurs épuisés, madame Birotteau serait morte plutôt que de renoncer à voir par elle-même les détails de sa maison, à tenir, suivant son expression, *la queue de la poêle*. Birotteau se trouvait au bout de son latin ; il avait usé tous ses artifices pour lui dérober la connaissance des symptômes de sa gêne. Constance avait fortement improuvé l'envoi des mémoires, elle avait grondé les commis, et accusé Célestin de vouloir ruiner sa maison, croyant que Célestin seul avait eu cette idée. Célestin s'était laissé gronder par ordre de Birotteau. Madame César aux yeux des commis, gouvernait le parfumeur, car il est possible de tromper le public, mais non les gens de sa maison sur celui qui a la supériorité réelle dans un ménage. Birotteau devait avouer sa situation à sa femme, car le compte avec du Tillet allait vouloir une justification. Au retour, Birotteau ne vit pas sans frémir Constance à son comptoir, vérifiant le livre d'échéances et faisant sans doute le compte de caisse.

— Avec quoi paieras-tu demain? lui dit-elle à l'oreille quand il s'assit à côté d'elle.

— Avec de l'argent, répondit-il en tirant ses billets de Banque et en faisant signe à Célestin de les prendre.

— Mais d'où viennent-ils?

— Je te conterai cela ce soir. Célestin, inscrivez, fin mars, un billet de dix mille francs, ordre du Tillet.

— Du Tillet, répéta Constance frappée de terreur.

— Je vais aller voir Popinot, dit César. C'est mal à moi de ne pas encore être allé le visiter chez lui. Vend-on de son huile?

— Les trois cents bouteilles qu'il nous a données sont parties?

— Birotteau, ne sors pas, j'ai à te parler, lui dit Constance en prenant César par le bras et l'entraînant dans sa chambre avec une précipitation qui dans toute autre circonstance eût fait rire. — Du Tillet, dit-elle quand elle fut seule avec son mari, et après s'être assurée qu'il n'y avait que Césarine avec elle, du Tillet qui nous a volé mille écus! Tu fais des affaires avec du Tillet, un monstre... qui voulait me séduire, lui dit-elle à l'oreille.

— Folie de jeunesse, dit Birotteau devenu tout à coup esprit fort.

— Écoute, Birotteau, tu te déranges, tu ne vas plus à la fabrique. Il y a quelque chose, je le sens! Tu vas me le dire, je veux tout savoir.

— Eh! bien, dit Birotteau, nous avons failli être ruinés, nous l'étions même encore ce matin, mais tout est réparé.

Et il raconta l'horrible histoire de sa quinzaine.

— Voilà donc la cause de ta maladie, s'écria Constance.

— Oui, maman, s'écria Césarine. Va, mon père a été bien courageux. Tout ce que je souhaite est d'être aimé comme il t'aime. Il ne pensait qu'à ta douleur.

— Mon rêve est accompli, dit la pauvre femme en se laissant tomber sur sa causeuse au coin de son feu, pâle, blême, épouvantée. J'avais prévu tout. Je te l'ai dit dans cette fatale nuit, dans notre ancienne chambre que tu as démolie, il ne nous restera que les yeux pour pleurer. Ma pauvre Césarine! je...

— Allons, te voilà, s'écria Birotteau. Ne vas-tu pas m'ôter le courage dont j'ai besoin.

— Pardon, mon ami, dit Constance en prenant la main de César et la lui serrant avec une tendresse qui alla jusqu'au cœur du pauvre homme. J'ai tort, voilà le malheur venu, je serai muette, résignée et pleine de force. Non, tu n'entendras jamais une plainte. Elle se jeta dans les bras de César, et y dit en pleurant : Courage, mon ami, courage. J'en aurais pour deux s'il en était besoin.

— Mon huile, ma femme, mon huile nous sauvera.

— Que Dieu nous protége, dit Constance.

— Anselme ne secourra-t-il donc pas mon père? dit Césarine.

— Je vais le voir, s'écria César trop ému par l'accent déchirant de sa femme qui ne lui était pas connue tout entière même après dix-neuf ans. Constance, n'aie plus aucune crainte. Tiens, lis la lettre de du Tillet à monsieur de Nucingen, nous sommes sûrs d'un crédit. J'aurai d'ici là gagné mon procès. D'ailleurs, ajouta-t-il en faisant un mensonge nécessaire, nous avons notre oncle Pillerault, il ne s'agit que d'avoir du courage.

— S'il ne s'agissait que de cela, dit Constance en souriant.

Birotteau, soulagé d'un grand poids, marcha comme un homme mis en liberté, quoiqu'il éprouvât en lui-même l'indéfinissable épuisement qui suit les luttes morales excessives où se dépense plus de fluide nerveux, plus de volonté, qu'on ne doit en émettre journellement, et où l'on prend pour ainsi dire sur le capital d'existence. Birotteau était déjà vieilli.

La maison A. Popinot, rue des Cinq-Diamants, avait bien changé depuis un mois. La boutique était repeinte. Les casiers rechampis et pleins de bouteilles réjouissaient l'œil de tout commerçant qui connaît les symptômes de la prospérité. Le plancher de la boutique était encombré de papier d'emballage, le magasin contenait de petits tonneaux de différentes huiles dont la commission avait été conquise à Popinot par le dévoué Gaudissart. Les livres et la comptabilité, la caisse, étaient au-dessus de la boutique et de l'arrière-boutique. Une vieille cuisinière faisait le ménage de trois commis et de Popinot. Popinot habitait le coin de sa boutique, dans un comptoir fermé par un vitrage, et se montrait avec un tablier de serge, de doubles manches en toile verte, la plume à l'oreille, quand il n'était pas plongé dans un tas de papiers, comme au moment où vint Birotteau et où il dépouillait son courrier, plein de traites et de lettres de commande. A ces mots : Eh! bien, mon garçon? dits par son ancien patron, il leva la tête, ferma sa cabane à clef, et vint d'un air joyeux, le bout du nez rouge, car il n'y avait pas de feu dans sa boutique dont la porte restait ouverte.

— Je craignais que vous ne vinssiez jamais, répondit Popinot d'un air respectueux.

Les commis accoururent voir le grand homme de la parfumerie, l'adjoint décoré, l'associé de leur patron. Ces muets hommages flattèrent le parfumeur. Birotteau, naguère si petit chez les Keller, éprouva le besoin de les imiter; il se caressa le menton, sursauta vaniteusement à l'aide de ses talons, en disant ses banalités.

— Eh! bien, mon ami, se lève-t-on de bonne heure, lui demanda-t-il.

— Non, l'on ne se couche pas toujours, dit Popinot, il faut se cramponner au succès...

— Eh! bien, que disais-je? mon huile est une fortune.

— Oui, monsieur, mais les moyens d'exécution y sont pour quelque chose : je vous ai bien monté votre diamant.

— Au fait, dit le parfumeur, où en sommes-nous? Y a-t-il des bénéfices?

— Au bout de vingt jours, s'écria Popinot, y pensez-vous? L'ami Gaudissart n'est en route que de treize jours, et a pris une chaise de poste sans me le dire. Oh! il est bien dévoué, nous devons beaucoup à mon oncle! Les journaux, dit-il à l'oreille de Birotteau, nous coûteront douze mille francs.

— Les journaux, s'écria l'adjoint.

— Vous ne les avez donc pas lus?

— Non.

— Vous ne savez rien alors, dit Popinot.

— Vingt mille francs d'affiches, cadres et impressions; cent mille bouteilles achetées, tout est sacrifice en ce moment. La fabrication se fait sur une grande échelle. Si vous aviez mis le pied au faubourg où j'ai souvent passé les nuits, vous auriez vu un petit casse-noisette de mon invention qui n'est pas piqué des vers. Pour mon compte, j'ai fait ces cinq derniers jours dix mille francs rien qu'en commissions sur les huiles de droguerie.

— Quelle bonne tête, dit Birotteau en posant sa main sur les cheveux du petit Popinot et les remuant comme si Popinot était un bambin. Je l'ai deviné. Plusieurs personnes entrèrent. — A dimanche, nous dînons chez ta tante Ragon, dit Birotteau qui laissa Popinot à ses affaires en voyant que la chair fraîche qu'il était venu sentir n'était pas découpée. Est-ce extraordinaire! Un commis devient négociant en vingt-quatre heures, pensait Birotteau qui ne revenait pas plus du bonheur et de l'aplomb de Popinot que du luxe de du Tillet. Anselme vous a pris un petit air pincé, quand je lui ai mis la main sur la tête, comme s'il était déjà François Keller.

Birotteau n'avait pas songé que les commis le regardaient, et qu'un maître de maison a sa dignité à conserver chez lui. Là, comme chez du Tillet, le bonhomme avait fait une sottise par bonté de cœur, et faute de retenir un sentiment vrai, bourgeoisement exprimé, César aurait blessé tout autre homme qu'Anselme.

Ce dîner du dimanche chez les Ragon devait être la dernière joie des dix-neuf années heureuses du ménage de Birotteau, joie complète d'ailleurs. Ragon demeurait rue du Petit-Bourbon-Saint-Sulpice, à un deuxième étage, dans une antique maison de digne apparence, dans un vieil appartement à trumeaux où dansaient les bergères en paniers et où paissaient les moutons de ce dix-huitième siècle dont les Ragon représentaient si bien la bourgeoisie grave et sérieuse, à mœurs comiques, à idées respectueuses envers la noblesse, dévouée au souverain et à l'église. Les meubles, les pendules, le linge, la vaisselle, tout était patriarcal, à formes neuves par leur vieillesse même. Le salon, tendu de vieux damas, orné de rideaux en brocatelle, offrait des duchesses, des bonheurs du jour, un superbe Popinot, échevin de Sancerre, peint par Latour, le père de madame Ragon, un bonhomme excellent en peinture, et qui souriait comme un parvenu dans sa gloire. Au logis, madame Ragon se complétait par un petit chien anglais de la race de ceux de Charles II, qui faisait un merveilleux effet sur son petit sofa dur, à formes *rococo*, qui, certes, n'avait jamais joué le rôle du sofa de Crébillon. Parmi toutes leurs vertus, les Ragon se recommandaient par la conservation de vieux vins arrivés à un parfait dépouillement, et par la possession de quelques liqueurs de madame Anfoux, que des gens assez entêtés pour aimer sans espoir, disait-on, la belle madame Ragon lui avaient apportées des îles. Aussi leurs petits dîners étaient-ils prisés! Une vieille cuisinière, Jeannette, servait les deux vieillards avec un aveugle dévouement, elle aurait volé des fruits pour leur faire des confitures! Loin de porter son argent aux caisses d'épargne, elle le mettait sagement à la loterie, espérant apporter un jour le gros lot à ses maîtres. Le dimanche où ses maîtres avaient du monde, elle était, malgré ses soixante ans, à la cuisine pour surveiller les plats, à la table pour servir avec une agilité qui eût rendu des points à mademoiselle Mars dans son rôle de Suzanne du *Mariage de Figaro*. Les invités étaient le juge Popinot, l'oncle Pillerault, Anselme, les trois Birotteau, les trois Matifat et l'abbé Loraux. Madame Matifat, naguère coiffée en turban pour danser, vint en robe de velours bleu, gros bas de coton et souliers de peau de chèvre, des gants de chamois bordés de peluche verte et un chapeau doublé de rose, orné d'oreilles d'ours. Ces dix personnes furent réunies à cinq heures. Les vieux Ragon suppliaient leurs convives d'être exacts. Quand on les invitait, on avait soin de les faire dîner à cette heure, car ces estomacs de soixante-dix ans ne se pliaient point aux nouvelles heures prises par le bon ton. Césarine savait que madame Ragon la placerait à côté d'Anselme : toutes les femmes, même les dévotes et les sottes, s'entendent en fait d'amour. La fille du parfumeur s'était donc mise de manière à tourner la tête à Popinot. Sa mère, qui avait renoncé, non sans douleur, au notaire, lequel jouait dans sa pensée le rôle d'un prince héréditaire, contribua, non sans d'amères réflexions, à cette toilette. Constance descendit le pudique fichu de gaze pour découvrir un peu les épaules de Césarine et laisser voir l'attachement du col qui était d'une remarquable élégance. Le corsage à la grecque, croisé de gauche à droite, à cinq plis, pouvait s'entrouvrir et montrer de délicieuses rondeurs. La robe mérinos gris de plomb à falbalas bordés d'agréments verts lui dessinait nettement la taille qui ne parut jamais si fine ni si souple. Ses oreilles étaient ornées de pendeloques en or travaillé ; ses cheveux relevés à la chinoise permettaient au regard d'embrasser les suaves fraîcheurs d'une peau nuancée de veines, où la vie la plus pure éclatait aux endroits mats. Enfin, Césarine était si coquettement belle que madame Matifat ne put s'empêcher de l'avouer, sans s'apercevoir que la mère et la fille avaient compris la nécessité d'ensorceler le petit Popinot. Birotteau ni sa femme, ni madame Matifat, ne troublèrent la douce conversation que les deux enfants enflammés par l'amour tinrent à voix basse dans une embrasure de croisée où le froid déployait ses bises fenestrales. D'ailleurs, la conversation des grandes personnes s'anima quand le juge Popinot laissa tomber un mot sur la fuite de Roguin, en faisant observer que c'était le second notaire qui manquait, et que pareil crime était jadis inconnu. Madame Ragon, au mot de Roguin, avait poussé le pied de son frère, Pillerault avait couvert la voix du juge, et tous deux lui montraient madame Birotteau.

— Je sais tout, dit Constance d'une voix à la fois douce et peinée.

— Eh bien ! dit madame Matifat à Birotteau qui baissait humblement la tête, combien vous emporte-t-il ? s'il fallait écouter les bavardages, vous seriez ruiné.

— Il avait à moi deux cent mille francs. Quant aux quarante qu'il m'a fait imaginairement prêter par un de ses clients dont l'argent était dissipé, nous sommes en procès.

— Vous le verrez juger cette semaine, dit Popinot. J'ai pensé que vous ne m'en voudriez pas d'expliquer votre situation à monsieur le président; il a ordonné la communication des papiers de Roguin dans la Chambre du Conseil, afin d'examiner depuis quelle époque les fonds du prêteur étaient détournés et les preuves du fait allégué par Derville, qui a plaidé lui-même pour vous éviter des frais.

— Gagnerons-nous ? dit madame Birotteau.

— Je ne sais, répondit Popinot. Quoique j'appartienne à la Chambre où l'affaire est portée, je m'abstiendrai de délibérer quand même on m'appellerait.

— Mais peut-il y avoir du doute sur un procès si simple ? dit Pillerault. L'acte ne doit-il pas faire mention de la livraison des espèces, et les notaires déclarer les avoir vu remettre par le prêteur à l'emprunteur ? Roguin irait aux galères s'il était sous la main de la justice.

— Selon moi, répondit le juge, le prêteur doit se pourvoir contre Roguin sur le prix de la charge et du cautionnement; mais en des affaires encore plus claires, quelquefois, à la Cour royale, les conseillers se trouvent six contre six.

— Comment, mademoiselle, monsieur Roguin s'est enfui ? dit Popinot entendant enfin ce qui se disait. Monsieur César ne m'en a rien dit, moi qui donnerais mon sang pour lui...

Césarine comprit que toute la famille tenait dans ce *pour lui*, car si l'innocente fille eût méconnu l'accent, elle ne pouvait se tromper au regard qui l'enveloppa d'une flamme pourpre.

— Je le savais bien, et je le lui disais, mais il a tout caché à ma mère et ne s'est confié qu'à moi.

— Vous lui avez parlé de moi dans cette circonstance, dit Popinot; vous lisez dans mon cœur, mais y lisez-vous tout ?

— Peut-être.

— Je suis bien heureux, dit Popinot. Si vous voulez m'ôter toute crainte, dans un an je serai si riche que votre père ne me recevra plus si mal quand je lui parlerai de notre mariage. Je ne vais plus dormir que cinq heures par nuit....

— Ne vous faites pas de mal, dit Césarine avec un accent inimitable en jetant à Popinot un regard où se lisait toute sa pensée.

— Ma femme, dit César en sortant de table, je crois que ces jeunes gens s'aiment.

— Eh ! bien, tant mieux, dit Constance d'un son de voix grave, ma fille serait la femme d'un homme de tête et plein d'énergie. Le talent est la plus belle dot d'un prétendu.

Elle se hâta de quitter le salon et d'aller dans la chambre de madame Ragon. César avait dit pendant le dîner quelques phrases qui avaient fait sourire Pillerault et le juge, tant elles accusaient d'ignorance, et qui rappelèrent à cette malheureuse femme combien son pauvre mari se trouvait peu de force à lutter contre le malheur. Constance avait des larmes sur le cœur, elle se défiait instinctivement de du Tillet, car toutes les mères savent le *Timeo Danaos et dona ferentes*, sans savoir le latin. Elle pleura dans les bras de sa fille et de madame Ragon sans vouloir avouer la cause de sa peine.

— C'est nerveux, dit-elle.

Le reste de la soirée fut donné aux cartes par les vieilles gens, et par les jeunes à ces délicieux petits jeux dits innocents, parce qu'ils couvrent les innocentes malices des amours bourgeois. Les Matifax se mêlèrent des petits jeux.

— César, dit Constance en revenant, va dès le trois chez monsieur le baron de Nucingen, afin d'être sûr de ton échéance du quinze long-temps à l'avance. S'il arrivait quelque anicroche, est-ce du jour au lendemain que tu trouverais des ressources?

— J'irai, ma femme, répondit César qui serra la main de Constance et celle de sa fille en ajoutant : Mes chères biches blanches, je vous ai donné de tristes étrennes !

Dans l'obscurité du fiacre, ces deux femmes, qui ne pouvaient voir le pauvre parfumeur, sentirent des larmes tombées chaudes sur leurs mains.

— Espère, mon ami, dit Constance.

— Tout ira bien, papa, monsieur Anselme Popinot m'a dit qu'il verserait son sang pour toi.

— Pour moi, reprit César, et pour la famille, n'est-ce pas? dit-il en prenant un air gai.

Césarine serra la main de son père, de manière à lui dire qu'Anselme était son fiancé.

Pendant les trois premiers jours de l'année, il fut envoyé deux cents cartes chez Birotteau. Cette affluence d'amitiés fausses, ces témoignages de faveur sont horribles pour les gens qui se voient entraînés par le courant du malheur. Birotteau se présenta trois fois vainement à l'hôtel du fameux banquier royaliste, le baron de Nucingen. Le commencement de l'année et ses fêtes justifiaient assez l'absence du financier. La dernière fois, le parfumeur pénétra jusqu'au cabinet du banquier, où le premier commis lui dit que monsieur de Nucingen, rentré à cinq heures du matin d'un bal donné par les Keller, ne pouvait pas être visible à neuf heures et demie. Birotteau sut intéresser à ses affaires le premier commis, auprès duquel il resta près d'une demi-heure à causer. Dans la journée, ce ministre de la maison Nucingen lui écrivit que le baron le recevrait le lendemain, 12, à midi. Quoique chaque heure apportât une goutte d'absinthe, la journée passa avec une effrayante rapidité. Le parfumeur vint en fiacre et se fit arrêter à un pas de l'hôtel dont la cour était encombrée de voitures. Le pauvre honnête homme eut le cœur bien serré à l'aspect des splendeurs de cette maison célèbre.

— Il a pourtant liquidé deux fois, se dit-il en montant le superbe escalier garni de fleurs, en traversant les somptueux appartements par lesquels la baronne Delphine de Nucingen s'était rendue célèbre. La baronne avait la prétention de rivaliser les plus riches maisons du faubourg Saint-Germain, où elle n'était pas encore admise. Le baron déjeunait avec sa femme. Malgré le nombre de gens qui l'attendaient dans ses bureaux, il dit que les amis de du Tillet pouvaient entrer à toute heure. Birotteau tressaillit d'espérance en voyant le changement qu'avait produit le mot du baron sur la figure d'abord insolente du valet de chambre.

— *Bartonnez-moi, ma tchaire,* dit le baron à sa femme se levant et faisant une petite inclination de tête à Birotteau, *mé meinnesir éte eine ponne reuyaliste hai l'ami drai eindime te ti Dilet. Taillurs, monsir hai atjouint ti tussième arrontussement et tonne tes palles d'ine manifissence hassiatique, ti feras sans titte son gonnaissance afec plésir.*

— Mais je serais très-flattée d'aller prendre des leçons chez madame Birotteau, car Ferdinand... (Allons, pensa le parfumeur, elle le nomme Ferdinand tout court) nous a parlé de ce bal avec une admiration d'autant plus précieuse qu'il n'admire rien. Ferdinand est un critique sévère, tout devait être parfait. En donnerez-vous bientôt un autre? demanda-t-elle de l'air le plus aimable.

— Madame, de pauvres gens comme nous s'amusent rarement, répondit le parfumeur en ignorant si c'était raillerie ou compliment banal.

— *Meinnesir Crintod a tiriché la rezdoration te fos habbardements*, dit le baron.

— Ah! Grindot! un joli petit architecte qui revient de Rome, dit Delphine de Nucingen, j'en raffole, il me fait des dessins délicieux sur mon album.

Aucun conspirateur géhenné par le questionnaire à Venise ne fut plus mal dans les brodequins de la torture que Birotteau ne l'était dans ses vêtements. Il trouvait un air goguenard à tous les mots.

— *Nis tonnons essi te bêtis palles*, dit le baron en jetant un regard inquisitif sur le parfumeur. *Vis foyez ke tit lai monte san melle!*

— Monsieur Birotteau veut-il déjeuner sans cérémonie avec nous? dit Delphine en montrant sa table somptueusement servie.

— Madame la baronne, je suis venu pour affaires et suis...

— *Vis!* dit le baron. *Montame, bermeddez-vis te barler t'iffires?*

Delphine fit un petit mouvement d'assentiment en disant au baron : — Allez-vous acheter de la parfumerie? Le baron haussa les épaules et se retourna vers César au désespoir.

— *Ti Dilet breind lei plis fiffe eindéred à vus*, dit-il.

— Enfin, pensa le pauvre négociant, nous arrivons à la question.

— *Afec sa leddre, vis affez tan mâ mésson eine grétid ki n'ai limidé ke bar lais pornes te ma brobre forteine*...

Le baume exhilarant que contenait l'eau présentée par l'ange à Agar dans le désert devait ressembler à la rosée que répandirent dans les veines du parfumeur ces paroles semi-françaises. Le fin baron, pour avoir des motifs de revenir sur des paroles bien données et mal entendues, avait gardé l'horrible prononciation des juifs polonais qui se flattent de parler français.

— *Et visse aurez eine gomde gourand. Foici gommend nîs brocèterons*, dit avec une bonhomie alsacienne le bon, le vénérable et grand financier.

Birotteau ne douta plus de rien, il était commerçant et savait que ceux qui ne sont pas disposés à obliger n'entrent jamais dans les détails de l'exécution.

— *Che ne vis abbrendrai bas qu'aux crants gomme aux betits, la Panque temante troisses zignadires. Tonc fous ferez tis iffits à l'ordre te nodre ami ti Dilet, et chi les enferrai leu chour même afec ma zignardire à la Panque, et fis aurez à quadre hires le mondant tis iffits que vis aurez siscrits lei madin, ai au daux te la Panque. Tcheu ne feux ni quemmission, ni haissegomde, rienne, gar ch'aurai lé bonhire te vis édre acréaple... Mais che mede eine gontission!* dit-il en effleurant son nez de son index gauche par un mouvement d'une inimitable finesse.

— Monsieur le baron, elle est accordée d'avance, dit Birotteau qui crut à quelque prélèvement dans ses bénéfices.

— *Eine gontission à laquelle chaddache lei plis grant brisse, barceque che feusse kè montame ti Nichinguenne brenne, gomme ille la titte, tei leizons te montame Pirôdôt.*

— Monsieur le baron, ne vous moquez pas de moi, je vous en supplie!

— *Meinnesire Pirôdôt*, dit le financier d'un air sérieux, *cesde gonfeni, fis nisse infiderez à fodre brochain pal. Mon femme est chalousse, ille feut foir fos habbardements, tond on li ha titte eine pienne tcheneralle.*

— Monsieur le baron!

— *Oh! si vis nis refoussez, boind de gomde! vis édes en crant fafure. Vi! che sais ké visse affiez le bréfet te la Seine ki a ti fenir.*

— Monsieur le baron!

— *Vis affiez La Pillartière, ein chendilomne ortinaire te la champre, pon Fentéheine gomme vis ki fis edes faite plesser... ô quand de Cheint Roqque.*

— Au 13 vendémiaire, monsieur le baron!

— *Visse affiez meinnesire te Lasse-et-belle, meinnesire Fauqueleine te l'Agatemî...*

— Monsieur le baron !

— *Hé ! terteifle, ne zoyez pas si motesde, monsir l'atjouinde, ché abbris ké le roa affait tite ké fodre palle.....*

— Le roi ? dit Birotteau qui n'en put savoir davantage.

Il entra familièrement un jeune homme dans l'appartement, et dont le pas, reconnu de loin par la belle Delphine de Nucingen, l'avait fait vivement rougir.

— *Ponchour, mon cher te Marsay !* dit le baron de Nucingen, *brenez ma blace ; il y a, m'a-t-on tite, ein monte fu tans mais bourreaux. Che sais bourqui ! les mines te Wortschinne tonnent leux gabitaux de rendes ! Vi, chai ressi les gomdes ! Visse affez cend mille lifres de rende te plis, matame ti Nichinnkeine. Vi pirrez acheder tis cthindires ei odres papiaulles pour edre choli, gomme zi vis en affiez pesouin.*

— Grand Dieu ! les Ragon ont vendu leurs actions ! s'écria Birotteau.

— Qu'est-ce que ces messieurs ? demanda le jeune élégant en souriant.

— *Foilà,* dit monsieur de Nucingen en se retournant, car il atteignait déjà la porte, *elle me semple que ces bersonnes... Te Marsay, cezi ai mennesire Pirôdôt, vodre barfumire, ki tonne tes palles l'eine manniffissensse hassiatique, ai ke lei roa ha tégorai...*

De Marsay prit son lorgnon et dit : — Ah ! c'est vrai, je pensais que cette figure ne m'était pas inconnue. Vous allez donc parfumer vos affaires de quelque vertueux cosmétique, les huiler...

— *Ai Pien, ces Rakkons,* reprit le baron en faisant une grimace d'homme mécontent, *afaient eine gomde chaise moi, che les ai faforissé l'eine fordine, et ils n'ont bus si l'ad dentre ein chour te plis.*

— Monsieur le baron ! s'écria Birotteau.

Le bonhomme trouvait son affaire extrêmement obscure, et, sans saluer la baronne ni de Marsay, il courut après le banquier. Monsieur de Nucingen était sur la première marche de l'escalier, le parfumeur l'atteignit au bas quand il entrait dans ses bureaux. En ouvrant la porte, monsieur de Nucingen vit un geste désespéré de cette pauvre créature qui se sentait enfoncer dans un gouffre, et il lui dit : *Eh pien! c'esde andenti? foyesse ti Dilet, ai harranchez tit affec li.* Birotteau crut que de Marsay pouvait avoir de l'empire sur le baron, il remonta l'escalier avec la rapidité d'une hirondelle, se glissa dans la salle à manger où la baronne et de Marsay devaient encore se trouver : il avait laissé Delphine attendant son café à la crème. Il vit bien le café servi, mais la baronne et le jeune élégant avaient disparu. Le valet de chambre sourit à l'étonnement du parfumeur qui descendit lentement les escaliers. César courut chez du Tillet qui était, lui dit-on, à la campagne, chez madame Roguin. Le parfumeur prit un cabriolet et paya pour être conduit aussi promptement que par la poste à Nogent-sur-Marne. A Nogent-sur-Marne, le concierge lui apprit que *Monsieur et Madame* étaient repartis à Paris. Birotteau revint brisé. Lorsqu'il raconta sa tournée à sa femme et à sa fille, il fut stupéfait de trouver sa Constance, ordinairement perchée comme un oiseau de malheur sur la moindre aspérité commerciale, lui donner les plus douces consolations et lui affirmer que tout irait bien.

Le lendemain, Birotteau se trouva dès sept heures dans la rue de du Tillet, au petit jour, en faction. Il pria le portier de du Tillet de le mettre en rapport avec le valet de chambre de du Tillet en glissant dix francs au portier. César obtint la faveur de parler au valet de chambre de du Tillet, et lui demanda de l'introduire auprès de du Tillet aussitôt que du Tillet serait visible, et il glissa deux pièces d'or dans la main du valet de chambre de du Tillet. Ces petits sacrifices et ces grandes humiliations, communes aux courtisans et aux solliciteurs, lui permirent d'arriver à son but. A huit heures et demie, au moment où son ancien commis passait une robe de chambre et secouait les idées confuses du réveil, bâillait, se détortillait, demandant pardon à son ancien patron, Birotteau se trouva face à face avec le tigre affamé de vengeance dans lequel il voyait son seul ami.

— Faites, faites, dit Birotteau.

— Que voulez-vous, *mon bon César ?* dit du Tillet.

César livra, non sans d'affreuses palpitations, la réponse et les exigences du baron de Nucingen à l'inattention de du Tillet, qui l'entendait en cherchant son soufflet, en grondant son valet de chambre sur la maladresse avec laquelle il allumait son feu. Le valet de chambre écoutait, César ne l'apercevait pas, mais il le vit enfin, s'ar-

rêta confus et reprit au coup d'éperon que lui donna du Tillet :
— Allez, allez, je vous écoute ! dit le banquier distrait. Le bonhomme avait sa chemise mouillée. Sa sueur se glaça quand du Tillet dirigea son regard fixe sur lui, lui laissa voir ses prunelles d'argent tigrées par quelques fils d'or, en le perçant jusqu'au cœur par une lueur diabolique.

— Mon cher patron, la Banque a refusé des effets de vous passés par la maison Claparon à Gigonnet, *sans garantie;* est-ce ma faute? Comment vous, vieux juge consulaire, faites-vous de pareilles boulettes? Je suis avant tout banquier. Je vous donnerai mon argent, mais je ne saurais exposer ma signature à recevoir un refus de la Banque; je n'existe que par le crédit, nous en sommes tous là. Voulez-vous de l'argent ?

— Pouvez-vous me donner tout ce dont j'ai besoin ?

— Cela dépend de la somme à payer ! Combien vous faut-il ?

— Trente mille francs.

— Beaucoup de tuyaux de cheminées sur la tête, fit du Tillet en éclatant de rire.

En entendant ce rire, le parfumeur, abusé par le luxe de du Tillet, voulut y voir le rire d'un homme pour qui la somme était peu de chose, il respira.

Du Tillet sonna.

— Faites monter mon caissier.

— Il n'est pas arrivé, monsieur, répondit le valet de chambre.

— Ces drôles-là se moquent de moi ! il est huit heures et demie, on doit avoir fait pour un million d'affaires à cette heure-ci.

Cinq minutes après, monsieur Legras monta.

— Qu'avons-nous en caisse ?

— Vingt mille francs seulement. Monsieur a donné l'ordre d'acheter pour trente mille francs de rente au comptant, payables le quinze.

— C'est vrai, je dors encore.

Le caissier regarda Birotteau d'un air louche et sortit.

— Si la vérité était bannie de la terre, elle confierait son dernier mot à un caissier, dit du Tillet. N'avez-vous pas un intérêt chez le petit Popinot qui vient de s'établir ? dit-il après une horrible pause pendant laquelle la sueur emperla le front du parfumeur.

— Oui, dit naïvement Birotteau, croyez-vous que vous pourriez m'escompter sa signature pour une somme importante?

— Apportez-moi cinquante mille francs de ses acceptations, je vous les ferai faire à un taux raisonnable chez un certain Gobseck, très-doux quand il a beaucoup de fonds à placer, et il en a.

Birotteau revint chez lui navré, sans s'apercevoir que les banquiers se le renvoyaient comme un volant sur des raquettes; mais Constance avait déjà deviné que tout crédit était impossible. Si déjà trois banquiers avaient refusé, tous devaient s'être questionnés sur un homme aussi en vue que l'adjoint, et conséquemment la Banque de France n'était plus une ressource.

— Essaye de renouveler, dit Constance, et va chez monsieur Claparon, ton co-associé, enfin chez tous ceux à qui tu as remis les effets du quinze, et propose des renouvellements. Il sera toujours temps de revenir chez les escompteurs avec du papier Popinot.

— Demain le treize! dit Birotteau tout à fait abattu.

Suivant l'expression de son prospectus, il jouissait de son tempérament sanguin qui consomme énormément par les émotions ou par la pensée, et qui veut absolument du sommeil pour réparer ses pertes. Césarine l'amena dans le salon et lui joua pour le récréer le *Songe de Rousseau*, très-joli morceau d'Hérold. Constance travaillait auprès de lui. Le pauvre homme se laissa aller la tête sur une ottomane, et toutes les fois qu'il levait les yeux sur elle, il la voyait un doux sourire sur les lèvres; il s'endormit ainsi.

— Pauvre homme! dit Constance, à quelles tortures il est réservé, pourvu qu'il y résiste.

— Eh! qu'as-tu, maman? dit Césarine en voyant sa mère en pleurs.

— Chère fille, je vois venir une faillite. Si ton père est obligé de déposer son bilan, il faudra n'implorer la pitié de personne. Mon enfant, sois préparée à devenir une simple fille de magasin. Si je te vois prendre ton parti courageusement, j'aurai la force de recommencer la vie. Je connais ton père, il ne soustraira pas un denier, j'abandonnerai mes droits, on vendra tout ce que nous possédons. Toi, mon enfant, porte demain tes bijoux et ta garde-robe chez ton oncle Pillerault, car tu n'es obligée à rien.

Césarine fut saisie d'un effroi sans bornes en entendant ces paroles dites avec une simplicité religieuse. Elle forma le projet d'aller trouver Anselme, mais sa délicatesse l'en empêcha.

Le lendemain, à neuf heures, Birotteau se trouvait rue de Provence, en proie à des anxiétés tout autres que celles par lesquelles il avait passé. Demander un crédit est une action toute simple en commerce. Tous les jours, en entreprenant une affaire, il est nécessaire de trouver des capitaux; mais demander des renouvellements est, dans la jurisprudence commerciale, ce que la Police Correctionnelle est à la Cour d'Assises, un premier pas vers la faillite, comme le Délit mène au Crime. Le secret de votre impuissance et de votre gêne est en d'autres mains que les vôtres. Un négociant se met pieds et poings liés à la disposition d'un autre négociant, et la charité n'est pas une vertu pratiquée à la Bourse. Le parfumeur, qui jadis levait un œil si ardent de confiance en allant dans Paris, maintenant affaibli par les doutes, hésitait à entrer chez le banquier Claparon, il commençait à comprendre que chez les banquiers le cœur n'est qu'un viscère. Claparon lui semblait si brutal dans sa grosse joie, et il avait reconnu chez lui tant de mauvais ton, qu'il tremblait de l'aborder. — Il est plus près du peuple, il aura peut-être plus d'âme! Tel fut le premier mot accusateur que la rage de sa position lui dicta. César puisa sa dernière dose de courage au fond de son âme, et monta l'escalier d'un méchant petit entresol, aux fenêtres duquel il avait guigné des rideaux verts jaunis par le soleil. Il lut sur la porte le mot *Bureaux* gravé en noir sur un ovale en cuivre; il frappa, personne ne répondit, il entra. Ces lieux plus que modestes sentaient la misère, l'avarice ou la négligence. Aucun employé ne se montra derrière les grillages en laiton placés à hauteur d'appui sur des boiseries de bois blanc non peint qui servaient d'enceinte à des tables et à des pupitres en bois noirci. Ces bureaux déserts étaient encombrés d'écritoires où l'encre moisissait, de plumes ébouriffées comme des gamins, tortillées en forme de soleils; enfin, couverts de cartons, de papiers, d'imprimés, sans doute inutiles. Le parquet du passage ressemblait à celui d'un parloir de pension, tant il était râpé, sale et humide. La seconde pièce, dont la porte était ornée du mot Caisse, s'harmoniait avec les sinistres facéties du premier bureau. Dans un coin il se trouvait une grande cage en bois de chêne treillissée en fil de cuivre, à chatière mobile, garnie d'une énorme malle en fer, sans doute abandonnée aux cabrioles des rats. Cette cage, dont la porte était ouverte, contenait encore un bureau fantastique, et son fauteuil ignoble, troué, vert, à fond percé, dont le crin s'échappait, comme la perruque du patron, en mille tire-bouchons égrillards. Cette pièce, évidemment autrefois le salon de l'appartement avant qu'il ne fût converti en bureau de banque, offrait pour principal ornement une table ronde revêtue d'un tapis en drap vert autour de laquelle étaient de vieilles chaises en maroquin noir et à clous dédorés. La cheminée, assez élégante, ne présentait à l'œil aucune des morsures noires que laisse le feu, sa plaque était propre, sa glace injuriée par les mouches avait un air mesquin, d'accord avec une pendule en bois d'acajou qui provenait de la vente de quelque vieux notaire et qui ennuyait le regard, attristé déjà par deux flambeaux sans bougie et par une poussière gluante. Le papier de tenture, gris de souris, bordé de rose, annonçait par des teintes fuligineuses le séjour malsain de quelques fumeurs. Rien ne ressemblait davantage au salon banal que les journaux appellent *Cabinet de rédaction*. Birotteau, craignant d'être indiscret, frappa trois coups brefs à la porte opposée à celle par laquelle il était entré.

— Entrez! cria Claparon, dont la tonalité révéla la distance que sa voix avait à parcourir et le vide de cette pièce où le parfumeur entendait pétiller un bon feu, mais où le banquier n'était pas.

Cette chambre lui servait en effet de cabinet particulier. Entre la fastueuse audience de Keller et la singulière insouciance de ce prétendu grand industriel, il y avait toute la différence qui existe entre Versailles et le wigham d'un chef de Hurons. Le parfumeur avait vu les grandeurs de la banque, il allait en voir les gamineries. Couché dans une sorte de bouge oblong pratiqué derrière le cabinet, et où les habitudes d'une vie insoucieuse avaient abîmé, perdu, confondu, déchiré, encrassé, ruiné tout un mobilier à peu près élégant dans sa primeur, Claparon, à l'aspect de Birotteau, s'enveloppa dans sa robe de chambre crasseuse, déposa sa pipe, et tira les rideaux du lit avec une rapidité qui fit suspecter ses mœurs par l'innocent parfumeur.

— Asseyez-vous, monsieur, dit le banquier.

Claparon sans perruque et la tête enveloppée dans un foulard mis de travers, parut d'autant plus hideux à Birotteau que la robe de chambre en s'entr'ouvrant laissa voir une espèce de maillot en laine blanche tricotée, rendue brune par un usage infiniment trop prolongé.

— Voulez-vous déjeuner avec moi? dit Claparon en se rappelant le bal du parfumeur et voulant autant prendre sa revanche que lui donner le change par cette invitation.

En effet une table ronde débarrassée à la hâte de ses papiers, accusait une jolie compagnie en montrant un pâté, des huîtres, du vin blanc, et les vulgaires rognons sautés au vin de champagne figés dans leur sauce. Devant le foyer à charbon de terre, le feu dorait une omelette aux truffes. Enfin deux couverts et leurs serviettes tachées par le souper de la veille eussent éclairé l'innocence la plus pure. En homme qui se croyait habile, Claparon insista malgré les refus de Birotteau.

— Je devais avoir quelqu'un, mais ce quelqu'un s'est dégagé, s'écria le malin voyageur de manière à se faire entendre d'une personne qui se serait ensevelie dans ses couvertures.

— Monsieur, dit Birotteau, je viens uniquement pour affaire, et je ne vous tiendrai pas long-temps.

— Je suis accablé, répondit Claparon en montrant un secrétaire à cylindre et des tables encombrées de papiers, on ne me laisse pas un pauvre moment à moi. Je ne reçois que le samedi, mais pour vous, cher monsieur, on y est toujours! Je ne trouve plus le temps d'aimer ni de flâner, je perds le sentiment des affaires qui pour reprendre son vif veut une oisiveté savamment calculée. On ne me voit plus sur les boulevards occupé à ne rien faire. Bah! les affaires m'ennuient, je ne veux plus entendre parler d'affaires, j'ai assez d'argent et n'aurai jamais assez de bonheur. Ma foi! je veux voyager, voir l'Italie! Oh chère Italie! belle encore au milieu de ses revers, adorable terre où je rencontrerai sans doute une Italienne molle et majestueuse! j'ai toujours aimé les Italiennes! Avez-vous jamais eu une Italienne à vous? Non. Eh! bien, venez avec moi en Italie. Nous verrons Venise, séjour des doges, et bien mal tombée aux mains intelligentes de l'Autriche où les arts sont inconnus! Bah! laissons les affaires, les canaux, les emprunts et les gouvernements tranquilles. Je suis bon prince quand j'ai le gousset garni. Tonnerre! voyageons.

— Un seul mot, monsieur, et je vous laisse, dit Birotteau. Vous avez passé mes effets à monsieur Bidault.

— Vous voulez dire Gigonnet, ce bon petit Gigonnet, un homme coulant... comme un nœud.

— Oui, reprit César. Je voudrais... et en ceci je compte sur votre honneur et votre délicatesse...

Claparon s'inclina.

— Je voudrais pouvoir renouveler....

— Impossible, répondit nettement le banquier, je ne suis pas seul dans l'affaire. Nous sommes réunis en conseil, une vraie Chambre, mais où l'on s'entend comme des larrons en foire. Ah! diable! nous délibérons. Les terrains de la Madeleine ne sont rien, nous opérons ailleurs. Eh! cher monsieur, si nous ne nous étions pas engagés dans les Champs-Élysées, autour de la Bourse qui va s'achever, dans le quartier Saint-Lazare et à Tivoli, nous ne serions pas, comme dit le gros Nucingen, dans les *iffires*. Qu'est-ce que c'est donc que la Madeleine? une petite souillon d'affaire. Prrr! nous ne *carottons* pas, mon brave, dit-il en frappant sur le ventre de Birotteau et lui serrant la taille. Allons, voyons, déjeunez, nous causerons, reprit Claparon afin d'adoucir son refus.

— Volontiers, dit Birotteau. Tant pis pour le convive, pensa le parfumeur en méditant de griser Claparon afin d'apprendre quels étaient ses vrais associés dans une affaire qui commençait à lui paraître ténébreuse.

— Bon! Victoire! cria le banquier.

A ce cri parut une vraie Léonarde attifée comme une marchande de poisson.

— Dites à mes commis que je n'y suis pour personne, pas même pour Nucingen, les Keller, Gigonnet et autres!

— Il n'y a que monsieur Lempereur de venu.

— Il recevra le beau monde, dit Claparon. Le fretin ne passera pas la première pièce. On dira que je médite un coup... de vin de Champagne.

Griser un ancien commis-voyageur est la chose impossible. César avait pris la verve du mauvais ton pour les symptômes de l'ivresse, quand il essaya de confesser son associé.

— Cet infâme Roguin est toujours avec vous, dit Birotteau, ne devriez-vous pas lui écrire d'aider un ami qu'il a compromis, un homme avec lequel il dînait tous les dimanches et qu'il connaît depuis vingt ans?

— Roguin?... un sot! sa part est à nous. Ne soyez pas triste, mon brave, tout ira bien. Payez le quinze, et la première fois nous verrons! Quand je dis nous verrons... (un verre de vin!) les fonds ne me concernent en aucune manière. Ah! vous ne paieriez pas, je ne vous ferais point la mine, je ne suis dans l'affaire que pour une commission sur les achats et pour un droit sur les réalisations, moyennant quoi je manœuvre les propriétaires... Comprenez-vous ? vous avez des associés solides, aussi n'ai-je pas peur, mon cher monsieur. Aujourd'hui les affaires se divisent ! Une affaire exige le concours de tant de capacités ! Mettez-vous avec nous dans les affaires ? Ne carottez pas avec des pots de pommade et des peignes : mauvais ! mauvais ! Tondez le public, entrez dans la Spéculation.

— La spéculation ? dit le parfumeur, quel est ce commerce ?

— C'est le commerce abstrait, reprit Claparon, un commerce qui restera secret pendant une dizaine d'années encore, au dire du grand Nucingen, le Napoléon de la finance, et par lequel un homme embrasse les totalités des chiffres, écrème les revenus avant qu'ils n'existent, une conception gigantesque, une façon de mettre l'espérance en coupes réglées, enfin une nouvelle Cabale ! Nous ne sommes encore que dix ou douze têtes fortes initiées aux secrets cabalistiques de ces magnifiques combinaisons.

César ouvrait les yeux et les oreilles en essayant de comprendre cette phraséologie composite.

— Écoutez, dit Claparon après une pause, de semblables coups veulent des hommes. Il y a l'homme à idées qui n'a pas le sou, comme tous les gens à idées. Ces gens-là pensent et dépensent, sans faire attention à rien. Figurez-vous un cochon qui vague dans un bois à truffes ! Il est suivi par un gaillard, l'homme d'argent, qui attend le grognement excité par la trouvaille. Quand l'homme à idées a rencontré quelque bonne affaire, l'homme d'argent lui donne alors une tape sur l'épaule et lui dit : Qu'est-ce que c'est que ça ? Vous vous mettez dans la gueule d'un four, mon brave, vous n'avez pas les reins assez forts ; voilà mille francs, et laissez-moi mettre en scène cette affaire. Bon ! le banquier convoque les industriels. Mes amis, à l'ouvrage ! des prospectus ! la blague à mort ! On prend des cors de chasse et on crie à son de trompe : Cent mille francs pour cinq sous ! ou cinq sous pour cent mille francs, des mines d'or, des mines de charbon. Enfin tout l'*esbrouffe* du commerce. On achète l'avis des hommes de science ou d'art, la parade se déploie, le public entre, il en a pour son argent, la recette est dans nos mains. Le cochon est chambré sous son toit avec des pommes de terre, et les autres se chafriolent dans les billets de banque. Voilà, mon cher monsieur. Entrez dans les affaires. Que voulez-vous être? cochon, dindon, paillasse ou millionnaire? Réfléchissez à ceci : je vous ai formulé la théorie des emprunts modernes. Venez me voir, vous trouverez un bon garçon toujours jovial. La jovialité française, grave et légère tout à la fois, ne nuit pas aux affaires, au contraire! Des hommes qui trinquent sont bien faits pour se comprendre! Allons! encore un verre de vin de Champagne? il est soigné, allez! Ce vin est envoyé par un homme d'Épernay même, à qui j'en ai bien fait vendre, et à bon prix. (J'étais dans les vins.) Il se montre reconnaissant et se souvient de moi dans ma prospérité. C'est rare.

Birotteau, surpris de la légèreté, de l'insouciance de cet homme à qui tout le monde accordait une profondeur étonnante et de la capacité, n'osait plus le questionner. Dans l'excitation brouillonne où l'avait mis le vin de Champagne, il se souvint cependant d'un nom qu'avait prononcé du Tillet, et demanda quel était et où demeurait monsieur Gobseck, banquier.

— En seriez-vous là, mon cher monsieur? dit Claparon. Gobseck est banquier comme le bourreau de Paris est médecin. Son premier mot est le cinquante pour cent; il est de l'école d'Harpagon : il tient à votre disposition des serins des Canaries, des boas empaillés, des fourrures en été, du nankin en hiver. Et quelles valeurs lui présenteriez-vous? Pour prendre votre papier nu, il faudrait lui déposer votre femme, votre fille, votre parapluie, tout, jusqu'à votre carton à chapeau, vos socques (vous donnez dans le socque articulé), pelles, pincettes et le bois que vous avez dans vos caves : Gobseck, Gobseck? vertu du malheur! qui vous a indiqué cette guillotine financière?

— Monsieur du Tillet.

— Ah! le drôle, je le reconnais. Nous avons été jadis amis; et si nous nous sommes brouillés à ne pas nous saluer, croyez que ma répulsion est fondée : il m'a laissé lire au fond de son âme de boue, et il m'a mis mal à mon aise pendant le beau bal que vous nous avez donné : je ne puis pas le sentir avec son air fat. Parce qu'il a une notaresse! J'aurai des marquises, moi, quand je voudrai, et il n'aura jamais mon estime, lui! Ah! mon estime est une princesse qui ne le gênera jamais dans son lit. Vous êtes un farceur, dites donc, gros père, nous flanquer un bal et deux mois après demander des renouvellements! Vous pouvez aller très-loin. Faisons des affaires ensemble. Vous avez une réputation, elle me servira. Oh!

du Tillet était né pour comprendre Gobseck. Du Tillet finira mal sur la place. On le dit le *mouton* de ce vieux Gobseck. Il ne peut pas aller loin. Gobseck est dans le coin de sa toile, tapi comme une vieille araignée qui a fait le tour du monde. Tôt ou tard, *zut!* l'usurier le sifflera comme moi ce verre de vin. Tant mieux! Du Tillet m'a joué un tour... oh! un tour pendable.

Après une heure et demie employée à des bavardages qui n'avaient aucun sens, Birotteau voulut partir en voyant l'ancien commis-voyageur prêt à lui raconter l'aventure d'un représentant du peuple à Marseille, amoureux d'une actrice qui jouait le rôle de la BELLE ARSÈNE et que le parterre royaliste sifflait.

— « Il se lève, dit Claparon, et se dresse dans sa loge : *Artè qui l'a siblée... eu!... Si c'est oune femme, je l'amprise; si c'est oune homme, nous se verrons, si c'est ni l'un ni l'autte, que le troun di Diou le cure!...* Savez-vous comment a fini l'aventure?

— Adieu, monsieur, dit Birotteau.

— Vous aurez à venir me voir, lui dit alors Claparon. La première broche *Cayron* nous est revenue avec protêt et je suis endosseur, j'ai remboursé. Je vais envoyer chez vous, car les affaires avant tout.

Birotteau se sentit atteint aussi avant dans le cœur par cette froide et grimacière obligeance que par la dureté de Keller et par la raillerie allemande de Nucingen. La familiarité de cet homme et ses grotesques confidences allumées par le vin de Champagne avaient flétri l'âme de l'honnête parfumeur qui crut sortir d'un mauvais lieu financier. Il descendit l'escalier, se trouva dans les rues, sans savoir où il allait. Il continua les boulevards, atteignit la rue Saint-Denis, se souvint de Molineux, et se dirigea vers la cour Batave. Il monta l'escalier sale et tortueux que naguère il avait monté glorieux et fier; il se souvint de la mesquine âpreté de Molineux, et frémit d'avoir à l'implorer. Comme lors de la première visite du parfumeur, le propriétaire était au coin de son feu, mais digérant son déjeuner; Birotteau lui formula sa demande.

— Renouveler un effet de douze cents francs? dit Molineux en exprimant une railleuse incrédulité. Vous n'en êtes pas là, monsieur. Si vous n'avez pas douze cents francs le quinze pour payer mon billet, vous renverrez donc ma quittance de loyer impayée? Ah! j'en serais fâché, je n'ai pas la moindre politesse en fait d'argent, mes loyers sont mes revenus. Sans cela avec quoi paierais-je ce que je dois? Un commerçant ne désapprouvera pas ce principe salutaire. L'argent ne connaît personne; il n'a pas d'oreilles, l'argent; il n'a pas de cœur, l'argent. L'hiver est rude, voilà le bois renchéri. Si vous ne payez pas le quinze, le seize un petit commandement à midi. Bah! le bonhomme Mitral, votre huissier, est le mien, il vous enverra son commandement sous enveloppe avec tous les égards dus à votre haute position.

— Monsieur, je n'ai jamais reçu d'assignation pour mon compte, dit Birotteau.

— Il y a commencement à tout, dit Molineux.

Consterné par la dureté du vieillard, le parfumeur fut abattu, car il entendit le glas de la faillite tintant à ses oreilles. Chaque tintement réveillait le souvenir des dires que sa jurisprudence impitoyable lui avait suggérés sur les faillis. Ses opinions se dessinaient en traits de feu sur la molle substance de son cerveau.

— A propos, dit Molineux, vous avez oublié de mettre sur vos effets *valeur reçue en loyers*, ce qui peut conserver mon privilége.

— Ma position me défend de rien faire au détriment de mes créanciers, dit le parfumeur hébété par la vue du précipice entr'ouvert.

— Bon, monsieur, très-bien, je croyais avoir tout appris en matière de location avec messieurs les locataires. J'apprends par vous à ne jamais recevoir d'effets en paiement. Ah! je plaiderai, car votre réponse dit assez que vous manquerez à votre signature. L'espèce intéresse tous les propriétaires de Paris.

Birotteau sortit dégoûté de la vie. Il est dans la nature de ces âmes tendres et molles de se rebuter à un premier refus, de même qu'un premier succès les encourage. César n'espéra plus que dans le dévouement du petit Popinot, auquel il pensa naturellement en se trouvant au marché des Innocents.

— Le pauvre enfant, qui m'eût dit cela, quand il y a six semaines aux Tuileries, je le lançais?

Il était environ quatre heures, moment où les magistrats quittent le palais. Par hasard, le Juge d'Instruction était venu voir son neveu. Ce juge, l'un des esprits les plus perspicaces en fait de morale, avait une seconde vue qui lui permettait de voir les intentions secrètes, de reconnaître le sens des actions humaines les plus indifférentes, les germes d'un crime, les racines d'un délit : il regarda Birotteau sans que Birotteau s'en doutât. Le parfumeur, contrarié de trouver l'oncle auprès du neveu, lui parut gêné, préoccupé, pensif. Le petit Popinot, toujours affairé, la plume à l'oreille, fut comme toujours à plat ventre devant le père de sa Césarine. Les phrases banales dites par César à son associé parurent au juge être les paravents d'une demande importante. Au lieu de partir, le rusé magistrat resta chez son neveu malgré son neveu, car il avait calculé que le parfumeur essaierait de se débarrasser de lui en se retirant lui-même. Quand Birotteau partit, le juge s'en alla, mais il remarqua Birotteau flânant dans la partie de la rue des Cinq-Diamants qui mène à la rue Aubry-le-Boucher. Cette minime circonstance lui donna des soupçons sur les intentions de César, il sortit alors rue des Lombards, et quand il eut vu le parfumeur rentré chez Anselme, il y revint promptement.

— Mon cher Popinot, avait dit César à son associé, je viens te demander un service.

— Que faut-il faire? dit Popinot avec une généreuse ardeur?

— Ah! tu me sauves la vie, s'écria le bonhomme heureux de cette chaleur de cœur qui scintillait au milieu des glaces où il voyageait depuis vingt-cinq jours.

— Il faudrait me régler cinquante mille francs en comptant sur ma portion de bénéfices, nous nous entendrions pour le payement.

Popinot regarda fixement César, César baissa les yeux. En ce moment, le juge reparut.

— Mon enfant... Ah! pardon, monsieur Birotteau! Mon enfant, j'ai oublié de te dire...

Et par le geste impérieux de magistrat, le juge attira son neveu dans la rue, et le força, quoiqu'en veste et tête nue, à l'écouter en marchant vers la rue des Lombards.

— Mon neveu, ton ancien patron pourrait se trouver dans des affaires tellement embarrassées, qu'il lui fallût en venir à déposer son bilan. Avant d'arriver là, les hommes qui comptent quarante ans de probité, les hommes les plus vertueux, dans le désir de conserver leur honneur, imitent les joueurs les plus enragés ; ils sont capables de tout : ils vendent leurs femmes, trafiquent de leurs filles, compromettent leurs meilleurs amis, mettent en gage ce qui ne leur appartient pas ; ils vont au jeu, deviennent comédiens, menteurs ; ils savent pleurer. Enfin, j'ai vu les choses les plus extraordinaires. Toi-même as été témoin de la bonhomie de Roguin, à qui l'on aurait donné le bon Dieu sans confession. Je n'applique pas ces conclusions rigoureuses à monsieur Birotteau, je le crois honnête ; mais s'il te demandait de faire quoi que ce soit qui fût contraire aux lois du commerce, comme de souscrire des effets de complaisance et de te lancer dans un système de *circulations*, qui, selon moi, est un commencement de friponnerie, car c'est la fausse monnaie du papier, promets-moi de ne rien signer sans me consulter. Songe que si tu aimes sa fille il ne faut pas, dans l'intérêt même de ta passion, détruire ton avenir. Si monsieur Birotteau doit tomber, à quoi bon tomber vous deux ? N'est-ce pas vous priver l'un et l'autre de toutes les chances de ta maison de commerce qui sera son refuge ?

— Merci, mon oncle : à bon entendeur salut, dit Popinot, à qui la navrante exclamation de son patron fut alors expliquée.

Le marchand d'huiles fines et autres rentra dans sa sombre boutique, le front soucieux. Birotteau remarqua ce changement.

— Faites-moi l'honneur de monter dans ma chambre, nous y serons mieux qu'ici. Les commis, quoique très-occupés, pourraient nous entendre.

Birotteau suivit Popinot, en proie aux anxiétés du condamné entre la cassation de son arrêt ou le rejet de son pourvoi.

— Mon cher bienfaiteur, dit Anselme, vous ne doutez pas de mon dévouement, il est aveugle. Permettez-moi seulement de vous demander si cette somme vous sauve entièrement, si ce n'est pas seulement un retard à quelque catastrophe, et alors à quoi bon m'entraîner ? Il vous faut des billets à quatre-vingt-dix jours. Eh ! bien, dans trois mois, il me sera certes impossible de les payer.

Birotteau, pâle et solennel, se leva, regarda Popinot.

Popinot épouvanté s'écria : — Je les ferai si vous voulez.

— Ingrat ! dit le parfumeur, qui usa du reste de ses forces pour jeter ce mot au front d'Anselme comme une marque d'infamie.

Birotteau marcha vers la porte et sortit. Popinot, revenu de la sensation que ce mot terrible produisit sur lui, se jeta dans l'escalier, courut dans la rue, mais il ne trouva point le parfumeur. L'amant de Césarine entendit toujours ce formidable arrêt, il eut constamment sous les yeux la figure décomposée du pauvre César : il vécut enfin, comme Hamlet, avec un épouvantable spectre à ses côtés.

Birotteau tourna dans les rues de ce quartier comme un homme ivre. Cependant il finit par se trouver sur le quai, le suivit et alla jusqu'à Sèvres, où il passa la nuit dans une auberge, insensé de douleur. Sa femme effrayée n'osa le faire chercher nulle part. En semblable occurrence, une alarme imprudemment donnée est fatale. La sage Constance immola ses inquiétudes à la réputation commerciale; elle attendit pendant toute la nuit, entremêlant ses prières aux alarmes. César était-il mort? Était-il allé faire quelque course en dehors de Paris, à la piste d'un dernier espoir? Le lendemain matin, elle se conduisit comme si elle connaissait les raisons de cette absence; mais elle manda son oncle et le pria d'aller à la Morgue, en voyant qu'à cinq heures Birotteau n'était pas revenu. Pendant ce temps, la courageuse créature était à son comptoir, sa fille brodait auprès d'elle. Toutes deux, le visage composé, ni triste ni souriant, répondaient au public. Quand Pillerault revint, il revint accompagné de César. Au retour de la Bourse, il l'avait rencontré dans le Palais-Royal, hésitant à monter au jeu. Ce jour était le quatorze. A dîner, César ne put manger : son estomac, trop violemment contracté, rejetait les aliments. L'après-dîner fut encore horrible. Le négociant éprouva, pour la centième fois, une de ces affreuses alternatives d'espoir et de désespoir qui, en faisant monter à l'âme toute la gamme des sensations joyeuses et la précipitant à la dernière des sensations de la douleur, usent ces natures faibles. Derville, avoué de Birotteau, vint et s'élança dans le salon splendide où madame César retenait de tout son pouvoir son pauvre mari qui voulait aller se coucher au cinquième étage : « pour ne pas voir les monuments de ma folie! » disait-il.

— Le procès est gagné, dit Derville.

A ces mots, la figure crispée de César se détendit, mais sa joie effraya l'oncle Pillerault et Derville. Les femmes sortirent épouvantées pour aller pleurer dans la chambre de Césarine.

— Je puis emprunter alors, s'écria le parfumeur.

— Ce serait imprudent, dit Derville, ils interjettent appel, la Cour peut réformer le jugement; mais en un mois nous aurons arrêt.

— Un mois!

César tomba dans un assoupissement dont personne ne tenta de le tirer. Cette espèce de catalepsie retournée, pendant laquelle le corps vivait et souffrait, tandis que les fonctions de l'intelligence étaient suspendues, ce répit donné par le hasard fut regardé comme un bienfait de Dieu par Constance, par Césarine, par Pillerault et Derville qui jugèrent bien. Birotteau put ainsi supporter les déchirantes émotions de la nuit. Il était dans une bergère au coin de la cheminée ; à l'autre se tenait sa femme qui l'observait attentivement, un doux sourire sur les lèvres, un de ces sourires qui prouvent que les femmes sont plus près que les hommes de la nature angélique, en ce qu'elles savent mêler une tendresse infinie à la plus entière compassion, secret qui n'appartient qu'aux anges aperçus dans quelques rêves providentiellement semés à de longs intervalles dans la vie humaine. Césarine, assise sur un petit tabouret, était aux pieds de sa mère, et frôlait de temps en temps avec sa chevelure les mains de son père en lui faisant une caresse où elle essayait de mettre les idées que dans ces crises la voix rend importunes.

Assis dans son fauteuil comme le chancelier de l'Hospital est dans le sien au péristyle de la Chambre des Députés, Pillerault, ce philosophe prêt à tout, montrait sur sa figure cette intelligence gravée au front des sphinx égyptiens, et causait avec Derville à voix basse. Constance avait été d'avis de consulter l'avoué dont la discrétion n'était pas à suspecter ; ayant son bilan écrit dans sa tête, elle avait exposé sa situation à l'oreille de Derville. Après une conférence d'une heure environ, tenue sous les yeux du parfumeur hébété, l'avoué hocha la tête en regardant Pillerault.

— Madame, dit-il avec l'horrible sang-froid des gens d'affaires, il faut déposer. En supposant que, par un artifice quelconque, vous arriviez à payer demain, vous devez solder au moins trois cent mille francs, avant de pouvoir emprunter sur tous vos terrains. A un passif de cinq cent cinquante mille francs, vous opposez un actif très-beau, très-productif, mais non réalisable, vous succomberez dans un temps donné. Mon avis est qu'il faut mieux sauter par la fenêtre que de se laisser rouler dans les escaliers.

— C'est mon avis aussi, mon enfant, dit Pillerault.

Derville fut reconduit par madame César et par Pillerault.

— Pauvre père, dit Césarine qui se leva doucement pour mettre un baiser sur le front de César. Anselme n'a donc rien pu ? demanda-t-elle quand son oncle et sa mère revinrent.

— Ingrat ! s'écria César frappé par ce nom dans le seul endroit vivant de son souvenir, comme une touche de piano dont le marteau va frapper sa corde.

Depuis le moment où ce mot lui fut jeté comme un anathème, le petit Popinot n'avait pas eu un moment de sommeil, ni un instant de tranquillité. Le malheureux enfant maudissait son oncle, il était allé le trouver. Pour faire capituler cette vieille expérience judiciaire, il avait déployé l'éloquence de l'amour, espérant séduire l'homme sur qui les paroles humaines glissaient comme l'eau sur une toile, un juge !

— Commercialement parlant, lui dit-il, l'usage permet à l'associé gérant de régler une certaine somme à l'associé commanditaire par anticipation sur les bénéfices, et notre société doit en réaliser. Tout examen fait de mes affaires, je me sens les reins assez forts pour payer quarante mille francs en trois mois ! La probité de monsieur César permet de croire que ces quarante mille francs vont être employés à solder ses billets. Ainsi les créanciers, s'il y a faillite, n'auront aucun reproche à nous adresser ! D'ailleurs, mon oncle, j'aime mieux perdre quarante mille francs que de perdre Césarine. Au moment où je parle, elle est sans doute instruite de mon refus, et va me mésestimer. J'ai promis de donner mon sang pour mon bienfaiteur ! Je suis dans le cas d'un jeune matelot qui doit sombrer en tenant la main de son capitaine, du soldat qui doit périr avec son général.

— Bon cœur et mauvais négociant, tu ne perdras pas mon estime, dit le juge en serrant la main de son neveu. J'ai beaucoup pensé à ceci, reprit-il, je sais que tu es amoureux-fou de Césarine, je crois que tu peux satisfaire aux lois du cœur et aux lois du commerce.

— Ah ! mon oncle, si vous en avez trouvé le moyen, vous me sauvez l'honneur.

— Avance à Birotteau cinquante mille francs en faisant un acte de réméré relatif à ses intérêts dans votre huile, qui est devenue comme une propriété ; je te rédigerai l'acte.

Anselme embrassa son oncle, retourna chez lui, fit pour cinquante mille francs d'effets, et courut de la rue des Cinq-Diamants à la place Vendôme, en sorte qu'au moment où Césarine, sa mère et leur oncle Pillerault regardaient le parfumeur, surpris du ton sépulcral avec lequel il avait prononcé ce mot : Ingrat ! en réponse à la question de sa fille, la porte du salon s'ouvrit et Popinot parut.

— Mon cher et bien-aimé patron, dit-il en s'essuyant le front baigné de sueur, voilà ce que vous m'avez demandé. Il tendit les

ANSELME POPINOT.

Anselme retourna chez lui, fit pour cinquante mille francs de billets.....

(CÉSAR BIROTTEAU.)

billets. — Oui, j'ai bien étudié ma position, n'ayez aucune peur, je payerai, sauvez, sauvez votre honneur !

— J'étais bien sûre de lui, s'écria Césarine en saisissant la main de Popinot et la serrant avec une force convulsive.

Madame César embrassa Popinot, le parfumeur se dressa comme un juste entendant la trompette du jugement dernier, il sortait comme d'une tombe ! Puis il avança la main par un mouvement frénétique pour saisir les cinquante papiers timbrés.

— Un instant, dit le terrible oncle Pillerault en arrachant les billets de Popinot, un instant :

Les quatre personnages qui composaient cette famille, César et sa femme, Césarine et Popinot, étourdis par l'action de leur oncle et par son accent, le regardèrent avec terreur déchirant les billets et les jetant dans le feu qui les consuma, sans qu'aucun d'eux ne les arrêtât au passage.

— Mon oncle !
— Mon oncle !
— Mon oncle !
— Monsieur !

Ce fut quatre voix, quatre cœurs en un seul, une effrayante unanimité. L'oncle Pillerault prit le petit Popinot par le cou, le serra sur son cœur et le baisa au front.

— Tu es digne de l'adoration de tous ceux qui ont du cœur, lui dit-il. Si tu aimais ma fille, eût-elle un million, n'eusses-tu rien que ça (il montra les cendres noires des effets), si elle t'aimait, vous seriez mariés dans quinze jours. Ton patron, dit-il en désignant César, est fou. Mon neveu, reprit le grave Pillerault en s'adressant au parfumeur, mon neveu, plus d'illusions : on doit faire les affaires avec des écus et non avec des sentiments. Ceci est sublime, mais inutile. J'ai passé deux heures à la Bourse, tu n'as pas pour deux liards de crédit; tout le monde parlait de ton désastre, de renouvellements refusés, de tes tentatives auprès de plusieurs banquiers, de leurs refus, de tes folies, six étages montés pour aller trouver un propriétaire bavard comme une pie afin de renouveler douze cents francs, ton bal donné pour cacher ta gêne. On va jusqu'à dire que tu n'avais rien chez Roguin. Selon vos ennemis, Roguin est un prétexte. Un de mes amis, chargé de tout apprendre, est venu confirmer mes soupçons : chacun pressent l'émission des effets Popinot; tu l'as établi tout exprès pour en faire une planche à billets. Enfin, toutes les calomnies et les médisances que s'attire un homme qui veut monter un bâton de plus sur l'échelle sociale roulent à cette heure dans le commerce. Tu colporterais vainement pendant huit jours les cinquante billets de Popinot sur tous les comptoirs ; tu essuyerais d'humiliants refus ; personne n'en voudrait : rien ne prouve le nombre auquel tu les émets, et l'on s'attend à te voir sacrifiant ce pauvre enfant pour ton salut. Tu aurais détruit en pure perte le crédit de la maison Popinot. Sais-tu ce que le plus hardi des escompteurs te donnerait de ces cinquante mille francs ? Vingt mille, vingt mille, entends-tu ? En commerce, il est des instants où il faut pouvoir se tenir devant le monde trois jours sans manger, comme si l'on avait une indigestion, et le quatrième on est admis au garde-manger du crédit. Tu ne peux pas vivre ces trois jours, tout est là. Mon pauvre neveu, du courage, il faut déposer ton bilan. Voici Popinot, me voilà, nous allons, aussitôt les commis couchés, travailler ensemble afin de t'éviter ces angoisses.

— Mon oncle, dit le parfumeur en joignant les mains.

— César, veux-tu donc arriver à un bilan honteux où il n'y ait pas d'actif ? Ton intérêt chez Popinot te sauve l'honneur.

César, éclairé par ce fatal et dernier jet de lumière, vit enfin l'affreuse vérité dans toute son étendue, il retomba sur sa bergère, de là sur ses genoux, sa raison s'égara, il redevint enfant ; sa femme le crut mourant, elle s'agenouilla pour le relever ; mais elle s'unit à lui, quand elle lui vit joindre les mains, lever les yeux et réciter avec une componction résignée en présence de son oncle, de sa fille et de Popinot la sublime prière des catholiques.

« *Notre père qui êtes aux cieux, que votre nom soit sanctifié, que votre règne arrive, que votre sainte volonté soit faite dans la terre comme dans le ciel,* DONNEZ-NOUS NOTRE PAIN QUOTIDIEN, *et pardonnez-nous nos offenses comme nous pardonnons à ceux qui nous ont offensés. Ainsi soit-il !* »

Des larmes vinrent aux yeux du stoïque Pillerault, Césarine accablée, en larmes, avait la tête penchée sur l'épaule de Popinot pâle et raide comme une statue.

— Descendons, dit l'ancien négociant au jeune homme en lui prenant le bras.

A onze heures et demie, ils laissèrent César aux soins de sa femme et de sa fille. En ce moment, Célestin, le premier commis, qui durant ce secret orage avait dirigé la maison, monta dans les appartements et entra au salon. En entendant son pas, Césarine courut lui ouvrir pour qu'il ne vît pas l'abattement du maître.

— Parmi les lettres de ce soir, dit-il, il y en avait une venue de Tours, dont l'adresse était mal mise, ce qui a produit du retard. J'ai pensé qu'elle est du frère de monsieur, et ne l'ai pas ouverte.

— Mon père, cria Césarine, une lettre de mon oncle de Tours.

— Ah! je suis sauvé, cria César. Mon frère! mon frère! dit-il en baisant la lettre.

RÉPONSE DE FRANÇOIS A CÉSAR BIROTTEAU.

Tours, 17 courant.

« Mon bien-aimé frère, ta lettre m'a causé la plus vive affliction. Après l'avoir lue, je suis allé offrir à Dieu le saint sacrifice de la messe à ton intention, en l'intercédant par le sang que son fils, notre divin Rédempteur, a répandu pour nous, de jeter sur tes peines un regard miséricordieux. Au moment où j'ai prononcé mon oraison *Pro meo fratre Cæsare*, j'ai eu les yeux pleins de larmes en pensant à toi, de qui, par malheur, je suis séparé dans les jours où tu dois avoir besoin des secours de l'amitié fraternelle. Mais j'ai songé que le digne et vénérable monsieur Pillerault me remplacera sans doute. Mon cher César, n'oublie pas au milieu de tes chagrins que cette vie est une vie d'épreuves et de passage; qu'un jour nous serons récompensés d'avoir souffert pour le saint nom de Dieu, pour sa sainte église, pour avoir observé les maximes de l'Évangile et pratiqué la vertu; autrement les choses de ce monde n'auraient point de sens. Je te redis ces maximes, en sachant combien tu es pieux et bon, parce qu'il peut arriver aux personnes qui, comme toi, sont jetées dans les orages du monde et lancées sur la mer périlleuse des intérêts humains, de se permettre des blasphèmes au milieu des adversités, emportés qu'ils sont par la douleur. Ne maudis ni les hommes qui te blesseront, ni Dieu qui mêle à son gré de l'amertume à ta vie. Ne regarde pas la terre, au contraire, lève toujours les yeux au ciel : de là viennent des consolations pour les faibles, là sont les richesses des pauvres, là sont les terreurs du riche...

— Mais Birotteau, lui dit sa femme, passe donc cela, et vois s'il nous envoie quelque chose.

— Nous la relirons souvent, reprit le marchand en essuyant ses larmes et entr'ouvrant la lettre d'où tomba un mandat sur le trésor royal. J'étais bien sûr de lui, pauvre frère, dit Birotteau en saisissant le mandat. « ..... Je suis allé chez madame de Listomère, reprit-il en lisant d'une voix entrecoupée par les pleurs, et sans lui dire le motif de ma demande, je l'ai priée de me prêter tout ce dont elle pouvait disposer en ma faveur, afin de grossir le fruit de mes économies. Sa générosité m'a permis de compléter une somme de mille francs, je te l'adresse en un mandat du receveur-général de Tours sur le Trésor. »

— La belle avance! dit Constance en regardant Césarine.

« En retranchant quelques superfluités dans ma vie, je pourrai rendre en trois ans à madame de Listomère les quatre cents francs qu'elle m'a prêtés, ainsi ne t'en inquiète pas, mon cher César. Je t'envoie tout ce que je possède dans le monde, en souhaitant que cette somme puisse aider à une heureuse conclusion de tes embarras commerciaux, qui sans doute ne seront que momentanés. Je connais ta délicatesse, et veux aller au devant de tes objections. Ne songe ni à me donner aucun intérêt de cette somme, ni à me la rendre dans un jour de prospérité qui ne tardera pas à se lever pour toi, si Dieu daigne entendre les prières que je lui adresserai journellement. D'après ta dernière reçue il y a deux ans, je te croyais riche, et pensais pouvoir disposer de mes économies en faveur des pauvres; mais maintenant, tout ce que j'ai t'appartient. Quand tu auras surmonté ce grain passager de la navigation, garde encore cette somme pour ma nièce Césarine, afin que, lors de son établissement, elle puisse l'employer à quelque bagatelle qui lui rappelle un vieil oncle dont les mains se lèveront toujours au ciel pour demander à Dieu de répandre ses bénédictions sur elle et sur tous ceux qui lui seront chers. Enfin, mon cher César, songe que je suis un pauvre prêtre qui va à la grâce de Dieu comme les alouettes des champs, marchant dans mon sentier, sans bruit, tâchant d'obéir aux commandements de notre divin Sauveur, et à qui conséquemment il faut peu de chose. Ainsi, n'aie pas le moindre scrupule dans la circonstance difficile où tu te trouves, et pense à moi comme à quelqu'un qui t'aime tendrement. Notre excellent abbé Chapeloud, auquel je n'ai point dit la situation, et qui sait que je t'écris, m'a chargé de te transmettre les plus aimables choses pour toutes les personnes de ta famille et te souhaite la continuation de tes prospérités. Adieu, cher et bien-aimé frère, je fais des vœux pour que, dans les conjonctures où tu te trouves, Dieu te fasse la grâce de te conserver en bonne santé, toi, ta femme et ta fille; je vous souhaite à tous patience et courage en vos adversités

» FRANÇOIS BIROTTEAU,

» Prêtre, vicaire de l'église cathédrale et paroissiale de Saint-Gatien de Tours. »

— Mille francs! dit madame Birotteau furieuse.

— Serre-les, dit gravement César, il n'a que cela. D'ailleurs, ils sont à notre fille, et doivent nous faire vivre sans rien demander à nos créanciers.

— Ils croiront que tu leur as soustrait des sommes importantes.

— Je leur montrerai la lettre.

— Ils diront que c'est une frime.

— Mon Dieu, mon Dieu, cria Birotteau terrifié. J'ai pensé cela de pauvres gens qui sans doute étaient dans la situation où je me trouve.

Trop inquiètes de l'état où se trouvait César, la mère et la fille travaillèrent à l'aiguille auprès de lui, dans un profond silence. A deux heures du matin, Popinot ouvrit doucement la porte du salon et fit signe à madame César de descendre. En la voyant, son oncle ôta ses besicles.

— Mon enfant, il y a de l'espoir, lui dit-il, tout n'est pas perdu; mais ton mari ne résisterait pas aux alternatives des négociations à faire et qu'Anselme et moi nous allons tenter. Ne quitte pas ton magasin demain, et prends toutes les adresses des billets; nous avons jusqu'à quatre heures. Voici mon idée. Ni monsieur Ragon ni moi ne sommes à craindre. Supposez maintenant que vos cent mille francs déposés chez Roguin aient été remis aux acquéreurs, vous ne les auriez pas plus que vous ne les avez aujourd'hui. Vous êtes en présence de cent quarante mille francs souscrits à Claparon, que vous deviez toujours payer en tout état de cause; ainsi ce n'est pas la banqueroute de Roguin qui vous ruine. Je vois, pour faire face à vos obligations, quarante mille francs à emprunter tôt ou tard sur vos fabriques et soixante mille francs d'effets Popinot. On peut donc lutter, car après vous pourrez emprunter sur les terrains de la Madeleine. Si votre principal créancier consent à vous aider, je ne regarderai pas à ma fortune, je vendrai mes rentes, je serai sans pain. Popinot sera entre la vie et la mort ; quant à vous, vous serez à la merci du plus petit événement commercial. Mais l'huile rendra sans doute de grands bénéfices. Popinot et moi nous venons de nous consulter, nous vous soutiendrons dans cette lutte. Ah ! je mangerai bien gaiement mon pain sec si le succès poind à l'horizon. Mais tout dépend de Gigonnet et des associés Claparon. Popinot et moi, nous irons chez Gigonnet de sept à huit heures, et nous saurons à quoi nous en tenir sur leurs intentions.

Constance se jeta tout éperdue dans les bras de son oncle, sans autre voix que des larmes et des sanglots. Ni Popinot ni Pillerault ne pouvaient savoir que Bidault dit Gigonnet, et Claparon étaient du Tillet sous une double forme, que du Tillet voulait lire dans les Petites-Affiches ce terrible article :

« Jugement du tribunal de commerce qui déclare le sieur César Birotteau, marchand parfumeur, demeurant à Paris, rue Saint-Honoré, n° 397, en état de faillite, en fixe provisoirement l'ouverture au 16 janvier 1819. Juge-commissaire, monsieur Gobenheim-Keller. Agent, monsieur Molineux. »

Anselme et Pillerault étudièrent jusqu'au jour les affaires de César. A huit heures du matin, ces deux héroïques amis, l'un vieux soldat, l'autre sous-lieutenant d'hier, qui ne devaient jamais connaître que par procuration les terribles angoisses de ceux qui avaient monté l'escalier de Bidault dit Gigonnet, s'acheminèrent, sans se dire un mot, vers la rue Grenétat. Ils souffraient. A plusieurs reprises, Pillerault passa sa main sur son front.

La rue Grenétat est une rue où toutes les maisons, envahies par une multitude de commerces, offrent un aspect repoussant ; les constructions y ont un caractère horrible, l'ignoble malpropreté des fabriques y domine. Le vieux Gigonnet habitait le troisième étage d'une maison dont toutes les fenêtres étaient à bascule et à petits carreaux sales. Son escalier descendait jusque sur la rue. Sa portière était logée à l'entresol, dans une cage qui ne tirait son jour que de l'escalier et d'une échappée sur la rue. Excepté Gigonnet, tous les locataires exerçaient un état. Il venait, il sortait continuellement des ouvriers. Les marches étaient donc revêtues d'une couche de boue dure ou molle, au gré de l'atmosphère, et où séjournaient des immondices. Sur ce fétide escalier, chaque palier offrait aux yeux les noms du fabricant écrits en or sur une tôle peinte en rouge et vernie, avec des échantillons de ses chefs-d'œuvre. La plupart du temps, les portes ouvertes laissaient voir la bizarre union du ménage et de la fabrique, il s'en échappait des cris et des grognements inouïs, des chants, des sifflements qui rappelaient l'heure de quatre heures chez les animaux du Jardin des Plantes. Au premier se faisaient, dans un taudis infect, les plus belles bretelles de l'article Paris. Au second se confectionnaient, au milieu des plus sales ordures, les plus élégants cartonnages qui parent au jour de l'an les montres de Susse. Gigonnet mourut riche de dix-huit cent mille francs dans le troisième de cette maison, sans qu'aucune considération eût pu l'en faire sortir, malgré l'offre de madame Saillard, sa nièce, de lui donner un appartement dans un hôtel de la place Royale.

— Du courage, dit Pillerault en tirant le pied de biche pendu par un cordon à la porte grise et propre de Gigonnet.

Gigonnet vint ouvrir lui-même, et les deux parrains du parfumeur, en lice dans le champ des faillites, traversèrent une première chambre correcte et froide, sans rideaux aux croisées. Tous trois s'assirent dans la seconde où se tenait l'escompteur devant un foyer plein de cendres au milieu desquelles le bois se défendait contre le feu. Popinot eut l'âme glacée par les cartons verts de l'usurier, par la rigidité monastique de ce cabinet aéré comme une cave; il regarda d'un air hébété le petit papier bleuâtre semé de fleurs tricolores collé sur les murs depuis vingt-cinq ans, et reporta ses yeux attristés sur la cheminée ornée d'une pendule en forme de lyre, et des vases oblongs en bleu de Sèvres richement montés en cuivre doré. Cette épave, ramassée par Gigonnet dans le naufrage de Versailles où la populace brisa tout, venait du boudoir de la reine; elle était accompagnée de deux chandeliers du plus misérable modèle en fer battu.

— Je sais que vous ne pouvez pas venir pour vous, dit Gigonnet, mais pour le grand Birotteau. Eh? bien, qu'y a-t-il, mes amis?

— Je sais qu'on ne vous apprend rien, ainsi nous serons brefs, dit Pillerault : vous avez des effets ordre Claparon?

— Oui.

— Voulez-vous échanger les cinquante premiers mille contre des effets de monsieur Popinot que voici, moyennant escompte, bien entendu.

Gigonnet ôta sa terrible casquette verte qui semblait née avec lui, montra son crâne couleur beurre frais dénué de cheveux, fit sa grimace voltairienne et dit : — Vous voulez me payer en huile pour les cheveux, quéque j'en ferais?

— Quand vous plaisantez, il n'y a qu'à tirer ses grègues, dit Pillerault.

— Vous parlez comme un sage que vous êtes, lui dit Gigonnet avec un sourire flatteur.

— Eh! bien, si j'endossais les effets de monsieur Popinot? dit Pillerault en faisant un dernier effort.

— Vous êtes de l'or en barre, monsieur Pillerault, mais je n'ai pas besoin d'or, il me faut seulement mon argent.

Pillerault et Popinot saluèrent et sortirent. Au bas de l'escalier, les jambes de Popinot flageolaient encore sous lui.

— Est-ce un homme? dit-il à Pillerault.

— On le prétend, fit le vieillard. Souviens-toi toujours de cette courte séance, Anselme! Tu viens de voir la Banque sans la mascarade de ses formes agréables. Les événements imprévus sont la vis du pressoir, nous sommes le raisin, et les banquiers sont les tonneaux. L'affaire des terrains est sans doute bonne, Gigonnet veut étrangler César pour se revêtir de sa peau : tout est dit, il n'y a plus de remède. Voilà la Banque, n'y recours jamais.

Après cette affreuse matinée où, pour la première fois, madame Birotteau prit les adresses de ceux qui venaient chercher leur argent et renvoya le garçon de la Banque sans le payer, à onze heures, cette courageuse femme, heureuse d'avoir sauvé ces douleurs à son mari, vit revenir Anselme et Pillerault qu'elle attendait en proie à de croissantes anxiétés : elle lut sa sentence sur leurs visages. Le dépôt était inévitable.

— Il va mourir de douleur, dit la pauvre femme.

— Je le lui souhaite, dit gravement Pillerault; mais il est si religieux que, dans les circonstances actuelles, son directeur, l'abbé Loraux, peut seul le sauver.

Pillerault, Popinot et Constance attendirent qu'un commis fût allé chercher l'abbé Loraux avant de présenter le bilan que Célestin préparait à la signature de César. Les commis étaient au désespoir, ils aimaient leur patron. A quatre heures, le bon prêtre arriva,

Constance le mit au fait du malheur qui fondait sur eux, et l'abbé monta comme un soldat monte à la brèche.

— Je sais pourquoi vous venez, s'écria Birotteau.

— Mon fils, dit le prêtre, vos sentiments de résignation à la volonté divine me sont depuis longtemps connus ; mais il s'agit de les appliquer : ayez toujours les yeux sur la croix, ne cessez de la regarder en pensant aux humiliations dont le Sauveur des hommes fut abreuvé, combien sa passion fut cruelle, vous pourrez supporter ainsi les mortifications que Dieu vous envoie...

— Mon frère l'abbé m'avait déjà préparé, dit César en lui montrant la lettre qu'il avait relue et qu'il tendit à son confesseur.

— Vous avez un bon frère, dit monsieur Loraux, une épouse vertueuse et douce, une tendre fille, deux vrais amis, votre oncle et le cher Anselme, deux créanciers indulgents, les Ragon, ces bons cœurs verseront incessamment du baume sur vos blessures et vous aideront à porter votre croix. Promettez-moi d'avoir la fermeté d'un martyr, d'envisager le coup sans défaillir.

L'abbé toussa pour prévenir Pillerault qui était dans le salon.

— Ma résignation est sans bornes, dit César avec calme. Le déshonneur est venu, je songe à la réparation.

La voix du pauvre parfumeur et son air surprirent Césarine et le prêtre. Cependant rien n'était plus naturel. Tous les hommes supportent mieux un malheur connu, défini, que les cruelles alternatives d'un sort qui, d'un instant à l'autre, apporte ou la joie excessive ou l'extrême douleur.

— J'ai rêvé pendant vingt-deux ans, je me réveille aujourd'hui mon gourdin à la main, dit César redevenu paysan tourangeau.

En entendant ces mots, Pillerault serra son neveu dans ses bras. César aperçut sa femme, Anselme et Célestin. Les papiers que tenait le premier commis étaient bien significatifs. César contempla tranquillement ce groupe où tous les regards étaient tristes mais amis.

— Un moment ! dit-il en détachant sa croix qu'il tendit à l'abbé Loraux. Vous me la rendrez quand je pourrai la porter sans honte. Célestin, ajouta-t-il en s'adressant à son commis, écrivez ma démission d'adjoint. Monsieur l'abbé vous dictera la lettre, vous la daterez du quatorze, et la ferez porter chez monsieur de La Billardière par Raguet.

Célestin et l'abbé Loraux descendirent. Pendant environ un quart d'heure, un profond silence régna dans le cabinet de César. Sa fermeté surprenait sa famille. Célestin et l'abbé revinrent, César signa sa démission. Quand l'oncle Pillerault lui présenta le bilan, le pauvre homme ne put réprimer un horrible mouvement nerveux.

— Mon Dieu, ayez pitié de moi, dit-il en signant la terrible pièce et la tendant à Célestin.

— Monsieur, dit alors Anselme Popinot, sur le front nuageux duquel il passa un lumineux éclair. Madame, faites-moi l'honneur de m'accorder la main de mademoiselle Césarine.

A cette phrase, tous les assistants eurent des larmes aux yeux, excepté César qui se leva, prit la main d'Anselme, et, d'une voix creuse, lui dit : — Mon enfant, tu n'épouseras jamais la fille d'un failli.

Anselme regarda fixement Birotteau, et lui dit : — Monsieur, vous engagez-vous, en présence de toute votre famille, à consentir à notre mariage, si mademoiselle m'agrée pour mari, le jour où vous serez relevé de votre faillite?

Il y eut un moment de silence pendant lequel chacun fut ému par les sensations qui se peignirent sur le visage affaissé du parfumeur.

— Oui, dit-il enfin.

Anselme fit un indicible geste pour prendre la main de Césarine, qui la lui tendit, et il la baisa.

— Vous consentez aussi, demanda-t-il à Césarine.

— Oui, dit-elle.

— Je suis donc enfin de la famille, j'ai le droit de m'occuper de ses affaires, dit-il avec une expression bizarre.

Anselme sortit précipitamment pour ne pas montrer une joie qui contrastait trop avec la douleur de son patron. Anselme n'était pas précisément heureux de la faillite, mais l'amour est si absolu, si égoïste! Césarine elle-même sentait en son cœur une émotion qui contrariait son amère tristesse.

— Puisque nous y sommes, dit Pillerault à l'oreille de Césarine, frappons tous les coups.

Madame Birotteau laissa échapper un signe de douleur et non d'assentiment.

— Mon neveu, dit Pillerault en s'adressant à César, que comptes-tu faire?

— Continuer le commerce.

— Ce n'est pas mon avis, dit Pillerault. Liquide et distribue ton actif à tes créanciers, ne reparais plus sur la place de Paris. Je me suis souvent supposé dans une position analogue à la tienne... (Ah! il faut tout prévoir dans le commerce! le négociant qui ne pense pas à la faillite est comme un général qui compterait n'être jamais battu, il n'est négociant qu'à demi.) Moi, je n'aurais jamais continué. Comment! toujours rougir devant des hommes à qui j'aurais fait tort, recevoir leurs regards défiants et leurs tacites reproches? Je conçois la guillotine!... un instant, et tout est fini. Mais avoir une tête qui renaît et se la sentir couper tous les jours, est un supplice auquel je me serais soustrait. Beaucoup de gens reprennent les affaires comme si rien ne leur était arrivé! tant mieux! ils sont plus forts que Claude-Joseph Pillerault. Si vous faites au comptant, et vous y êtes obligé, on dit que vous avez su vous ménager des ressources; si vous êtes sans le sou, vous ne pouvez jamais vous relever. Bonsoir! Abandonne donc ton actif, laisse vendre ton fonds et fais autre chose.

— Mais quoi? dit César.

— Eh! dit Pillerault, cherche une place. N'as-tu pas des protections? le duc et la duchesse de Lenoncourt, madame de Mortsauf, monsieur de Vandenesse; écris-leur, vois-les, ils te caseront dans la Maison du Roi avec quelque millier d'écus; ta femme en gagnera bien autant, ta fille peut-être aussi. La position n'est pas désespérée. A vous trois, vous réunirez près de dix mille francs par an. En dix ans, tu peux payer cent mille francs, car tu ne prendras rien sur ce que vous gagnerez : tes deux femmes auront quinze cents francs chez moi pour leurs dépenses, et, quant à toi, nous verrons !

Constance et non César médita ces sages paroles. Pillerault se dirigea vers la Bourse, qui se tenait alors sous une construction provisoire en planches et en pans de bois, formant une salle ronde où l'on entrait par la rue Feydeau. La faillite du parfumeur en vue et jalousé, déjà connue, excitait une rumeur générale dans le haut commerce, alors constitutionnel. Les commerçants libéraux voyaient dans la fête de Birotteau une audacieuse entreprise sur leurs sentiments. Les gens de l'opposition voulaient avoir le monopole de l'amour du pays. Permis aux royalistes d'aimer le roi, mais aimer la patrie était le privilége de la gauche : le peuple lui appartenait. Le pouvoir avait eu tort de se réjouir, par ses organes, d'un événement dont les libéraux voulaient l'exploitation exclusive. La chute d'un protégé du château, d'un ministériel, d'un royaliste incorrigible qui, le 13 vendémiaire, insultait la liberté en se battant contre la glorieuse révolution française, cette chute excitait les cancans et les applaudissements de la Bourse. Pillerault voulait connaître, étudier l'opinion. Il trouva, dans un des groupes les plus animés, du Tillet, Gobenheim-Keller, Nucingen, le vieux Guillaume et son gendre Joseph Lebas, Claparon, Gigonnet, Mongenod, Camusot, Gobseck, Adolphe Keller, Palma, Chiffreville, Matifat, Grindot et Lourdois.

— Eh! bien, quelle prudence ne faut-il pas, dit Gobenheim à du Tillet, il n'a tenu qu'à un fil que mes beaux-pères n'accordassent un crédit à Birotteau!

— Moi, j'y suis de dix mille francs qu'il m'a demandés il y a quinze jours, je les lui ai donnés sur sa simple signature, dit du Tillet. Mais il m'a jadis obligé, je les perdrai sans regret.

— Il a fait comme tous les autres, votre neveu, dit Lourdois à Pillerault, il a donné des fêtes! Qu'un fripon essaie de jeter de la poudre aux yeux pour stimuler la confiance, je le conçois; mais un homme qui passait pour la crème des honnêtes gens recourir aux rouerics de ce vieux charlatanisme auquel nous nous prenons toujours!

— Comme des bêtes, dit Gobseck.

— N'ayez confiance qu'à ceux qui vivent dans des bouges, comme Claparon, dit Gigonnet.

— *Hé pien*, dit le gros baron Nucingen à du Tillet, *fous afez fouli meu chouer eine tire han m'enfoyant Piroddôt. Che ne sais pas birquoi*, dit-il en se tournant vers Gobenheim, le manufacturier, *el n'a pas enfoyé brentre chez moi zinguande mille francs, che les lui aurais remisse.*

— Oh! non, dit Joseph Lebas, monsieur le baron. Vous deviez bien savoir que la Banque avait refusé son papier, vous l'avez fait rejeter dans le comité d'escompte. L'affaire de ce pauvre homme, pour qui je professe encore une haute estime, offre des circonstances singulières...

La main de Pillerault serrait celle de Joseph Lebas.

— Il est impossible, en effet, dit Mongenod, d'expliquer ce qui arrive, à moins de croire qu'il y ait, cachés derrière Gigonnet, des banquiers qui veulent tuer l'affaire de la Madeleine.

— Il lui arrive ce qui arrivera toujours à ceux qui sortent de leur spécialité, dit Claparon en interrompant Mongenod. S'il avait monté lui-même son Huile Céphalique au lieu de venir nous renchérir les terrains dans Paris en se jetant dessus, il aurait perdu ses cent mille francs chez Roguin, mais il n'aurait pas failli. Il va travailler sous le nom de Popinot.

— Attention à Popinot, dit Gigonnet.

Roguin, selon cette masse de négociants, était *l'infortuné Roguin*, le parfumeur était *ce pauvre Birotteau*. L'un semblait excusé par une grande passion, l'autre semblait plus coupable à cause de ses prétentions. En quittant la Bourse, Gigonnet passa la rue Perrin-Gasselin avant de revenir rue Grenétat, et vint chez madame Madou, la marchande de fruits secs.

— Ma grosse mère, lui dit-il avec sa cruelle bonhomie, eh! bien, comment va notre petit commerce?

— A la douce, dit respectueusement madame Madou en présentant son unique fauteuil à l'usurier avec une affectueuse servilité qu'elle n'avait eue que pour *le cher défunt*.

La mère Madou, qui jetait à terre un charretier récalcitrant ou trop badin, qui n'eût pas craint d'aller à l'assaut des Tuileries au dix octobre, qui goguenardait ses meilleures pratiques, capable enfin de porter sans trembler la parole au roi au nom des dames de la Halle, Angélique Madou recevait Gigonnet avec un profond respect. Sans force en sa présence, elle frissonnait sous son regard âpre. Les gens du peuple trembleront encore longtemps devant le bourreau, Gigonnet était le bourreau de ce commerce. A la Halle, nul pouvoir n'est plus respecté que celui de l'homme qui fait le cours de l'argent. Les autres institutions humaines ne sont rien auprès. La justice elle-même se traduit aux yeux de la Halle par le commissaire, personnage avec lequel elle se familiarise. Mais l'usure assise derrière ses cartons verts, l'usure implorée la crainte dans le cœur, dessèche la plaisanterie, altère le gosier, abat la fierté du regard et rend le peuple respectueux.

— Est-ce que vous avez quelque chose à me demander? dit-elle.

— Un rien, une misère, tenez-vous prête à rembourser les effets Birotteau, le bonhomme a fait faillite, tout devient exigible, je vous enverrai le compte demain matin.

Les yeux de madame Madou se concentrèrent d'abord comme ceux d'une chatte, puis vomirent des flammes.

— Ah! le gueux! ah! le scélérat! il est venu lui-même ici me dire qu'il était adjoint, me monter des couleurs! Matigot, ça va comme ça, le commerce! Il n'y a plus de foi chez les maires, le gouvernement nous trompe. Attendez, je vais aller me faire payer, moi...

— Hé, dans ces affaires-là, chacun s'en tire comme il peut, chère enfant! dit Gigonnet en levant sa jambe par ce petit mouvement sec semblable à celui d'un chat qui veut passer un endroit mouillé, et auquel il devait son nom. Il y a de gros bonnets qui pensent à retirer leur épingle du jeu.

— Bon! bon! je vais retirer ma noisette. Marie-Jeanne! mes socques et mon cachemire de poil de lapin : et vite, ou je te réchauffe la joue par une giroflée à cinq feuilles.

— Ça va s'échauffer dans le haut de la rue, se dit Gigonnet en se frottant les mains. Du Tillet sera content, il y aura du scandale dans le quartier. Je ne sais pas ce que lui a fait ce pauvre diable de parfumeur, moi j'en ai pitié comme d'un chien qui se casse la patte. Ce n'est pas un homme, il n'est pas de force.

Madame Madou déboucha, comme une insurrection du faubourg Saint-Antoine, sur les sept heures du soir à la porte du pauvre Birotteau qu'elle ouvrit avec une excessive violence, car la marche avait encore animé ses esprits.

— Tas de vermine, il me faut mon argent, je veux mon argent! Vous me donnerez mon argent, ou je vais emporter des sachets, des brimborions de satin, des éventails, enfin de la marchandise pour mes deux mille francs! A-t-on jamais vu des maires voler les administrés! Si vous ne me payez pas, je l'envoie aux galères, je vais chez le procureur du roi, le tremblement de la justice ira son train! Enfin, je ne sors pas d'ici sans ma monnaie.

Elle fit mine de lever les glaces d'une armoire où étaient des objets précieux.

— La Madou prend, dit à voix basse Célestin à son voisin.

La marchande entendit le mot, car dans les paroxismes de passion les organes s'oblitèrent ou se perfectionnent selon les constitutions, elle appliqua sur l'oreille de Célestin la plus vigoureuse tape qui se fût donnée dans un magasin de parfumerie.

— Apprends à respecter les femmes, mon ange, dit-elle, et à ne pas chiffonner le nom de ceux que tu voles.

— Madame, dit madame Birotteau sortant de l'arrière-boutique où se trouvait par hasard son mari que l'oncle Pillerault voulait emmener, et qui, pour obéir à la loi, poussait l'humilité jusqu'à vouloir se laisser mettre en prison ; madame, au nom du ciel, n'ameutez pas les passants.

— Eh ! qu'ils entrent, dit la femme, je *leux* y dirai la chose, histoire de rire ! Oui, ma marchandise et mes écus ramassés à la sueur de mon front servent à donner vos bals. Enfin, vous allez vêtue comme une reine de France avec la laine que vous prenez à des pauvres *igneaux* comme moi ! Jésus ! ça me brûlerait les épaules, à moi, du bien volé ; je n'ai que du poil de lapin sur ma carcasse, mais il est à moi ! Brigands de voleurs, mon argent ou...

Elle sauta sur une jolie boîte en marqueterie où étaient de précieux objets de toilette.

— Laissez cela, madame, dit César en se montrant, rien ici n'est à moi, tout appartient à mes créanciers. Je n'ai plus que ma personne, et si vous voulez vous en emparer, me mettre en prison, je vous donne ma parole d'honneur (une larme sortit de ses yeux) que j'attendrai votre huissier et ses recors...

Le ton et le geste en harmonie avec l'action firent tomber la colère de madame Madou.

— Mes fonds ont été emportés par un notaire, et je suis innocent des désastres que je cause, reprit César ; mais vous serez payée avec le temps, dussé-je mourir à la peine et travailler comme un manœuvre, à la Halle, en prenant l'état de porteur.

— Allons, vous êtes un brave homme, dit la femme de la Halle. Pardon de mes paroles, madame ; mais faut donc que je me jette à l'eau, car Gigonnet va me poursuivre, et je n'ai que des valeurs à dix mois pour rembourser vos damnés billets.

— Venez me trouver demain matin, dit Pillerault en se montrant, je vous arrangerai votre affaire à cinq pour cent, chez un de mes amis.

— Quien ! c'est le brave père Pillerault. Eh ! mais, il est votre oncle, dit-elle à Constance. Allons, vous êtes d'honnêtes gens, je ne perdrai rien, est-ce pas ? A demain, vieux, dit-elle à l'ancien quincaillier.

César voulut absolument demeurer au milieu de ses ruines, en disant qu'il s'expliquerait ainsi avec tous ses créanciers. Malgré les supplications de sa nièce, l'oncle Pillerault approuva César, et le fit remonter chez lui. Le rusé vieillard courut chez monsieur Haudry, lui expliqua la position de Birotteau, obtint une ordonnance pour une potion somnifère, l'alla commander et revint passer la soirée chez son neveu. De concert avec Césarine, il contraignit César à boire comme eux. Le narcotique endormit le parfumeur qui se réveilla, quatorze heures après, dans la chambre de son oncle Pillerault, rue des Bourdonnais, emprisonné par le vieillard qui couchait, lui, sur un lit de sangle dans son salon. Quand Constance entendit rouler le fiacre dans lequel son oncle Pillerault emmenait César, son courage l'abandonna. Souvent nos forces sont stimulées par la nécessité de soutenir un être plus faible que nous. La pauvre femme pleura de se trouver seule chez elle avec sa fille, comme elle aurait pleuré César mort.

— Maman, dit Césarine en s'asseyant sur les genoux de sa mère, et la caressant avec ces grâces chattes que les femmes ne déploient bien qu'entre elles, tu m'as dit que si je prenais bravement mon parti, tu trouverais de la force contre l'adversité. Ne pleure donc pas, ma chère mère. Je suis prête à entrer dans quelque magasin, et je ne penserai plus à ce que nous étions. Je serai comme toi dans ta jeunesse, une première demoiselle, et tu n'entendras jamais une plainte ni un regret. J'ai une espérance. N'as-tu pas entendu monsieur Popinot?

— Le cher enfant, il ne sera pas mon gendre...

— Oh! maman...

— Il sera véritablement mon fils.

— Le malheur, dit Césarine en embrassant sa mère, a cela de bon qu'il nous apprend à connaître nos vrais amis.

Césarine finit par adoucir le chagrin de la pauvre femme en jouant auprès d'elle le rôle d'une mère. Le lendemain matin, Constance alla chez le duc de Lenoncourt, un des premiers gentilshommes de la chambre du roi, et y laissa une lettre par laquelle elle lui demandait une audience à une certaine heure de la journée. Dans l'intervalle, elle vint chez monsieur de La Billardière, lui exposa la situation où la fuite du notaire mettait César, le pria de l'appuyer auprès du duc, et de parler pour elle, ayant peur de mal s'expliquer. Elle voulait une place pour Birotteau. Birotteau serait le caissier le plus probe, s'il y avait à distinguer dans la probité.

— Le roi vient de nommer le comte de Fontaine à une direction générale dans le ministère de sa maison, il n'y a pas de temps à perdre.

A deux heures, La Billardière et madame César montaient le

grand escalier de l'hôtel de Lenoncourt, rue Saint-Dominique, et
furent introduits chez celui de ses gentilshommes que le roi préférait, si tant est que le roi Louis XVIII ait eu des préférences. Le
gracieux accueil de ce grand seigneur, qui appartenait au petit
nombre des vrais gentilshommes que le siècle précédent a légués à
celui-ci, donna de l'espoir à madame César. La femme du parfumeur se montra grande et simple dans la douleur. La douleur ennoblit les personnes les plus vulgaires, car elle a sa grandeur, et
pour en recevoir du lustre, il suffit d'être vrai. Constance était une
femme essentiellement vraie. Il s'agissait de parler au roi promptement. Au milieu de la conférence, on annonça monsieur de Vandenesse, et le duc s'écria : — Voilà votre sauveur ! Madame Birotteau n'était pas inconnue à ce jeune homme, venu chez elle une ou
deux fois pour y demander de ces bagatelles souvent aussi importantes que de grandes choses. Le duc expliqua les intentions de La
Billardière. En apprenant le malheur qui accablait le filleul de la
marquise d'Uxelles, Vandenesse alla sur-le-champ avec La Billardière chez le comte de Fontaine, en priant madame Birotteau de
l'attendre. Monsieur le comte de Fontaine était, comme La Billardière, un de ces braves gentilshommes de province, héros presque
inconnus qui firent la Vendée. Birotteau ne lui était pas étranger,
il l'avait vu jadis à la Reine des Roses. Les gens qui avaient répandu
leur sang pour la cause royale jouissaient à cette époque de priviléges que le Roi tenait secrets pour ne pas effaroucher les Libéraux. Monsieur de Fontaine, un des favoris de Louis XVIII, passait
pour être dans toute sa confidence. Non-seulement le comte promit positivement une place, mais il vint chez le duc de Lenoncourt,
alors de service, pour le prier de lui obtenir un moment d'audience
dans la soirée, et de demander pour La Billardière une audience
de MONSIEUR, qui aimait particulièrement cet ancien diplomate
vendéen. Le soir même, monsieur le comte de Fontaine alla des
Tuileries chez madame Birotteau lui annoncer que son mari serait,
après son concordat, officiellement nommé à une place de deux
mille cinq cents francs à la Caisse d'Amortissement, tous les services de la maison du roi se trouvant alors chargés de nobles surnuméraires avec lesquels on avait pris des engagements. Ce succès
n'était qu'une partie de la tâche de madame Birotteau. La pauvre
femme alla rue Saint-Denis, au *Chat qui pelote,* trouver Joseph
Lebas. Pendant cette course, elle rencontra dans un brillant équi-

page madame Roguin, qui sans doute faisait des emplettes. Ses yeux et ceux de la belle notaresse se croisèrent. La honte que la femme heureuse ne put réprimer en voyant la femme ruinée donna du courage à Constance.

— Jamais je ne roulerai carrosse avec le bien d'autrui, se dit-elle.

Bien reçue de Joseph Lebas, elle le pria de procurer à sa fille une place dans une maison de commerce respectable. Lebas ne promit rien ; mais huit jours après, Césarine eut la table, le logement et mille écus dans la plus riche maison de nouveautés de Paris, qui fondait un nouvel établissement dans le quartier des Italiens. La caisse et la surveillance du magasin étaient confiées à la fille du parfumeur, qui, placée au-dessus de la première demoiselle, remplaçait le maître et la maîtresse de la maison. Quant à madame César, elle alla le jour même chez Popinot lui demander de tenir chez lui la caisse, les écritures et le ménage. Popinot comprit que sa maison était la seule où la femme du parfumeur pourrait trouver les respects qui lui étaient dus et une position sans infériorité. Le noble enfant lui donna trois mille francs par an, la nourriture, son logement qu'il fit arranger, et prit pour lui la mansarde d'un commis. Ainsi la belle parfumeuse, après avoir joui pendant un mois des somptuosités de son appartement, dut habiter l'effroyable chambre, ayant vue sur la cour obscure et humide, où Gaudissart, Anselme et Finot avaient inauguré l'Huile Céphalique.

Quand Molineux, nommé Agent par le tribunal de commerce, vint prendre possession de l'actif de César Birotteau, Constance, aidée par Célestin, vérifia l'inventaire avec lui. Puis la mère et la fille sortirent, à pied, dans une mise simple, et allèrent chez leur oncle Pillerault sans retourner la tête, après avoir demeuré dans cette maison le tiers de leur vie. Elles cheminèrent en silence vers la rue des Bourdonnais, où elles dînèrent avec César pour la première fois depuis leur séparation. Ce fut un triste dîner. Chacun avait eu le temps de faire ses réflexions, de mesurer l'étendue de ses obligations et de sonder son courage. Tous trois étaient comme des matelots prêts à lutter avec le mauvais temps, sans se dissimuler le danger. Birotteau reprit courage en apprenant avec quelle sollicitude de grands personnages lui avaient arrangé un sort ; mais il pleura quand il sut ce qu'allait devenir sa fille. Puis, il tendit la main à sa femme en voyant le courage avec lequel elle recommençait la vie. L'oncle Pillerault eut pour la dernière fois de sa vie les yeux mouillés à l'aspect du touchant tableau de ces trois êtres unis, confondus dans un embrassement au milieu duquel Birotteau, le plus faible des trois, le plus abattu, leva la main en disant : Espérons!

— Pour économiser, dit l'oncle, tu logeras avec moi, garde ma chambre et partage mon pain. Il y a longtemps que je m'ennuie d'être seul, tu remplaceras ce pauvre enfant que j'ai perdu. D'ici, tu n'auras qu'un pas pour aller, rue de l'Oratoire, à ta Caisse.

— Dieu de bonté, s'écria Birotteau, au fort de l'orage une étoile me guide.

En se résignant, le malheureux consomme son malheur. La chute de Birotteau se trouvait dès lors accomplie, il y donnait son consentement, il redevenait fort.

Après avoir déposé son bilan, un commerçant ne devrait plus s'occuper que de trouver une oasis en France ou à l'étranger pour y vivre sans se mêler de rien, comme un enfant qu'il est : la loi le déclare mineur et incapable de tout acte légal, civil et civique. Mais il n'en est rien. Avant de reparaître, il attend un sauf-conduit que jamais ni juge-commissaire ni créancier n'ont refusé, car s'il était rencontré sans cet *exeat*, il serait mis en prison, tandis que, muni de cette sauvegarde, il se promène en parlementaire dans le camp ennemi, non par curiosité, mais pour déjouer les mauvaises intentions de la loi relativement aux faillis. L'effet de toute loi qui touche à la fortune privée est de développer prodigieusement les fourberies de l'esprit. La pensée des faillis, comme de tous ceux dont les intérêts sont contre-carrés par une loi quelconque, est de l'annuler à leur égard. La situation de mort civil, où le failli reste comme une chrysalide, dure trois mois environ, temps exigé par les formalités avant d'arriver au congrès où se signe entre les créanciers et le débiteur un traité de paix, transaction appelée Concordat. Ce mot indique assez que la concorde règne après la tempête soulevée entre des intérêts violemment contrariés.

Sur le vu du bilan, le tribunal de commerce nomme aussitôt un juge-commissaire qui veille aux intérêts de la masse des créanciers inconnus et doit aussi protéger le failli contre les entreprises vexatoires de ses créanciers irrités : double rôle qui serait magnifique à jouer, si les juges-commissaires en avaient le temps. Ce juge-commissaire investit un agent du droit de mettre la main sur les fonds, les valeurs, les marchandises, en vérifiant l'actif porté dans le bilan ; enfin le greffe indique une convocation de tous les créanciers, laquelle se fait au son de trompe des annonces dans les journaux. Les créanciers faux ou vrais sont tenus d'accourir et de se réunir afin de nommer des syndics provisoires qui remplacent l'agent, se chaussent avec les souliers du failli, deviennent par une fiction de la loi le failli lui-même, et peuvent tout liquider, tout vendre, transiger sur tout, enfin fondre la cloche au profit des créanciers, si le failli ne s'y oppose pas. La plupart des faillites parisiennes s'arrêtent aux syndics provisoires, et voici pourquoi.

La nomination d'un ou plusieurs syndics définitifs est un des actes les plus passionnés auxquels puissent se livrer des créanciers altérés de vengeance, joués, bafoués, turlupinés, attrapés, dindonnés, volés et trompés. Quoiqu'en général les créanciers soient trompés, volés, dindonnés, attrapés, turlupinés, bafoués et joués, il n'existe pas à Paris de passion commerciale qui vive quatre-vingt-dix jours. En négoce, les effets de commerce savent seuls se dresser, altérés de paiement, à trois mois. A quatre-vingt-dix jours tous les créanciers exténués de fatigue par les marches et contremarches qu'exige une faillite dorment auprès de leurs excellentes petites femmes. Ceci peut aider les étrangers à comprendre combien en France le provisoire est définitif : sur mille syndics provisoires, il n'en est pas cinq qui deviennent définitifs. La raison de cette abjuration des haines soulevées par la faillite va se concevoir. Mais il devient nécessaire d'expliquer aux gens qui n'ont pas le bonheur d'être négociants le drame d'une faillite, afin de faire comprendre comment il constitue à Paris une des plus monstrueuses plaisanteries légales, et comment la faillite de César allait être une énorme exception.

Ce beau drame commercial a trois actes distincts : l'acte de l'Agent, l'acte des Syndics, l'acte du Concordat. Comme toutes les pièces de théâtre il offre un double spectacle : il a sa mise en scène pour le public et ses moyens cachés, il y a la représentation vue du parterre et la représentation vue des coulisses. Dans les coulisses sont le failli et son Agréé, l'avoué des commerçants, les Syndics et l'Agent, enfin le Juge-Commissaire. Personne hors Paris ne sait, et personne à Paris n'ignore qu'un juge au tribunal de commerce est le plus étrange magistrat qu'une Société se soit permis de créer. Ce juge peut craindre à tout moment sa justice pour lui-même. Paris a vu le président de son tribunal être forcé de déposer son bilan. Au lieu d'être un vieux négociant retiré des affaires et pour qui cette magistrature serait la récompense d'une vie pure, ce juge est un commerçant surchargé d'énormes entreprises, à la tête d'une immense maison. La condition *sine quâ non* de l'élection de ce juge, tenu de juger les avalanches de procès commerciaux qui roulent incessamment dans la capitale, est d'avoir beaucoup de peine à conduire ses propres affaires. Ce tribunal de commerce, au lieu d'avoir été institué comme une utile transition d'où le négociant s'élèverait sans ridicule aux régions de la noblesse, se compose de négociants en exercice, qui peuvent souffrir de leurs sentences en rencontrant leurs parties mécontentes, comme Birotteau rencontrait du Tillet.

Le Juge-Commissaire est donc nécessairement un personnage devant lequel il se dit beaucoup de paroles, qui les écoute en pensant à ses affaires et s'en remet de la chose publique aux syndics et à l'agréé, sauf quelques cas étranges et bizarres, où les vols se présentent avec des circonstances curieuses, et lui font dire que les créanciers ou le débiteur sont des gens habiles. Ce personnage, placé dans le drame, comme un buste royal dans une salle d'audience, se voit le matin, entre cinq et sept heures, à son chantier, s'il est marchand de bois; dans sa boutique, si, comme jadis Birotteau, il est parfumeur, ou le soir après dîner, entre la poire et le fromage, d'ailleurs toujours horriblement pressé. Ainsi ce personnage est généralement muet. Rendons justice à la loi : la législation, faite à la hâte, qui régit la matière a lié les mains au Juge-Commissaire, et dans plusieurs circonstances il consacre des fraudes sans les pouvoir empêcher comme vous l'allez voir.

L'Agent, au lieu d'être l'homme des créanciers, peut devenir l'homme du débiteur. Chacun espère pouvoir grossir sa part en se faisant avantager par le failli, auquel on suppose toujours des trésors cachés. L'Agent peut s'utiliser des deux côtés, soit en n'incendiant par les affaires du failli, soit en attrapant quelque chose pour les gens influents : il ménage donc la chèvre et le chou. Souvent un Agent habile a fait rapporter le jugement, en rachetant les créances et en relevant le négociant, qui rebondit alors comme une balle élastique. L'Agent se tourne vers le râtelier le mieux garni, soit qu'il faille couvrir les plus forts créanciers et découvrir le débiteur, soit qu'il faille immoler les créanciers à l'avenir du négociant. Ainsi, l'acte de l'*Agent* est l'acte décisif. Cet homme, ainsi que l'Agréé, joue la grande utilité dans cette pièce où, l'un comme l'autre, ils n'acceptent leur rôle que sûrs de leurs honoraires. Sur une moyenne de mille faillites, l'Agent est neuf cent cinquante fois l'homme du failli. A l'époque où cette histoire eut lieu, presque toujours les Agréés venaient trouver le Juge-Commissaire et lui présentaient un Agent à nommer, le leur, un homme à qui les affaires du négociant étaient connues et qui saurait concilier les intérêts de la masse et ceux de l'homme honorable tombé dans le malheur. Depuis quelques années, les juges habiles se font indiquer l'Agent que l'on désire, afin de ne pas le prendre, et tâchent d'en nommer un quasi-vertueux.

Pendant cet acte se présentent les créanciers, faux ou vrais, pour désigner les syndics *provisoires* qui sont, comme il est dit, *définitifs*. Dans cette assemblée électorale, ont droit de voter ceux auxquels il est dû cinquante sous comme les créanciers de cinquante mille francs : les voix se comptent et ne se pèsent pas. Cette assemblée, où se trouvent les faux électeurs introduits par le failli, les seuls qui ne manquent jamais à l'élection, proposent pour candidats les créanciers parmi lesquels le Juge-Commissaire, président sans pouvoir, est *tenu* de choisir les syndics. Ainsi, le Juge-Commissaire prend presque toujours de la main du failli les Syndics qu'il lui convient d'avoir : autre abus qui rend cette catastrophe un des plus burlesques drames que la justice puisse protéger. L'homme honorable tombé dans le malheur, maître du terrain, légalise alors le vol qu'il a médité. Généralement le petit commerce de Paris est pur de tout blâme. Quand un boutiquier arrive au dépôt de son bilan, le pauvre honnête homme a vendu le châle de sa femme, a engagé son argenterie, a fait flèche de tout bois et a succombé les mains vides, ruiné, sans argent même pour l'Agréé, qui se soucie fort peu de lui.

La loi veut que le concordat qui remet au négociant une partie de sa dette et lui rend ses affaires soit voté par une certaine majorité de sommes et de personnes. Ce grand œuvre exige une habile diplomatie dirigée au milieu des intérêts contraires qui se croisent et se heurtent, par le failli, par ses syndics et son agréé. La manœuvre habituelle, vulgaire, consiste à offrir, à la portion de créanciers qui fait la majorité voulue par la loi, des primes à payer par le débiteur en outre des dividendes consentis au concordat. A cette immense fraude il n'est aucun remède. Les trente tribunaux de commerce qui se sont succédé les uns aux autres le connaissent pour l'avoir pratiqué. Éclairés par un long usage, ils ont fini dernièrement par se décider à annuler les effets entachés de fraude, et comme les faillis ont intérêt à se plaindre de cette *extorsion*, les juges espèrent moraliser ainsi la faillite, mais ils arriveront à la rendre encore plus immorale : les créanciers inventeront quelques actes encore plus coquins, que les juges flétriront comme juges, et dont ils profiteront comme négociants.

Une autre manœuvre extrêmement en usage, à laquelle on doit l'expression de *créancier sérieux et légitime*, consiste à créer des créanciers, comme du Tillet avait créé une maison de banque, et d'introduire une certaine quantité de Claparons, sous la peau desquels se cache le failli qui, dès lors, diminue d'autant le dividende des créanciers véritables, et se crée ainsi des ressources pour l'avenir, tout en se ménageant la quantité de voix et de sommes nécessaires pour obtenir son concordat. Les *créanciers gais et illégitimes* sont comme de faux électeurs introduits dans le Collége Électoral. Que peut faire le créancier *sérieux et légitimes* contre *les créanciers gais et illégitimes?* s'en débarasser en les attaquant! Bien. Pour chasser l'intrus, le créancier *sérieux et légitime* doit abandonner ses affaires, charger un Agréé de sa cause, lequel Agréé, n'y gagnant presque rien, préfère *diriger* des faillites et mène peu rondement ce procillon. Pour débusquer le créancier *gai*, besoin est d'entrer dans le dédale des opérations, de remonter à des époques éloignées, fouiller les livres, obtenir par autorité de justice l'apport de ceux du faux créancier, découvrir l'invraisemblance de la fiction, la démontrer aux juges du tribunal, plaider, aller, venir, chauffer beaucoup de cœurs froids; puis, faire ce métier de don Quichotte à l'endroit de chaque créancier *illégitime et gai*, lequel, s'il vient à être convaincu de *gaieté*, se retire en saluant les juges et dit : — Excusez-moi, vous vous trompez, je suis *très-sérieux*. Le tout sans préjudice des droits du Failli, qui peut mener le don Quichotte en Cour royale. Durant ce temps, les affaires du don Quichotte vont mal, il est susceptible de déposer son bilan.

Morale : Le débiteur nomme ses Syndics, vérifie ses créances et arrange son Concordat lui-même.

D'après ces données, qui ne devine les intrigues, tours de Sganarelle, inventions de Frontin, mensonge de Mascarille et sacs vides de Scapin que développent ces deux systèmes ? Il n'existe pas de faillite où il ne s'en engendre assez pour fournir la matière des quatorze volumes de *Clarisse Harlove* à l'auteur qui voudrait les décrire. Un seul exemple suffira. L'illustre Gobseck, le maître des Palma, des Gigonnet, des Werbrust, des Keller et des Nucingen, s'étant trouvé dans une faillite où il se proposait de rudement mener un négociant qui l'avait su rouer, reçut en effets à échoir après le concordat, la somme qui, jointe à celle des dividendes, formait l'intégralité de sa créance. Gobseck détermina l'acceptation d'un concordat qui consacrait soixante-quinze pour cent de remise au failli. Voilà les créanciers joués au profit de Gobseck. Mais le négociant avait signé les effets illicites de sa raison sociale en faillite; il put appliquer à ces effets la déduction de soixante-quinze pour cent. Gobseck, le grand Gobseck, reçut à peine cinquante pour cent. Il saluait toujours son débiteur avec un respect ironique.

Toutes les opérations engagées par un failli dix jours avant sa faillite pouvant être incriminées, quelques hommes prudents ont soin d'entamer certaines affaires avec un certain nombre de créanciers dont l'intérêt est, comme celui du failli, d'arriver à un prompt concordat. Des créanciers très-fins vont trouver des créanciers très-niais ou très-occupés, leur peignent la faillite en laid et leur achètent leurs créances la moitié de ce qu'elles vaudront à la liquidation, et retrouvent alors leur argent par le dividende de leurs créances, et la moitié, le tiers ou le quart gagné sur les créances achetées.

La faillite est la fermeture plus ou moins hermétique d'une maison où le pillage a laissé quelques sacs d'argent. Heureux le négociant qui se glisse par la fenêtre, par le toit, par les caves, par un trou, qui prend un sac et grossit sa part! Dans cette déroute, où se crie le sauve-qui-peut de la Bérésina, tout est illégal et légal, faux et vrai, honnête et déshonnête. Un homme est admiré s'il *se couvre*. Se couvrir est s'emparer de quelques valeurs au détriment des autres créanciers. La France a retenti des débats d'une immense faillite éclose dans une ville où siégeait une Cour Royale, et où les magistrats en comptes courants avec les faillis s'étaient donné des manteaux en caoutchouc si pesants que le manteau de la justice en fut troué. Force fut, pour cause de suspicion légitime, de déférer le jugement de la faillite dans une autre Cour. Il n'y avait ni juge-commissaire, ni agent, ni cour souveraine possible dans l'endroit où la banqueroute éclata.

Cet effroyable gâchis commercial est si bien apprécié à Paris, qu'à moins d'être intéressé dans la faillite pour une somme capitale, tout négociant, quelque peu affairé qu'il soit, accepte la faillite comme un sinistre sans assureurs, passe la perte au compte des « *profits et pertes*, » et ne commet pas la sottise de dépenser son temps; il continue à brasser ses affaires. Quant au petit commerçant, harcelé par ses fins de mois, occupé de suivre le char de sa fortune, un procès effrayant de durée et coûteux à entamer l'épouvante; il renonce à voir clair, imite le gros négociant, et baisse la tête en réalisant sa perte.

Les gros négociants ne déposent plus leur bilan, ils liquident à l'amiable : les créanciers donnent quittance en prenant ce qu'on leur offre. On évite alors le déshonneur, les délais judiciaires, les honoraires d'agréés, les dépréciations de marchandises. Chacun croit que la faillite donnerait moins que la liquidation. Il y a plus de liquidations que de faillites à Paris.

L'acte des Syndics est destiné à prouver que tout Syndic est incorruptible, qu'il n'y a jamais entre eux et le failli la moindre collusion. Le parterre, qui a été plus ou moins syndic, sait que tout Syndic est un créancier *couvert*. Il écoute, il croit ce qu'il veut, et arrive à la journée du concordat, après trois mois employés à vérifier les créances passives et les créances actives. Les Syndics Provisoires font alors à l'assemblée un petit rapport dont voici la formule générale :

« Messieurs, il nous était dû à tous en bloc un million ; nous avons dépecé notre homme comme une frégate sombrée : les clous, les fers, les bois, les cuivres ont donné trois cent mille francs. Nous avons donc trente pour cent de nos créances. Heureux d'avoir trouvé cette somme quand notre débiteur pouvait ne nous laisser que cent mille francs, nous le déclarons un Aristide, nous lui votons des primes d'encouragement, des couronnes, et proposons de lui laisser son actif, en lui accordant dix ou douze ans pour nous payer cinquante pour cent qu'il daigne nous promettre. Voici le concordat, passez au bureau, signez-le !

A ce discours, les heureux négociants se félicitent et s'embrassent. Après l'homologation de ce concordat, le failli redevient négociant comme devant; on lui rend son actif, il recommence ses affaires, sans être privé du droit de faire faillite des dividendes promis, arrière-petite-faillite qui se voit souvent, comme un enfant mis au jour par une mère neuf mois après le mariage de sa fille.

Si le Concordat ne prend pas, les créanciers nomment alors des Syndics définitifs, prennent des mesures exorbitantes en s'associant pour exploiter les biens, le commerce de leur débiteur, saisissant tout ce qu'il aura, la succession de son père, de sa mère, de sa tante, etc. Cette rigoureuse mesure s'exécute au moyen d'un contrat d'union.

Il y a donc deux faillites : la faillite du négociant qui veut ressaisir les affaires, et la faillite du négociant qui, tombé dans l'eau, se contente d'aller au fond de la rivière. Pillerault connaissait bien cette différence. Il était, selon lui, comme selon Ragon, aussi difficile de sortir pur de la première que de sortir riche de la seconde. Après avoir conseillé l'abandon général, il alla s'adresser au plus honnête Agréé de la place pour le faire exécuter en liquidant la faillite et remettant les valeurs à la disposition des créanciers. La loi veut que les créanciers donnent, pendant la durée de ce drame, des aliments au failli et à sa famille. Pillerault fit savoir au Juge-Commissaire qu'il pourvoirait aux besoins de sa nièce et de son neveu.

Tout avait été combiné par du Tillet pour rendre la faillite une agonie constante à son ancien patron. Voici comment. Le temps est si précieux à Paris, que généralement dans les faillites, de deux Syndics, un seul s'occupe des affaires. L'autre est pour la forme : il approuve, comme le second notaire dans les actes notariés. Le Syndic agissant se repose assez souvent sur l'Agréé. Par ce moyen, à Paris, les faillites du premier genre se mènent si rondement que, dans les délais voulus par la loi, tout est bâclé, ficelé, servi, arrangé ! En cent jours, le Juge-Commissaire peut dire comme le ministre : L'ordre règne à Varsovie.

Du Tillet voulait la mort commerciale du parfumeur. Aussi le nom des Syndics nommés par l'influence de du Tillet fut-il significatif pour Pillerault. Monsieur Bidault, dit Gigonnet, principal créancier, devait ne s'occuper de rien ; Molineux, le petit vieillard tracassier qui ne perdait rien, devait s'occuper de tout. Du Tillet avait jeté à ce petit chacal ce noble cadavre commercial à tourmenter en le dévorant.

Après l'assemblée où les créanciers nommèrent le syndicat, le petit Molineux rentra chez lui, *honoré*, dit-il, *des suffrages de ses concitoyens*, heureux d'avoir Birotteau à régenter, comme un enfant d'avoir à tracasser un insecte. Le propriétaire à cheval sur la loi pria du Tillet de l'aider de ses lumières, et il acheta le Code de Commerce. Heureusement Joseph Lebas, prévenu par Pillerault, avait tout d'abord obtenu du président de commettre un juge-commissaire sagace et bienveillant. Gobenheim-Keller, que du Tillet avait espéré avoir, se trouva remplacé par monsieur Camusot, juge-suppléant, le riche marchand de soieries libéral, propriétaire de la maison où demeurait Pillerault, et homme honorable.

Une des plus horribles scènes de la vie de César fut sa conférence obligée avec le petit Molineux, cet être qu'il regardait comme si nul et qui, par une fiction de la loi, était devenu César Birotteau. Il dut aller, accompagné de son oncle, à la Cour Batave, monter les six étages et rentrer dans l'horrible appartement de ce vieillard, son tuteur, son quasi-juge, le représentant de la masse de ses créanciers.

— Qu'as-tu? dit Pillerault à César en entendant une exclamation.

— Ah! mon oncle, vous ne savez pas quel homme est ce Molineux!

— Il y a quinze ans que je le vois de temps en temps au café David, où il joue le soir aux dominos, aussi t'ai-je accompagné.

Monsieur Molineux fut d'une politesse excessive pour Pillerault et d'une dédaigneuse condescendance pour son failli; le petit vieillard avait médité sa conduite, étudié les nuances de son maintien, préparé ses idées.

— Quels renseignements voulez-vous? dit Pillerault. Il n'existe aucune contestation relativement aux créances.

— Oh! dit le petit Molineux, les créances sont en règle, tout est vérifié. Les créanciers sont sérieux et légitimes! Mais la loi, monsieur, la loi! Les dépenses du failli sont en disproportion avec sa fortune... Il conste que le bal...

— Auquel vous avez assisté, dit Pillerault en l'interrompant.

— A coûté près de soixante mille francs, ou que cette somme a été dépensée en cette occasion, l'actif du failli n'allait pas alors à plus de cent et quelques mille francs... il y a lieu de déférer le failli au juge extraordinaire sous l'inculpation de banqueroute simple.

— Est-ce votre avis? dit Pillerault en voyant l'abattement où ce mot jeta Birotteau.

— Monsieur, je distingue : le sieur Birotteau était officier municipal...

— Vous ne nous avez pas fait venir apparemment pour nous expliquer que nous allons être traduits en Police Correctionnelle? dit Pillerault. Tout le café David rirait ce soir de votre conduite.

L'opinion du café David parut effaroucher beaucoup le petit vieillard, qui regarda Pillerault d'un air effaré. Le Syndic comptait voir Birotteau seul, il s'était promis de se poser en arbitre souverain, en Jupiter. Il comptait effrayer Birotteau par le foudroyant réquisitoire préparé, brandir sur sa tête la hache correctionnelle, jouir de ses alarmes, de ses terreurs, puis s'adoucir en se laissant toucher, et rendre sa victime une âme à jamais reconnaissante. Au lieu de son insecte, il rencontrait le vieux sphinx commercial.

— Monsieur, lui dit-il, il n'y a point à rire.

— Pardonnez-moi, répondit Pillerault. Vous traitez assez largement avec monsieur Claparon ; vous abandonnez les intérêts de la masse afin de faire décider que vous serez privilégié pour vos sommes. Or, je puis, comme créancier, intervenir. Le Juge-Commissaire est là.

— Monsieur, dit Molineux, je suis incorruptible.

— Je le sais, dit Pillerault, vous avez tiré seulement, comme on dit, votre épingle du jeu. Vous êtes fin, vous avez agi là comme avec votre locataire...

— Oh! monsieur, dit le Syndic redevenant propriétaire comme la chatte métamorphosée en femme court après une souris, mon affaire de la rue Montorgueil n'est pas jugée. Il est survenu ce qu'on appelle un incident. Le Locataire est Locataire Principal. Cet intrigant prétend aujourd'hui qu'ayant donné une année d'avance, et n'ayant plus qu'une année à...

Ici Pillerault jeta sur César un coup d'œil pour lui recommander la plus vive attention.

— Et, l'année étant payée, il peut dégarnir les lieux. Nouveau procès. En effet, je dois conserver mes garanties jusqu'à parfait payement, il peut me devoir des réparations.

— Mais, dit Pillerault, la loi ne vous donne de garantie sur les meubles que pour des loyers.

— Et accessoires! dit Molineux attaqué dans son centre. L'article du Code est interprété par les arrêts rendus sur la matière; il faudrait cependant une rectification législative. J'élabore en ce moment un mémoire à sa Grandeur le Garde des Sceaux sur cette lacune de la législation. Il serait digne du gouvernement de s'occuper des intérêts de la propriété; tout est là pour l'État, nous sommes la souche de l'impôt.

— Vous êtes bien capable d'éclairer le gouvernement, dit Pillerault; mais en quoi pouvons-nous vous éclairer, nous, relativement à nos affaires?

— Je veux savoir, dit Molineux avec une emphatique autorité, si monsieur Birotteau a reçu des sommes de monsieur Popinot.

— Non, monsieur, dit Birotteau.

Il s'ensuivit une discussion sur les intérêts de Birotteau dans la maison Popinot, d'où il résulta que Popinot avait le droit d'être intégralement payé de ses avances, sans entrer dans la faillite pour la moitié des frais d'établissement dus par Birotteau. Le Syndic Molineux, manœuvré par Pillerault, revint insensiblement à des formes douces qui prouvaient combien il tenait à l'opinion des habitués du café David. Il finit par donner des consolations à Birotteau et par lui offrir, ainsi qu'à Pillerault, de partager son modeste dîner. Si l'ex-parfumeur était venu seul, il eût peut-être irrité Molineux, et l'affaire se serait envenimée. En cette circonstance comme en quelques autres, le vieux Pillerault fut un ange tutélaire.

Il est un horrible supplice que la loi commerciale impose aux faillis; ils doivent comparaître en personne, entre leurs Syndics Provisoires et leur Juge-Commissaire, à l'assemblée où leurs créanciers décident de leur sort. Pour un homme qui se met au-dessus de tout, comme pour le négociant qui cherche une revanche, cette triste cérémonie est peu redoutable. Mais pour un homme comme César Birotteau, cette scène est un supplice qui n'a d'analogie que dans le dernier jour d'un condamné à mort. Pillerault fit tout pour rendre à son neveu cet horrible jour supportable.

Voici quelles furent les opérations de Molineux, consenties par le failli. Le procès relatif aux terrains situés rue du Faubourg-du-Temple fut gagné en Cour Royale. Les Syndics décidèrent de vendre les propriétés, César ne s'y opposa point. Du Tillet, instruit des intentions du gouvernement concernant un canal qui devait joindre Saint-Denis à la haute Seine, en passant par le faubourg du Temple, acheta les terrains de Birotteau pour la somme de soixante-dix mille francs. On abandonna les droits de César dans l'affaire des terrains de la Madeleine à monsieur Claparon, à la condition qu'il abandonnerait de son côté toute réclamation relative à la moitié due par Birotteau dans les frais d'enregistrement et de passation de contrat, à la charge de payer le prix des terrains en touchant, dans la faillite, le dividende qui revenait aux vendeurs. L'intérêt du parfumeur dans la maison Popinot et compagnie fut vendu audit Popinot pour la somme de quarante-huit mille francs. Le fonds de la Reine des Roses fut acheté par Célestin Crevel cinquante-sept mille francs avec le droit au bail, les marchandises, les meubles, la propriété de la Pâte des Sultanes, celle de l'Eau Carminative, et la location pour douze ans de la fabrique, dont les ustensiles lui furent également vendus. L'actif liquide fut de cent quatre-vingt-quinze mille francs, auxquels les Syndics ajoutèrent soixante-dix mille francs produits par les droits de Birotteau dans la liquidation de l'infortuné Roguin. Ainsi le total atteignit à deux cent cinquante-cinq mille francs. Le passif montait à quatre cent quarante, il y avait plus de cinquante pour cent.

La faillite est comme une opération chimique, d'où le négociant habile tâche de sortir gras. Birotteau, distillé tout entier dans cette cornue, avait donné un résultat qui rendait du Tillet furieux. Du Tillet croyait à une faillite déshonnête, il voyait une faillite vertueuse. Peu sensible à son gain, car il allait avoir les terrains de la Madeleine sans bourse délier, il aurait voulu le pauvre détaillant déshonoré, perdu, vilipendé. Les créanciers, à l'assemblée générale, allaient sans doute porter le parfumeur en triomphe.

A mesure que le courage de Birotteau lui revenait, son oncle, en sage médecin, lui graduait les doses en l'initiant aux opérations de la faillite. Ces mesures violentes étaient autant de coups. Un négociant n'apprend pas sans douleur la dépréciation des choses qui représentent pour lui tant d'argent, tant de soins. Les nouvelles que lui donnait son oncle le pétrifiaient.

— Cinquante-sept mille francs la Reine des Roses! mais le magasin a coûté dix mille francs; mais les appartements coûtent quarante mille francs; mais les *mises* de la fabrique, les ustensiles, les formes, les chaudières, ont coûté trente mille francs; mais, à cinquante pour cent de remise, il se trouve pour dix mille francs dans ma boutique; mais la Pâte et l'Eau sont une propriété qui vaut une ferme!

Ces jérémiades du pauvre César ruiné n'épouvantaient guère Pillerault. L'ancien négociant les écoutait comme un cheval reçoit une averse à une porte, mais il était effrayé du morne silence que gardait le parfumeur quand il s'agissait de l'assemblée. Pour qu comprend les vanités et les faiblesses qui dans chaque sphère sociale atteignent l'homme, n'était-ce pas un horrible supplice pour ce pauvre homme que de revenir en failli dans le Palais-de-Justice commercial où il était entré juge? d'aller recevoir des avanies là où il était allé tant de fois remercié des services qu'il avait rendus? Lui Birotteau, dont les opinions inflexibles à l'égard des faillis étaient connues de tout le commerce parisien, lui qui avait dit : « — On est encore honnête homme en déposant son bilan, mais l'on sort fripon d'une assemblée de créanciers! » Son oncle étudia les heures favorables pour le familiariser avec l'idée de comparaître devant ses créanciers assemblés, comme la loi le voulait. Cette obligation tuait Birotteau. Sa muette résignation faisait une vive impression sur Pillerault qui souvent, la nuit, l'entendait à travers la cloison s'écriant : — Jamais! jamais! je serai mort avant.

Pillerault, cet homme si fort par la simplicité de sa vie, comprenait la faiblesse. Il résolut d'éviter à Birotteau les angoisses auxquelles il pouvait succomber dans la scène terrible de sa comparution devant les créanciers, scène inévitable! La loi, sur ce point, est précise, formelle, exigeante. Le négociant qui refuse de comparaître peut, pour ce seul fait, être traduit en police correctionnelle, sous la prévention de banqueroute simple. Mais si la loi force le failli à se présenter, elle n'a pas le pouvoir d'y faire venir le créancier. Une assemblée de créanciers n'est une cérémonie importante que dans des cas déterminés : par exemple, s'il y a lieu de déposséder un fripon et de faire un contrat d'union, s'il y a dissidence entre des créanciers favorisés et des créanciers lésés, si le concordat est ultrà-voleur et que le failli ait besoin d'une majorité douteuse. Mais dans le cas d'une faillite où tout est réalisé, comme dans le cas d'une faillite où le fripon a tout arrangé, l'assemblée est une formalité.

Pillerault alla prier chaque créancier l'un après l'autre de signer une procuration pour son agréé. Chaque créancier, du Tillet excepté, plaignait sincèrement César après l'avoir abattu, car chacun savait comment se conduisait le parfumeur, combien ses livres étaient réguliers, combien ses affaires étaient claires : tous les créanciers étaient contents de ne voir parmi eux aucun créancier gai. Molineux, d'abord Agent, puis Syndic, avait trouvé chez

César tout ce que le pauvre homme possédait, même la gravure d'Héro et Léandre donnée par Popinot, ses bijoux personnels, son épingle, ses boucles d'or, ses deux montres, qu'un honnête homme aurait emportées sans croire manquer à la probité. Constance avait laissé son modeste écrin. Cette touchante obéissance à la loi frappa vivement le Commerce. Les ennemis de Birotteau présentèrent ces circonstances comme des signes de bêtise ; mais les gens sensés les montrèrent sous leur vrai jour, comme un magnifique excès de probité. Deux mois après, l'opinion à la Bourse avait changé. Les gens les plus indifférents avouaient que cette faillite était une des plus rares curiosités commerciales qui se fussent vues sur la place. Aussi les créanciers, sachant qu'ils allaient toucher environ soixante pour cent, firent-ils tout ce que voulait Pillerault. Les agréés sont en très-petit nombre, il arriva donc que plusieurs créanciers eurent le même fondé de pouvoir. Pillerault finit par réduire cette formidable assemblée à trois agréés, à lui-même, à Ragon, aux deux Syndics et au Juge-Commissaire.

Le matin de ce jour solennel, Pillerault dit à son neveu : — César, tu peux aller sans crainte à ton assemblée aujourd'hui, tu n'y trouveras personne.

Monsieur Ragon voulut accompagner son débiteur. Quand l'ancien maître de la Reine des Roses fit entendre sa petite voix sèche, son ex-successeur pâlit ; mais le bon petit vieux lui ouvrit les bras, Birotteau s'y précipita comme un enfant dans les bras de son père, et les deux parfumeurs s'arrosèrent de leurs larmes. Le failli reprit courage en voyant tant d'indulgence et monta en fiacre avec son oncle. A dix heures et demie précises, tous trois arrivèrent dans le cloître Saint-Merry, où dans ce temps se tenait le Tribunal de Commerce. A cette heure, il n'y avait personne dans la salle des faillites. L'heure et le jour avaient été choisis d'accord avec les Syndics et le Juge-Commissaire. Les Agréés étaient là pour le compte de leurs clients. Ainsi rien ne pouvait intimider César Birotteau. Cependant le pauvre homme ne vint pas dans le cabinet de monsieur Camusot, qui par hasard avait été le sien, sans une profonde émotion, et il frémissait de passer dans la salle des faillites.

— Il fait froid, dit monsieur Camusot à Birotteau, ces messieurs ne seront pas fâchés de rester ici au lieu d'aller nous geler dans la salle. (Il ne dit pas le mot faillite.) Asseyez-vous, messieurs.

Chacun prit un siége, et le juge donna son fauteuil à Birotteau confus. Les Agréés et les Syndics signèrent.

— Moyennant l'abandon de vos valeurs, dit Camusot à Birotteau, vos créanciers vous font, à l'unanimité, remise du restant de leurs créances, votre Concordat est conçu en des termes qui peuvent adoucir votre chagrin; votre Agréé le fera promptement homologuer : vous voilà libre. Tous les Juges du Tribunal, cher monsieur Birotteau, dit Camusot en lui prenant les mains, sont touchés de votre position sans être surpris de votre courage, et il n'est personne qui n'ait rendu justice à votre probité. Dans le malheur, vous avez été digne de ce que vous étiez ici. Voici vingt ans que je suis dans le commerce, et voici la seconde fois que je vois un négociant tombé gagner encore dans l'estime publique.

Birotteau prit les mains du juge, et les lui serra les larmes aux yeux. Camusot lui demanda ce qu'il comptait faire, Birotteau répondit qu'il allait travailler à payer ses créanciers intégralement.

— Si pour consommer cette noble tâche il vous fallait quelques mille francs, vous les trouveriez toujours chez moi, dit Camusot, je les donnerais avec bien du plaisir pour être témoin d'un fait assez rare à Paris.

Pillerault, Ragon et Birotteau se retirèrent.

— Eh! bien, ce n'était pas la mer à boire, lui dit Pillerault sur la porte du tribunal.

— Je reconnais vos œuvres, mon oncle, dit le pauvre homme attendri.

— Vous voilà rétabli, nous sommes à deux pas de la rue des Cinq-Diamants, venez voir mon neveu, lui dit Ragon.

Ce fut u cr uelle sensation par laquelle Birotteau devait passer que de voir Constance assise dans un petit bureau à l'entresol bas et sombre situé au-dessus de la boutique, où dominait un tableau montant au tiers de sa fenêtre, interceptant le jour et sur lequel était écrit : A. POPINOT.

— Voilà l'un des lieutenants d'Alexandre, dit avec la gaieté du malheur Birotteau en montrant le tableau.

Cette gaieté forcée, où se retrouvait naïvement l'inextinguible sentiment de la supériorité que s'était crue Birotteau, causa comme un frisson à Ragon, malgré ses soixante-dix ans. César vit sa femme descendant à Popinot des lettres à signer; il ne put ni retenir ses larmes, ni empêcher son visage de pâlir.

— Bonjour, mon ami, lui dit-elle d'un air riant.

— Je ne te demanderai pas si tu es bien ici, dit César en regardant Popinot.

— Comme chez mon fils, répondit-elle avec un air attendri qui frappa l'ex-négociant.

Birotteau prit Popinot, l'embrassa en disant : — Je viens de perdre à jamais le droit de l'appeler mon fils.

— Espérons, dit Popinot. *Votre* huile marche, grâce à mes efforts dans les journaux, à ceux de Gaudissart qui a fait la France entière, qui l'a inondée d'affiches, de prospectus, et qui maintenant fait imprimer à Strasbourg des prospectus allemands, et va descendre comme une invasion sur l'Allemagne. Nous avons obtenu le placement de trois mille grosses.

— Trois mille grosses ! dit César.

— Et j'ai acheté, dans le faubourg Saint-Marceau, un terrain, pas cher, où l'on construit une fabrique. Je conserverai celle du faubourg du Temple.

— Ma femme, dit Birotteau à l'oreille de Constance, avec un peu d'aide, on s'en serait tiré.

César, sa femme et sa fille se comprirent. Le pauvre employé voulut atteindre à un résultat sinon impossible, du moins gigantesque : au payement intégral de sa dette ! Ces trois êtres, unis par le lien d'une probité féroce, devinrent avares, et se refusèrent tout : un liard leur paraissait sacré. Par calcul, Césarine eut pour son commerce un dévouement de jeune fille. Elle passait les nuits, s'ingéniait pour accroître la prospérité de la maison, trouvait des dessins d'étoffes et déployait un génie commercial inné. Les maîtres étaient obligés de modérer son ardeur au travail, ils la récompensaient par des gratifications; mais elle refusait les parures et les bijoux que lui proposaient ses patrons. De l'argent! était son cri. Chaque mois, elle apportait ses appointements, ses petits gains, à son oncle Pillerault. Autant en faisait César, autant madame Birotteau. Tous trois se reconnaissant inhabiles, aucun d'eux ne voulant assumer sur lui la responsabilité du mouvement des fonds, ils avaient remis à Pillerault la direction suprême du placement de leurs économies. Redevenu négociant, l'oncle tirait parti des fonds dans les reports à la Bourse. On apprit plus tard qu'il avait été secondé dans cette œuvre par Jules Desmarets et par Joseph Lebas, empressés l'un et l'autre de lui indiquer les affaires sans risques.

L'ancien parfumeur, qui vivait auprès de son oncle, n'osait le questionner sur l'emploi des sommes acquises par ses travaux et par ceux de sa fille et de sa femme. Il allait tête baissée par les rues, dérobant à tous les regards son visage abattu, décomposé, stupide. César se reprochait de porter du drap fin.

— Au moins, disait-il avec un regard angélique à son oncle, je ne mange pas le pain de mes créanciers. Votre pain me semble doux quoique donné par la pitié que je vous inspire, en songeant que, grâce à cette sainte charité, je ne vole rien sur mes appointements.

Les négociants qui rencontraient l'employé n'y retrouvaient aucun vestige du parfumeur. Les indifférents concevaient une immense idée des chutes humaines à l'aspect de cet homme au visage duquel le chagrin le plus noir avait mis son deuil, qui se montrait bouleversé par ce qui n'avait jamais apparu chez lui, *la pensée!* N'est pas détruit qui veut. Les gens légers, sans conscience, à qui tout est indifférent, ne peuvent jamais offrir le spectacle d'un désastre. La religion seule imprime un sceau particulier sur les êtres tombés : ils croient à un avenir, à une Providence; il est en eux une certaine lueur qui les signale, un air de résignation sainte entremêlée d'espérance qui cause une sorte d'attendrissement; ils savent tout ce qu'ils ont perdu comme un ange exilé pleurant à la porte du ciel. Les faillis ne peuvent se présenter à la Bourse. César, chassé du domaine de la probité, était une image de l'ange soupirant après le pardon. Pendant quatorze mois, plein des religieuses pensées que sa chute lui inspira, Birotteau refusa tout plaisir. Quoique sûr de l'amitié des Ragon, il fut impossible de le déterminer à venir dîner chez eux, ni chez les Lebas, ni chez les Matifat, ni chez les Protez et Chiffreville, ni même chez monsieur Vauquelin, qui tous s'empressèrent d'honorer en César une vertu supérieure. César aimait mieux être seul dans sa chambre que de rencontrer le regard d'un créancier. Les prévenances les plus cordiales de ses amis lui rappelaient amèrement sa position. Constance et Césarine n'allaient alors nulle part. Le dimanche et les fêtes, seuls jours où elles fussent libres, ces deux femmes venaient à l'heure de la messe prendre César et lui tenaient compagnie chez Pillerault après avoir accompli leurs devoirs religieux. Pillerault invitait l'abbé Loraux, dont la parole soutenait César dans sa vie d'épreuves, et ils restaient alors en famille. L'ancien quincaillier avait la fibre de la probité trop sensible pour désapprouver les délicatesses de César. Aussi avait-il songé à augmenter le nombre des personnes au milieu desquelles le failli pouvait se montrer le front blanc et l'œil à hauteur d'homme.

Au mois de mai 1820, cette famille aux prises avec l'adversité fut récompensée de ses efforts par une première fête que lui ménagea l'arbitre de ses destinées. Le dernier dimanche de ce mois était l'anniversaire du consentement donné par Constance à son mariage avec César. Pillerault avait loué, de concert avec les Ragon, une petite maison de campagne à Sceaux, et l'ancien quincaillier voulut y pendre joyeusement la crémaillère.

— César, dit Pillerault à son neveu le samedi soir, demain nous allons à la campagne, et tu y viendras.

César, qui avait une superbe écriture, faisait le soir des copies pour Derville et pour quelques avoués. Or, le dimanche, muni d'une permission curiale, il travaillait comme un nègre.

— Non, répondit-il, monsieur Derville attend après un compte de tutelle.

— Ta femme et ta fille méritent bien une récompense. Tu ne trouveras que nos amis : l'abbé Loraux, les Ragon, Popinot et son oncle. D'ailleurs, je le veux.

César et sa femme, emportés par le tourbillon des affaires, n'étaient jamais revenus à Sceaux, quoique de temps à autre tous deux souhaitassent y retourner pour revoir l'arbre sous lequel s'était presque évanoui le premier commis de la Reine des Roses. Pendant la route que César fit en fiacre avec sa femme et sa fille, et Popinot qui les menait, Constance jeta à son mari des regards d'intelligence sans pouvoir amener sur ses lèvres un sourire. Elle lui dit quelques mots à l'oreille, il agita la tête pour toute réponse. Les douces expressions de cette tendresse, inaltérable mais forcée, au lieu d'éclaircir le visage de César, le rendirent plus sombre et amenèrent dans ses yeux quelques larmes réprimées. Le pauvre homme avait fait cette route vingt ans auparavant, riche, jeune, plein d'espoir, amoureux d'une jeune fille aussi belle que l'était maintenant Césarine; il rêvait alors le bonheur, et voyait aujourd'hui dans le fond du fiacre sa noble enfant pâlie par les veilles, sa courageuse femme n'ayant plus que la beauté des villes sur lesquelles ont passé les laves d'un volcan. L'amour seul était resté! L'attitude de César étouffait la joie au cœur de sa fille et d'Anselme qui lui représentaient la charmante scène d'autrefois.

— Soyez heureux, mes enfants, vous en avez le droit, leur dit ce pauvre père d'un ton déchirant. Vous pouvez vous aimer sans arrière-pensée, ajouta-t-il.

Birotteau, en disant ces dernières paroles, avait pris les mains de sa femme, et les baisait avec une sainte et admirative affection qui toucha plus Constance que la plus vive gaieté. Quand ils arrivèrent à la maison où les attendaient Pillerault, les Ragon, l'abbé Loraux et le juge Popinot, ces cinq personnes d'élite eurent un maintien, des regards et des paroles qui mirent César à son aise, car toutes étaient émues de voir cet homme toujours au lendemain de son malheur.

— Allez vous promener dans les bois d'Aulnay, dit l'oncle Pillerault en mettant la main de César dans celles de Constance, allez-y avec Anselme et Césarine! vous reviendrez à quatre heures.

— Pauvres gens, nous les gênerions, dit madame Ragon, attendrie par la douleur vraie de son débiteur, il sera bien joyeux tantôt.

— C'est le repentir sans la faute, dit l'abbé Loraux.

— Il ne pouvait se grandir que par le malheur, dit le juge.

Oublier est le grand secret des existences fortes et créatrices; oublier à la manière de la nature, qui ne se connaît point de passé, qui recommence à toute heure les mystères de ses infatigables enfantements. Les existences faibles, comme était celle de Birotteau, vivent dans les douleurs, au lieu de les changer en apophthegmes d'expérience; elles s'en saturent, et s'usent en rétrogradant chaque jour dans les malheurs consommés. Quand les deux couples eurent gagné le sentier qui mène aux bois d'Aulnay, posés comme une couronne sur un des plus jolis coteaux des environs de Paris, et que la vallée aux Loups se montra dans toute sa coquetterie, la beauté du jour, la grâce du paysage, la première verdure et les délicieux souvenirs de la plus belle journée de sa jeunesse, détendirent les cordes tristes dans l'âme de César : il serra le bras de sa femme contre son cœur palpitant, son œil ne fut plus vitreux, la lumière du plaisir y éclata.

— Enfin, dit Constance à son mari, je te revois, mon pauvre César. Il me semble que nous nous comportons assez bien pour nous permettre un petit plaisir de temps en temps.

— Et le puis-je? dit le pauvre homme. Ah! Constance, ton affection est le seul bien qui me reste. Oui, j'ai perdu jusqu'à la confiance que j'avais en moi-même, je n'ai plus de force, mon seul désir est de vivre assez pour mourir quitte avec la terre. Toi, chère femme, toi qui es ma sagesse et ma prudence, toi qui voyais clair, toi qui es irréprochable, tu peux avoir de la gaieté; moi seul, entre nous trois, je suis coupable. Il y a dix-huit mois, au milieu de cette fatale fête, je voyais ma Constance, la seule femme que j'aie aimée, plus belle peut-être que ne l'était la jeune personne avec laquelle j'ai couru dans ce sentier il y a vingt ans, comme courent nos enfants!... En vingt mois, j'ai flétri cette beauté, mon orgueil, un orgueil permis et légitime. Je t'aime davantage en te connaissant mieux... Oh! *chère!* dit-il en donnant à ce mot une expression qui atteignit au cœur de sa femme, je voudrais bien t'entendre gronder, au lieu de te voir caresser ma douleur.

— Je ne croyais pas, dit-elle, qu'après vingt ans de ménage l'amour d'une femme pour son mari pût s'augmenter.

Ce mot fit oublier pour un moment à César tous ses malheurs, car il avait tant de cœur que ce mot était une fortune. Il s'avança donc presque joyeux vers *leur* arbre, qui, par hasard, n'avait pas été abattu. Les deux époux s'y assirent en regardant Anselme et Césarine qui tournaient sur la même pelouse sans s'en apercevoir, croyant peut-être aller toujours droit devant eux.

— Mademoiselle, disait Anselme, me croyez-vous assez lâche et assez avide pour avoir profité de l'acquisition de la part de votre père dans l'*Huile Céphalique?* Je lui conserve avec amour sa moitié, je la lui soigne. Avec ses fonds, je fais l'escompte ; s'il y a des effets douteux, je les prends de mon côté. Nous ne pouvons être l'un à l'autre que le lendemain de la réhabilitation de votre père, et j'avance ce jour-là de toute la force que donne l'amour.

L'amant s'était bien gardé de dire ce secret à sa belle-mère. Chez les amants les plus innocents, il y a toujours le désir de paraître grands aux yeux de leurs maîtresses.

— Et sera-ce bientôt? dit-elle.

— Bientôt, dit Popinot d'un ton si pénétrant, que la chaste et pure Césarine tendit son front au cher Anselme qui y mit un baiser avide et respectueux, tant il y avait de noblesse dans l'action de cette enfant.

— Papa, tout va bien, dit-elle à César d'un air fin. Sois gentil, cause, quitte ton air triste.

Quand cette famille si unie rentra dans la maison de Pillerault,

César, quoique peu observateur, aperçut chez les Ragon un changement de manières qui décelait quelque événement. L'accueil de madame Ragon fut particulièrement onctueux, son regard et son accent disaient à César : *Nous sommes payés.*

Au dessert, le notaire de Sceaux se présenta; l'oncle Pillerault le fit asseoir, et regarda Birotteau qui commençait à soupçonner une surprise, sans pouvoir en imaginer l'étendue.

— Mon neveu, depuis quatorze mois, les économies de ta femme, de ta fille et les tiennes ont produit quinze mille francs. J'ai reçu trente mille francs pour le dividende de ma créance, nous avons donc quarante-cinq mille francs à donner à tes créanciers. Monsieur Ragon a reçu trente mille francs pour son dividende, monsieur le notaire de Sceaux t'apporte donc une quittance du paiement intégral, intérêts compris, fait à tes amis. Le reste de la somme est chez Crottat, pour Lourdois, la mère Madou, le maçon, le charpentier, et tes créanciers les plus pressés. L'année prochaine, nous verrons. Avec le temps et la patience, on va loin.

La joie de Birotteau ne se décrit pas, il se jeta dans les bras de son oncle en pleurant.

— Qu'il porte aujourd'hui sa croix, dit Ragon à l'abbé Loraux.

Le confesseur attacha le ruban rouge à la boutonnière de l'employé, qui se regarda pendant la soirée à vingt reprises dans les glaces du salon, en manifestant un plaisir dont auraient ri des gens qui se croient supérieurs, et que ces bons bourgeois trouvaient naturel. Le lendemain, Birotteau se rendit chez madame Madou.

— Ah! vous voilà, bon sujet, dit-elle, je ne vous reconnaissais pas, tant vous avez blanchi. Cependant, vous ne pâtissez pas, vous autres : vous avez des places. Moi, je me donne un mal de chien caniche qui tourne une mécanique, et qui mérite le baptême.

— Mais, madame...

— Hé! ce n'est pas un reproche, dit-elle, vous avez quittance.

— Je viens vous annoncer que je vous paierai chez Maître Crottat, notaire, aujourd'hui, le reste de votre créance et les intérêts...

— Est-ce vrai?

— Soyez chez lui à onze heures et demie...

— En voilà de l'honneur, à la bonne mesure et *les quatre* au cent, dit-elle en admirant avec naïveté Birotteau. Tenez, mon cher monsieur, je fais de bonnes affaires avec votre petit rouge, il est gentil, il me laisse gagner gros sans chicaner les prix afin de m'indemniser; eh! bien, je vous donnerai quittance, gardez votre argent, mon pauvre vieux! La Madou s'allume, elle est piailleuse, mais elle a de ça, dit-elle en se frappant les plus volumineux coussins de chair vive qui aient été connus aux Halles.

— Jamais, dit Birotteau, la loi est précise, je veux vous payer intégralement.

— Alors, je ne me ferai pas prier long-temps, dit-elle. Et demain, à la Halle, je cornerai votre honneur; elle est rare, la farce!

Le bonhomme eut la même scène chez le peintre en bâtiments, le beau-père de Crottat, mais avec des variantes. Il pleuvait. César laissa son parapluie dans un coin de la porte, et le peintre enrichi, voyant l'eau faire son chemin dans la belle salle à manger où il déjeunait avec sa femme, ne fut pas tendre.

— Allons, que voulez-vous, mon pauvre père Birotteau? dit-il du ton dur que beaucoup de gens prennent pour parler à des mendiants importuns.

— Monsieur, votre gendre ne vous a donc pas dit...

— Quoi? reprit Lourdois impatienté en croyant à quelque demande.

— De vous trouver chez lui ce matin, à onze heures et demie, pour me donner quittance du paiement intégral de votre créance?...

— Ah! c'est différent, asseyez-vous donc là, monsieur Birotteau, mangez donc un morceau avec nous...

— Faites-nous le plaisir de partager notre déjeuner, dit madame Lourdois.

— Ça va donc bien? lui demanda le gros Lourdois.

— Non, monsieur, il a fallu déjeuner tous les jours avec une flûte à mon bureau pour amasser quelque argent, mais avec le temps j'espère réparer les dommages faits à mon prochain.

— Vraiment, dit le peintre en avalant une tartine chargée de pâté de foie gras, vous êtes un homme d'honneur.

— Et que fait madame Birotteau? dit madame Lourdois.

— Elle tient les livres et la caisse chez monsieur Anselme Popinot.

— Pauvres gens, dit madame Lourdois à voix basse à son mari.

— Si vous aviez besoin de moi, mon cher monsieur Birotteau, venez me voir, dit Lourdois, je pourrais vous aider...

— J'ai besoin de vous à onze heures, monsieur, dit Birotteau qui se retira.

Ce premier résultat donna du courage au failli, sans lui rendre le repos. Le désir de reconquérir l'honneur agita démesurément sa vie. Il perdit entièrement la fleur qui décorait son visage, ses yeux s'éteignirent et son visage se creusa. Quand d'anciennes connaissances le rencontraient le matin à huit heures, ou le soir à quatre heures, allant à la rue de l'Oratoire ou en revenant, vêtu de la redingote qu'il avait au moment de sa chute et qu'il ménageait comme un pauvre sous-lieutenant ménage son uniforme, les cheveux entièrement blancs, pâle, craintif, quelques-uns l'arrêtaient malgré lui, car son œil était alerte, il se coulait le long des murs à la façon des voleurs.

— On connaît votre conduite, mon ami, disait-on ; tout le monde regrette la rigueur avec laquelle vous vous traitez vous-même, ainsi que votre fille et votre femme.

— Prenez un peu plus de temps, disaient les autres, plaie d'argent n'est pas mortelle.

— Non, mais bien la plaie de l'âme, répondit un jour à Matifat le pauvre César affaibli.

Au commencement de l'année 1822, le canal Saint-Martin fut décidé. Les terrains situés dans le faubourg du Temple arrivèrent à des prix fous. Le projet coupa précisément en deux la propriété de du Tillet, autrefois celle de César Birotteau. La compagnie à qui fut concédé le canal accéda à un prix exorbitant si le banquier pouvait livrer son terrain dans un temps donné. Le bail consenti par César à Popinot empêchait l'affaire. Le banquier vint rue des Cinq-Diamants voir le droguiste. Si Popinot était indifférent à du Tillet, le fiancé de Césarine portait à cet homme une haine instinctive. Il ignorait le vol et les infâmes combinaisons commises par l'heureux banquier, mais une voix intérieure lui criait : Cet homme est un voleur impuni. Popinot n'eût pas fait la moindre affaire avec lui, sa présence lui était odieuse. En ce moment surtout, il voyait du Tillet s'enrichissant des dépouilles de son ancien patron, car les terrains de la Madeleine commençaient à s'élever à des prix qui présageaient les valeurs exorbitantes auxquelles ils atteignirent en 1827. Aussi, quand le banquier eut expliqué le motif de sa visite, Popinot le regarda-t-il avec une indignation concentrée.

— Je ne veux point vous refuser mon désistement du bail, mais il me faut soixante mille francs, et je ne rabattrai pas un liard.

— Soixante mille francs, s'écria du Tillet en faisant un mouvement de retraite.

— J'ai encore quinze ans de bail, je dépenserai par an trois mille francs de plus pour me remplacer une fabrique. Ainsi, soixante mille francs, ou ne causons pas davantage, dit Popinot en rentrant dans la boutique où le suivit du Tillet.

La discussion s'échauffa, le nom de Birotteau fut prononcé, madame César descendit et vit du Tillet pour la première fois depuis le fameux bal. Le banquier ne put retenir un mouvement de surprise à l'aspect des changements qui s'étaient opérés chez son ancienne patronne, et il baissa les yeux, effrayés de son ouvrage.

— Monsieur, dit Popinot à madame César, trouve de *vos* terrains trois cent mille francs, et il *nous* refuse soixante mille francs d'indemnité pour *notre* bail...

— Trois mille francs de rente, dit du Tillet avec emphase.

— Trois mille francs, répéta madame César d'un ton simple et pénétrant.

Du Tillet pâlit, Popinot regarda madame Birotteau. Il y eut un moment de silence profond qui rendit cette scène encore plus inexplicable pour Anselme.

— Signez-moi votre désistement que j'ai fait préparer par Crottat, dit du Tillet en tirant un papier timbré de sa poche de côté, je vais vous donner un bon sur la Banque de soixante mille francs.

Popinot regarda madame César sans dissimuler son profond étonnement, il croyait rêver. Pendant que du Tillet signait son bon sur une table à pupitre élevé, Constance disparut et remonta dans l'entresol. Le droguiste et le banquier échangèrent leurs papiers. Du Tillet sortit en saluant Popinot froidement.

— Enfin dans quelques mois, dit Popinot qui regarda du Tillet s'en allant rue des Lombards où son cabriolet était arrêté, grâce à cette singulière affaire, j'aurai ma Césarine. Ma pauvre petite femme ne se brûlera plus le sang à travailler. Comment! un regard de madame César a suffi! Qu'y a-t-il entre elle et ce brigand? Ce qui vient de se passer est bien extraordinaire.

Popinot envoya toucher le bon à la Banque et remonta pour parler à madame Birotteau. Il ne la trouva pas à la caisse, elle était sans doute dans sa chambre. Anselme et Constance vivaient comme vivent un gendre et une belle-mère quand un gendre et une belle-mère se conviennent; il alla donc dans l'appartement de madame

César avec l'empressement naturel à un amoureux qui touche au bonheur. Le jeune négociant fut prodigieusement surpris de trouver sa future belle-mère, auprès de laquelle il arriva par un saut de chat, lisant une lettre de du Tillet, car Anselme reconnut l'écriture de l'ancien premier commis de Birotteau. Une chandelle allumée, les fantômes noirs et agités de lettres brûlées sur le carreau firent frissonner Popinot qui, doué d'une vue perçante, avait vu sans le vouloir cette phrase au commencement de la lettre que tenait sa belle-mère :

Je vous adore! vous le savez, ange de ma vie, et pourquoi...

— Quel ascendant avez-vous donc sur du Tillet, pour lui faire conclure une semblable affaire ? dit-il en riant de ce rire convulsif que donne un mauvais soupçon réprimé.

— Ne parlons pas de cela, dit-elle en laissant voir un horrible trouble.

— Oui, répondit Popinot tout étourdi, parlons de la fin de vos peines.

Anselme pirouetta sur ses talons et alla jouer du tambour avec ses doigts sur les vitres, en regardant dans la cour.

— Hé! bien, se dit-il, quand elle aurait aimé du Tillet, pourquoi ne me conduirais-je pas en honnête homme?

— Qu'avez-vous, mon enfant, dit la pauvre femme.

— Le compte des bénéfices nets de l'Huile Céphalique se monte à deux cent quarante-deux mille francs, la moitié est de cent vingt-un, dit brusquement Popinot. Si je retranche de cette somme les quarante-huit mille francs donnés à monsieur Birotteau, il en reste soixante-treize mille, qui, joints aux soixante mille francs de la cession du bail, *vous* donnent cent trente-trois mille francs.

Madame César écoutait dans des anxiétés de bonheur qui la firent palpiter si violemment que Popinot entendait les battements du cœur.

— Eh! bien, j'ai toujours considéré monsieur Birotteau comme mon associé, reprit-il, nous pouvons disposer de cette somme pour rembourser ses créanciers. En l'ajoutant à celle de vingt-huit mille francs de vos économies placés par notre oncle Pillerault, nous avons cent soixante et un mille francs. Notre oncle ne nous refusera pas quittance de ses vingt-cinq mille francs. Aucune puissance humaine ne peut m'empêcher de prêter à mon beau-père, en compte sur les bénéfices de l'année prochaine, la somme nécessaire à parfaire les sommes dues à ses créanciers... Et... il... sera... réhabilité.

— Réhabilité, cria madame César en pliant le genou sur sa chaise, joignant les mains et récitant une prière après avoir lâché la lettre. Cher Anselme, dit-elle après s'être signée, cher enfant ! Elle le prit par la tête, le baisa au front, le serra sur son cœur, et fit mille folies. — Césarine est bien à toi ! ma fille sera donc bien heureuse. Elle sortira de cette maison où elle se tue.

— Par amour, dit Popinot.

— Oui, répondit la mère en souriant.

— Écoutez un petit secret, dit Popinot en regardant la fatale lettre du coin de l'œil. J'ai obligé Célestin pour lui faciliter l'acquisition de votre fonds, mais j'ai mis une condition à mon obligeance. Votre appartement est comme vous l'avez laissé. J'avais une idée, mais je ne croyais pas que le hasard nous favoriserait autant. Célestin est tenu de vous sous-louer votre ancien appartement, où il n'a pas mis le pied et dont tous les meubles seront à vous. Je me suis réservé le second étage pour y demeurer avec Césarine, qui ne vous quittera jamais. Après mon mariage, je viendrai passer ici les matinées de huit heures du matin à six heures du soir. Pour vous refaire une fortune, j'achèterai cent mille francs l'intérêt de monsieur César, et vous aurez ainsi, avec sa place, huit mille livres de rentes. Ne serez-vous pas heureuse ?

— Ne me dites plus rien, Anselme, ou je deviens folle.

L'angélique attitude de madame César et la pureté de ses yeux, l'innocence de son beau front démentaient si magnifiquement les mille idées qui tournoyaient dans la cervelle de l'amoureux, qu'il voulut en finir avec les monstruosités de sa pensée. Une faute était inconciliable avec la vie et les sentiments de la nièce de Pillerault.

— Ma chère mère adorée, dit Anselme, il vient d'entrer malgré moi dans mon âme un horrible soupçon. Si vous voulez me voir heureux vous le détruirez à l'instant même.

Popinot avait avancé la main sur la lettre et s'en était emparé.

— Sans le vouloir, reprit-il effrayé de la terreur qui se peignait sur le visage de Constance, j'ai lu les premiers mots de cette lettre écrite par du Tillet. Ces mots coïncident si singulièrement avec l'effet que vous venez de produire en déterminant la prompte adhésion de cet homme à mes folles exigences, que tout homme l'expliquerait comme le démon me l'explique malgré moi. Votre regard, trois mots ont suffi...

— N'achevez pas, dit madame César en reprenant la lettre et la brûlant aux yeux d'Anselme. Mon enfant, je suis bien cruellement punie d'une faute minime. Sachez donc tout, Anselme : je ne veux pas que le soupçon inspiré par la mère nuise à la fille, et d'ailleurs je puis parler sans avoir à rougir, je dirais à mon mari ce que je vais vous avouer. Du Tillet a voulu me séduire, mon mari fut aussitôt prévenu, du Tillet dut être renvoyé. Le jour où mon mari allait le remercier, il nous a pris trois mille francs !

— Ha ! je m'en doutais, dit Popinot en exprimant toute sa haine par son accent.

— Anselme, votre avenir, votre bonheur exigent cette confidence ; mais elle doit mourir dans votre cœur, comme elle était morte dans le mien et dans celui de César. Vous devez vous souvenir de *la gronde* de mon mari à propos d'une erreur de caisse. Monsieur Birotteau, pour éviter un procès et ne pas perdre cet homme, remit sans doute à la caisse trois mille francs, le prix de ce châle de cachemire que je n'ai eu que trois ans après. Voilà mon exclamation expliquée. Hélas ! mon cher enfant, je vous avouerai mon enfantillage : du Tillet m'avait écrit trois lettres d'amour, qui le peignaient si bien, dit-elle en soupirant et baissant les yeux, que je les avais gardées... comme curiosité. Je ne les ai pas relues plus d'une fois. Mais enfin il était imprudent de les conserver. En revoyant du Tillet, j'y ai songé, je suis montée chez moi pour les brûler, et je regardais la dernière quand vous êtes entré... Voilà tout, mon ami.

Anselme mit un genou en terre et baisa la main de madame César avec une admirable expression qui leur fit venir des larmes aux yeux à l'un et à l'autre. Sa belle-mère le releva, lui tendit les bras et le serra sur son cœur.

Ce jour devait être un jour de joie pour César. Le secrétaire particulier du roi, monsieur de Vandenesse, vint au bureau lui parler. Ils sortirent ensemble dans la petite cour de la Caisse d'amortissement.

— Monsieur Birotteau, dit le vicomte de Vandenesse, vos efforts pour payer vos créanciers ont été par hasard connus du roi. Sa Majesté, touchée d'une conduite si rare, et sachant que, par humilité, vous ne portiez pas l'ordre de la Légion-d'Honneur, m'envoie vous ordonner d'en reprendre l'insigne. Puis, voulant vous aider à remplir vos obligations, elle m'a chargé de vous remettre cette somme, prise sur sa cassette particulière, en regrettant de ne pouvoir faire davantage. Que ceci demeure dans un profond secret, car Sa Majesté trouve peu royale la divulgation officielle de ses bonnes œuvres, dit le secrétaire intime en remettant six mille francs à l'employé qui pendant ce discours éprouvait des sensations inexprimables.

Birotteau n'eut sur les lèvres que des mots sans suite à balbutier, Vandenesse le salua de la main en souriant. Le sentiment qui animait le pauvre César est si rare dans Paris, que sa vie avait insensiblement excité l'admiration. Joseph Lebas, le juge Popinot, Camusot, l'abbé Loraux, Ragon, le chef de la maison importante où était Césarine, Lourdois, monsieur de La Billardière en avaient parlé. L'opinion, déjà changée à son égard, le portait aux nues.

— Voilà un homme d'honneur! Ce mot avait déjà plusieurs fois retenti à l'oreille de César quand il passait dans la rue, et lui donnait l'émotion qu'éprouve un auteur en entendant dire: *Le voilà!* Cette belle renommée assassinait du Tillet. Quand César eut les billets de banque envoyés par le souverain, sa première pensée fut de les employer à payer son ancien commis. Le bonhomme alla rue de la Chaussée-d'Antin, en sorte que quand le banquier rentra chez lui de ses courses, il s'y rencontra dans l'escalier avec son ancien patron.

— Eh! bien, *mon pauvre* Birotteau! dit-il d'un air patelin.

— Pauvre? s'écria fièrement le débiteur. Je suis bien riche. Je poserai ma tête sur mon oreiller ce soir avec la satisfaction de savoir que je vous ai payé.

Cette parole pleine de probité fut une rapide torture pour du Tillet, car malgré l'estime générale il ne s'estimait pas lui-même, une voix inextinguible lui criait: — Cet homme est sublime!

— Me payer! quelles affaires faites-vous donc?

Sûr que du Tillet n'irait pas répéter sa confidence, l'ancien parfumeur dit : — Je ne reprendrai jamais les affaires, monsieur. Aucune puissance humaine ne pouvait prévoir ce qui m'est arrivé. Qui sait si je ne serais pas victime d'un autre Roguin? Mais ma conduite a été mise sous les yeux du roi, son cœur a daigné compatir à mes efforts, et il les a encouragés en m'envoyant à l'instant une somme assez importante qui...

— Vous faut-il une quittance ? dit du Tillet en l'interrompant, payez-vous....

— Intégralement, et même les intérêts ; aussi vais-je vous prier de venir à deux pas d'ici, chez monsieur Crottat.

— Par devant notaire !

— Mais, monsieur, dit César, il ne m'est pas défendu de songer à la réhabilitation, et les actes authentiques sont alors irrécusables ?....

— Allons, dit du Tillet qui sortit avec Birotteau, allons, il n'y a qu'un pas. Mais où prenez-vous tant d'argent ? reprit-il.

— Je ne le prends pas, dit César, je le gagne à la sueur de mon front.

— Vous devez une somme énorme à la maison Claparon.

— Hélas ! oui, là est ma plus forte dette, je crois bien mourir à la peine.

— Vous ne pourrez jamais le payer, dit durement du Tillet.

— Il a raison, pensa Birotteau.

Le pauvre homme, en revenant chez lui, passa par la rue Saint-Honoré, par mégarde, car il faisait toujours un détour pour ne pas voir sa boutique ni les fenêtres de son appartement. Pour la première fois, depuis sa chute, il revit cette maison où dix-huit ans de bonheur avaient été effacés par les angoisses de trois mois.

— J'avais bien cru finir là mes jours, se dit-il en hâtant le pas. Il avait aperçu la nouvelle enseigne :

CÉLESTIN CREVEL,
SUCCESSEUR DE CÉSAR BIROTTEAU.

— J'ai la berlue. N'est-ce pas, Césarine ? s'écria-t-il en se souvenant d'avoir aperçu une tête blonde à la fenêtre.

Il vit effectivement sa fille, sa femme et Popinot. Les amoureux savaient que Birotteau ne passait jamais devant son ancienne maison. Incapables d'imaginer ce qui lui arrivait, ils étaient venus prendre quelques arrangements relatifs à la fête qu'ils méditaient de donner à César. Cette bizarre apparition étonna si vivement Birotteau, qu'il resta planté sur ses jambes.

— Voilà monsieur Birotteau qui regarde son ancienne maison, dit monsieur Molineux au marchand établi en face de la Reine des Roses.

— Pauvre homme, dit l'ancien voisin du parfumeur, il a donné
là un des plus beaux bals.... Il y avait deux cents voitures.

— J'y étais, il a fait faillite trois mois après, dit Molineux, j'ai
été syndic.

Birotteau se sauva, les jambes tremblantes, et accourut chez
son oncle Pillerault.

Pillerault, instruit de ce qui s'était passé rue des Cinq-Diamants,
pensait que son neveu soutiendrait difficilement le choc d'une joie
aussi grande que celle causée par sa réhabilitation, car il était le
témoin journalier des vicissitudes morales de ce pauvre homme,
toujours en présence de ses inflexibles doctrines relatives aux faillis, et dont toutes les forces étaient employées à toute heure.
L'honneur était pour César un mort qui pouvait avoir son jour de
Pâques. Cet espoir rendait sa douleur incessamment active. Pillerault prit sur lui de préparer son neveu à recevoir la bonne nouvelle. Quand Birotteau entra chez son oncle, il le trouva pensant
aux moyens d'arriver à son but. Aussi la joie avec laquelle l'employé raconta le témoignage d'intérêt que le roi lui avait donné
parut-elle de bon augure à Pillerault, et l'étonnement d'avoir vu
Césarine à la Reine des Roses fut-il une excellente entrée en matière.

— Eh! bien, César, dit Pillerault, sais-tu d'où cela te vient? De
l'impatience qu'a Popinot d'épouser Césarine. Il n'y tient plus, et
ne doit pas, pour tes exagérations de probité, laisser passer sa jeunesse à manger du pain sec à la fumée d'un bon dîner. Popinot
veut te donner les fonds nécessaires au paiement intégral de tes
créanciers.

— Il achète sa femme, dit Birotteau.

— N'est-ce pas honorable de faire réhabiliter son beau-père?

— Mais il y aurait lieu à contestation. D'ailleurs....

— D'ailleurs, dit l'oncle en jouant la colère, tu peux avoir le
droit de t'immoler, mais tu ne saurais immoler ta fille.

Il s'engagea la plus vive discussion, que Pillerault échauffait à
dessein.

— Eh! si Popinot ne te prêtait rien, s'écria Pillerault, s'il t'avait
considéré comme son associé, s'il avait regardé le prix donné à
tes créanciers pour ta part dans l'Huile comme une avance de bénéfices, afin de ne pas te dépouiller....

— J'aurais l'air d'avoir, de concert avec lui, trompé mes créanciers.

Pillerault feignit de se laisser battre par cette raison. Il connaissait assez le cœur humain pour savoir que durant la nuit le digne homme se querellerait avec lui-même sur ce point; et cette discussion intérieure l'accoutumait à l'idée de sa réhabilitation.

— Mais pourquoi, dit-il en dînant, ma femme et ma fille étaient-elles dans mon ancien appartement ?

— Anselme veut le louer pour s'y loger avec Césarine. Ta femme est de son parti. Sans t'en rien dire, ils sont allés faire publier les bans, afin de te forcer à consentir. Popinot dit qu'il aura moins de mérite à épouser Césarine après ta réhabilitation. Tu prends les six mille francs du roi, tu ne veux rien accepter de tes parents ! Moi, je puis bien te donner quittance de ce qui me revient, me refuserais-tu ?

— Non, dit César, mais cela ne m'empêcherait pas d'économiser pour vous payer, malgré la quittance.

— Subtilité que tout cela, dit Pillerault, et sur les choses de probité je dois être cru. Quelle bêtise as-tu dite tout à l'heure ? auras-tu trompé tes créanciers quand tu les auras tous payés ?

En ce moment, César examina Pillerault, et Pillerault fut ému de voir, après trois années, un plein sourire animant pour la première fois les traits attristés de son pauvre neveu.

— C'est vrai, dit-il, ils seraient payés..... Mais c'est vendre ma fille !

— Et je veux être achetée, cria Césarine en apparaissant avec Popinot.

Les deux amants avaient entendu ces derniers mots en entrant sur la pointe du pied dans l'antichambre du petit appartement de leur oncle, et madame Birotteau les suivait. Tous trois avaient couru en voiture chez les créanciers qui restaient à payer pour les convoquer le soir chez Alexandre Crottat, où se préparaient les quittances. La puissante logique de l'amoureux Popinot triompha des scrupules de César qui persistait à se dire débiteur, à prétendre qu'il fraudait la loi par une novation. Il fit céder les recherches de sa conscience à un cri de Popinot : — Vous voulez donc tuer votre fille ?

— Tuer ma fille ! dit César hébété.

— Eh ! bien, dit Popinot, j'ai le droit de vous faire une donation entre vifs de la somme que consciencieusement je crois être à vous chez moi. Me refuseriez-vous ?

— Non, dit César.

— Eh! bien, allons chez Alexandre Crottat ce soir afin qu'il n'y ait plus à revenir là-dessus, nous y déciderons en même temps notre contrat de mariage.

Une demande en réhabilitation et toutes les pièces à l'appui furent déposées, par les soins de Derville, au parquet du Procureur-Général de la Cour royale de Paris.

Pendant le mois que durèrent les formalités et les publications des bans pour le mariage de Césarine et d'Anselme, Birotteau fut agité par des mouvements fébriles. Il était inquiet, il avait peur de ne pas vivre jusqu'au grand jour où l'arrêt serait rendu. Son cœur palpitait sans raison, disait-il. Il se plaignait de douleurs sourdes dans cet organe aussi usé par les émotions de la douleur qu'il était fatigué par cette joie suprême. Les arrêts de réhabilitation sont si rares dans le ressort de la Cour royale de Paris qu'il s'en prononce à peine *un* en dix années. Pour les gens qui prennent au sérieux la Société, l'appareil de la justice a je ne sais quoi de grand et de grave. Les institutions dépendent entièrement des sentiments que les hommes y attachent et des grandeurs dont elles sont revêtues par la pensée. Aussi quand il n'y a plus, non pas de religion, mais de croyance chez un peuple, quand l'éducation première y a relâché tous les liens conservateurs en habituant l'enfant à une impitoyable analyse, une nation est-elle dissoute; elle ne fait plus corps que par les ignobles soudures de l'intérêt matériel, par les commandements du culte que crée l'Égoïsme bien entendu. Nourri d'idées religieuses, Birotteau acceptait la Justice pour ce qu'elle devrait être aux yeux des hommes, une représentation de la Société même, une auguste expression de la loi consentie, indépendante de la forme sous laquelle elle se produit : plus le magistrat est vieux, cassé, blanchi, plus solennel est d'ailleurs l'exercice de son sacerdoce qui veut une étude si profonde des hommes et des choses, qui sacrifie le cœur et l'endurcit à la tutelle d'intérêts palpitants. Ils deviennent rares, les hommes qui ne montent pas sans de vives émotions l'escalier de la Cour Royale, au vieux Palais-de-Justice, à Paris, et l'ancien négociant était un de ces hommes. Peu de personnes ont remarqué la solennité majestueuse de cet escalier si bien placé pour produire de l'effet, il se trouve en haut du péristyle extérieur qu orne la cour du Palais, et sa porte est au milieu d'une galerie qui mène d'un bout à l'immense salle des Pas-Perdus, de l'autre à la Sainte-Chapelle, deux monuments qui peuvent rendre tout mesquin autour d'eux. L'église de saint Louis est un des plus imposants édifices de Paris, et son abord a je ne sais quoi de sombre et de romantique au fond de cette galerie. La grande salle des Pas-Perdus offre au contraire une échappée pleine de clartés, et il est difficile d'oublier que l'histoire de France se lie à cette salle. Cet escalier doit donc avoir quelque caractère assez grandiose, car il n'est pas trop écrasé par ces deux magnificences; peut-être l'âme y est-elle remuée à l'aspect de la place où s'exécutent les arrêts, vue à travers la riche grille du Palais. L'escalier débouche sur une immense pièce, l'antichambre de celle où la Cour tient les audiences de sa première chambre, et qui forme la salle des Pas-Perdus de la Cour. Jugez quelles émotions dut éprouver le failli qui fut naturellement impressionné par ces accessoires, en montant à la Cour entouré de ses amis, Lebas, le président du Tribunal de Commerce; Camusot, son Juge-Commissaire; Ragon, son patron; monsieur l'abbé Loraux, son directeur. Le saint prêtre fit ressortir ces splendeurs humaines par une réflexion qui les rendit encore plus imposantes aux yeux de César. Pillerault, ce philosophe pratique, avait imaginé d'exagérer par avance la joie de son neveu pour le soustraire aux dangers des événements imprévus de cette fête. Au moment où l'ancien négociant finissait sa toilette, il avait vu venir ses vrais amis qui tenaient à honneur de l'accompagner à la barre de la Cour. Ce cortége développa chez le brave homme un contentement qui le jeta dans l'exaltation nécessaire pour soutenir le spectacle imposant de la Cour. Birotteau trouva d'autres amis réunis dans la salle des audiences solennelles où siégeaient une douzaine de Conseillers.

Après l'appel des causes, l'avoué de Birotteau fit la demande en quelques mots. Sur un geste du premier président, l'avocat-général, invité à donner ses conclusions, se leva. Le procureur-général, l'homme qui représente la vindicte publique, allait demander lui-même de rendre l'honneur au négociant qui n'avait fait que l'engager : cérémonie unique, car le condamné ne peut être que gracié. Les gens de cœur peuvent imaginer les émotions de Birotteau quand il entendit monsieur Marchangy prononçant un discours dont voici l'abrégé :

« Messieurs, dit l'avocat-général, le 16 janvier 1820, Birotteau fut déclaré en état de faillite, par un jugement du tribunal de commerce de la Seine. Le dépôt du bilan n'était occasionné ni par l'imprudence de ce commerçant, ni par de fausses spéculations, ni par aucune raison qui pût entacher son honneur. Nous éprouvons le besoin de le dire hautement, son malheur fut causé par un de ces désastres qui se sont renouvelés à la grande douleur de la Justice et de la Ville de Paris. Il était réservé à notre siècle, où fermentera long-temps encore le mauvais levain des mœurs et des idées révolutionnaires, de voir le notariat de Paris s'écarter des glorieuses traditions des siècles précédents, et produire en quelques années autant de faillites qu'il s'en est rencontré dans deux siècles sous l'ancienne monarchie. La soif de l'or rapidement acquis a gagné les officiers ministériels, ces tuteurs de la fortune publique, ces magistrats intermédiaires ! » Il y eut une tirade sur ce texte où l'avocat-général dévoué aux Bourbons trouva moyen d'incriminer les libéraux, les bonapartistes et autres ennemis du trône. L'événement a prouvé que ce magistrat et son chef, monsieur Bellart, avaient raison dans leurs appréhensions. « La fuite d'un notaire de Paris, qui emportait les fonds déposés chez lui par Birotteau, décida la ruine de l'impétrant, reprit-il. La Cour a rendu, dans cette affaire, un arrêt qui prouve à quel point la confiance des clients de Roguin fut indignement trompée. Un concordat intervint. Nous ferons observer que les opérations ont été remarquables par une pureté qui ne se rencontre en aucune des faillites scandaleuses par lesquelles le commerce de Paris est journellement affligé. Les créanciers de Birotteau trouvèrent les moindres choses que l'infortuné possédât. Ils ont trouvé, Messieurs, ses vêtements, ses bijoux, enfin les choses d'un usage purement personnel, non-seulement à lui, mais à sa femme qui abandonna tous ses droits pour grossir l'actif. Birotteau, dans cette circonstance, a été digne de la considération qui lui avait valu ses fonctions municipales ; il était adjoint au maire du deuxième arrondissement et venait de recevoir la décoration de la Légion-d'Honneur accordée autant au dévouement du royaliste qui luttait en vendémiaire sur les marches de Saint-Roch, alors teintes de son sang, qu'au magistrat consulaire estimé pour ses lumières, aimé pour son esprit conciliateur, et au modeste officier municipal qui venait de refuser les honneurs de la mairie en indiquant un plus digne, l'honorable baron de La

Billardière, un des nobles Vendéens qu'il avait appris à estimer dans les mauvais jours. »

— Cette phrase est meilleure que la mienne, dit César à l'oreille de son oncle.

« Aussi, les créanciers, trouvant soixante pour cent de leurs créances par l'abandon que ce loyal négociant faisait, lui, sa femme et sa fille, de tout ce qu'ils possédaient, ont-ils consigné les expressions de leur estime dans le concordat qui intervint entre eux et leur débiteur, et par lequel ils lui faisaient remise du reste de leurs créances. Ces témoignages se recommandent à l'attention de la Cour par la manière dont ils sont conçus. » Ici l'avocat-général lut les considérants du concordat. « En présence de ces bienveillantes dispositions, Messieurs, beaucoup de négociants auraient pu se croire libérés ; ils auraient marché fiers sur la place publique. Loin de là, Birotteau, sans se laisser abattre, forma dans sa conscience le projet d'arriver au jour glorieux qui se lève ici pour lui. Rien ne l'a rebuté. Une place fut accordée par notre bien-aimé souverain pour donner du pain au blessé de Saint-Roch : le failli en réserva les appointements à ses créanciers sans y rien prendre pour ses besoins, car le dévouement de la famille ne lui a pas manqué... »

Birotteau pressa la main de son oncle en pleurant.

« Sa femme et sa fille versaient au trésor commun les fruits de leur travail, elles avaient épousé la noble pensée de Birotteau. Chacune d'elles est descendue de la position qu'elle occupait pour en prendre une inférieure. Ces sacrifices, messieurs, doivent être hautement honorés, ils sont les plus difficiles de tous à faire. Voici quelle était la tâche que Birotteau s'était imposée. » Ici l'avocat-général lut le résumé du bilan, en désignant les sommes qui restaient dues et les noms des créanciers. « Chacune de ces sommes, intérêts compris, a été payée, messieurs, non par des quittances sous signatures privées qui appellent la sévérité de l'enquête, mais par des quittances authentiques par lesquelles la religion de la Cour ne saurait être surprise, et qui n'ont pas empêché les magistrats de faire leur devoir en procédant à l'enquête exigée par la loi. Vous rendrez à Birotteau, non pas l'honneur, mais les droits dont il se trouvait privé, et vous ferez justice. De semblables spectacles sont si rares à notre audience que nous ne pouvons nous empêcher de témoigner à l'impétrant combien nous applaudissons à une telle

conduite, que déjà d'augustes protections avaient encouragée. »
Puis il lut ses conclusions formelles en style de palais.

La Cour délibéra sans sortir, et le Président se leva pour prononcer l'arrêt. — La Cour, dit-il en terminant, me charge d'exprimer à Birotteau la satisfaction qu'elle éprouve à rendre un pareil Arrêt. Greffier, appelez la cause suivante.

Birotteau déjà vêtu du caftan d'honneur que lui passaient les phrases pompeuses de Marchangy, homme assez littéraire, fut foudroyé de plaisir en entendant la phrase solennelle dite par le premier président de la première Cour du royaume, et qui accusait des tressaillements dans le cœur de l'impassible justice humaine. Il ne put quitter sa place à la barre; il y parut cloué, regardant d'un air hébété les magistrats comme des anges qui venaient lui rouvrir les portes de la vie sociale. Son oncle le prit par le bras et l'attira dans la salle. César, qui n'avait pas obéi à Louis XVIII, mit alors machinalement le ruban de la Légion à sa boutonnière, fut aussitôt entouré de ses amis et porté en triomphe jusque dans la voiture.

— Où me conduisez-vous, mes amis? dit-il à Joseph Lebas, à Pillerault et à Ragon.

— Chez vous.

— Non, il est trois heures; je veux entrer à la Bourse et user de mon droit.

— A la Bourse, dit Pillerault au cocher en faisant un signe expressif à Lebas, car il observait chez le réhabilité des symptômes inquiétants, il craignait de le voir devenir fou.

L'ancien parfumeur entra dans la Bourse, donnant le bras à son oncle et à Lebas, ces deux négociants vénérés. Sa réhabilitation était connue. La première personne qui vit les trois négociants suivis par le vieux Ragon, fut du Tillet.

— Ah! mon cher patron, je suis enchanté de savoir que vous vous en soyez tiré. J'ai peut-être contribué, par la facilité avec laquelle je me suis laissé tirer une plume de l'aile par le petit Popinot, à cet heureux dénoûment de vos peines. Je suis content de votre bonheur comme s'il était le mien.

— Vous ne pouvez pas l'être autrement, dit Pillerault. Ça ne vous arrivera jamais.

— Comment l'entendez-vous, monsieur? dit du Tillet.

— Parbleu! du bon côté, dit Lebas en souriant de la malice

vengeresse de Pillerault, qui, sans rien savoir, regardait cet homme comme un scélérat.

Matifat reconnut César. Aussitôt les négociants les mieux famés entourèrent l'ancien parfumeur et lui firent une ovation boursière ; il reçut les compliments les plus flatteurs, des poignées de main qui réveillaient bien des jalousies, excitaient quelques remords, car sur cent personnes qui se promenaient là trente avaient liquidé. Gigonnet et Gobseck, qui causaient dans un coin, regardèrent le vertueux parfumeur comme les physiciens ont dû regarder le premier *gymnote électrique* qui leur fut amené. Ce poisson, armé de la puissance d'une bouteille de Leyde, est la plus grande curiosité du règne animal. Après avoir aspiré l'encens de son triomphe, César remonta dans son fiacre et se mit en route pour revenir dans sa maison où se devait signer le contrat de mariage de sa chère Césarine et du dévoué Popinot. Il avait un rire nerveux qui frappa ses trois vieux amis.

Un défaut de la jeunesse est de croire tout le monde fort comme elle est forte, défaut qui tient d'ailleurs à ses qualités : au lieu de voir les hommes et les choses à travers des besicles, elle les colore des reflets de sa flamme, et jette son trop de vie jusque sur les vieilles gens. Comme César et Constance, Popinot conservait dans sa mémoire une fastueuse image du bal donné par Birotteau. Durant ces trois années d'épreuves, Constance et César avaient, sans se le dire, souvent entendu l'orchestre de Collinet, revu l'assemblée fleurie, et goûté cette joie si cruellement punie, comme Adam et Ève durent penser parfois à ce fruit défendu qui donna la mort et la vie à toute leur postérité, car il paraît que la reproduction des anges est un des mystères du ciel. Mais Popinot pouvait songer à cette fête, sans remords, avec délices : Césarine dans toute sa gloire s'était promise à lui pauvre ; pendant cette soirée, il avait eu l'assurance d'être aimé pour lui-même ! Aussi, quand il avait acheté l'appartement restauré par Grindot à Célestin en stipulant que tout y resterait intact, quand il avait religieusement conservé les moindres choses appartenant à César et à Constance, rêvait-il de donner son bal, un bal de noces. Il avait préparé cette fête avec amour, en imitant son patron seulement dans les dépenses nécessaires et non dans les folies : les folies étaient faites. Ainsi le dîner dut être servi par Chevet, les convives étaient à peu près les mêmes. L'abbé Loraux remplaçait le grand chancelier de la Légion-d'Honneur, le président du tribunal de commerce Lebas n'y manquait point. Popinot invita monsieur Camusot pour le remercier des égards qu'il avait prodigués à Birotteau. Monsieur de Vandenesse et monsieur de Fontaine vinrent à la place de Roguin et de sa femme. Césarine et Popinot avaient distribué leurs invitations pour le bal avec discernement. Tous deux redoutaient également la publicité d'une noce, ils avaient évité les froissements qu'y ressentent les cœurs tendres et purs en imaginant de donner le bal pour le jour du contrat. Constance avait retrouvé cette robe cerise dans laquelle, pendant un seul jour, elle avait brillé d'un éclat si fugitif! Césarine s'était plu à faire à Popinot la surprise de se montrer dans cette toilette de bal dont il lui avait parlé maintes et maintes fois. Ainsi, l'appartement allait offrir à Birotteau le spectacle enchanteur qu'il avait savouré pendant une seule soirée. Ni Constance, ni Césarine, ni Anselme n'avaient aperçu de danger pour César dans cette énorme surprise; ils l'attendaient à quatre heures avec une joie qui leur faisait faire des enfantillages. Après les émotions inexprimables que venait de lui causer sa rentrée à la Bourse, ce héros de probité commerciale allait avoir le saisissement qui l'attendait rue Saint-Honoré. Lorsqu'en rentrant dans son ancienne maison, il vit au bas de l'escalier, resté neuf, sa femme en robe de velours cerise, Césarine, le comte de Fontaine, le vicomte de Vandenesse, le baron de La Billardière, l'illustre Vauquelin, il se répandit sur ses yeux un léger voile, et son oncle Pillerault qui lui donnait le bras sentit un frissonnement intérieur.

— C'est trop, dit le philosophe à l'amoureux Anselme, il ne pourra jamais porter tout le vin que tu lui verses.

La joie était si vive dans tous les cœurs, que chacun attribua l'émotion de César et ses trébuchements à quelque ivresse bien naturelle, mais souvent mortelle. En se retrouvant chez lui, en revoyant son salon, ses convives, parmi lesquels étaient des femmes habillées pour le bal, tout à coup le mouvement héroïque du finale de la grande symphonie de Beethoven éclata dans sa tête et dans son cœur. Cette musique idéale rayonna, pétilla sur tous les modes, fit sonner ses clairons dans les méninges de cette cervelle fatiguée, pour laquelle ce devait être le grand finale. Accablé par cette harmonie intérieure, il alla prendre le bras de sa femme et lui dit à l'oreille d'une voix étouffée par un flot de sang contenu : — Je ne suis pas bien ! Constance effrayée le conduisit dans sa chambre, où il ne parvint pas sans peine, où il se précipita dans un fauteuil, disant :

— Monsieur Haudry, monsieur Loraux !

L'abbé Loraux vint, suivi des convives et des femmes en habit de bal, qui tous s'arrêtèrent et formèrent un groupe stupéfait. En présence de ce monde fleuri, César serra la main de son confesseur et pencha la tête sur le sein de sa femme agenouillée. Un vaisseau s'était déjà rompu dans sa poitrine, et, par surcroît, l'anévrisme étranglait sa dernière respiration.

— Voilà la mort du juste, dit l'abbé Loraux d'une voix grave en montrant César par un de ces gestes divins que Rembrandt a su deviner pour son tableau du Christ rappelant Lazare à la vie.

Jésus ordonne à la terre de rendre sa proie, le saint prêtre indiquait au ciel un martyr de la probité commerciale à décorer de la palme éternelle.

Paris, novembre et décembre 1837.

FIN DU DIXIÈME VOLUME.

TABLE DES MATIÈRES.

SCÈNES DE LA VIE PARISIENNE.

Le Colonel Chabert..	1
Facino Cane...	61
La Messe de l'athée...	71
Sarrasine...	90
L'Interdiction..	122
Histoire de la grandeur et de la décadence de César Birotteau...	190

FIN DE LA TABLE.

www.ingramcontent.com/pod-product-compliance
Lightning Source LLC
Chambersburg PA
CBHW070217240426
43671CB00007B/677